U0465415

金石别卷

蓮華盦寫銅藝術編年

薛永年題

杜鹏飞 著

上海书画出版社

目录

话说我的祖父——姚茫父（代序）

姚　遂

清华的重华轩主杜鹏飞教授对我祖父多有偏爱，情有所钟。不惮辛劳，上下内外求索，且越干越有劲头，成就斐然，着实令人感佩、叹服和欣慰！为此，勾起我对童年的些许回忆，试写点滴，以报知遇。

一

祖父，在我记忆中的最早出现，当是在我该上二年级（1951）的时候，即我要从外公外婆身边回到自己父母身边，入住北京宣武门内原石驸马大街、现新文化街东口路北的家里，要上在西口的昭慧小学，后改为石驸马大街小学，即今天的北京实验二小校址所在。当年的校长是位戴眼镜、慈眉善目的白发老太太，她体态稍胖，身着列宁装，腰板挺直，与我父亲说话时恭谨而谦逊。后来，父亲告诉我她是我祖父执女师时的学生。恐怕就因此，虽说是私立学校，我和我的两位姐姐的学费就可分期缓交了。五年级时，我的班主任老师虽说是女师后期的学生，对我祖父的情感至今给我留下深刻的印象。当我加入少年先锋队戴上红领巾，在校园过庭里遇见她时，她高兴地迎上来与我亲切握手，祝贺我，并希望我好好学习，长大后服务社会，报效国家。当年在西单左近行走时，经常会遇到一高一矮两位老太太，高的略瘦，矮的稍胖，全是一式的短头发，包得紧紧的，显得格外整洁利落，连前面所叙及的老师也都是这种发型。父母称其中一位为“大眼李”，另一位则记不得如何称呼了。相遇时，他们总是要互致问候，聊上几句。原来她们也是女师的学生，那时实验二小好像还有女师的学生在执教。那时距我祖父过世已有二三十年，距他离开女师则有三四十年矣。

北京女子师范学校简称“女师”，恰在我上学的路上，所以每天至少路经四次，常常想到：自己祖父当年住在宣武门外菜市口烂缦胡同莲花盦里，少说也有五六站的路程，那时交通不便，是步行、乘洋车、还是……怎样往返？民国初年，刚推翻帝制，执掌女师，怎样进行有效的教学管理，才能招到学生？又怎样让那些女孩子们静心读书，准备投身教育事业，一干就是一辈子？真是不可思议！

二

后来，我才晓得祖父岂止是在女师当校长，还是教员，要上课，“改文评字，纂造讲义”，并在其他学校授课。其实早在他26岁（1901）时，就在家乡贵阳讲学，次年初，应聘赴兴义县掌笔山书院，短短十个月，从游的学生日后皆有成，有的还与我祖父成为莫逆。28岁又任顺天工艺学堂汉文教习。30岁留学日本期间，我祖父一边“矻矻以厕群强中，图拯救之道”（周大烈），一边与同仁组织丙午社，编著印行《法政讲义》，自著《财政学》与《银行论》，在国内传播新知，启迪智能，并兼修教育学，向业师严修、向社会表露心迹：“吾国国民教育，需要甚切。”“盖在吾国，无论何等地位，无论何等事业，无不兼需教育之应用，带有教育之性质。”“华才力薄脆，不敢于吾国全局有所展布，惟期持教育主义，以实行进化之事。”“而社会上之进化，于今日随时随处随人皆有自主之权。”“至教育上，华始终不忘者，则惟国语、国文一事。”（文刊于当年天津《教育杂志》第七期，转摘自《艺苑重光》第80—82页）回国后，34岁（1909）之二月，任殖边学堂财用学教授；35岁时即与陈叔通、邵仲威等设私立法政学堂，后又与范源濂等商议并入尚志学会；是年，还兼京师第一蒙养院保姆研究科历史讲席，邮传部铁路管理所讲席，且为该部统计处纂《邮政沿革略》，译日岩良英著《邮便行政论》。1914年（39岁）初至1916年底的三年间，祖父长北京女子师范学校。其间学校“平静无波”，“世无恶评”（见诸《家训》）。翌年，与陈师曾等共事国立北京美术学校，该校三年后更名为北京美术专门学校，即今之中央美院。1925年秋，长北京京华美术专门学校，不久更名为学院。我所见载，祖父尚在清华学堂（即今之清华大学）、中华大学、民国大学、朝阳大学、北京高等师范、北京农业专门学校等校讲授国文课。同时，他还“开门讲学”（郑天挺），我所见载的有：1917年（丁巳，九月廿六日）《弗堂弟子记·诸子源流》（未刊稿）；1919年（己未夏间）“七日一讲，凡阅百日而讲毕”（已刊）；1921年（民国十年一月十二日）弟子常熟张义序、弟子多人笔述之《论书（法）七篇》（已刊，均见《贵州文史资料选辑第18辑·姚华评介》第140—199页）；1925年春夏，北京各大学青年学生俞士镇、周一鹤、郑天挺、罗惠伯、姚鋈等人整理出《弗堂弟子记》油印本，在各大学广为传播（《艺苑重光》第294页）。还有不明时日者：有《论史》《论诗》《论赋》《论曲》《汉书》《汉书今别》等六篇。足见至迟于 1917 年至 1925 年间，祖父即开门讲学而不间断，郑天挺所称誉的“开门讲学”，当年学者所称的弗堂先生，绝非空穴来风，即便其中有重记、误记者，亦当是实至名归，真实可信的。

我还有印象，刘开渠曾回忆上学期间，遇到茫父先生的书法课时，同学们便会准备好纸张，待姚师一到，便蜂拥而上的求字。先生坐定后，只管写来，速度之快，似不假思索，然不盖章，要到莲花龛的管家处交上润笔钱二元方肯给盖。刘那时家境贫寒，祖父专门打了招呼，免了润笔钱，同样盖上章。祖父舐犊之情，刘先生终老未忘。

祖父之所以开门讲学，我以为除乐教好施外，亦与他不乏学术崇仰、追随者有关。祖父五十寿诞时，北京高等师范学校教授宗威撰文称：先生“盖当代之通人，为艺林之耆硕”。弟子亦有赞道：“父子德沛学林，谊超伦表，居贞处世，行志而晦。而世俗之见，所尊不过翰墨之宝，所重不过寻尺之珍，盖未识精湛深远度之闳廓也。”（见《艺苑重光》第 297、299 页）清华学堂的学生吴宓，在他的日记中曾这样写道：初始以为姚“腐败非常，胸中毫无宿学”，继则肯定“亦有可取处，盖其人喜为新异之议论”“比之迂腐殊有间也”，后则变为：“其学问如何博精，其议论如何明通，其于文之道实真有所得，讲授至详且醒。”而且以为某师岂“能及其万一者乎”（《吴宓日记》第一册第 49、151 页，转摘自《艺苑重光》第 100 页）。

据祖父之《题画一得·二笔》载记：我五伯父姚鋈曾买得一“旧（铜墨）盒，刻兰，署余（茫父）款，伪造也”。赝品，祖父以为“细民谋食，不之较也”。没有找卖家讨说法的必要，这种体恤基层民众饥苦的情怀，影响深远。亦“老吾老以及人之老，幼吾幼以及人之幼”情怀之再现，中国传统人文情结不可限量，亦今人不可同日而语也。然则，我祖父又以为，今日既已“归之于家，固不能无题，以纪其事”。因题一绝曰：“人间且喜春犹闰，兰叶烟开更自馨。不信东风无畛域，青芜戴得国香名。”（《姚茫父画论》第 86 页）祖父借题幽默一下，把做伪之事看得极淡，亦当为人文趣事看。

三

1897 年，严修在贵州学政任上，开新学风气，则使我祖父认识到异国渐先进。甲辰（1904）春试时，在殿试卷中，面对事势积弱，非盛时之比的窘境，大声疾呼道：“因其时，更其法，合其道，以强民力，开民智，新民德。”即便“起五帝三王以为今之时计，何以易此乎？”（《艺苑重光》第 77 页图七）在日本留学期间，他更是痛切感知祖国之危。“盖一因吾国社会旧习所瞀，又无新知识、真学理以为研究而解释之，故习而不之察。”走出国门以后，“则如客体之观，吾大创剧病无或不灼然呈露。具此二者，而又得法律学说，一一敷陈而证之，吾国政治无一不失败者也。又得教育学说，一一敷陈而证之，吾国社会无一不腐坏者也”。由是而心急如焚，寝食难安，昼思暮想者，回国后“如何研究而始能成立乎”？思之再三，结合自身条件，提出：“华兼入教育选科……虽只六月之教育，而教育思想亦觉濡染甚深，将来于教育界上有所从事，或不至有面墙之诮。”这是仅就个人而言，如此。若就社会需要而言，我祖父以为，更是亟待解决的。“华意以为，吾国国民教育，需要甚切。”其个中缘由是：“教育界中需人尤多。无论何种学问，本科以外，不得不兼有教育学。”而在我国无论何等地位、无论何等事业、无不兼需教育之应用，带有教育之性质。加之眼下为“过渡时代，万无完全纯粹之人才，亦事势之所迫也”。由上分析可知，我祖父惟期教育主义，“以实行进化之事。政治界上之进化，时期未熟，猝未能行”（《艺苑重光》第 84 页）。言下之意，启发蒙昧，令人醒悟，刻不容缓，说干就干。

从事现代教育，在当时的中国该怎样做起，秉持怎样的理念，或者说有着什么样的主张呢？我祖父提出：“日本（祖父乃官派留日，欧洲留学之风似尚未掀起）有言：‘和魂汉才。’今则又曰：‘和魂欧才。’吾国之人，其当持‘中魂西才’之义乎？或‘中魂东才’之义乎？”（《艺苑重光》第 82 页）是否可以理解为以中国之文化、民族精神为底蕴魂魄，学习、引进外国（东西洋）先进的知识、现代的科技，来改变当时积贫积弱的落后面貌，从政治、法律、教育诸方面一改陈旧的规制和状况，跟上世界发展的潮流、趋势。然则令人叹息的是，当时“学界中有魂者鲜，此吾国之大缺憾也”（《艺苑重光》第 82 页）。言外之意，有骨气、有血性、有那么一种精神状态的人太少了！总是一边倒，不是守旧，冥顽不化，就是没有底线，不讲人格国格！此话听来分量之重，时至今日，仍然值得我辈深思。

祖父归国后，无论是兼课、长教，还是讲授财用法律、历史、书法、绘画，所讲授最多的课程，当说还是国文、国语。也该说是国学课了。及至开门讲学，该说是补各大学之所缺，或是不足，立一家之言，以《弗堂弟子记》形式，流布于各大学。否则，怎么可能开门讲学，又怎么可能得到青年学子的认同和赞许，被油印后广为传播？其中有：老子、书法、诸子、经、史、诗、词、曲、赋、小学等等。祖父有志于此，且目标明确。在日留学时就曾坦言：“在教育事业上，华始终不忘者，则惟国语、国文一事。”“一为发音上事，此当纯从口齿鼻舌上研究之；一为文体字形上事，此则仅就文字上整理之。”“惜未能全通吾国方音，并世界文字，此实大阻碍。”（《艺苑重光》第81、82页）我以为，祖父一生所遇阻碍颇多，他的情绪时有高低，健康状况亦时有好坏，特别是在51岁后，拖着病体，“残臂挥毫”，壮心不已，终生孜孜以求，从未舍弃者，惟有国学。若说有所变换的只是方式，而非目标与方向。只可惜，祖父仅以54岁即撒手而去，这是世人及他本人所始料弗及的。他是我辈后生做人之榜样，前进之方向，力量之源泉。

在执掌女师期间，我祖父注重完善学习体系。设立讲习科、师范本科，还增设博物科，及为适应女性特点的家政学科，开办蒙养园、附中等。用现代语言表述，就是他要把女师办成德智体美劳全面发展的现代女师。他亲自过问，并管理体、音、美有关学科的建设。为开设家政课，延聘外籍高学历的教师，教授缝纫、劳作等技能，开我国劳作课之先河。遴选学有所长的学者任教，如请陈师曾讲博物，陈筱庄讲保姆学，乃至到国外延聘教师，而且他自己每周上课廿三小时，还改文评字，纂造讲义。他亲自谱写校歌，为学生的各种活动谱歌，践行自己“斟酌于古今，熔铸于中外”的承诺。这里以古（民谣、《诗经》）为今用，洋（钢琴曲）为中用相结合的文化形式，要求女师学子借助千载难逢的大好时机，坚定不移地走下去。在学校就要切磋琢磨，努力学习，胸怀大志，不断进取，作新时代的女学生。“噫嘻！予何修乎？予生之志权舆，吁予何能乎姝姝（自满状），予何游乎于于（自得状）。诗书礼乐，心乎不渝。藏焉予，修焉予，游焉予。”自当永不止息，永不自满，永不自得；学习，进取，永不放弃。他还以先人为师，激励学子们珍惜大好光阴，让青春充实，光鲜亮丽，莫辜负了大好时机。“好景难常，素心易违。感芳菲，趁芳菲，惜芳菲。”（《惜芳菲·为北京女子师范学校作钢琴调》）在女师运动会上，祖父以《四序成平》为歌，高唱“天运循环，往复更兮，动静相争而互行”。天之冷暖，有先有后，不断更迭，动静之间，有张有弛，相争而互行，这就是生活。他吁请女弟子们“感时而心自惊，奋吾力以周旋兮，愿习勤以自宏，繄古之学射，揖让以为争；请式于射兮，礼节乐和吾其贞”。又以《伊予小子》为题，即以我的学生（弟子）为题给丙辰（1916）女子师范生毕业作歌，以极其诙谐的语句作七言诗二首，让她们感恩时代，“恭承嘉惠生逢时”。历史地看，这批女学生之能从“愚无知”到“乃有知”，历“四载日月驰”，才能“小有知”，都是多亏在“人有范，国有师，饮食教诲随所宜”的环境里成长的。这说明社会在进步，新的教育思想、理念、制度的成功引进，当然值得向这些毕业生祝贺，也值得为这些新女性的成才而欢欣雀跃。然则这些学子将面临的是“竞吾业，慎吾思，努力明德及其时”。毕业了，去向何方，“皇皇发辙将焉之？”“志所志，持所持”，毕业了，真美好，我的知识有限，经验不足，我该怎样抉择？祖父满怀深情地鼓励她们：“相彼孺子亦吾师，斯未能信心迟迟，式如玉，染如丝，愿言敬事铭其私。”预示着后浪推前浪，一浪更比一浪高。莫迟疑，休动摇，须坚持，信守初念，矢志不移。寄托了祖父对这批女弟子，乃至此后之女弟子深切的期待和厚重的愿心。

《游艺会歌》是我祖父到女师后所作的第一首歌，以民歌形式，流畅典雅地歌道：“桂始歇兮菊又芳，时节如流兮不能忘。姱余修励余之志，道孔修兮余将焉至？”表明时光流逝，不能忘怀，立志于真善美与自强不息，道路长且美好，我意欲何方？祖父从花开花落的咏物言志，唱出方向性的真谛。试图在娱乐中以择决的方式，勾勒出女师学子的人生轨迹，以警示莘莘学子自重励志！“曰多能兮孔虽圣而不休。”何论我辈小子“复何求！”这是在启发自省、自觉，让学子们以反辑自省的方式，寓教育于娱乐，立志立德于不经意间的做法。祖父用心之良苦，可感悟得到。《伐木歌》亦为祖父到女师后的当年作品。“伐木丁丁，鸟鸣嘤嘤”，开头的这一句词，是熟悉经书的弟子们耳熟能详的，出自《诗经・小雅・伐木》，以下经祖父修改为鼓励深闺小子交友，一道学习，争相探索，奋发向上，共同前行。歌唱的是学习有如劳作，学习亦需求友，有学友则好处多多，“伐木伐木，载歌空谷，愿言求友，维予之淑”。学习中有学友，可相互切磋，相互琢磨，就可达到“学广于渊”的效果。最后发出“谓他人先，予胡不前”的呼唤！这是激励，是开拓，厘清思路。以我国古代民歌形式运用到近代教育活动中，既是国学之教育，又是育人之德教，谁能说这不是励志教育的尝试，德育之先例。

祖父还以精神鼓励为主，物质鼓励相辅助的方式，激励学子好学、上进。祖父自己动手，为全校八十九名学生书写定制的精品小铜墨盒，有方有圆，可置掌中，上面镌刻有名言警句。少则二三字，多则卅字不等，落款则少说十个字，多则七十个字不等，书有出处、考证、受奖人班次、姓名、时间、祖父署名等多项内容，字体是真草篆隶兼备。看似信手拈来，其实是颇费心思，近九十位同学有本科毕业生，讲习科毕业生，其他班级学生，优秀学生某某，一人一样，绝不重复。我想祖父手笔速度再快，各种准备所需，学养和书法的功底，绝非我辈所能做到。加之同古堂工匠手艺之精湛，今日已成为不可多得的珍品。祖父投入的心血，凝聚了他对国学、碑版、训诂、简牍、书法的深厚积淀和功力，已转化为我国近代早期女子师范教育的巨大财富中不可或缺的部分。

四

办女师的理念上，我祖父提出：“古无女师之教”而“师道至为广博，是可以教而成焉者乎”。借鉴我国古代教育的制度，察古今之不同制，“为今之说者，大抵持之有故”。他以为自前朝设置女师以来，期其能成，即以《礼记·内则》培养世子的标准，用来作为“孺子室女师”（《弗堂类稿·序跋甲·北京女子师范学校甲寅同学录序》）。《内则》提出的是“宽裕、慈惠、温良、恭敬、慎而寡言者，使为子之师”。因而我祖父言道：“自先朝以来，国家从今义为女师置学官，期其成也。将以宽裕、慈惠、温良、恭敬、慎而寡言为孺子室师之选，已六年于兹。”此立意乍看起来，既不新，也不奇，可仔细想来，“慎而寡言”，有《论语·学而篇》之“君子食无求饱，居无求安，敏于事而慎于言，就有道而正焉，可谓好学也已”之意，讲的是做事要勤奋敏捷，言语要谨慎从事，向得道的人求纠正自己的机会，这样就该说是好学的了。这是古代对君子的要求，如果用来要求女学生，不就意味着男女平等，在社会上女人可同男人一样自由活动，谋生供职。现在大家习以为常，可在当年，由于封建礼教的束缚，大家闺秀是大门不出二门不迈的。要求男女平等，用要求衡量君子的标准，同样用来要求衡量女孩子，则是一种颠覆，一个突破。其中既有深厚的文化底蕴，又要跳出旧的窠臼，走出新路，以适合现代女性发展之路。这一做法仍有启示价值。而且祖父讲，毕业或未毕业的学生，先后凡若干人执其职事，从事教师工作者，也有若干人了，我相信，当下，前人未走的新路，在我们脚下已经趟出一条人民当家做主的道路，且在此基础上国家富强、人民幸福，正是包括我祖父在内的前辈所梦寐以求的。

要办好教育，必须有一支稳定的师资队伍。在给《女士乙卯同学录作序》时，祖父提出“夫教以育材兴，必师弟相习，然后育尽其致，而材以有成”。道理不复杂，假“使时时易师，虽教日相续，其所以为育者必间”。外观看教学链未断，然则内在的学习秩序已被间隔起来。因为学生将难以适应不同教师的不同传授方式，且讲授内容亦有宽窄、深浅、先后、快慢、繁简之别，及至其学养状况、经验积累、兴趣偏好之所在，人格魅力等千差万别，绝非学生说适应就立刻可以做到的。而教师要因材施教，有针对性地满足不同学生对于知识的多方多种需求，以调动学生的积极性和主动性，同样也是不能时时易师的。因而“甫习而又不能既也。时至业竟，号曰成材，于心弥滋歉焉”。不遵守教学规律，不讲究教学秩序，表面上看学生拿到毕业证，是毕业了，可学识未到位，教学任务并未真正完成。祖父又讲：“是殆求盈于教，而疏于所育，故为教育之言者日充，事与理之想去益远，岂不重可惜耶！”人们大讲教育重要，凑热闹的人日多，而真心出力做事的人少，因而真能实现师资力量充实，着实不易。所以祖父讲："予以薄材，承乏今职，欲矫斯弊。事事务镇静，顾犹不免一二更张，反复于心，屡以自讼，因并前录，再续而新之。"话已至此，意犹未尽，乃惴惴不安道："教急则育病，而今而后，知免也已。"（乙卯[1915，民国四年]小暑）祖父为女师、为教育竭尽心智，不遗余力。诚如他在女师三年"周旋于众人之间，柔韧于群阴之下，所遇皆无常（无锡、常州，世评曰无常鬼，隐喻个别女师管理者，遂注）而生平意气消磨大半，筋力亦消磨太半。"（《家训》）其中甘苦、辛劳可想而知。我想，只要教育存在一天，这些艰辛劳顿，总是存在的。只是像祖父那样，为着校事劳苦，教育部放款又积欠至两月，办事困难已是不言自明，他人眈眈不已算计祖父，祖父只有以辞职抗争。到1917年，京师如女校已有令不许用男子矣。此即"部令更张益多，益生窒碍"。可以预知，"由此推广，则社会革命之因也。社会分配不先计虑，而唯枝枝节节为之，则自命以为认真教育也，是亦大可哀也已"（《家训》）。

在学习观念上，祖父主张在勤奋用功的前提条件下，遇到困难要耐着性子不离不弃，勿忘勿助，不要妄想"水到"则"立刻求通，反生障害"。诚如功到自然成的意思一样，要防止《孟子·公孙丑上》所批评的那样揠苗助长，不仅无益，反而有害。基于此，告诫道："用功之法，勿忘勿助，是至善之诀。"因为"勿忘，即不可抛荒之意；勿助，即不必着急之意。"学习非朝夕之事，不可能一蹴而就，必须持续不断，循序渐进，由浅入深，由博而专，方能步入佳境，达到预期的境界。故"水到则渠成，瓜熟则蒂落。水不到则渠不成，瓜不熟则蒂不落"。因而"未熟未到，便欲落成，鲜有不伤者"（《家训》）。这是从多少教训中得出的至理。年轻时，想问题简单，尤显浮躁，感觉什么都新鲜，什么都想学，都想干，六神无主，如狗熊掰棒子，或则急于求成，"未到其时，第求到求熟可也"（《家训》）。孰料事与愿违，欲速不达，反倒白白浪费了大好时光，挫伤了锐气，落了个一事无成。

以上所述，仅就我对自己祖父在教育领域成就的一些认识，只是我读（书）、听（老人言）、看（影像、拓片）后的印记，准确与否，是否客观、完整，我不敢说，但我是努力的。我只想借此吁请诸位关注、全面认识我的祖父，他绝非仅仅是书画家、诗人、学者，要我说，他还是近代教育工作者，现代教育家、国学大师。以本当避嫌的嫡亲身份，甘冒指责猜疑之险，以引注视，不揣浅陋，就教于诸公了。

谢谢给我提供这一机会的人们！

姚遂

于中央财大寓所

2019年10月24日

今之吉金备众体——姚茫父与民国刻铜艺术

杜鹏飞

一、引子

姚华（1876—1930），字重光，号茫父，贵州贵筑（今贵阳）人。早年就读于贵州经世学堂，光绪二十三年（1897）乡试中举，三十年（1904）会试三甲第九名，赐同进士出身，授工部虞衡司主事。旋公派留学日本东京法政大学习法政，兼修教育学。三十三年（1907）归国，改官邮传部。入民国后，选为国会临时参议院议员，后弃官从学。曾执教于清华学堂、北京高等师范学校、北京美术专科学校、朝阳大学等学府，并曾出任北京女子师范学校校长、私立京华美术学校校长。寓居北京烂缦胡同莲花寺，潜心学问与艺术，于金石文字、诗词曲赋、书画文章无不精通，名重当世，与王国维、吴梅并称“曲学三大家”，又被誉为一代通才，著有《弗堂类稿》31卷。

姚华与义宁陈师曾（1876—1923，名衡恪，号槐堂）声气相投，学问相若，艺术主张一致，成为晚清民国北京画坛领袖，一时有“姚陈”之称。

笔者关注茫父先生已逾二十载，初只为其书法之老辣与绘画之生拙所感，后陆续集藏，致一发而不可收。随着对茫父先生书画与诗文濡染日久，对其与陈师曾所共同倡导的文人画观念有了更深刻认识，进而对其学问修养品格才华更为倾慕，于是连自家审美取向与趣味，都不知不觉受到姚、陈两位先贤熏染。陈师曾无须赘言，近乎家喻户晓，其艺术成就在生前身后即已获得美术界乃至全社会之高度肯定和评价——在1923年陈师曾追悼会上，梁任公将其病故比作“中国文化界的地震”[1]。如今已有《陈师曾全集》（江西人民出版社，2016）四巨册行世，并且在中国美术馆举办过生平大展和学术研讨会（2016）。而姚茫父，这位与陈师曾艺术理念相契、艺术修养全面、在民国初年的北京画坛影响甚至无出其右的大家，至今仍未得到艺

[1]《都人士追悼名画家》，见《晨报》1923年10月18日第六版。

术史论界的应有重视与公允评价。

插图 1　姚华四十二岁像

关于茫父先生，艺术史界迄今尚未开展深入研究。此前刊行的《姚茫父书画集》（贵州美术出版社，1986）、《姚茫父书法集》（荣宝斋出版社，2000）、《莲花盦写铜》（贵州民族出版社，2002）和《茫父颖拓》（贵州人民出版社，2008）皆为先生孙女婿邓见宽以一己之力完成的整理汇编工作，可谓筚路蓝缕。但是限于邓先生直系亲属的身份，也限于其专业与学术背景，这些研究成果尚未得到艺术史界的普遍接纳与专业认可。贵州省博物馆作为庋藏茫父书画作品最多的公立收藏机构，曾在 2014 年编辑出版了馆藏精选《姚华书画作品集》（广西师范大学出版社，2014），为开展姚茫父艺术研究提供了一批宝贵资料，但其中遗憾地出现了选材不精、编排失序、说明失当、甚至羼入他人作品等瑕疵。从中亦不难窥见当下有关茫父艺术研究之薄弱局面。

本书是笔者继《艺苑重光：姚茫父编年事辑》（故宫出版社，2016）和《如晤如语：茫父家书》（上海书画出版社，2018）之后，又一本关于茫父先生的专题著述，也可视为以茫父先生为个案，对民国刻铜文房艺术研究的一次尝试。主人公姚茫父先生有着深厚的文化修养、丰富的人生阅历、多元的社会身份和多方面的学术与艺术成就，所好如皮黄、笺纸、刻铜文房，皆有特别见识与贡献，相信关注刻铜艺术的读者对此或多或少已有所了解，如果对姚茫父的人生阅历感兴趣，可参阅拙著前述两书。

邓见宽先生编辑整理的《莲花盦写铜》一书，于 2002 年由贵州民族出版社出版，在体例和编排上参考了 1996 年人民美术出版社出版《陈师曾画铜》一书。这也是目前仅见的两本关于民国刻铜的个人专题作品集。在版式设计、图片处理等方面，《莲花盦写铜》与《陈师曾画铜》高度一致，限于当时的技术条件，两本书存在一个共性的缺憾，即书中所收刻铜拓本的图像均被处理成黑白二值图，这固然可令图案与文字显得更为清晰突出，但与此同时也损失了图片上所有的灰度细节，从而失去了历史真实感。每一捧读，对此只能徒唤奈何，梦想着有一天可以整理一本更好的莲花盦写铜拓片集，以最大限度地还原茫父先生刻铜艺术之美。

庚子新春突如其来的疫情，让正常的工作秩序突然发生重大调整，迫使几乎所有人不得不放下既有的工作安排，进入禁足避疫模式。笔者虽然每日按规定到学校值班，但是校园封闭、博物馆闭馆，毕竟少了许多琐事。在做好疫情防控、尽心完成线上教学工作的同时，凭空多出些可自由支配的时间，于是，在脑海中盘亘数年之久、却始终无缘付诸行动的一项工作，终于提上日程，成为我每日工作之余最为重要的消遣，终于积数月边角时间，完成这本《金石别卷：莲花龛写铜艺术编年》。

困难比预想大很多，幸赖刻铜文房收藏界诸多师友慷慨施以援手，成果也比最初预想大很多。这里要特别致谢上海朱瀚兄，本书中所引述的拓片及实物资料，近乎半数来自于朱瀚兄的无私奉献，在一些存疑作品的取舍和表述方面，他也毫无保留地贡献许多真知灼见。更要感谢茫父嫡孙姚遂先生、孙女姚伊老师，将家藏刻铜拓片资料毫无保留地供笔者拍照并授权出版。借此出版之际，还要感谢周继烈老师的鼓励，感谢杨未君、范大鹏、孙爽、牟国庆、张世浩、常宝波等诸位师友，从多方面为笔者所提供的帮助。

二、“刻铜文房”名词辨析

本书聚焦晚清民国刻铜文房，阅读中发现在提及刻铜文房制品时，名词使用比较多样、随意，有的作者甚至在同一专著或文章中亦多种说法并用，且不加梳理和区分，有鉴于此，有几个名词术语值得在此稍作辨析。

（一）“刻铜”与“铜刻”

在谈及表面刻有书画纹饰的铜制文房用具时，人们通常习惯称之为“刻铜文房”或“铜刻文房”，更多时候径直简省为“刻铜”或“铜刻”。从使用频率来看，前者似更为普遍，但是却未见有人做过辨析；后者使用虽少，却有杨未君先生提出“书画铜刻”概念，并撰文加以阐述：

> ……我们所说的“画稿”，可名之“名家书画铜刻”，前可加时间如“清代”“民国”“近代”“近现代”“现当代”等，后可加器物名如“文房”“墨盒”“镇尺”等；中间可加“亲笔”一词。“亲笔”一词视情况可留可舍。变“刻铜”为“铜刻”，是比照了“石刻”“竹刻”，当然说“刻石”“刻竹”也无妨。但毕竟说“石刻”是单纯的名词。“名家书画铜刻”，个见是较严谨和深思熟虑的。不说“刻铜”，是不想把“书画刻”连读……[2]

[2] 杨未君：《致师友函——关于近代名家书画铜刻五题》，《艺术中国·文化生活》2012年第5期，

杨先生见解独到，有理有据，特别解释了“变‘刻铜’为‘铜刻’，是比照了‘石刻’‘竹刻’”，同时指出“‘名家书画铜刻’，个见是较严谨和深思熟虑的。不说‘刻铜’，是不想把‘书画刻’连读”。

笔者遍查多种版本工艺美术史专著，未见“刻铜”或“铜刻”相关内容。但是，在上海辞书出版社 2012 版《大辞海 · 美术卷》有“铜刻”词条，归在“工艺美术与艺术设计”的“名词术语”中，其文如下：

> 铜刻。中国传统工艺。指用刀在铜质器物上刻划各种纹样、图案。起源于春秋战国时期以錾花。清代中晚期，以陈寅生及其铜刻作品为代表，铜刻艺术曾盛极一时。在工艺上吸取竹刻、篆刻等技法，题材多以书法、绘画、治印形式出现，刻法有阴刻、阳刻、深刻、浅刻、麻绳线、牛毛线、双钩线等，集雕、镂、刻、镶、磨、补于一体。制品包括墨盒、镇尺、熏炉、水烟袋、茶叶盆、茶壶、酒具等。民国时，陈师曾、姚茫父等从事铜刻，主要施于镇尺、墨盒等文房清玩，更赋予了铜刻艺术以高雅的审美韵致。[3]

这段文字虽仅两百余言，却简明扼要地概况了“铜刻”起源于春秋、清代中晚期盛极一时、民国时陈师曾、姚茫父赋予其高雅审美韵致等关键信息。这是目前所见权威工具书对“铜刻”艺术的精审表述。

笔者在内心是认可杨先生及《大辞海》观点的。但是，出于三点考虑，最终仍选择了“刻铜”而放弃了“铜刻”。

一是本着“名从主人”的原则，因茫父先生在《题画一得》中写道：“自陈寅生以刻铜名，于是琉璃厂墨盒遂为四方文具之供。”[4] 可知茫父先生即用“刻铜”代指“刻铜文房”，本书既然探讨莲花盦写铜，理应从其主人姚茫父。

二是无论早期文献、还是时人，多已约定俗成用“刻铜”，似无必要、亦无可能统一改易为“铜刻”一词。早期文献如 1918 年出版的《家庭常识》，其第一部“服用”、第十一类“文房”即有“刻铜”条目，其文曰：

第 66–69 页。

[3] 夏征农、陈至立主编：《大辞海 · 美术卷》，上海辞书出版社，2012 年，第 405 页。按：文中“起源于春秋战国时期以錾花”，笔者判断应为“起源于春秋战国时期的錾花”。

[4] 姚华：《题画一得 · 二笔》，《艺林月刊》1930 年第 3 期，第 3–4 页。收录在邓见宽编：《姚茫父画论》，贵州人民出版社，1996 年，第 85 页。

用洋烛油或黄蜡，溶注于铜板面上，厚分许，乃用刀刻成阴文，注淡硝强水于中，越宿再注，即烂成阴文。若用阳文，则须刻去其地。[5]

虽然这里介绍的是“蚀刻法”刻铜工艺，亦称“腐蚀版”刻铜，但以“刻铜”为条目之名则是明确无误的。

再如成书于 1935 年的《旧都文物略》“技艺略”收“刻铜”词条，同时附图同古堂刻铜墨拓三件，分别为姚茫父书道德经墨盒【图 109】、陈师曾临石鼓文镇尺及徐燕孙绘松荫高士图。

三是在美术界，自民国以来，“铜刻”主要代指“铜刻版画”，亦即“铜版画”。这方面的文献浩如烟海，民国时期的报刊亦俯拾皆是，此不赘述。

综上，为避免不必要的混淆，本书除个别引述文字外，笔者将统一采用“刻铜”一词。

（二）“写铜”与“画铜”

谈及“刻铜”或“铜刻”，必然还涉及其前一道工序，即“写”和“画”。在铜上写画，对于陈师曾，人们倾向用“画”，对于姚茫父则倾向用“写”，于是汇集二人作品的出版物，前者叫《陈师曾画铜》，后者称《莲花盦写铜》。

“写”比“画”无疑更具有包容性，内涵更广，中国书法和绘画都可以称“写”，而“画”则无法涵盖“书写”的内容，这样一来就把陈师曾书法类刻铜作品忽略了。

无论是“写铜”或者是“画铜”，也都还有另外一种说法，即“铜写”和“铜画”，而且都是“古已有之”的。“铜写”可见姚茫父 1919 年自作诗《铜写格歌》【插图 2】，[6]“铜画”则见于民国刊物《青鹤》，1937 年第 16 期上，诗人梁鸿志以笔名“众异”发表《穆庵属题师曾铜画文具拓本三则》：

师曾一世豪，未老伴翁仲。当时槐堂集，事往不可控。画铜如画纸，意到笔先纵。谁令三物微，乃抵千金重。程侯具毡拓，中有宿草恸。将以贻后昆，岂曰备清供。论交贵死友，何用誓腹痛。宝此永故人，神来

[5] 天虚我生：《家庭常识》1918 年第 1 期，第 32 页。
[6] 《弗堂类稿》“诗甲一”，第十三、十四页。

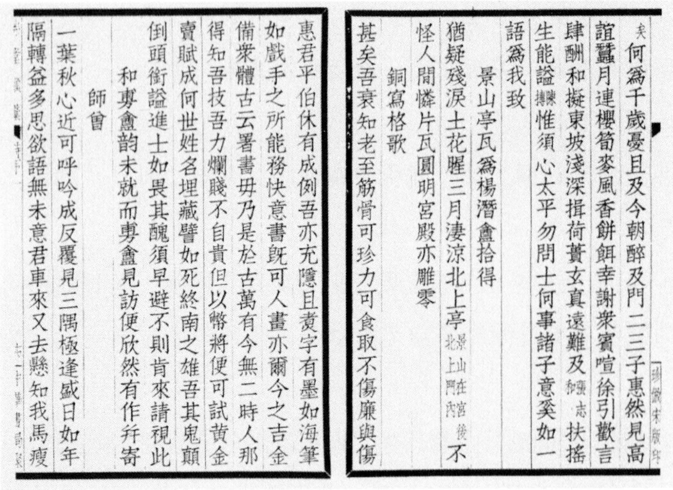

插图 2　《弗堂类稿》书影

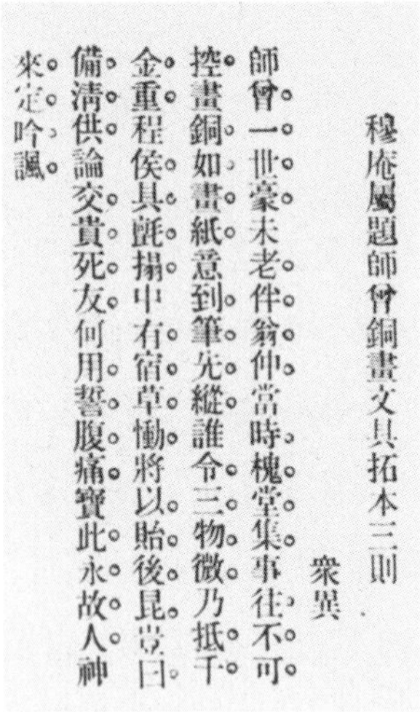

插图 3　穆庵属题师曾铜画文具拓本三则

定吟讽。[7]【插图 3】

由此可知“铜画文具”是时人对“刻铜文房用具”的称呼。

（三）关于“亲笔画稿”

在文物收藏界，历来以“工”之多少与好坏来衡量同类器物的价值高低。所谓“工”，就是指器物的纹饰。一方面，“工”代表了制作时工匠所付出的劳动，代表着制作工艺之复杂程度，这符合“劳动创作价值”的普遍原理；另一方面，“工”往往是图案或文字，其中或多或少都蕴涵着历史价值、文化价值和审美价值。何况孔子说：“文犹质也，质犹文也。”[8] 虽是论人，用于论器，亦无不妥，器物的铭文恰恰是器物身份的标识，是其本质属性的一部分。因此，有没有工，工好不好，是否满工，是否有文字，都成为衡量古器物价值的重要因素。

刻铜文房，既然有“刻”，必然有“工”。在所有带“工”的刻铜文房中，最

[7] 穆庵属题师曾铜画文具拓本三则，见《青鹤》1937 年第 5 卷第 16 期，第 1 页。穆庵即程康（1889—1965），字穆庵，号顾庐，湖南宁乡人。出身于书香世家，青年时即蒙陈衍赏识而有诗入选《近代诗钞》，师承顾印愚先生，著有《顾庐诗钞》，子程千帆（1913—2000）继承家学，成为文史学家。梁鸿志（1882—1946），字仲毅，后改字众异，福建长乐人。清代名士梁章钜之孙。世居长乐，官宦世家、书香门第。抗战期间，梁鸿志出任汪精卫伪中华民国维新政府行政院长，抗战胜利后被国民政府以汉奸罪处决。

[8] 语出《论语·颜渊》，转引自李泽厚：《论语今读》，世界图书出版公司，2018 年，第 220 页。

受关注和追慕的就是所谓“亲笔画稿”刻铜。收藏界对“亲笔画稿”的界定尚无统一标准，其内涵亦有宽严之别。严格的“亲笔画稿”刻铜，是指书画家直接参与在铜制文房器具上亲自动笔进行写画创作，完稿后再由铜师——即刻铜匠人，用刀具刻制、打磨、抛光，最终制成的文房器具。而较为宽松的“亲笔画稿”，则可包括“书画家参与，直接为刻铜者提供适于在铜质载体上雕刻的画稿”[9]，再经工匠完成制作的文房器具。这里所说的“适于在铜质载体上雕刻的画稿”，可以是直接创作于铜质载体上，也可以是创作于纸或其他材质上的书画墨稿。无论宽严，二者都突出强调了“书画者与刻铜者分工与配合”，这就有别于过去仅由匠人（刻铜者）凭藉自身技能所完成的作品，也因此开创出中国铜器艺术的新局面，绽放了晚清民国刻铜文房绚烂高雅的艺术奇葩。

严格的“亲笔画稿”刻铜文房，特别是姚茫父、陈师曾、齐白石、金拱北等书画名家参与创作的“亲笔书画刻铜”，不仅是刻铜文房收藏爱好者的“心头好”，是金字塔尖上的钻石、珍珠，存世稀少，价格高昂，以至一器难求。即便在当时，也是十分珍贵难得的。而书画家与刻铜匠人的合作，首推姚茫父、陈师曾与同古堂张樾丞、张寿丞的合作。其主要方式，应是书画家到刻铜店铺进行现场创作，关于这一点，陈师曾之子陈封雄在《陈师曾的画铜艺术》文中谈道：

> 我随先父到那个只有一间门面的同古堂去过几次。那时我年幼，现在只依稀记得那个店的后半部分是作坊。先父去了就直接到后面找张老板，作坊案子上摆着许多新制成的光板白铜墨盒和铜尺，上面已经均匀地涂了一层细白粉，等待书画家动笔。先父挑选了中意的墨盒或铜尺后，便在上面作画。通常都是画他最擅长的竹、梅、菊。有时墨盒体积较大（现从所遗拓本中发现有一个圆墨盒盖的直径达 21 厘米），便勾勒一幅线条较繁的山水画。
>
> 先父在铜件上创作的画都由张樾臣亲自奏刀，因为他的刻工最精，对先父的绘画体会最深，所以刻出来的作品与原作不爽毫厘，能将先父的绘画风格完全表现出来。
>
> 因先父在国画界享有盛名，所以同古堂极欢迎先父去作画。它所售刻有先父画作的墨盒等物虽然价格稍昂，但销路甚佳。

[9] 参见厚畬：《黄济国先生收藏的民国画稿墨盒》，《艺术中国·文化生活》2019 年第 10 期，第 103-107 页。

> 与刻铜专家合作，在铜墨盒上作画是先父极感兴趣的艺术生活一部分。每次他到同古堂小坐，总要留下三五幅画。不足十年，同古堂张氏兄弟大概雕刻了上千件先父的作品。

茫父先生1916年为好友聂树楷所写《梅花》铜盒上，有题跋云："以草法运篆势，为寒梅写照，适称古秀。刻竟，过同古堂补题。茫父。"则是当事人在同古堂现场留在写铜作品上的确证。

还有一种方式，则是买家先去刻铜店铺购买光素文房，再去请相熟的书画家在上面进行创作，然后再拿回店铺请铜师刻制完成。这种方式也有当事人的记录为证，茫父先生同年好友熊范舆的儿子熊伟，也是茫父妹夫熊述之的亲侄子，曾经回忆其在北京大学读书期间：

> 曾数度到琉璃厂同古堂买素面铜墨盒，请店员上粉，拿到莲花寺请姚伯伯挥毫，他也总是立即执笔。当我拿回同古堂刻制，店主每次都非常吃惊，这青年怎么这样快就央到姚茫父的手迹，连他们店都要等很多天！[10]

本书探讨莲花盦写铜，所选作品，无论实物或拓片所据之实物，皆指由莲花盦主人姚茫父先生亲自在铜制文房器具上进行写画，再经张樾丞、张寿丞、姚锡久等铜师以刀刻出，所共同创作完成的刻铜文房。也就是严格意义上的"亲笔画稿"刻铜文房。书中所收录的实物和拓片资料均本着这一原则进行遴选，但是，鉴于茫父亲笔画稿的文房实物较为少见，所以书中所选实物，并非全都符合严格意义的"亲笔画稿"，不排除有个别作品是根据画稿或拓本进行翻刻的。笔者曾撰文《亲笔诚可贵，复刻价亦高——茫父款嗜酒爱修竹图铜镇考辨兼论复刻文铜之价值》对此略作讨论，并且希望破除对"亲笔画稿"的过分关注，回归刻铜制品的艺术价值和工艺价值。

有鉴于"亲笔画稿"定义的模糊性，笔者建议将其拆分为"亲笔"和"画稿"两个概念，前者可特指严格意义上的"亲笔画稿"文房制品；而后者则特指书画作者仅提供纸本稿件，再经刻铜工匠上稿、刻成的文房制品。"画稿"虽然也是书画家亲笔完成，但是并非直接创作于铜制文房上面，所以对于文房制品而言就不能算

[10] 杜松竹编著：《贵州英杰——熊毅与熊伟》，贵州人民出版社，2000年，第76页。

作严格意义的"亲笔"作品。

此外，根据书画家参与刻铜文房创作的方式和参与程度，笔者认为可以借鉴中国文物分级的模式，将刻铜文房从高到低划分为如下 7 个等级：

一级甲等：名店出品，名师操刀，名家亲笔，即所谓书画、刻工、制作皆精良的顶级文房；

一级乙等：名店出品，名师操刀，名家画稿，或以亲笔拓本复刻，此类制品与亲笔者相去不远，甚至"雌雄莫辨"；

二级甲等：名店出品，普通铜师，中小名头书画家亲笔；

二级乙等：名店出品，普通铜师，中小名头书画家画稿或亲笔拓本复刻；

三级制品：虽无名头，但材质、做工、刻工、书画内容皆有可取之处、或可堪把玩的制品；

普通制品：没有名头，材质、做工、刻工、书画内容皆乏善可陈者；亦包括同时代翻制、仿制，但平淡无奇者；

伪劣制品：各时期的粗制滥造、荒诞臆造、假冒伪劣以射利之物，这类商品往往充斥各地市场，藏家切要当心，避之唯恐不及。

以上笔者浅见，借此书出版，愿"野人献芹"，就教于方家。

三、源远流长的刻铜与文房

"物有本末，事有终始"，若欲厘清刻铜文房的来龙去脉，需将其置于刻铜器具的发展史与文房器具的发展史中进行综合考察。

中国使用铜器的历史比文房早很多，目前普遍认为中国最早的青铜器，是 1975 年出土于甘肃马家窑文化遗址的单刃青铜刀，距今约 5000 年。这把刀长 12.5 厘米，为单范铸成，形制简朴，光素无文，亦无血档及缳首等部件。早期铜器多发现于我国西北，印证了青铜技术西来之说。中国本土广泛使用青铜器应在距今约 4000 年的二里头文化期，即夏朝，开启了中国青铜时代。

随着商周时期青铜时代的繁荣和发展，铜器形制日趋多样，工艺日趋繁复，并且越来越普遍地出现纹饰与文字。在古代青铜器上所铸造或錾刻的文字一般称为青铜器铭文，即俗称"金文"或"钟鼎文"者，内容往往关涉器物的主人、家族及其重要事迹，也因此成为古史研究中不可多得的宝贵资料，自北宋以来即为历代学人所重。

茫父先生是晚清民国重要的金石学家，其所撰《论文后编》中对“铭文体”论述最为精当：“功德之辞，施于不朽者，其文曰铭。俾志不忘，故兼警戒，其以垂戒名者，惟箴专之。而铭所由勒，则金石相代，金必鼎彝，石必碑碣，则碑铭碣铭兴焉。”又云：“铭文最古，旧史所称，黄帝始作。铭者何也，盖器物款识，古人制器，必刻之辞，示不忘也。三代以来，制作不绝，经典百家，皆可考见。其最名者，大禹谗鼎，周武矢栝，汤盘孔鼎，恒曜古今。要皆安不忘危，颂不忘规，古之义也。其后子孙有事，则制器刻铭，以享祖考，称颂功德，以美君父，其辞或文或否，通谓之铭。”[11]

古史层累，真伪羼杂。文中所云“黄帝始作”者，即《汉书・艺文志》所云《黄帝铭》六篇，其文辞应不早于西周。“大禹谗鼎”，其物固已无存，其名却因《韩非子・说林下》篇而得流传：“齐伐鲁，索谗鼎，鲁以其赝往。齐人曰：‘雁也。’鲁人曰：‘真也。’齐曰：‘使乐正子春来，吾将听子。’鲁君请乐正子春，乐正子春曰：‘胡不以其真往也？’君曰：‘我爱之。’答曰：‘臣亦爱臣之信。’”此虽战国寓言，却让我们知晓，至少在当时已有青铜器作伪之事。至于“谗鼎”是否曾经存在，即使真的存在过，但是否真为大禹所作，则无从考证矣。《左传・昭公三年》记载晏子使晋与叔向各论国情，藉晏子之口说：“公室之卑，其何日之有?《谗鼎之铭》曰：‘昧旦丕显，后世犹怠。’况日不悛，其能久乎？”[12]则确切地告诉我们，谗鼎是有铭文的，若果为大禹时代，则距今已近四千年矣。

上古铜器，例无凡物，多有纹饰与文字，商周时多为铸铭，即刻铭于范，再翻铸于铜器之表（多在腹部和底部）。铸铭青铜器多见，最著名者当属1939年3月在河南安阳出土的后（一说司）母戊方鼎，现藏于中国国家博物馆，乃商王祖庚（前1191—前1185）或祖甲（前1184—前1152）为祭祀其母戊所制，是迄今世界上出土最大、最重的青铜礼器，为商周时期青铜文化的代表杰作，其鼎腹内壁上铸有“后母戊”三字，因此得名。

最迟至商晚期已出现刻铭青铜器，即在铸造成型的铜器表面上直接錾刻文字或图案。1982年在安阳戚家庄东墓地发掘的M 63，是一座竖穴土坑墓，出土青铜器

[11] 姚华：《论文后编》之目录上第二、中第三，见《弗堂类稿》，“论著甲”，上海中华书局，1930年，第五页、第二十五页。

[12] 唐品主编：《左传全集》，天地出版社，2017年，第236页。

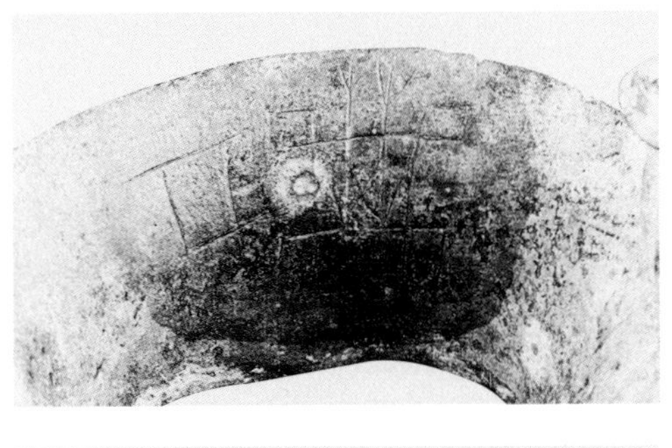

插图 4　安阳戚家庄东墓地M 63 出土商晚期青铜器上的刻铭及其拓片

37 件，其中 4 件上有简单铭文【插图 4】，线条偏弱，笔画有交叠，明显可见“多次运錾、錾子偏离的痕迹，字口毛糙”[13]。可知刻铭在当时还很初级，实例极为罕见。

晋侯稣钟则是西周（前 11 世纪—前 771 年）著名刻铭青铜器【插图 5】，全套编钟共 16 件，其中 14 件曾被盗流失境外，现藏于上海博物馆，“漏网”的 2 件经考古发掘出土，现藏山西博物院。16 件稣钟共刻有铭文 355 字，记录了西周厉王三十三年，晋侯稣率军追随厉王征伐东夷的战功，可补史籍之阙，故有重要的历史价值。这也是目前所知西周青铜器中最早的刻铭，其线条已臻流畅，錾刻技艺已趋成熟。

现藏于宝鸡青铜器博物馆的国家一级文物秦公镈【插图 6】，是国家公布的第二批禁止出境展出的珍贵文物之一，1978 年出土于陕西宝鸡太公庙村。这是秦武公（？—前 678）祭祀祖先的礼器镈钟，其铭文 135 字，主要为秦襄公被赏宅受国的丰功伟绩，提及襄公、文公、静公、宪公等四代秦公世系，距今已有两千七百余年历史。秦公镈铭文即为镌刻者，刀工十分沉着老辣，可知铜上刻铭工艺至此已臻成熟。

[13] 感谢苏荣誉先生提供资料，图片见安阳市文物考古研究所：《安阳殷墟：戚家庄东商代墓地发掘报告》，中州古籍出版社，2015 年，第 178–180 页。

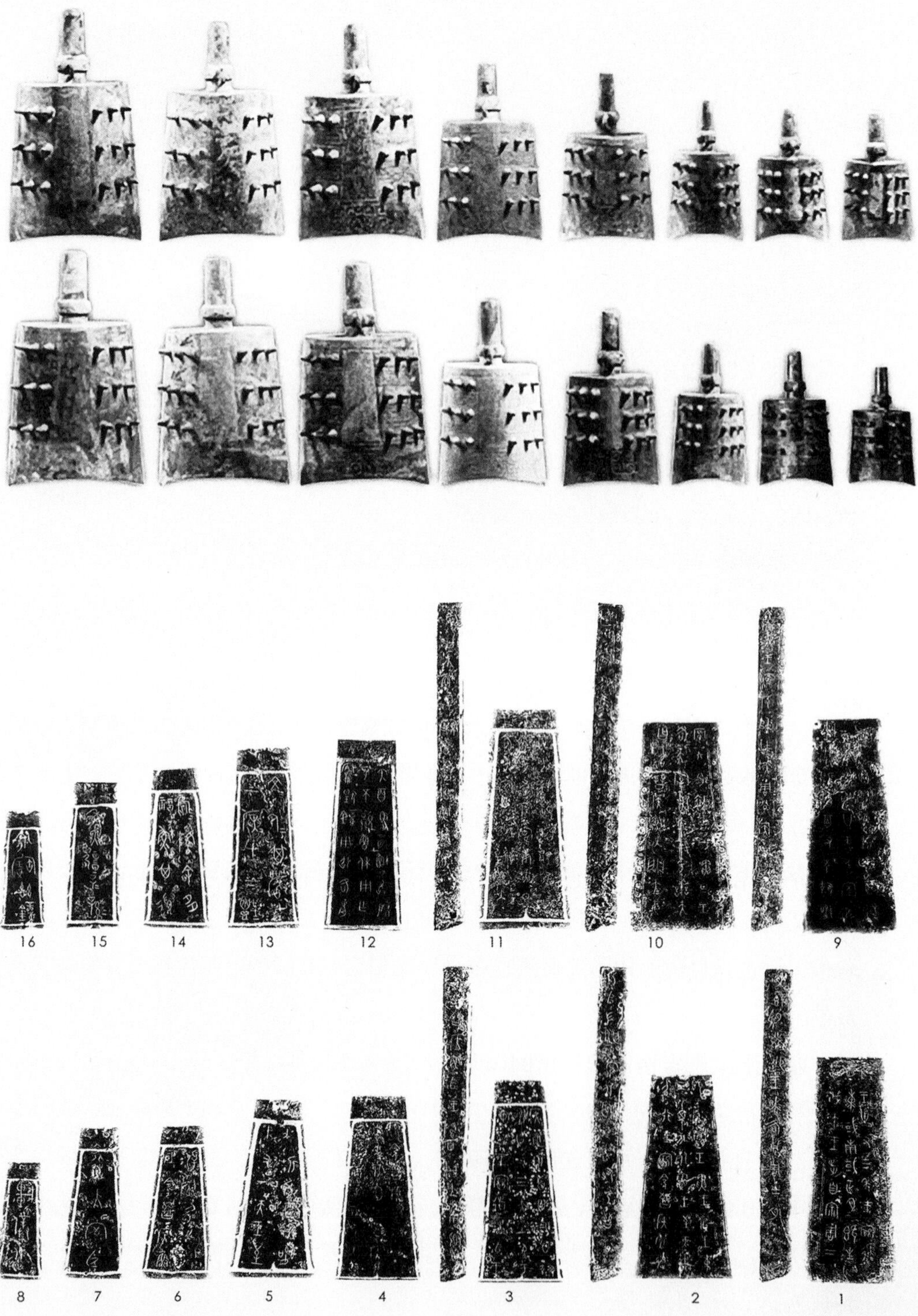

插图 5　西周晋侯稣钟及其铭文拓片

插图 6 秦公镈及其刻铭细部

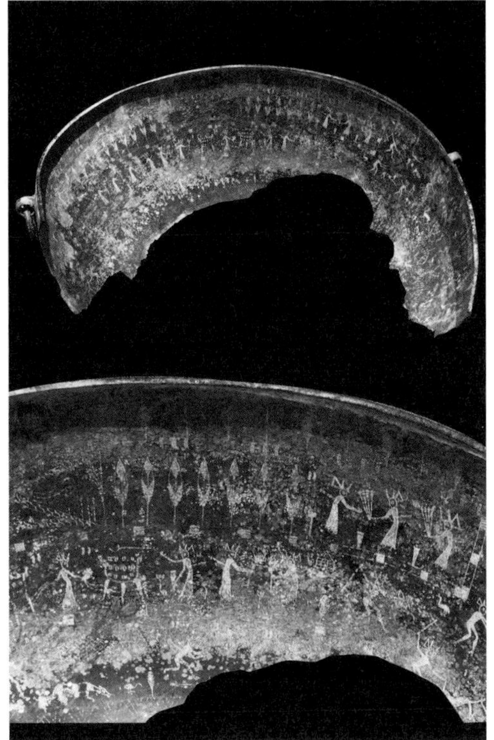

插图 7 河南省博物院藏战国刻纹铜鉴残片

铜器刻铭至战国时已非常普遍，而早期铜器刻画纹饰者则不多见。河南省博物院展出的战国刻纹铜鉴残片【插图 7】，则更为珍稀。该残器出土于辉县，在槌制的薄型铜器上，刻划楼台、人物、鸟兽等纹饰，线细如发，刚健婀娜，内容丰富。虽然残损严重，但从残余部分仍可感受其刻铜技艺之高妙，是十分珍贵的早期图画类刻铜艺术代表性实物。

无须更多举例，刻铜艺术为我们留下大量宝贵的文献和图像资料，对于研究中国古代文明留下不可多得的证物，也因此受到历代学者之重视。如罗振玉《三代吉金文存》即所录大量早期青铜器铭文拓本，以广流布，嘉惠学林。[14]

文房，古时特指朝廷设置的掌管文书之所，到唐代已兼有文人书房之义。南唐后主李煜的“建业文房”堪称代表，他有一方“建业文房之印”，喜钤盖在所藏书

[14] 罗振玉（1866—1940），字式如、叔蕴、叔言，号雪堂，晚号贞松老人，浙江上虞人。近代农学家、教育家、考古学家、金石学家、敦煌学家、目录学家、校勘学家、古文字学家。毕生致力于搜集和整理甲骨，铜器、简牍、明器、佚书等文物资料。先后出版《敦煌石室遗书》《鸣沙石室佚书》《敦煌古写本周易王注校勘记》《贞松堂历代名人法书》《高昌壁画精华》《殷墟书契》《殷墟书契菁华》《三代吉金文存》等。对中国近代科学、文化与学术贡献至伟。

画上。至晚北宋时，文房已被用来代指文人书房中的各种用具，成为一专门词汇。北宋苏易简（957—995）著《文房四谱》记载历代笔、墨、纸、砚其定义、沿革、产地、制作技术、典故轶闻及赞咏“文房四宝”之诗词。其中，笔谱二卷，砚谱、纸谱、墨谱各一卷，并附有笔格（笔架）、水滴（贮水供磨墨用的文具），是一部较为系统、完备的文房简史。

考之毛笔书写，至少可追溯到三千余年前的殷商（约前 1600—前 1046）晚期，安阳殷墟出土甲骨文中已出现笔的象形文字，形似手握笔的样子，也出土少量写而未刻的甲骨残片，可证毛笔使用之久远【插图 8】。事实上，笔、砚的使用甚至可以追溯到距今约五千年的新石器时代晚期，1980 年在陕西临潼姜寨村发掘的一座该时期的墓葬中，出土了石砚、研杵、染色物和陶制水杯等器物，从彩陶的纹饰花纹可辨认出毛笔描绘的痕迹【插图 9、插图 10】。在湖南长沙左家公山和河南信阳长台关两处战国楚墓里分别出土一支竹管毛笔，是目前发现最早的毛笔实物【插图 11】。

书写需有墨，研墨需有砚，可以推知墨、砚的历史大体与毛笔同样悠久，此不赘述。晚清民国，西风东渐，钢笔、墨水传入中国，以其时尚与便利而逐步替代了有着三千余年历史的毛笔书写。特别是新中国成立后，书法逐渐退居社会生活的边缘，由实用为主转而成为一项专门的艺术门类。以“笔墨纸砚”为标志的文房用品也渐次分化为“专业用品”与“工艺礼品”两大系统。

四、璀璨一时的刻铜文房

伴随文人墨客须臾不可或缺的笔墨纸砚等文房用具，在传承数千年的历史长河中，曾涌出一朵奇特璀璨的浪花，那就是肇始于清嘉道时期、寂灭于 20 世纪中叶（随着近年收藏热而重新出现的仿制、新制则不在本书讨论之列）的刻铜文房。

关于以铜墨盒为代表的铜制文房之起源，学界尚无定论。史学家邓之诚《骨董琐记》有“墨盒”条，云：

> 墨盒之制，不详始于何时？相传一士人入试，闺人以携砚不便，为渍墨于脂，盛以粉奁，其说特新艳，然无确据，大约始于嘉道之际。阮文达道光丙午，重赴鹿鸣，以旗匾银制墨盒，其制正圆，为天盖地式，旁有二柱系环内，光绪初叶，尚藏其家。京师厂肆专业墨盒者，推万礼斋为最先，刻字则始于陈寅生

插图 8　安阳殷墟出土写而未刻的甲骨残片

插图 9　陕西姜寨出土新时期晚期彩绘陶盆

插图 10　陕西姜寨出土新时期晚期石砚、石杵等器物

插图 11　长沙左家公山 15 号墓出土战国毛笔

> 秀才。寅生名麟炳，通医、工书画，自写自刻，故能入妙，时同治初元也。[15]

开篇既云："墨盒之制，不详始于何时……大约始于嘉道之际。"又介绍了清乾嘉时期著名学者阮元（1764—1849，字伯元，号芸台，谥文达）的银质墨盒，光绪初叶，尚藏其家。文中提及陈寅生及其"万礼斋"，据周继烈先生考证，"万礼斋"实为"万丰斋"之误。陈寅生（1830—1912），名麟炳，字寅生，顺天（今北京）人。清代刻铜名家，公认为在墨盒上刻文字、图案的第一人。秀才出身，精书法、擅篆刻，同治初年在京师琉璃厂设"万丰斋"专事刻铜，自书自刻，故能入妙，传颂一时。

署名"鲁道人"者所作《墨盒考》一文，1939 年刊于《新天津画报》，对墨盒起源与发展考证简明扼要，尚未见他人引述，文不很长，故不惮其烦，全文录出：

> 文房之用墨盒非古制也，实擢兴于有清道光朝，固始祝蘅畦大宗伯庆蕃[16]。宗伯系嘉庆十九年第一甲二名进士，夙工白摺，而用墨尤精。墨盒之制，为其独创。定远方子箴力伯浚颐[17]《二知轩诗钞》有祝兰畦墨盒诗并叙，言之颇详。但古人作书，砚必新涤，泉必新汲，然后所磨之墨，始得精神。兹则以凝积宿汁见长，亦足觇见爱之一端矣。科举时代，以其取便于场屋，是故风行极盛，而琉璃厂肆，操是业以牟利者，式样不一，精益求精刻画之工，尤称绝技。先星桥长兄，喜爱收藏是物，身后检其箧衍，大小方圆，竟有百八盒之多。先中宪公谓其为玩物丧志，盖有因也。兄善摹写小楷，积其所临历科朝考大卷，高至尺许。生前尝云："予书实不佳，惟仗有好墨盒，资我臂助，故可以欺外行耳。"洎归道山后，先中宪公旋即交卸乐清县篆，侨居杭州，屡次迁移，凡兄之所有遗物，强半散佚，至今追思，又岂人琴之感而已哉。驯至近今，士习沾染欧风，漫云竞尚铅笔，手锥可废，而松滋侯故实，更无人问鼎，更何怪墨水淋漓，致使举世盲从，而有一塌糊涂之势也。最奇者，苟欲向市肆购求陈墨，竟至十柴茶扉九不开，甚至冒昧而言曰："君患咯血症耶？多年墨剂，或者药

[15] 邓之诚著，邓珂增订点校：《骨董琐记》，中国书店，1991 年，第 158 页。

[16] 祝庆蕃（1777—1853），字晋甫，号蘅畦，河南固始人。清嘉庆十九年（1814）甲戌科第一甲二名进士。官至内阁学士、礼部侍郎。

[17] 方浚颐（1815—1889），字子箴，一字梦园，号饮茗，安徽安远人。道光二十四年（1844）进士，历任两广、两淮盐运使、四川按察使等，一生经历嘉庆、道光、咸丰、同治、光绪五朝。著有《梦园丛说》《二知轩诗钞》。

铺中，尚可物色少许，亦未可知。”岂非奇谈。总而言之，吾国文化，长此以往，殆将不灭而自灭，闻言思之，真堪痛哭长太息焉尔。[18]

这段文字虽短，但其中所包含的信息量却不小，简要归纳如下四点：

一是墨盒为嘉道时期河南固始人祝庆蕃（1777—1853）所创制，因科举时代取便于场屋，是故风行极盛。

二是北京琉璃厂操是业以牟利者众多，所制墨盒式样不一，而精益求精刻画之工，尤称绝技。

三是墨盒虽为实用器，但刻画精良者最迟在当时就已成为收藏品，作者鲁道人的兄长星桥先生即喜爱收藏是物，大小方圆，竟有百八盒之多。

四是到20世纪30年代，因受欧风影响，毛笔渐废，于是墨盒、墨汁、墨锭亦渐渐无人问津，乃至无处购买。作者为此发出感慨：“吾国文化，长此以往，殆将不灭而自灭，闻言思之，真堪痛哭长太息焉尔。”

铜墨盒到底产生于何时？早年毕业于吉林大学历史系、曾任辽宁古籍出版社社长兼总编辑的徐彻先生在其所著《趣谈中国铜墨盒》书中，对此有详细探讨，归纳了“明代说”“清初说”与“嘉道说”三种主要观点，并详加引证、分别剖析，最终认为：“明代说缺乏过硬的实物证据。清初说虽然有实物证据，但略显单薄。笔者还是倾向嘉道说，即嘉庆道光年间，亦即嘉庆元年（1796）至道光三十年（1850）之间。但在嘉道之前已经产生铜墨盒的可能性也是很大的。”[19]

周继烈先生亦持此观点。笔者无意对此进行更深入探讨，兹从徐彻先生之说。从嘉庆（1796—1820）、道光（1821—1850）肇始，到20世纪中叶渐渐退出历史舞台，以铜墨盒为标志的刻铜文房历史不过短短百数十年。[20]在这一发展进程中，陈寅生（1830—1912）和张樾丞（1883—1961）是两个十分关键性人物，前者于同治初年（约1862）在琉璃厂创设了专事刻铜文房的万丰斋，开启了文人参与刻铜的先河；后者则在民国元年（1912）创设了同古堂，通过与姚茫父、陈师曾等书画名家合作，将刻铜文房的艺术性推到巅峰。由此可将刻铜文房的发展史划分为三个阶段：

第一阶段：大约在1796年至1862年。这是刻铜文房的发端与探索期，其特征是以光素器物、简单纹饰线刻为主，延续了中国铜器刻铭、刻纹的工匠传统，总体

[18] 鲁道人：《墨盒考》，见《新天津画报》1939年第10卷第5期，第1页。

[19] 徐彻：《趣谈中国铜墨盒》，百花文艺出版社，2004年，第6-10页。

[20] 如果从嘉庆十九年（1814）祝庆蕃中进士算起，至1949年为止，大数是135年。

上艺术水平不高。这一时期的刻铜文房，大都没有年款，也少见名款，特别是工匠的名字，只能从风格上进行大致推断。依邓之诚所记，早期铜墨盒形制为正圆、天盖地式，旁有两柱，无砚板，多无刻工。所谓天盖地式，就是顶盖全部覆盖底座。

第二阶段：从大约1862年至1912年。这是刻铜文房趋向雅致化时期，由于受过良好教育的陈寅生秀才“弃文从匠”，加入到刻铜行业，同治初年在京师琉璃厂设“万丰斋”专事刻铜，于是，刻铜文房由匠人时代进入文人时代。寅生秀才出身，精书法、擅篆刻，方寸间多《兰亭集序》《治家格言》等长篇巨制。自书自刻，以刀代笔，故能入妙，字字珠玑，名重一时，受到文人雅士的追捧。以致“凡入都门购文玩者，莫不以有寅生所刻为重，足以与曼生壶並传”。[21]

这一时期，在陈寅生的带动下，铜师署款变得流行，而刻铜文房一扫过去之“匠气”，变得愈发“文质彬彬”，成为都门特产之馈赠佳礼，于是出现受赠人和赠与人的名款也越来越普遍。

第三阶段：从1912年至20世纪50年代。其中最重要的是1912年至1930年，这大体上也是姚茫父参与刻铜文房写画的时期。笔者认为，甚至可将民国元年（1912）视为百余年刻铜文房史的分界点，正是在这一年，来自河北的张樾丞在北京琉璃开设了同古堂，专事经营篆刻图章及刻铜文房。正是由于以金石篆刻著称的张樾丞广泛交往社会名流，因为姚茫父、陈师曾的示范和带动，才开辟出书画名家与社会名流广泛参与刻铜文房制作的全盛时代。如果说陈寅生代表了清代刻铜文房的最高水准，那么，同古堂张樾丞、张寿丞兄弟则开创了无法逾越的民国刻铜文房艺术巅峰！对此，西安学者兼收藏家厚盦先生有过概况表述：

> 民国初年，由于书画家参与，直接为刻铜者提供适于在铜质载体上雕刻的画稿，从而改变了清末刻铜作品自写自刻的主流，书画者与刻铜者分工与配合，在清末刻铜的基础上传承与发展，出现了与往昔风格截然不同的刻铜作品。这样的改变，究其实质为书画大家的积极参与并主动对其纸质载体书画作品表现形式所做的种种改变，摒弃表现力极强的色彩以及墨色的变化，将纸质绘画作品中不易在刻铜上表现的面变化为点为线，而这种改变绝非随意，反而是经过书画家深思熟虑且在实践中不断尝试、调整、完善的结果，这种变化极其用心，甚至推测最初在一些作品的具体用刀上，书画家也对刻铜者提出了具体要求、

[21] 徐珂：《清稗类钞》第32册《鉴赏（下）》，商务印书馆，第328页。

指导和建议，这样的紧密合作，在较短时间内成就了民国画稿类刻铜作品繁简俱美的状态。也因此实践，为木版水印笺纸提供了良好的借鉴。[22]

刻铜文房第三阶段最大的特点也是最大的亮点，就是书画家和文化名人、政要的直接参与。他们不仅亲力亲为在铜制文房上写画，而且姚茫父、陈师曾等人还亲自指导铜师改进技艺，以完美再现艺术家的书画作品，形成良好互动，一时蔚然成风。

很难想象，除了民国时期的刻铜文房之外，还有哪一种工艺美术品，能够有机缘让层次如此之高、数量如此之多的“风流人物”参与其中，与匠人（铜师）分工合作，共同完成艺术水准如此之高的工艺制品，开创出民国初年“书画铜”一时之盛。就目力所及，书画名家如：姚茫父、陈师曾、王梦白、陈半丁、齐白石、汤定之、金拱北、陈伏庐、周肇祥、胡佩衡、萧谦中、肖俊贤、林琴南、吴观岱、章浩如、吴待秋、张伯英、黄秋岳、余绍宋、汤定之、丁佛言、寿石工、罗复堪、溥心畬、张大千、马晋、吴镜汀、汪慎生、凌文渊、邱石冥、颜伯龙、于非闇、徐燕孙、吴光宇、王雪涛等等，社会名流如：梁启超、陈三立、徐世昌、傅增湘、袁励准、宝熙、沈增植、钟刚中、马衡、李拔可、周作人、梅兰芳、袁克文等等，不胜枚举。

举凡京派美术界代表人物太半曾参与其事，政要贤达亦不乏其人，而这一局面的形成，毫不夸张地说，茫父、师曾之功最巨，所以俞剑华在其所著《中国美术家人名词典》中才会称茫父先生“与陈师曾最善，京师所制铜墨盒面图画，精者多出其与师曾手笔”[23]。

璀璨一时的刻铜文房，为绵延三千余年的中国铜器史续写了一段精彩的乐章，而以姚茫父、陈师曾为代表的书画名家的广泛参与，更令这精彩乐章熠熠生辉。“人事有代谢，往来成古今。”孟浩然的千古名句道出了亘古不变的规律和宿命，再精彩的宴席，终会散场；再难忘的演出，终会谢幕。曾经被广大文人雅士所喜爱的刻铜文房，如今已近绝响，退出了历史舞台。

[22] 厚盦：《黄济国先生收藏的民国画稿墨盒》，《艺术中国·文化生活》2019年第10期，第103-107页。

[23] 俞剑华：《中国美术家人名辞典》，上海人民美术出版社，2009年，第589页。俞剑华（1895—1979），名琨，剑华其字，山东济南人。1918年毕业于北京高等师范学校图画手工科，受业于陈师曾。曾任上海美术专科学校、新华艺术专科学校、国立暨南大学教授。1949年后，历任华东艺术专科学校、南京艺术学院教授，中央美术学院民族美术研究所研究员。擅山水，亦作花卉，尤精美术史论研究。

五、近代刻铜艺术第一人

笔者接触刻铜文房逾十载，因专注于茫父研究而专门积累莲花盦写铜资料，在本书成稿的过程中，又得到诸多师友的鼎力支持，大量新资料纷至沓来，目不暇接。在系统梳理、认真考证茫父写铜作品的过程中，笔者越来越强烈地感到，文人士夫参与刻铜文房之制作而能誉满天下如姚茫父先生者，古往今来并无第二人。

长久以来，坊间所有茫父款刻铜作品拍卖介绍，甚至许多涉及茫父小传的严肃专著，皆将姚茫父与陈寅生、张樾丞并举为“近代刻铜三大家”。其实姚华并不刻铜，本文无意对此进行辩驳，周继烈先生《铜匣古韵》已有辨析。可以肯定的是，姚茫父积极参与刻铜文房之写画，亲自指导铜师改进技艺，甚至亲自拟定写铜润格，提携刻铜新锐，在其长达近二十年的中晚年人生中，参与创作了数以千计的刻铜文房器具，幸存至今者遂成收藏界最受追捧的“茫父亲笔”书画刻铜，这些都是不争的事实。如果从介入时间之早、参与时间之久、介入程度之深、作品体裁之广、作品数量之多、影响范围之大等诸多方面综合考量，茫父先生则无可置疑地是此间独领风骚、多产高标的盟主级人物。就实际对近代刻铜艺术所作贡献而言，推其为晚清民国第一人，绝非过誉！

（一）茫父介入写铜时间管窥

如果论及民国书画家介入刻铜艺术，目前所知姚茫父应该最早。从已知文献记录看，他在民国元年（1912）已参与了刻铜寿屏的写画，而恰恰在这一年，民国刻铜名家张樾丞（1881—1961）在琉璃厂创设了同古堂。

是年三月，茫父先生的内兄罗灿五生日，其哲嗣罗半山即先生内侄暨及门弟子，时在北京筹边高等学校就读，[24] 因制铜寿屏并请茫父为其尊人题字，茫父为赋七律《半山属题铜屏，为其尊人灿五先生寿》：“叱叱风云杖策归，征尘又𢃄一官微。青丝镜雪高堂远，红叶霜蔬故里肥。天外雁行秋断续，画中人境意芳菲。江山刻划坤灵感，愿列欢筵竞舞衣。”【插图 12】[25]

[24] 北京筹边高等学校前身为北京殖边学堂，宣统元年（1909）一月九日由在京蒙古王公发起创办，以培养蒙藏专门人才为旨，设蒙古、卫藏两科，学制 3 年。民国元年（1912）与满蒙学堂合并，更名北京筹边学校。1914 年因经费问题而停办，其在读学生转入法政专门学校肄业。

[25] 诗见姚华《弗堂类稿》“诗辛”，第十四、十五页。亦收入邓见宽编：《姚茫父画论》，贵州人民出版社，1996 年，第 276 页。

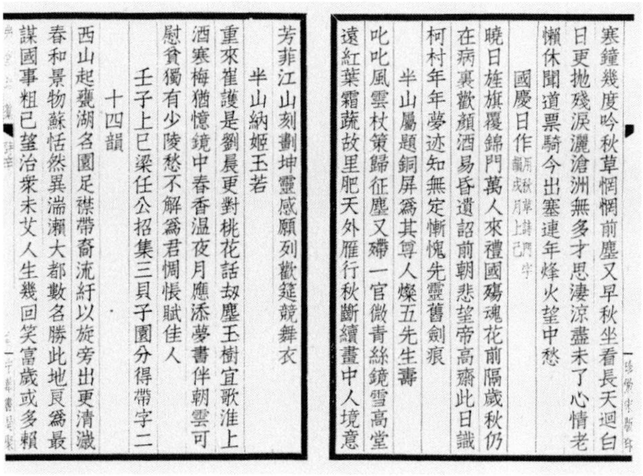

寒鐘幾度吟秋草惘惘前塵又早秋坐看長天迴白
日更抛残淚灑滄洲無多才思淒涼盡未了心情老
懶休聞道票騎今出塞連年烽火望中愁
國慶日作
曉日旌旗覆錦門萬人來禮國殤魂花前隔歲秋仍
在病裏歡顏酒易昏遺詔前朝悲望帝高齋此日識
柯村年年夢迹知無定慚愧先靈舊劍痕
半山屬題銅屏為其尊人燦五先生壽
叱叱風雲杖策歸征塵又殢一官微青絲鏡雪高堂
遠紅葉霜蔬故里肥天外雁行秋斷續畫中人境意
芳菲江山刻劃坤靈感願列歡筵競舞衣
半山納姬玉若
重來崔護是劉晨更對桃花話刼塵玉樹宜歌淮上
酒寒梅猶憶鏡中春香温夜月應添夢書伴朝雲可
慰貧獨有少陵愁不解為君惆悵賦佳人
壬子上巳梁任公招集三貝子園分得帶字二
十四韻
西山起龑湖名園足襟帶裔流紆以旋旁出更清瀸
春和景物蘇恬然異湍瀨大都數名勝此地㫗為最
謀國事粗已望治衆未艾人生幾回笑富歲或多賴

插图 12　《弗堂类稿》书影

这是目前所见茫父写铜之最早记录，或许在一定程度上也可揭示茫父先生介入写铜创作的初衷：即应亲朋好友之请，在铜制文房表面创作书画，以增强其艺术系、观赏性和纪念性。这里笔者愿意借用著名美术史论学者巫鸿先生在其专著《中国早期美术和建筑中的纪念碑性》（*Monumentality in Early Chinese Artand Architecture*）一书中的概念：“纪念碑性”（Monumentality），显然罗半山请茫父先生题写这件为父亲祝寿的铜屏，正是要增强其纪念性，这也正是传统之寿屏固有之意义所在。

不无遗憾的是，这条写铜记录只有文献证物，尚缺少实物或拓本为证。唯一证据是茫父这首题画诗，《弗堂类稿》中有录，其孙婿邓见宽辑录在《姚茫父画论》中，标注“作于 1912 年”。不知邓见宽先生是否见到过这件铜屏的实物，考虑到罗家后人居住在贵阳，邓见宽先生也在贵阳，罗姚两家联姻，罗灿五是茫父夫人罗氏的族兄，其子罗半山、孙罗承侨都是茫父先生的学生，两家后人应该仍有往来，铜屏估计仍在罗氏后人手中，期待有公布于世之时。

茫父写铜作品实物存世稀少，所见资料以旧拓为主，主要来自同古堂张寿丞自留拓本集和茫父自留《今器款识》。其作品多有年款，目前所见最早一件作品现藏于贵州省博物馆【插图 13】，写于乙卯上巳，即公元 1915 年 4 月 16 日。这是当日茫父先生参加什刹海上巳雅集后，为其妹丈熊述之所作铜墨盒。盒子品相欠佳，将图片放大仔细审视细部，可以看到刻工尚未臻成熟，每个字都没能重现茫父书法之精微，有多个字点画甚至失真，如图中所框“赠”“风”“则”“诗”等字；其左下角图画部分，茫父先生写城郭垂柳，其刻划技法亦颇近似清代刻铜。

另外一件作于乙卯三月的作品是一对铜镇尺，可惜实物已轶，仅存旧拓【见本书图 1】，茫父先生以行草书录刘勰《文心雕龙・物色》篇赞语，从落款“石夷属书，张瘦岑刻”，可知是同古堂张寿丞操刀。与上巳铜墨盒比较，这对镇尺刻工已非常流畅地表现了茫父书法的书写特性。

插图 13　姚茫父为熊述之写上巳诗意图铜盒及其局部

时隔不久的乙卯四月，茫父先生分别以《暗香》《疏影》为题写一对梅花墨盒，其一应贵州同乡暨同学彭述文之请，其二应贵州同乡暨兴义笔山书院时期的学生王文华之请。两件作品皆由同古堂张寿丞刻成，其书法的再现与画面的金石趣味具足。【见本书图 2、图 25a】

可以看出，仅仅时隔一月，张寿丞的刻铜技艺已发生了突飞猛进的变化。笔者因此大胆推测，乙卯上巳铜墨盒或许正是茫父开始主动参与、指导同古堂刻铜艺术的转折点。此前的参与，带有一定的偶发性，而且皆因他人之请，是被动参与，也因此并未留下任何拓片资料。上巳铜墨盒是茫父主动赠与自己的妹丈熊述之的，他也是自己同学好友熊承之（范舆）的胞弟，因此主观上会更加重视。其刻成的效果或许差强人意，于是燃起了茫父先生的参与热情，与铜师不断互动，并亲自予以指导，从而迅速提高了同古堂张氏兄弟的刻铜技艺。之所以作此推测，是因为此后的作品，茫父先生大都留下了拓本资料，包括次年为女子师范学生一次性定制的 88 只铜墨盒，他不仅将拓本仔细粘于莲花盦专用笺纸上，并且装订成册、郑重题写了“今器款识”【见本书图 40】。

笔者认为 1915 年是同古堂刻铜技艺飞升的转折年。何以得出这一判断？不妨考察此前的同古堂出品。目前所见民国书画家参与刻铜艺术的最早实物，是癸丑（1913）五月吴观岱与同古堂张樾丞、张寿丞合作的《仿金冬心梅花》铜墨盒【插图 14】。这件作品是刻铜界的大名誉品，在范大鹏老师的《铁笔铜墨》、周继烈老师的《民国刻铜文房珍赏》中皆有收录和推介。其创作时间虽然晚于姚茫父为罗灿五写铜寿屏

插图 14 吴观岱与张樾丞、张寿丞合作的铜墨盒

的 1912 年，但却是目前所见有明确纪年的同古堂最早出品，而且涉及吴观岱、张樾丞、张寿丞及“华亭”等 4 个人物。

关于同古堂掌柜张樾丞其人其事，雷梦水先生曾作《篆刻学家张樾丞先生传略》[26]，其文要点如下：

> 张福荫（1883—1961），字樾丞，河北省新河人。幼时就学村塾数载，略有文化。1897 年晋京投琉璃厂益元斋刻字铺学刻字。1903 年出师，寄砚琉璃厂来薰阁琴书处，以治印为业。1910 年移寓明远阁墨盒店，时亦兼事刻制铜器。1912 年创设同古堂图书墨盒店，兼营字画古玩。1925 年出资与董会卿、郭子章、刘子杰诸先生合伙经营邃雅斋书铺。1930 年开设墨因簃碑帖店，后改称观复斋，兼营端砚。1935 年《士一居印存》行世。1956 年，同古堂、邃雅斋、观复斋先后参加公私合营。1961 年 1 月 15 日以宿疾复发，殁于京寓。

张樾丞先生先获交张祖翼、严复、杨守敬、傅增湘、陈师曾、姚茫父、杨千里诸先生，受益不浅；书画名家如吴观岱、钟子年、金北楼，袁寒云、张伯英、杨潜盦、罗复堪诸先生皆与先生友善，相得益彰。

雷梦水文中特别提到的书画名家吴观岱（1862—1929），名宗泰，字念康，40 岁改字观岱，号觚庐、洁翁，晚号江南布衣，别号有小梅花庵主、溪山画隐、觚饮

[26] 雷梦水：《书林琐记》，人民日报出版社，1988 年，第 148-150 页。

道人等，江苏无锡人。工书善画，山水人物兼妙，尤擅画梅。壮年得同乡廉南湖之助，结识京华名家，饱览历代名画，技艺大进。廉南湖、吴芝瑛以“江南老画师”称之。有《吴观岱南湖诗意画册》（宣统三年，文明书局），著有《觚庐画草》行世。

此盒是同古堂掌柜张樾丞与堂弟张寿丞（福臻）合作完成、赠与名为“华亭”的上款人。老画师吴观岱写梅并题：“骨有三分侠，情余一半痴。吴观岱仿冬心翁。华亭仁兄赏玩，福臻赠。”右下方是张樾丞所写铁线篆“疏影横溪，铁骨生春”，并有小行楷款识：“癸丑五月为华亭兄藏墨记，樾臣题于京师。”

单从作品题款信息，尚不足以论定此盒到底是兄弟二人之一操刀，抑或是二人分别奏刀。即便如此，可以肯定这仍是目前所见唯一由张氏兄弟合作之品。时在癸丑五月，同古堂开业已逾一年，其主业是经营刻印及刻铜。从张樾臣款识中的“题于京师”推测，或许实际操刀者仅为张寿臣一人，即吴观岱画并题款，张樾丞题铭，张寿丞奏刀，刻成后赠予“华亭”。

仔细考察这方铜墨盒的刻工，同时参考1913年同古堂出品的另外几件刻铜墨盒【插图15】，笔者形成如下看法：

1. 这是目前所见同古堂最早出品的刻铜墨盒，整体面目更接近清代刻铜，以细线刻划为主，梅花老干虽有所求新，但效果一般，即便置于清代刻铜中也不算上乘。不论出自张樾丞或张寿丞何人之手，说明在铜墨盒上镌刻书画作品的技艺尚属稚嫩，将其置于此后以姚茫父、陈师曾为代表的民国刻铜文房中，高下立判。

2. 据此推测，此时张樾丞、张寿丞尚未得到姚茫父、陈师曾等书画家的指点，对于如何用刀在铜质表面刻划表现具有金石气韵的书法与绘画，尚缺乏认识和实践。事实上，此时陈师曾未入京，而姚茫父可能也还没有机缘亲自指点张樾丞、张寿丞。

3. 代表民国刻铜艺术水准的作品，得益于以姚茫父、陈师曾为代表的书画艺术家放下身段，亲自指导刻铜艺人，与其形成良好互动，从而取得突破性进步，开创出璀璨夺目的民国刻铜艺术奇葩。从目前所见作品来看，要到两三年后的1915年，书画家参与创作的高品质刻铜作品才真正喷薄而出。

以上是将1913年吴观岱仿冬心梅花铜盒置于整个晚清民国刻铜艺术史中进行考察得出的大致判断。吴观岱另外三件写铜作品，均作于1913年癸丑夏日（其中插图15b显然是15a的翻刻），尽管得于网络的图片质量不高，但是可以确认皆为张寿丞所刻，刻工较前述梅花盒已有所提升，但整体风格尚在学习模仿清代刻铜阶段。一件刻《渔归图》铜盒【插图15d】上则更明确署款：“民国二年冬至后二日，张寿臣仿古刻。”“仿古”当指学习清代刻制方法。从这些早期作品来看，张樾丞、张寿丞的刻铜技艺已趋成熟，

a b

插图 15 同古堂早期出品的刻铜墨盒

c d

但是表现手法却仍停留在前朝，茫父先生以“刻则善矣，而书画不超，遂夷为常品”评价对以陈寅生为代表的清代刻铜，仍适用于此时的同古堂张氏兄弟，民国刻铜的辉煌时代尚有待姚茫父、陈师曾两位先生的倾心介入、悉心点化。

（二）茫父介入写铜动机蠡测

本书整理茫父参与创作的书画刻铜作品 474 件，即使扣除个别据亲笔作品翻刻者，亦仍有 450 余件。考虑到尚未公布或已经损毁等因素，最保守估计，茫父亲笔写铜作品实际存世量当以千计。作品形制涉及墨盒、镇尺、铜屏、笔筒、印章、裁刀等，尤以墨盒最夥。作品题材广泛，举凡山水、人物、花鸟、博古、书法，皆有涉及，皆能出新，且多见书画长题，有方寸间数百字者，细若游丝，健如精金，至为珍稀。而操刀者以张寿臣、姚锡久为最众，少量作品由张樾臣亲自操刀署款，偶见孙不疑名款，或许就是孙华堂之别号。铜师刀法纯熟，毫发具现，精彩难于言表。其作品在当时即已为人所重，以致寸金难求，赝鼎遍生。今观存世之茫父款墨盒，真迹百不一见，厂肆寻常所见皆臆造妄托，粗陋而不足观。

茫父先生何以会如此痴迷、乐此不疲地参与创作如此数量众多、品质上乘的刻铜文房？应亲朋好友之请，在铜制文房表面创作书画，以增强其艺术性、观赏性和纪念性，这很可能是茫父先生和其他书画名家参与到刻铜文房创作的主要原因。

正如茫父先生在其《题画一得·二笔》开篇所言：“自陈寅生以刻铜名，于是琉璃厂墨盒遂为四方文具之供。然刻则善矣，而书画不超，遂夷为常品。近年以来，技有日进，枯笔燥墨，奏刀随之，不厌精心，益为时贵。予与师曾书画，亦往往溢于绢素品外，而布于厂肆矣。师曾逝后，爱其画者，即一器刻亦玩同绢素，时来征题。”又说：“师曾铜画，余数数题之。其一刻写菊，题云：‘槐堂好古耽金石，治篆攻坚今最名。纵笔为花更奇绝，如将史籀化渊明。’此题，师曾未逝时曾及见之，颇称双管俱下，不作寻常题句也。”[27]

“刻则善矣，而书画不超，遂夷为常品。”此语正道出茫父、师曾书画作品“往往溢于绢素品外，而布于厂肆矣”的原因：就是说由于刻铜者不擅书画，导致虽然刻工很好，但所刻皆为普通之品。茫父、师曾擅长书画，从“绢素”转而写于铜盒、铜尺，再由琉璃厂铜师操刀刻成，而刻铜艺人在茫父、师曾等名家指点下“近年以来，技有日进，枯笔燥墨，奏刀随之，不厌精心，益为时贵”。于是名家参与的书画刻铜文房器具，受到同好者所追捧，迅速传播开来。

考察茫父先生早期写铜作品（1912—1918），有助于探知其介入写铜的初心。1912 年至 1914 这三年作品极少，目前仅知 1912 年应内侄罗半山之请为其尊人罗灿五祝寿所写铜屏，且物亡而诗存。1913 年、1914 年未见作品存世，但未必没有作品，因为“说有容易说无难”，有一点是肯定的，茫父先生此时尚未主动介入写铜，因此也没有刻意保留其写铜作品的拓片。

1915 年是茫父先生参与写铜的爆发期，目前仍可见实物或拓片 40 件；1916 年

[27] 姚华：《题画一得·二笔》，转引自邓见宽编：《姚茫父画论》，贵州人民出版社，1996 年，第 85 页。

更是多达135件，仅作为奖品奖励北京女子师范学校各科学生的作品即多达88件；1917年40件，1918年47件，四年合计262件，占目前所见茫父写铜474件作品的55.3%，超过了1919年至1929年这11年作品的总和。当然，这是非常不完善的统计，仅限于笔者目前所知、所见，实际存世的茫父写铜作品当数倍于此。

这些早期作品几乎皆有明确的上下款，且绝大多数刻工是同古堂张寿丞。茫父先生参与创作这些作品的原因也很清晰：一是应亲朋好友之请；二是主动馈赠师友；三是特制奖品；此外，还有一类作品明显是应店家之请所作。笔者略作考察分析如下：

1. 应亲朋好友之请

首先是应亲人或姻亲之属，包括：1912年、1917年和1918年分别应内侄罗半山之请，为其尊人祝寿所制铜屏；1916年，为姻亲文宗潞（彦生）节录《庄子》写铜镇；1917年应内侄罗璞山之请，于铜镇摹李清照“易安”印并录考释文字；为内侄孙罗承侨摹古陶文铜手镇；应长子姚鋈之请，为其同学好友黄宝初写铜镇、铜盒等等。

应好友之请则更多矣，仅如1915年，有应贵州同乡暨同学彭述文之请，写梅花铜盒赠饶焕采；应好友周印昆之请，与陈师曾合写“青松白云”铜盒；为周印昆写姜白石词意铜盒，款识写明：“印昆制器，属为作书，因录白石慢词二阕代铭，并图其意，以助临池一兴。”为同学好友方立之写姜白石词意铜盒、录笙鹤翁小令铜镇；应好友金开祥之请，一次性写文字铜盒12件；为同乡、同学、好友黎伯渊所作曹子建《洛神赋并序》铜屏以及《安石榴赋》词意铜盒等等。

2. 主动馈赠师友

主动馈赠的作品虽然不是很多，可以据题款判断的有：1915年上巳，写赠同学好友兼妹丈熊述之的“上巳修禊诗意”铜盒；馈赠笔山书院时期弟子王文华的《暗香浮动月黄昏》诗意铜盒；1916年，北京女子师范学校本科毕业生姚晋新出嫁，馈赠铜盒一对，以小篆录古文吉语以为贺礼；馈赠同年好友张棣生的《东坡丙辰中秋词意》铜盒；馈赠经世学堂时期同学毛邦伟文字铜盒一对；1917年，为国会参议院贵州省议员黄元操写铜盒，录近作都门杂诗十二首並序及续作六首；再如1919年，逢业师严修与夫人六十双寿，作《范孙夫子暨德配李夫人六十双寿序》并以工楷书就，制成铜刻八屏；此外尚有馈赠贵州省军政要人刘显治、刘显世、陈敬民、万钧等人的作品，这些人同时也是茫父先生经世学堂时期的同学等等。

3. 特制奖品

目前所见有1915年夏奖励北京女子师范学校学生的铜盒1件；1916年夏，北京女子师范学校期末，订制铜墨盒88件（据存世拓片统计），并一一书写历代碑帖、

插图 16　预留了上款位置的两件写铜拓本

造像题字、残简等内容，请琉璃厂同古堂铜师张寿丞细心刻就，作为奖品颁给 30 名优选的本科毕业生、28 名讲习科毕业生、29 名其他班级优秀学生和 1 名不知学科的毕业生。这批铜盒有两种规格，尺寸都不大，一种是约 5.5 厘米见方的方盒，一种是约 4.5 厘米直径的圆盒。

4. 应店家之求

最迟在 1916 年已经出现专为同古堂等刻铜店铺所写、带有商品性质的文房作品。例如插图 16 所示楷书铜盒一对，有茫父署款，均无上款，却都预留了题写上款人的位置，很显然这是为同古堂书写的“商品”铜盒。拓本均出自茫父亲订本《今器款识》，应该是茫父先生特意留存的作品资料。至于最后同古堂加了什么上款，售与何人，则无从知晓矣。

最后，必须指出，还有一些作品，缘于茫父先生兴之所至，自娱自用。比如，1916 年以颖拓法写埃及刻石造像制铜盒一对，请同古堂张寿丞刻成；写铜镇 3 对，其一、二均为兽首衔环图案，其三为梅菊斗艳。【见本书图 58】再比如 1918 年所写两件心经作品【见本书图 105、106】，题材内容几无二致，分别请张寿丞与姚锡久刻成，遂有风格之各有千秋。两件作品皆有款识：“朽者写佛为茫者所见，更缩而作之。”可知是受好友陈师曾写佛启发，缩小而作之，细字小楷所录《心经》显得愈发精彩。

这些作品没有上下款，构图完整而饱满，题材独特而格调高古，雅得一塌糊涂、无以言表，我相信，应该都是茫父一时兴起妙手偶得之精品，本意是留以自玩，最终可能赠与了有缘之人。比如 1924 年中秋所写双钩兰花铜盒并录唐李农夫《幽兰赋》

【见本书图 234】，在四年后的丁卯十月，被赠与远伯先生，茫父先生于铜盒两侧补题记："此甲子所写，丙寅夏间病废以来，不能精细矣。远伯先生欲得拙作小书，愧无以应。潜龠寻获旧作，因记其略云。"

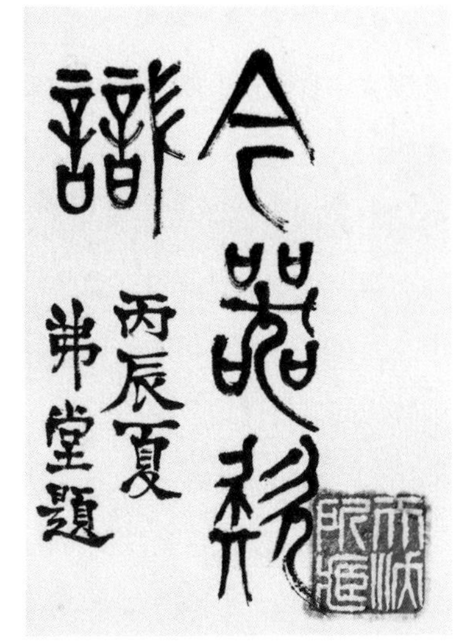

插图 17 茫父自题刻铜拓本"今器款识"

（三）刻铜文房的金石学属性

本书名曰《金石别卷》，源自茫父先生题《曹溪南华寺木刻庆历造象记墨本》四绝句之二的尾联："金石有编应别卷，成邦郏莒各为邻。"其本意当然是指北宋寺院木刻佛像拓本可入"金石别卷"。本书借来形容茫父先生对待刻铜文房的态度，即视其如"金石"。因为茫父先生参与制作的刻铜文房，在当时已是文人雅士争相宝爱的佳器，茫父自己也特意留下许多墨拓，并且专门粘成一册，亲笔题写"今器款识"签条。【插图 17】可知先生视这些文房用具为"今器"，以别于"古器"，而一个"器"字，已经显出其为非同一般之"物"。何哉？《说文解字》云："器，皿也。会意，从犬。象器之口，犬所以守之。"器，当然可以泛指一切用具、器具。但是，须知器也有重视、器重之意。

所谓"金石"，是对我国古代镌刻文字、纪功颂德的钟鼎、碑碣之属的统称。"金，钟鼎也；石，丰碑也。"[28] 北宋词人李清照在为赵明诚遗著《金石录》所撰"后序"中写道："右《金石录》三十卷者何？赵侯德父所著书也。取上自三代、下迄五季，钟、鼎、甗、鬲、盘、彝、尊、敦之款识，丰碑大碣，显人晦士之事迹，凡见于金石刻者二千卷，皆是正讹谬，去取褒贬。上足以合圣人之道，下足以订史氏之失者，皆载之。"[29] 此语对"金石"所涵盖的范畴给出更细致的分类。

"金石"有时也称"吉金乐石"，"吉金"即坚固的青铜器；"乐石"则指"石之精坚堪为乐器者，如泗滨浮磬之类。"[30] 即可制作乐器的佳石。于是延展出"金

[28]《墨子·兼爱下》云："以其所书于竹帛，镂于金石，琢于盘盂，传遗后世子孙者知之。"孙诒让间诂："《吕氏春秋·求人》篇云：'功绩铭乎金石，著于盘盂。'高注云：'金，钟鼎也；石，丰碑也。'"

[29] 大一国文编撰委员会编：《西南联大国文课》，译林出版社，2015 年，第 73 页。

[30] 李斯《峄山刻石文》有"刻此乐石，以著经纪"句，关于"乐石"，章升道樵注《古文苑》曰：

石长寿”“寿如金石”“寿比金石”“金石不朽”等寓意吉祥美好的词汇，汉代铜镜铭文中即常见“尚方作竟真大好，上有仙人不知老。渴饮玉泉饥食枣，浮游天下敖四海。寿比金石国之保”[31]，“尚方作竞大无伤，子九孙居中央，寿如金石宜侯王”[32]。而古玺印中也曾见“寿如金石佳且好兮”这类吉语。

如果从始于夏商周迄至两汉的青铜时代算起，铜制器具在我国的流传历史不下四千年。而在此四千余年中，以钟鼎尊盘等礼器为代表的三代吉金，毫无疑问有着特殊的无可替代的文物价值、文化价值与艺术价值，也因此历来为识者所宝。钟“吉金”一词由来已久，沿用上千年，是对古代青铜器的泛称，有时也代指青铜器的铭文，即“吉金文字”的简省。三代吉金，多为礼器，彝、鼎、钟、镈、簋、簠、尊、爵之类，不胜枚举。即便实用之器，亦绝非常人所能用，制度在兹，等级森严，岂容僭越。

因此，自先秦两汉以来，喜好、收藏、研究、整理古代吉金之学者乃至君王，代有其人。以金石为收藏、鉴赏与研究的对象，便催生了“金石学”。金石学堪比现代考古学，可以说是中国古代的考古学，其主要研究对象为前朝的铜器和碑石，特别是其上的文字铭刻及拓片；广义上还包括竹简、甲骨、玉器、砖瓦、封泥、兵符、明器等一般文物。北宋时期有欧阳修《集古录》、赵明诚《金石录》、更有徽宗敕撰《宣和博古图》，达一高峰，并开出不绝如缕的“金石之学”。至有清乾嘉时期，“避席畏闻文字狱，著书都为稻粱谋”。于是更多学人转向故纸堆里讨生活，地不藏宝，古物叠出，考据之学大盛。至清末民初，江山风雨飘摇，殷墟甲骨、敦煌卷子横空出世，因西方汉学家之介入，催生出现代考古学、文字学、敦煌学、边疆学等新的学术畛域，传统金石之学也随之进入一个新的境界。简而言之，中国的金石学传统，肇始于春秋战国，形成于北宋，成熟于乾嘉，而滥觞于同光民初。

民国刻铜文房是中国数千年“金石文化”之余绪，堪称中国铜器史上一朵奇葩。“金石别卷”虽然只是一个比喻，但是，须知在茫父先生身后九十余年中，不仅他所留下的刻铜文房器具已越来越为世人所看重，真品之罕见、之贵重，甚至超过三代吉金，这恐怕绝非茫父先生所能料到。目前刻铜文房市场成交价的记录，仍由茫父《庾信灯赋铜盒》所占据。即便是刻铜文房拓本，也已受到越来越多的追捧，老拓片更是可遇而不可求，并且价格不菲。

三代吉金是中国青铜艺术史上一座不可逾越的高峰，即使置于整个人类文明史中，

“石之精坚堪为乐器者，如泗滨浮磬之类。”

[31] 杨玉彬：《阜阳汉代铜镜研究》，合肥工业大学出版社，2017 年，第 151 页。

[32] 王钢怀、陈灿堂编：《东汉龙虎铜镜》，上海古籍出版社，2016 年，第 76 页。

亦可傲视天下而毫无愧色。相比而言，恐怕只有魏晋南北朝之青铜造像与明代的宣德铜炉，差可值得提上一句，遑论铜墨盒、铜镇纸这类年代晚近、毫不起眼的日常用具！

然而，笔者竟然说：“民国刻铜文房堪称中国铜器史上一朵奇葩。”何哉？就笔者近年来所经眼过的近千件民国刻铜文房精品（多为拓本）看来，此奇葩之奇至少有三：一是将百余年来人们已司空见惯的铜墨盒、铜镇纸，推高至与上古青铜礼器相提并论的“吉金”高度，成为文人雅士趋之若鹜的“新宠”；二是在短短十数年间，参与其事的文人学者与书家画家人数之众、水准之高，空前绝后；三是这些由文人士夫与书画家参与写画、由名店铜师精心刻成的文房用具，在制作、写画、镌刻三方面所达到的高度，前无古人，后无来者，堪称刻铜艺术史上一道秀美而别致的风景。固然不可与三代吉金相提并论，但是如果把三代吉金比拟为泰山、昆仑，那么民国刻铜文房更像文人案头的一拳玲珑剔透的湖石、灵璧。称其为“奇葩”，似不为过吧！

如前文所书，青铜礼器作铭纪事，始于殷商，“刻铭”历史亦至少可溯至春秋，到先秦两汉则已属“常态”。古之“吉金”文字大多类此，亦因此有“证经补史”之价值。至于晚近，铜器已退居日常用具，铭功纪事的功能也自然渐次消失。然而到了茫父、师曾所处的时代，铜墨盒、镇尺等文房用具再次被赋以铭史纪事之用。目前可以见到茫父创作多件寿序铜屏，而寿序于文体而言，堪比碑志，最具“金石”意义。如 1918 年三月为姻亲所作《罗灿五太翁七十寿序》铜屏；八月为宗宅三先生四十寿所书常昭先生撰文《宅三二弟四十揽揆赠言》寿屏【见本书图 110】；1919 年为业师严修所作《范孙夫子暨德配李夫人六十双寿序》寿屏更具代表性，此寿屏由茫父撰文一千四百余言，并以工楷书于八块铜屏，由同古堂创办人张樾丞亲自操刀刻成，其精彩溢于言表。还有 1923 年好友任可澄应国会议员吴作棻之请，为其母所撰《吴母范夫人八十撰寿序》一千两百余言，由茫父先生以工楷书于 12 块铜屏，并于另面精心绘制《贞松耐岁寒图》，也由同古堂老板张樾丞亲自刻成，都是极具代表性和象征意义的刻铜作品。在茫父将其运用于刻铜之前，寿序通常都是恭书于纸绢之上的长篇巨制，以铜屏为载体，可以说茫父是开先河者。这也足以证明他将铜墨盒、铜屏作为“今日吉金”，并自觉地加以运用。

当然，在铜盒上铭刻金石等纪念性文字，视刻铜文房如“金石”，并非始于茫父。早在清光绪二十五年三月十四日（1899 年 4 月 23 日），晚清状元、著名实业家、教育家张謇（1853—1926）就曾作《摹晋张氏砖文于墨盒系之以铭》：“晋张氏砖厥文妩，制为研者自仲甫。叔未作铭序如谱，繄时相见典可数（铭引《汉书》）。

楳自己亥岁光绪，以章吾盒俪文府。永永宝之鼎尊簠。”[33] 可知张謇在铜墨盒上摹写了晋砖文字并作铭，希望后人像对待“鼎尊簠”那样“永永宝之”。次日又为孔驯作《方墨盒》诗铭器：“成范不能员，扃情故自坚。有因昵文字，将晦致缠绵。懔懔朱丹地，铮铮燥湿天。精金期汝寿，相伴老书田。”也同样表达了刻铜墨盒如同“精金”、祝愿长寿的美好寓意。

在《诏安文史资料》第20期中，沈耀明先生记录了一件清光绪三十一年（1905）的铜墨盒，7.5厘米见方的盒盖上铭刻《送沈剑秋序》一文长达三百余言，记录了作者奏丹与沈剑秋在京师的一段交游与临别赠语【插图18】[34]：

送沈剑秋序

剑秋沈君漳溪绩学士。甲辰春，予及仲弟留学京师，与剑秋弟证文游甚相得也，已而介于证文以识剑秋。剑秋豪爽好客，有古人风，一见如故。予生平寡交游，客京师三年，戚友中罕相往来者，而于剑秋则屡过焉，予亦不自知何以得此于剑秋也。乙巳夏杪，琴船年伯自中郎将出镇开封，剑秋侍将符，谒于予曰：“仆与君等相处年余，今令行有日矣，将何以教我？”予曰：“夫大梁，天下之冲而四达之郊也。昔顾亭林筑室华阴，谓其绾毂山河，足以识天下豪杰，知天下事。夫嵩洛同华之间，地势多阻，不便于交通，而亭林犹尔，况大梁乎！剑秋适此，吾知其将遍交当世豪俊，增长其学识，以为天下他日用也，剑秋勉之哉。”虽然剑秋行矣，予与予弟、与证文、与剑秋年余相契，一旦决然舍去，其能无介然于怀耶！愿诵退之云龙之诗，以为剑秋告。

乙巳七月，奏丹镌于京师并以志别。

序文中“琴船年伯中郎将出镇开封，剑秋侍将符”，琴船即沈瑞舟（1852—1927），字苞九，号琴船，福建诏安县人。工画，精篆刻。光绪三年丁丑科（1877）中武进士，钦点二甲第九名御前花翎侍卫，后官至御前四品花翎侍卫、诰封振威将军。从此文可知，他在光绪三十一年（1905）被外放河南开封任职，其公子沈剑秋随侍将印。有关沈的史料非常稀缺，此铜墨盒铭刻不仅见证奏丹与沈剑知的交谊，也起到补史之阙的作用，这与古代金石文字的性质何其相似乃尔。

[33] 李明勋、尤世玮编：《张謇日记》，上海辞书出版社，2017年，第461页。

[34] 沈耀明：《奏丹送沈剑秋铜墨盒序文小考》，收录于政协诏安县委员会文史委编：《诏安文史资料》第20期，漳州政协诏安县文史委员会出版，2000年，第80-81页。

插图 18　秦丹《送沈剑秋序》铜盒

在茫父之后，这样的例子也还有许多，吾友云在堂主人杨未君兄在《云在堂识小》文中提到顾颉刚先生 1919 年冬写在铜墨盒上的“爱情宣言”《赠殷履安墨盒铭》：

履安固厚我，井臼操劳，弗克常有书至，余以积念之深，每不谅而怨焉。今值冬假将归，因刻文墨盒为赠，甚愿履安于几案之际，拂拭之倾，感物怀人，知我延企之情有如所寄：镂金者书，镂骨者思，金犹有烂，情思无变；遂乃受督哀怜，就兹染翰，濡烟即饱，挥洒如心，扇我以温词，照我以朗抱，使我狷介之性得润泽于和愉美适之中，不以遭逢拂逆，抑郁悲伤。是则我之精神胥赖履安为阖辟之矣，岂特绸缪于相厚之情哉！[35]

这也是非常典型的铭文体。书者刻此铜盒的目的，是希望受赠者“于几案之际，拂拭之倾，感物怀人”是表达“镂金者书，镂骨者思，金犹有烂，情思无变”的爱情宣言。比于古之吉金铭刻，岂有丝毫逊色哉？

当然，最能说明刻铜文房金石学属性的，还需求证于器物“自名”。所谓“自名”，即青铜器铭文对器物自身的命名，如青铜器铭文中自称为“鼎”“卣”“盘”“彝”等。“自名”作为一种特殊的铭文现象，在商周青铜器铭文研究中有着举足轻重的作用。这里当然是借用，笔者注意到一些刻铜文房的铭文中自称“吉金”“金石”，

[35] 顾颉刚《顾颉刚全集 38 宝树园文存卷 6》，中华书局，第 110 页。顾潮《历劫终教志不灰——我的父亲顾颉刚》，华东师范大学出版社，1997 年，第 53 页。文中记载：1919 年，顾颉刚先生在北京大学读书，年底归家度冬假之前，顾颉刚为新婚的妻子殷履安订制了一方墨盒，特作此铭。

故可知其金石学属性在当时是有一定共识的。例如，清代刻铜名家陈寅生刻赠“德菴仁兄”的铜墨盒，其铭文：“体具金石，内抱经纶。知白守黑，磨炼精纯。洒作霖雨，天下皆春。”【插图19a】类似地，有1904年署款“寄馨持赠”的铜墨盒，其铭文：“养之有素，炼之有方。金石外抱，经纶内藏。君子宝之，以焕文章。”【插图19b】“体具金石”与“金石外抱”均明确指出铜墨盒兼具“金”“石”之材、“金石合体”的物质特征，又一语双关点出其“金石学”属性。

1914年3月，“南华居士方光”赠“耀东仁兄”的铜墨盒上，有其自撰赠言刻铭【插图20】：

> 耀东仁兄清玩
>
> 余以岭表布衣，因清夷窃踞，年事弱冠，蓄念匡复。始而秘密结社，既而兴教育，既而绾军符，阅历十年，备尝艰苦。幸而逆虏丧亡，华夏重光，初愿获偿，首倡归焉。乘优游之岁月，作漫汗之征途，踪迹所经，外而扶桑、箕封，内而苏皖赣鄂鲁晋燕豫等省，与夫白山黑水塞北各部，举人物政俗风教山川气候，触身接目，内外殊观，朔南异趣。窃谓人世之乐莫乐于是。何图久安暇逸，招时会妒。既以外交内务扰我形神，复以海天荒服劳我抚绥。今者舟舆已驾，便道乡帮。我念故人，故人念我。铸金持赠，留为纪念。藉固金石之交，聊增翰墨之色。
>
> 中华民国三年三月南华居士方光铸于宛平。[36]

此段铭文虽只二百余言，直可当方光小传看待。作者先历数其结社反清、兴教、从军之艰难阅历；再罗列光复后周游日韩及国内八省之观感；既而道出将履新之近况；最后一句则点明赠此刻铜墨盒之目的旨在“固金石之交”“增翰墨之色”。铭文中所云“金石”，毫无疑问指向了刻铜墨盒。

再如1918年徐心庵书、同古堂张寿丞刻铜墨盒铭文：“不磨不磷，以葆吾真。缘结翰墨，乐此吉金。”【插图21】既点出了铜墨盒类似砚田的功能，又点出其如同“吉金”的特性。《论语・阳货》云：“不曰坚乎？磨而不磷。不曰白乎？涅而

[36] 杨未君，云在堂识小（二十九）之“方光自作铭文墨盒”，见《艺术中国・文化生活》2016年第11期，第106-107页。方光，字太玄，号南华居士，斋名“方山山馆”，广东惠阳人。晚清民国人，生平不详，1932年尚在。著有《太玄文稿》稿本七卷，刊有《庄子天下篇释》［民国十年（1921）方山山馆排印本］等。

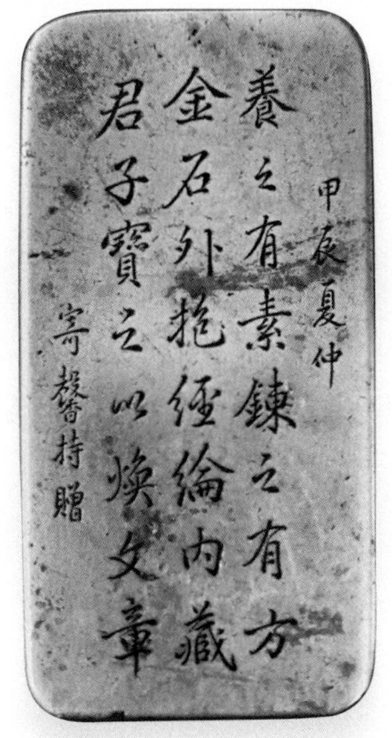

a b

插图 19 “金石”铭清代刻铜墨盒

插图 20 方光自作赠言铭文墨盒

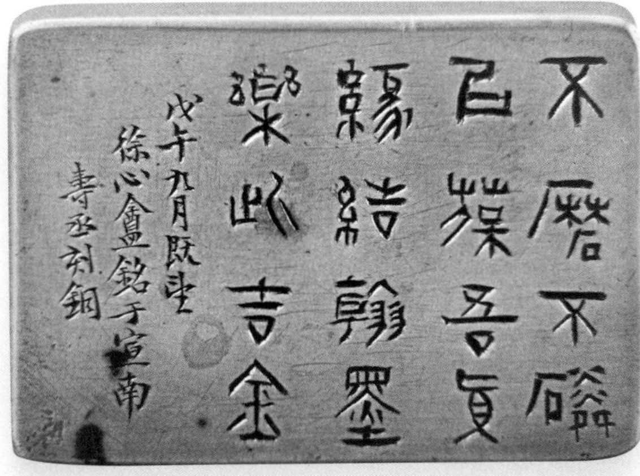

插图 21 徐心庵自铭刻铜墨盒

不缁。”后世常用“磨而不磷”作砚铭，以誉砚石品质，亦暗喻主人的品格。墨盒当然无需研磨，故曰：“不磨不磷。”[37]

茫父先生是晚清民国重要的金石学家，在其写铜作品中有数量众多临摹、考释上古吉金文字的内容，甚至在当下形成了一个专门的收藏类别，书中已多有介绍，此不赘述。此外，在他创作的写铜或题铜作品中，亦常常出现“金石”或“吉金”字样，足证其对刻铜文房的金石学属性的偏爱。

“功德之辞，施于不朽者，其文曰铭。俾志不忘，故兼警戒，其以垂戒名者，惟箴专之。而铭所由勒，则金石相代，金必鼎彝，石必碑碣，则碑铭碣铭兴焉。”这是茫父先生在其所撰《论文后编》中对“铭文体”所作论述。[38]“吉金乐石”作为古代“铭文体”文字的重要载体，其特性或共性为“坚固”“永久”。考之茫父先生所写铜制文房，亦足证其对民国刻铜文房金石学属性的自觉和坚守。

行文至此，刚好检索到杨未君兄另外一篇雄文《浅论近代刻铜文房的金石学属性》，早在2012年，杨兄即已敏锐发现近代刻铜文房的金石学特征，并大胆呼吁：“刻铜收藏研究应在金石学中占有一席之地！”真所谓英雄所见略同。杨兄文中给出五点理由[39]：

1. 当前收藏者意识到了刻工的重要性，强调刻工和材质，这与近代金石学血脉相连；

2. 陈寅生是近代刻铜文房之父，他本身就是书法家、篆刻家和金石学者；

3. 陈师曾、姚华等一大批金石学家共同参与了刻铜文房的艺术实践，并创造了刻铜文房的另一座高峰；

4. 理念上刻铜审美与金石学审美一脉相承，无论选题、技法、功用都以之为高格正统；

5. 刻铜文房的欣赏和传播强调和重视拓片和题跋研究与欣赏，是对金石学

[37] 见周继烈主编：《民国刻铜文房珍赏》，北京出版社，2013年，第165页。徐心庵（1879—1937），名瑞徵，字兰荪，浙江衢州人。自幼随父宦游，民国时先后任云南督府秘书、司法部佥事、大理院科长、法权委员会顾问、江苏省建设厅秘书、青岛市政府秘书以及湖南、直隶、河南等省高等法院书记官长等职。与余绍宋交笃，是“宣南画会”的骨干。

[38] 姚华《论文后编》之目录上第二、中第三，见《弗堂类稿》，“论著甲”，上海中华书局，1930年，第五页、第二十五页。

[39] 杨未君：《浅论近代刻铜文房的金石学属性》，《艺术中国·文化生活》2012年第11期，第26-29页。

的传统继承和发扬。

笔者高度认同杨兄高论。不过，当下的美术史研究仍嫌世故，一味地向“前”看，金石必言三代，论画则惟宋元，民国美术史一向不被重视，书画尚且如此，更遑论刻铜艺术，充其量只能在工艺美术史研究中偏居一隅吧。虽然关于刻铜文房已有多部专著，如周继烈《铜匣古韵：墨盒收藏》（浙江大学出版社，2004），徐彻《趣谈中国铜墨盒》（百花文艺出版社，2004），范大鹏《铁笔铜墨：刻铜文房把玩与鉴赏》（北京美术摄影出版社，2008），吴蘅、吴林深《铜刻艺术传承与探索》（同济大学出版社，2012），但作者或为收藏家，或为实际从事刻铜文房制作的从业者，迄今尚未进入中国美术史或工艺美术史的研究视野。

（四）关于“真伪”与“好坏”

真伪是一个客观的学术问题，凡艺术作品必有真伪问题。刻铜文房的真伪问题，比书画要更复杂些。以莲花盦写、张寿丞刻铜墨盒为例，至少涉及：墨盒制作商铺、写铜作者、刻铜匠人等三方。所谓真迹，当然是指这三者均真实不虚、没有托伪。具体到本书所涉写铜之“真”，是指茫父先生于铜器表面亲自运笔写画，舍此皆非“真”，这一点还是要旗帜鲜明，容不得含糊。

当然，真不等于好，伪也未必劣。对刻铜文房好坏的判定，是一个主观认知的问题，单就茫父先生作品而言，逻辑是：“真”一定“好”！“好”未必都“真”。前文讨论“亲笔画稿”时，笔者曾尝试提出刻铜文房五级七等的评价标准，类似地，讨论莲花盦写铜真伪好坏，也可尝试分成五级七等：

一级甲等：名店出品，名师操刀，茫父亲笔写铜精品，以馈赠亲友为主；

一级乙等：名店出品，名师操刀，茫父亲笔写铜普品，以取润商品为主；

二级甲等：同时代，以茫父亲笔写铜精品拓本复刻；

二级乙等：同时代，以茫父亲笔写铜普品拓本复刻；

三级制品：同时代，茫父或姚华款，材质、做工、刻工、书画内容皆有可取之处、或可堪把玩的仿制品；

普通制品：现代仿品，材质、做工、刻工、书画内容尚有可观、可玩者；

伪劣制品：各时期假冒茫父或姚华款，材质做工粗糙、做旧拙劣、书画内容不堪入目者。这类商品往往充斥各地古玩市场，避之唯恐不及。

其实，虽然分为七个等级，实际上其分布如同金字塔，真正茫父亲笔写铜作品，不论精品、普品（从内容之精彩程度区分），如同金字塔的塔尖，少之又少，其收藏价值不言而喻，遇到皆属有缘，是刻铜藏家人人梦寐以求的顶级藏品。而当年名店名师或学徒以茫父亲笔写铜拓本复刻者，也即二级品，其数量通常亦非常有限，每品不过一至数件，可谓下真迹一等，当年即不便宜，传至今日当然仍有较高收藏价值。笔者大胆估计，一级品与二级品合计的存世量不过数百，而目前已经在收藏圈露面的不超过百件。

三级品仍有一定收藏价值，因其为民国时期仿制，材质、做工、刻工、书画内容尚可代表当时，有可取之处，在无缘一、二级品时，不妨藏而玩之，以作入门，聊胜于无。

普通制品，即现代仿品（以茫父拓本或画稿为据，度稿翻刻），置于三级之后只是笔者个人浅见，如果不是为了用来作伪射利，可视为现代工艺品。作伪射利是欺诈行为，必须加以防范和谴责；如因仰慕前贤而摹刻以自娱，则应鼓励。至于藏与不藏，则见仁见智，如果是当代名师所仿，个见仍有收藏和赏玩价值，价格通常也尚可接受，初入行者亦不妨入手作为学习资料。

数量最多的是伪劣制品，各个时期都有大量出品，民国时期尤多，每每粗制滥造，荒诞不经。这类制品不仅毫无收藏价值，而且会影响审美和判断力，初入行者，须小心规避。

茫父先生生前，署其名款之刻铜文房，即已赝鼎丛生，伪刻遍布。戊辰（1928）正月，他的第五子姚鋈从厂肆买回一个铜墨盒，刻的是兰草，署款姚华，却是伪迹。茫父先生于是在其上补题一诗：“人间且喜春犹闰，兰叶烟开更自馨。不信东风无畛域，青芜戴得国香名。”又补注：“盖近日墨盒冒予款伪迹特多，朋辈时以为言，余以细民谋食，不之较也。然归之于家，固不能无题，以记其事耳。”可见当时坊间先生伪迹已多，而先生以“细民某食”不易而体谅和宽容，不予计较。[40]

这个兰草铜盒如果传到今天，虽然画是伪作，但因补刻有茫父先生亲笔长题，从研究角度看，其文物价值或更胜过普通真迹，窃以为可入一级品。

有一类作品，是铜师利用真品拓本进行“复刻”者，在“两姚”合作铜盒中相对多见，或许是姚锡久出于生计之需所为。这类作品，不能简单论其真伪，相对于“亲

[40]《题画一得·二笔》，刊于《艺林旬刊》第四期。转引自贵州文史丛刊编辑部编：《贵州文史丛刊》，贵州人民出版社，1983年合订本，第755页。按：《姚华诗选》注释云此诗作于戊辰春节期间有误。

笔”而言，当然可以说其“伪”，但“伪”而不“劣”，而且铜盒不伪、刻工不伪、时代不伪，当时即不宜分别，且售价不菲，流传至今，则已可视为“下真迹一等”，事实上今日收藏界基本上将其等同于真迹，而且绝大多数藏家亦不具备辨识能力。其收藏价值与真品相去不远，个见其精者可入二级甲等。特别是，如果真品已消亡、甚至没有留下拓本，则在一定程度为我们保存了真品的基本面貌。

本书所涉刻铜作品真伪，尚有三点需要特别申明：

一是关于其中所涉及的人物。对于作品中涉及的上下款人物，笔者力图逐一加以考辨，但是限于读书不多、所见不广，加之一些作品所涉人物信息过于简略，仅从字号加以推测，难免“张冠李戴”。有的作品，因其创作背景相对清晰，所涉及的人物可以明确认定。有些作品则无法确指，有待进一步考证。有时往往因为对某一字的辨识出现分歧，从而导致推断结论差之千里。仅举一例，茫父于癸亥（1923）三月写六佛同龛铜盒【见本书图 196a】。当年 10 月 10 日，颁布首部中华民国《宪法》，布宪礼成，茫父将此盒赠与友人祈福。铜盒上补刻小字楷书一行：“癸亥双十节，布宪礼成，藻孙奉佛祈福。芒父记。”“藻孙”的“藻”字，茫父借鉴了篆书结体，以至于被原藏家误释为“蒲”，一字之差，则结果完全不同矣。[41]

二是关于作品的年代。对于有确切年款的作品，当然不成问题。所幸茫父作品大都有明确年款，从 1915 年到 1929 年并无间断，为我们构建了一个完整的参照系。对于没有明确纪年的作品，笔者力图从书画特展推测其大致时间，并据此置于相应年份。当然，这毕竟是建立在对茫父书法与绘画风格有足够认知的基础上所进行的推断，既然是推断，就有可能出现失误，不排除由于个别作品特征不够突出、风格具有模糊性，而产生误判。本书旨在尽可能还原茫父写铜创作之全貌，对无年款作品的断代是一次初步尝试，仅供读者参考，欢迎批评指谬。

三是关于“亲笔”问题。本书尽可能将目力所及茫父亲笔真迹刻铜作品收录其中，但是限于能力和水平，疏漏在所难免，即便不至于“挂一漏万”，但一定会“挂一漏十”，有待今后不断补充完善。对于选入本书的少量非亲笔作品，主要是考虑实物稀缺，虽非亲笔，亦必有本，仍可存真迹之一斑。这类作品还望读者阅读时小心分别。

（五）《铜写格歌》与茫父润例

茫父、师曾参与并引领了民国刻铜文房创作风气，将中国刻铜艺术推向一个新

[41] 参见范大鹏：《铁笔铜墨》，北京美术摄影出版社，2008 年，第 56 页。

的高度。过去书画、篆刻家皆有润格，亦称润例，那么，书画家在铜上书画是否取润呢？相关信息多支离破碎，或语焉不详。厚厂先生在《黄济国先生收藏的民国画稿墨盒》文中谈及这一话题：

资料显示黄（济国）收藏白石先生的画作是支付润金的，定制墨盒也应是如此，相关文字说民国时期姚茫父和陈师曾为同古堂无偿提供画稿，分文不取，不知是否真实，画作耗费心神，看似简单，其中凝聚了书画家长时间的思考和积累，特别像姚茫父的细字长篇，并不能一蹴而就，这点同古堂主人最是能够体会，张樾臣为人信勤朴实、乐善好施，同古堂经营得有声有色，定与张先生为人处世、待人接物有莫大关联，按照常理推断，长期的合作关系，应有对应的画稿润例作基础；齐白石有画墨盒润例的记载，吴待秋也有为同古堂画稿赚取润金的说法，姚茫父有关于对赝品茫父墨盒的制作者“细民谋食”的态度，书画家在刻铜店铺挂书画铜笔单的记载或实物留存值得期待。[42]

文中着重号是笔者所加。最后一句“书画家在刻铜店铺挂书画铜笔单的记载或实物留存值得期待”，道出了刻铜研究者共同的心声。

关于“齐白石有画墨盒润例的记载”，可证之于为白石写口述史的张次溪先生，他所撰《忆白石老人》一文写道：“他为了生计，常给墨盒铺在铜墨盒或铜镇尺上画些花卉山水，刻成花样。所得润金，起初每件只有几角钱，增了几次价，才增到每件两元左右。”[43]

刻铜圈比较流行的说法是姚茫父和陈师曾为同古堂无偿提供画稿，分文不取，厚厂先生凭直觉对此说提出质疑。的确，铜上书画并非易事，特别是茫父喜作细字长篇，方寸间每逾百字，所耗精力可想而知。那么，姚茫父先生为人写铜到底是否取润呢？答案是：不能一概而论。大体上可以1919年茫父先生作《铜写格歌》为界：

甚矣吾衰知老至，筋骨可珍力可食。取不伤廉与伤惠，君平伯休有成例。吾亦充隐且煮字，有墨如海笔如戏。手之所能务快意，书既可人画亦尔。今之

[42] 厚厂：《黄济国先生收藏的民国画稿墨盒》，《艺术中国·文化生活》2019年第10期，第103–107页。

[43] 张次溪：《忆白石老人》，见全国政协文史资料委员会编：《中华文史资料文库》第15卷，文化教育编：《文学艺术》，中国文史出版社，1996年，第175页。

吉金备众体，古云署书毋乃是。于古万有今无二，时人那得知吾技。吾力烂贱不自贵，但以币将便可试。黄金卖赋成何世，姓名埋藏譬如死。终南之雄吾其鬼，颠倒头衔谥进士。如畏其丑须早避，不则肯来请视此。[44]

尽管我们从这首《铜写格歌》无法知晓姚茫父写铜润例具体是多少，但是仍可将其视作茫父自订写铜润格，从中所传达出的信息颇值得玩味。作者自称其铜上作品为“写”，无论书画皆可曰“写”，“铜写”二字也明白无误地从侧面说明茫父先生写铜但不刻铜，否则“铜写”有润，“铜刻”岂不更应有润！诗人开宗明义：之所以要为写铜立润，是因为自己身体日衰、老境将至，须珍摄筋骨，自食其力。一句“筋骨可珍力可食”道尽诗人不得不“悬润卖艺”的无奈和自食其力、不随流俗的自傲。

“取不伤廉与伤惠，君平伯休有成例。”君平指西汉大隐严遵（前 86—10，一说前 73—17），字君平，蜀郡邛州（今四川邛崃）人。西汉末年思想家、易学家，是辞赋家扬雄师傅。爱好黄老，终身不仕，隐居成都以卜筮为业。班固《汉书·王贡两龚鲍传》载：“蜀有严君平，卜筮于成都市，以为卜筮者贱业，而可以惠众。”据传他每日卖卜于市，以得百钱为限，足以资生，便闭户读书。50 岁后归隐、著述、授徒于郫县平乐山。

伯休指东汉高士韩康，是魏晋时人皇甫谧（215—282）所著《高士传》中的人物：

韩康字伯休，一名恬休，京兆霸陵人。常采药名山卖于长安市，口不二价三十余年。时有女子从康买药，康守价不移。女子怒曰：“公是韩伯休那，乃不二价乎？”康叹曰：“我本欲避名，今小女子皆知有我，何用药为？”乃遁入霸陵山中。

茫父先生以汉代隐士严遵（君平）、韩康（伯休）自解，将自己“写铜取润”比作“君平卖卜”“韩康卖药”，并自嘲为“吾亦充隐且煮字，有墨如海笔如戏”。“煮字”即售字糊口之意，取润无碍清廉，因为付出了筋骨力。过去俗语有：“三日风，四日雨，那见文章锅里煮？”以嘲笑读书无用，难以谋生。茫父先生作为饱读诗书、修养学识超迈的读书人，不得不作《铜写格歌》，虽能自嘲，其无奈亦益于字表。

这一点可以从海上陆丹林先生所撰短文《呜呼姚茫父先生》获得旁证。此文刊

[44]《弗堂类稿》“诗甲一”，第十四页。

于 1930 年《蜜蜂》画报第 11 期第 2 页，是茫父先生病故后的纪念文字，其中特别提及茫父先生之润格：

（姚华）书画从不订格，曾谓“拙作向无润例，见惠亦不敢拒。因格无所取裁，昂则失人，低则失己，太近市耳。”味斯言，则知茫父之为何如人矣。[45]

郑孝胥之从弟郑孝崧在茫父先生过世后不久也曾撰文《为故名画家姚茫父作一解》，刊于 1930 年 7 月 12 日《上海画报》（第 605 期），其中则特别提道：

茫父生前一扇润金须十金二十金，至于墨盒镇尺，一件之润金亦须三四元。近日北平厂肆，茫父之遗墨，无不高涨二十倍。[46]

一说“向无润例”，一说“墨盒镇尺，一件之润金亦须三四元”，二者看似矛盾，实则并不相悖。说向无润例，是指茫父先生没有确切数额的润例，因为“格无所取裁”，太高对不住别人，太低则对不住自己，怎么办？由客人自觉酌定，于是“见惠亦不敢拒”。而所谓“一扇润金须十金二十金，至于墨盒镇尺，一件之润金亦须三四元”，正反映时人对茫父先生作品的认可程度，是其润金的大致数额。

茫父先生嫡孙姚遂先生曾赐函云：“我的印象，祖父有云：‘其书在先，画在后，及至画作卖出价钱更在后，且有出其不意之慨。’故我私忖，始以友情画不卖钱，非商品，渐次影响所及，才上市。”

从目前存世实物或拓本可知，茫父先生早期写铜作品几乎都是“友情之作”，或应亲朋之索、或作为礼物主动馈赠与人，总之没有售卖之“商品”。其署款大都为“双款”或“三款”，即书画作者茫父、受赠人某、铜师某；偶有“四款”者，则包括了求茫父书画的定制者。不难想见，当时茫父既要忙于学术与生计，又要应酬广大亲友的求索，不得已作此《铜写格歌》，隐晦地表达了对无偿索取之无奈和

[45]《蜜蜂》1930 年第 1 卷第 11 期，第 2 页。陆丹林（1896—1972），别署自在，斋名红树室，广东三水人。早年加入同盟会，曾短暂从政。南社成员，后从事报刊编辑，尤以文史和书画刊物而闻名。性喜书、画，与美术界交游广泛，擅长美术评论。

[46]《上海画报》1930 年第 605 期，第 1 页。郑天放（？），名孝崧，字棕舱，晚号天放，福建闽侯人，郑孝胥（1860—1938）之从弟也。工词章，精考据。晚年归里，授徒自给，设塾福州西门街善化坊本宅，约十年，男女学生甚众。年八十有二，无疾而终。所著《天放阁笔记》《天放阁诗话》曾载报章，脍炙人口。惜随作随弃，身后仅存《天放阁遗诗》一册，由弟子刊于世。

拒绝，而此后的作品，“单款”“双款”者渐多，这类作品可能多是应店家之请，为人定制售卖的商品了。

茫父先生在1919年作《铜写格歌》恐怕也与他生计日迫、而朋辈索画求书者众的现实压力有关。这一点在他1914年7月20日写给同乡好友蹇季常的长信中多有袒露，信很长，逾千言，仅择其要：

> 夏假少暇，然积半年笔墨旧债，正未易还也。人事冗烦，直无宁日。据案终日，犹苦不给，奈何！……以外所著甚多，然不足为贤者述。再得闲一一录稿祈正。……教育部又函托撰《切韵今纽纲要》并著《切韵谱正》，具草未就，而朋辈索画求书者纷纷不绝，一人之身如何能给？然少迟则纷纷责备，亦只好听之而已。
>
> 《庸言报》四五两月报费已成空文，六七两月不敢交稿。……民国大学七八两月薪俸减半致送，因之每月减薪七十。
>
> ……孟刚不知以何事怒我，前属代拓三希堂帖，至今二月不偿。问则漫应之，或云俟湖南钱至始给。如此情形，是故意为难。拓工逼我甚苦，窘迫之中，七十元实为巨款，无法垫付，奈何。孟刚前属作颖拓，以考试纷忙，稍迟，或以此故聊以相报，此外则别无开罪之处矣。孟刚福大，生成安逸，岂知劳人之苦，此等处不能相量，难乎其为友矣。印昆上月有一诗属和，无暇应之，亦来书相责，云我孳孳为利。嗟乎，谋生不足，安得不为利，抑亦何足为利哉？人皆以安闲之境揣我，我安得不受诃责？人人责我，而人人悦之，我安得不困惫？既不善求人，而以力自食，相爱不相怜，必欲分我自食之力，以供其所指，稍缓便责，不责便以他事报我。我生不辰，偶有一长，为世所希，便为之累。[47]

蹇季常即蹇念益（1876—1930），字季常，贵州遵义老城人。与茫父先生同龄，但又是姻亲长辈，故茫父称呼他“蹇七丈”，信中茫父先生句句肺腑之言，多处感叹奈何，读来如见其人。从中可知此时茫父书画名声已盛，“朋辈索画求书者纷纷不绝”，深受其累。茫父此时尚不以书画为生，教书著文所得又常不敷使用，经济

[47] 杜鹏飞：《艺苑重光：姚茫父编年事辑》，故宫出版社，2016年，第127-128页。蹇念益（1876—1930），字季常，贵州遵义人。幼年随父读书四川，光绪十七年（1891）父死，扶柩返遵主持家务。二十六年（1900）东渡日本，入早稻田大学习政法，当选中国留学生总会干事。与梁启超、姚茫父、

上之窘困亦是常态。无怪其感叹：“我生不辰，偶有一长，为世所希，便为之累。”

这种困窘，在他写给时在日本求学的长子姚鋆的家书中多有涉及，如 1914 年 3 月 6 日写道：

> 吾长师范女校，月得百八十圜，仅㪺家用。民国大学月修六十四圜，以半寄尔，余为零用。《庸言报》润笔四十圜，聊当旧债，月无余资。……兹为尔寄去日币三十圜，暂㪺目前，月内所入再分拨尔。[48]

简单加和可知，茫父先生月入 184 元，这在当时已属高收入了。但是家用开支也大，以至于“月无余资”，用今天的话说，就是“月光族”。不仅如此，有时为了购买古物，不免举债解困，如 1914 年 7 月 26 日写道：

> 近又还三百金之债，而《庸言报》上两月俱未得酬。民国大学亦以经费支绌，假中不酬，故奇窘，不得为尔汇款。[49]

1918 年 3 月 7 日信中写道：

> 吾生至约，而购古甚浪费。然吾非古董玩物之是役适焉，而将以为学问谋也。学问之价，不可以数计；其材虽费，究可以数计者，何浪费之有乎！以二语约之曰：“啬于治生，而丰于求古。”儿辈识之，此可以为吾状也。[50]

一方面是“啬于治生，而丰于求古”，收入多用来购买古物以资学问，所以家用总是处于局促中；另一方面又是“朋辈索画求书者纷纷不绝，一人之身如何能给？”加之“既不善求人，而以力自食，相爱不相怜，必欲分我自食之力，以供其所指，稍缓便责，不责便以他事报我。我生不辰，偶有一长，为世所希，便为之累”。那么，《铜写格歌》的出台就是再正常不过的了。《铜写格歌》就如同茫父先生的一份宣言，

周大烈、陈师曾等友善，是梁启超宪政思想的主要支持者，时有“梁谋蹇断”之说。晚年寓居天津，1930 年弃世。

[48] 姚华：《如晤如语：茫父家书》，上海书画出版社，2018 年，第 6 页。

[49] 姚华：《如晤如语：茫父家书》，上海书画出版社，2018 年，第 10 页。

[50] 姚华：《如晤如语：茫父家书》，上海书画出版社，2018 年，第 90 页。

他明白告知世人“吾力烂贱不自贵，但以币将便可试”，也告知那些无端索取者“如畏其丑须早避，不则肯来请视此”，一句话：要么付润，要么请回！

从1919年开始，学者姚茫父终于转身成为“半职业”书画家。对于这种身份转换，茫父先生最初是不很适应的，他在1920年11月7号写给姚鋈的信中说：“近日屡有人以金购吾画者，益不自安，吾书尚自信耳。”用时也写道：“吾近得奚铁生仿九龙山人横卷一件，是端午桥家物，甚高，笔墨如亲，得益不少。日来数数展玩，吾画更进，当使汝知之。”[51]

关于茫父先生书画在当时之受追捧，可从北京高等师范学校宗威教授1925年所撰《姚茫父先生五秩双寿序》中略窥一二：

> 惟我贵筑姚茫父先生，盖当代之通人，为艺林之耆硕。……求书则铁限全穿，塚多秃笔；落纸则银钩双勒，腕运神斤。四体之书势皆工，而六法之宗传尤绝。通频上添毫之技，运以神明；富胸中成竹之思，纯乎风趣。从此堂开宝绘，入王晋卿之收藏；岂惟图仿山庄，有李伯时之闲雅。下将双管，品胜村梅，得其一缣，珍如拱璧。[52]

虽然寿序一类文字不免夸张，但是“求书则铁限全穿”“得其一缣，珍如拱璧”仍大致符合茫父先生在当时北京画坛的地位和影响。

此后生计想必因售卖字画而略有改观，但是因茫父先生耽于好古，稍有余资，便作豪举，所以仍时时处于窘迫之中。如1917年以五百金买唐画像砖四、六百五十金买宋拓《广武将军碑》、1920年近千金买西周父乙彝等，至于其他善本、碑拓、古物，动则数十至数百金，如果不是笔下的书画文章可以换钱，绝对是无力负担。

以上所举，仍不免笼统抽象，茫父先生售画收入到底如何？他在1929年10月

[51] 姚华：《如晤如语：茫父家书》，上海书画出版社，2018年，第127页。

[52]《学衡》1931年第73期，第130-132页。宗威（1874—1945），原名嘉仪，后更名威，字子威，江苏常熟人，南宋抗金将领宗泽第二十六世孙。宣统元年己酉特科拔贡，宣统三年补官开封。辛亥革命后返故里，任《常熟日报》主笔。1915年受聘到北京高等师范学校任教，并曾在华北大学、铁路大学任教。1929年又受聘于东北大学，讲授诗、词、赋、骈文等文学作品，深受学生喜爱。“九一八”事变后，辗转回到常熟，1932年受聘往湖南大学任教。抗战中颠沛奔波，于胜利前病逝。著名诗人，与齐白石、姚茫父、伦明等皆有交游。《虞社》的主要支持者，曾发表大量诗文。

13 日写给弟子王伯群的信中谈及“一年以来，他处售画所入共千七百元”[53]，可让读者有个相对具体的认识。

徐志摩在为《五言飞鸟集》所作序言中写道：

> 我最后一次见姚先生是一九二六年的夏天，在他得了半身不遂症以后。我不能忘记那一面。他在他的书斋里危然的坐着，桌上放着各种的颜色，他才作了画。我说：“茫父先生，你身体复原了吗？”“病是好了。”他说，“只是只有半边身子是活的了。”“既然如此，”我说，“你还要劳着画画吗？”他忽然瞪大了眼提高了声音，使着他的贵州腔喊说：“没法子呀，要吃饭没法子呀！”我只能点着头，心里感着难受。

这段话已广为引用，对于我们今天理解姚茫父先生以及他所生活的时代，仍有意义。

就笔者目力所及，姚茫父先生的《铜写格歌》仍是目前仅见有关书画家参与写铜取润的明确记载，为参与刻铜文房的写画立润，姚茫父先生或是唯一。

六、莲花盦写铜艺术特色刍议

本书收录茫父写铜作品总计 474 件，其中包括实物作品 80 件（含失群残件），余皆为拓片。拓片皆取民国旧拓，基本不存在真伪问题，其来源主要有三：一是茫父后人所珍藏的茫父先生亲自整理题签的《今器款识》粘贴本；二是广大刻铜藏家慷慨提供，其中尤以朱瀚兄高价购藏的同古堂张寿丞自留旧拓最为可珍贵；三是邓见宽先生整理出版的《莲花盦写铜》。鉴于实物作品难得，在择选时标准适度放宽，大约有 10 件左右推测可能是同时代翻刻者，旨在存“亲笔”作品之大貌，读者不可不审。

现就此 474 件作品，对莲花盦写铜艺术的基本特色试着概括如下：

1. 今之吉金，兼备诸体

茫父先生自撰《铜写格歌》云：“今之吉金备众体，古云署书毋乃是。于古万有今无二，时人那得知吾技。”事实上，莲花盦写铜诸体兼备，所涉及的形制之多元与题材之丰富，允称古今一人。

---

[53] 姚华：《如晤如语：茫父家书》，上海书画出版社，2018 年，第 176 页。

本书收录茫父写铜作品，其形制最多的是墨盒，其次是镇尺、铜屏，个别为笔筒、印章、裁刀等。所写内容则涵盖了书法（篆隶真草诸体兼备），山水、人物、花鸟、博古等各种题材。放眼整个清民刻铜文房发展史，没有另外一个人有此业绩。

著名学者、民国掌故学家高拜石曾在《新生副刊》连载其所撰掌故体随笔《古春风楼琐记》[54]，其中特别提到高雅绝俗的姚茫父：

> 诗文词曲，书画镌刻，无一不精，当年北京大书坊里所售墨盒铜尺上面，多有茫父之作，或碑拓摹刻，或山水、佛像、竹石、花卉，或以篆隶行草各体所写的格言，皆极名贵。

兹以《铜写格歌》创作时间为界，将目前所见茫父先生在1915年至1919年这五年中的写铜作品，简单分类统计如表1。

表1　姚茫父早期写铜作品分类统计表

年份	作品数量	金石类			绘画类		
		书法	考古	释印	花鸟	山水	造像
1915	40	22	-	-	15	3	-
1916	135	109	7	-	9	8	2
1917	40	19	8	9	1	1	2
1918	47	9	13	10	6	1	8
1919	30	9	6	2	4	-	9
小计（件）	292	168	34	21	35	13	21
占比（%）	100	57.5	11.6	7.2	12.0	4.5	7.2

注：包括虽没有明确纪年，但据风格可定为这段时期的作品。

本书收录茫父先生在1915年至1919这五年中的写铜作品292件，占全部474件作品的61.6%。其中：金石类作品多达223件，可细分为：书法168件，占57.5%；考古34件，占11.6%；释印21件，占7.2%；绘画类作品共69件，具体为：花卉题材35件，

[54] 高拜石：《新编古春风楼琐记第陆集》，作家出版社，2004年，第182页。高拜石（1901—1969），字懒云，又字般若，笔名芝翁、南湖、介园、懒云，斋号古春风楼，浙江镇海人。先世宦游八闽，遂寄籍福州。北平平民大学文科毕业。历任新生晚报、华报、寰宇新闻、民国日报及中央日报编辑及主笔，台湾省政府新闻处主任秘书等职。善属文，工诗词，长于近代史事，熟谙人物掌故，故文名籍甚。

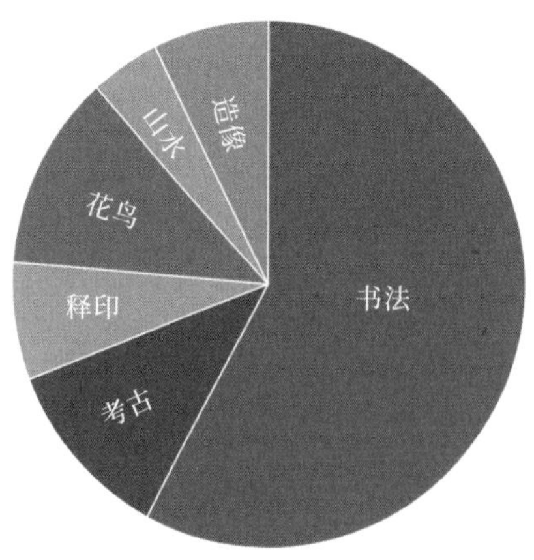

插图 22　姚茫父写铜作品各品类比例

占 12.0%；山水题材 13 件，占 4.5%；造像人物题材 21 件，占 7.2%。【插图 22】

茫父先生是晚清民国时期重要的金石学家。好友周大烈为其撰写的墓志铭中说他：“习《说文》许氏学，好篆隶。奉亲居京师莲花寺，穷搜金石文字，比勘题识，早夜不休。于士夫所挟持为荣贵者，若冥然而无睹。其困勤笃嗜，清之张廷济无以过之。”[55] 认为清中期的金石学家张廷济无以过之，足见评价之高。

也正因此，金石类作品成为莲花盦写铜的最大特色和亮点。所谓金石类写铜作品，主要包括书法、考古、释印三大类，细审则均以书法为特色。茫父先生是当之无愧的书法家，是晚清民国书法史的代表人物，他是以书法教授的身份成为国立北京美术学校首批教员，其书学理论与实践影响深远。莲花盦写铜作品，无论是大字名言警句，或者细字长篇宏论；无论是摹写古器物铭文，或者考释古玺印渊源，皆精彩至极，茫父先生的书法类作品涉及甲骨、金文、小篆、隶书、楷书、行书、草书等各种书体，可以说囊括了中国汉字演化进程中各时期的代表性书体，仅从这一点看，刻铜史上没有第二人。

茫父先生将民国时期生产的刻铜文房器具称作“今之吉金”，本身也有将之与“三代吉金”并置之意，可知其珍视宝爱之无以复加。茫父先生对自己创作的写铜作品是很珍视的，他说：“于古万有今无二，时人那得知吾技。”颇有“当世无二，舍我其谁”的豪气。事实上，这也绝非大言自夸，而是简单陈述事实罢了。茫父先生的写铜作品，为时人所激赏，不惜以高价求得，这一点有许多证据，不做细论。

2. 画多长题，相得益彰

“画须题也”，这是茫父先生一生身体力行的画学主张。他在《题画一得》开

[55] 周大烈：《贵阳姚茫父墓志铭》，见《贵阳文史资料选辑》第 18 辑，1986 年，第 200 页。

篇即云："画须题也。不题，则画史矣。然画以题为佳，而题之佳否，往往得失与画相关。如美人点妆，唇朱眉黛，一有不合，反不如淡姿素质之为得也。故画亦常有因题而见累者。是则题画不可不讲求矣。"[56]

又云:"予曩主讲美专书法，反复与诸生言之。顾美专书法偏重实习，科标习字，学者浅尝，一切不知。其勤者方耽怀于结构布白之不遑，一旦需题，则委之教者。于是书法一席非兼画法与文章一炉而冶之不可。……主者不谙国故，欲与之言，譬诸聋瞽。故向所怀抱而曾一建白者，至成空言，悉坠诸地。余去校后，益成绝响。"

昔年茫父先生主讲国立北京美术学校书法，其时主事者先后为郑锦和林风眠，皆曾留学海外，"不谙国故"，以至于先生有关"书法一席非兼画法与文章一炉而冶之不可"的建议"至成空言，悉坠诸地""益成绝响"。关于郑锦，茫父先生认为，"粤人郑君主张画不须题，凡须题者，皆画之不足自立，而借题以求重耳。此内家嫡派之旧说，余无以非之。惟自摩诘改创以来，历祀逾千，往往以外家嗣法。……如郑君者，非惟不明于题画之源流，且画之源流亦有未曾究心者耳"。

可知茫父先生的题画主张是源自王维所开创的中国文人画传统，这一点在1921年他为好友陈师曾所著《中国文人画之研究》作序时，即有清晰阐述："画家多求之形质，文人务肖其神情，生死之分两涂（途），所由升降也。夫物有常象，事有恒状，此形质也。工之所程，人皆得而至之；神情者，惟其事物兼其变化，虽心灵手敏，犹恐即逝，何暇刻划豪芒，衡量铢两，故人或一至焉，时或一至焉。譬夫恍惚得象，乃中玄机天然之美，多衷隐秀，所以观感之资在此，而不在彼。"认为事物的外在形象易得，而神情难得，文人画之价值便在此。又云："尝览夫画家之绝诣，莫不逼真。虽然，其去真也，亦终有间矣。夫不能即真而辄以为工，何如离形而庶几得似。真至于善可矣，独不能至美。美之与真各极其反也，骛美则离真，求真则失美。以文人之美常参造化之权，画家之真屡贻骛犬之诮，所择不同，天渊斯判。"[57]

《题画一得》作于1928年，去今逾九十年矣。再观今日各大美术、师范和综合类院校之书法教育，比之茫父先生当年所论美专书法教学之弊，更何足论哉。举目皆"耽怀于结构布白之不遑"，洋洋自得于点画笔法之入古。须知没有文化滋养的

[56] 节所征引内容除特别标注者，皆出自《题画一得》，转引自顾森、李树声主编：《百年中国美术经典文库》第1卷《中国传统美术：1896—1949》，海天出版社，1998年，第189-190页。

[57] 陈师曾:《中国文人画研究》，中华书局，1922年。姚华此序以《二家画论序》为题收入《弗堂类稿》"序跋甲"，第十二页。

书法，充其量只是写字匠而已。

何以茫父先生说：“书法一席非兼画法与文章一炉而冶之不可？”盖因题画有三难：

首先是措辞妥帖。“画有万殊，题亦万变，非可执一。深言之，反令人迷茫；浅言之，又索然寡趣。假令无津逮将来之怀，乏参稽既往之识，必不耐笔札。”前贤多以自撰诗句题跋，至少也是文通字顺的一段文言小品，而茫父先生更长于以诗、词题画，至于以散曲乃至赋体题画，则允称茫父创举，并且不是偶一为之，而是留下大量精彩佳作，实无人能出其右。即以茫父所遗《弗堂词》为例，计存词 292 首，而明确是题画之作即多达 120 首，几近半数，所涉画题之广泛亦令人叹为观止。

其次是经营位置。“何者？画之余地，不能视如无物，有时反视有笔墨处为尤矜贵。作者留此余地，不作一物，而题者贸然加墨，所以取戾也。是以题画非画，而实与画同物、必作者有意留题，而后题者始能施展。”题画毕竟是在已有的作品上做加法，添加得当，则增色添彩；反之则被其累，“如美人点妆，唇朱眉黛，一有不合，反不如淡姿素质之为得也”，“是故题贵得地。确能得地，非通画不可”，正因如此，“题难于画，题人之画尤难于自作之画。盖题之所贵，在能与画相发”。而茫父先生不仅长于题画，画多长题，题多韵语，特别是他早年为友人精心创制的作品，如图 5 为周大烈写姜白石词意铜盒、图 7 为方立之写姜白石词意图铜盒、图 9 为新吾写《暗香疏影图》铜盒、图 19 为黎伯渊写《安石榴赋》铜盒、图 44 为张棣生写东坡丙辰中秋词意铜盒等等，不胜枚举。他还长于题他人之画，本书图 189 跋陈师曾为蕴巢先生写铜墨盒即是一例。

最后才是书法之讲究。题跋者书法应驾驭精熟诸体兼善，这样方能根据题跋对象而适当择体，以合题画之旨趣。能写一手好字者固不难寻，但是堪称书法家者几稀。茫父先生是公认晚清民国大书家、金石学家，是与陈师曾并举的民国初年北京画坛领袖人物，是与王国维、吴梅并称的近代“曲学三大家”之一，是著名诗人、词人、曲人，也是近代制赋高手、属文大家。有如此修为者，古往今来能有几人？

茫父先生《题画一得》堪称古今第一部“题画专论”，以笔记体次第刊载于《艺林旬刊》，从 1928 年第 20 期起，累计逾百期（包括后来更名的《艺林月刊》）。他不仅对中国画题款有独到的理论见解，而且身体力行；不仅擅长因画赋诗，而且长于因诗作画。笔者阅古今名画不计其数，画上所涉题跋更多至无从历数，单就题画之精彩超拔而论，未见有超越茫父先生者。从茫父先生存世书画作品以及本书所收录的写铜作品，可证此言非虚。

3. 以铜为介，考古问学

前已论定，茫父先生将写铜视为金石创作，并自觉地留下刻铜成品的拓片，粘为册页，并自题《今器款识》。不仅如此，茫父先生还自觉地将铜制文房器具作为媒介，将自己的金石考据、书法探究、诗词文赋以及文人画风骨淋漓尽致地倾注到写铜作品中，即将学问探究与刻铜艺术紧密结合，是莲花盦写铜又一特色。这类作品数量多、题材丰富，往往具有很强的时效性，即铜上所写所画，恰是茫父先生当时所思所考。

试以书法为例。1916 年夏，北京女子师范学校期末，身为校长的茫父先生特别订制铜墨盒八十八方，并亲自一一书写历代碑帖、造象题字、残简等内容，无一雷同，延请琉璃厂同古堂铜师精心刻成，作为奖品颁给本科毕业生、讲习科毕业生和其他班级优秀学生。铜盒有方形和圆形两款，尺寸都很小，但是每盒皆以细楷分别刻有“丙辰夏，北京女子师范学校毕业奖本科某某”，或“丙辰夏，北京女子师范学校毕业奖讲习科某某”，或“丙辰夏，奖某某”等精美小字。有的还有小字考证，如奖给讲习科张茑如的墨盒上面，镌刻《天玺纪功碑》，“中书”二大字，用小字评述道：“《天玺纪功碑》字上参吉金倒薤之文，下契中唐平原之笔。”奖给本科李静宜的墨盒上面，镌刻大字“汉石经《论语》”中的一段文字，用小字考证道：“汉石经《论语》，与今本微异，‘何’下多一‘而’字，案‘而’‘汝’古通。”有的考证所临碑帖，如奖给本科肖淑芳的墨盒上面，镌刻大字“掺牍奋笔，业术敏达”，用小字考证道：“《汉王纯碑》。此碑久失传，据宜都杨氏钩本对临。”足见其作为校长之良苦用心。

这一时期，恰为茫父先生书法风格转变的关键时期，从 1915 年到 1916 年写给儿子姚鋈的家书中，多有提及和体现。1915 年 12 月 31 日的信中写道：“作字宜平正方阔，方有长方、平方、横方不同，此三式汉隶具备，如《景君碑》是长方也，源出于秦篆，其流则为欧；如《华山碑》《礼器碑》《史晨碑》是横方也，为隶书之极平易而工丽者，是长方平方递变而成……平方一式来自石鼓，汉隶中《韩仁》《尹宙》《夏承》各碑皆其正轨。”又云：“吾所为书，正取汉隶横方之势，用笔则杂采诸家，上自吉金、贞卜，下至碑帖、缣素，苟可兼资，无不取材。而金文中倒薤之法，吾作撇捺独取其意，此为今体中所未见者也。”[58]【插图 23】

此信颇涉先生书学理念，详述自己书法师承，对于研究先生书法和书风的形成，至为重要：从中可窥茫父书法结体与笔法之渊源。信中所提及的碑帖在这篇作为奖

[58] 姚华：《如晤如语：茫父家书》，上海书画出版社，2018 年，第 41 页。

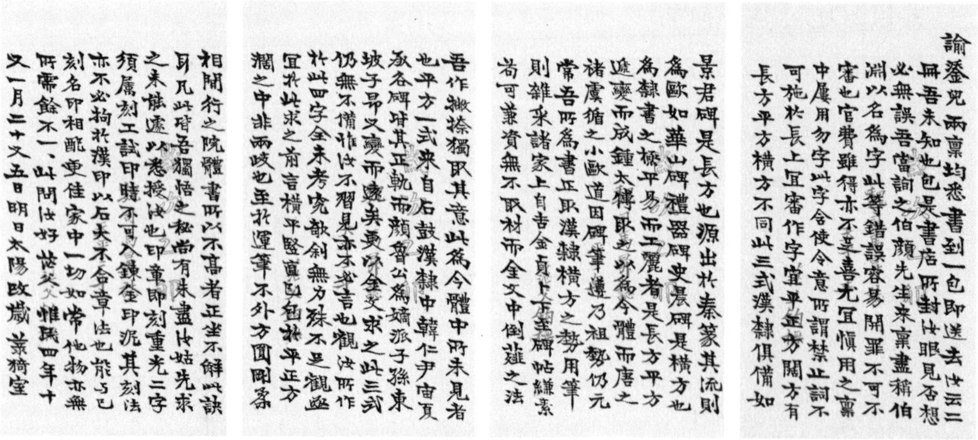

插图 23　茫父家书手稿

品的铜墨盒上均有体现，因为正是茫父先生当时所研习、所思考的书法问题，也反映了他对书法的基本见解和取法之广博。

再以治学为例。茫父先生治金石考据治学，是晚清民国重要的金石学家。他自言："啬于治生，而丰于求古。"又说："吾生至约，而购古甚浪费。然吾非古董玩物之是役适焉，而将以为学问谋也。学问之价，不可以数计；其材虽费，究可以数计者，何浪费之有乎！"此语颇可见其性情。

1917 年农历闰二月，茫父先生收得秦始皇二十六年量诏全拓本，欣喜无量，于是居家临写、考释，并赋《始皇廿六年四字范残量诏歌》长诗近千言，翔考始皇量诏历代递藏情况，其中有句："秦皇大略令人起，相斯制作今炳煌。"其小注云："后人诋秦法，而十九由之。郡县之制有功后世最巨也。"对秦始皇的评价当称公允。这些考释文字可见于茫父手书长卷（收入其书法集）、册页[59]、扇面[60]等各种形制。同时期的写铜作品中也自然留下了痕迹。是年三月，茫父先生执掌笔山书院时期的门人王文华来请先生写铜墨盒，于是就诞生了临写并考释始皇廿六年诏版文铜盒，此盒由同古堂铜师孙不疑刻成，王文华赠与茫父先生的同年好友、当年同赴笔山书院任教的熊范舆先生。【见本书图 65a】

类似例子还有很多，如约 1917 年作考释古陶文铜盒，其内容源自茫父先生为同年好友陈叔通所藏古陶作的考释。【见本书图 92】实际上，这类考释古器物铭刻文字

[59]《始皇廿六年四字范残量诏歌》长诗见《弗堂类稿》"诗乙"，第四页；图见《姚茫父书法集》第 56-57 页。

[60] 重华轩藏品，另面为汤定之写山水，上款人皆为陈师曾。

还有多件，曾见《陈叔通藏陶》册页，每开皆有茫父先生细致考释，正可与此铜盒对照而观。

本书收录的数十件考释古器物作品【见本书图88—图103，图115—图127等】、颖拓佛造像作品【见本书图132—图135，图146—图148等】、临摹埃及古刻作品【见本书图59】，这些写铜作品涉及三代吉金、古陶、断简、瓦当、碑刻、造像、古泉、玺印，甚至有域外之物——埃及古刻，亦有少量民间工艺品。凡此种种，都可以找到同时期类似题材的考据文字或颖拓、题跋等作品。说明茫父先生写铜，多取材于自己正在思考或从事的学问，自觉地在铜质媒介上铭刻并传播自己的治学成果，为刻铜艺术平添了浓郁的学术色彩，也更加印证了茫父先生视刻铜为金石的艺术理念。

再以诗词曲赋为例。茫父先生是非常敏锐而多思的高产作家，一生创作诗词曲赋多达数千首，其著述《弗堂类稿》31卷，其中存诗11卷，词2卷，曲赋各1卷，占平生著述近半。本书所录莲花盦写铜作品，亦多涉及茫父先生自作诗词曲赋，而且往往非常应时。例如，1917年7月1日军阀张勋宣布拥立宣统皇帝溥仪复辟，段祺瑞自任“讨逆军总司令”起兵自天津，8日攻打东华门，10日茫父先生作《都门感事诗》五言古体一百零四韵一千四百余言，12日续作《丁巳都门杂诗十二首》感怀。不久，即为好友黄元操写铜盒【见本书图68】选录六首，其题记云：“都门杂诗并序，尧承仁兄教。姚华茫父近草。”[61] 诗即感时纪事，铭之于铜盒，自然有“金石不朽”之意。在14日写给姚鋈夫妇信中提到这次事变：“前日北京剧战……当战之日，吾竟日作诗，得十二首。战罢，而诗才亦无可取，遂以搁笔。今日又续七首。别命鋆抄寄，吾自作注，并可见当日情事也。”信末又云：“政变一月，群公四避。吾少闲，作诗文书画特多，亦可喜也。”从中亦可窥茫父先生处变不惊、安之若素的泰然风度。[62]

又如1923年金秋十月，茫父先生应同年好友悦性斋主人即任可澄（1878—1945，字志清，贵州安顺人）之请，创作了写《菊箴》八首铜镇【见本书图209】。其小字跋语写道：“京师人士，故好艺华，于菊尤甚。比年以来，社园、城南园往往征品选胜，余屡与其事，辄推为总持，第其甲乙，因有所触，成此八箴，是辛酉（1921）十月脱稿，藏之箧笥，珍以敝帚，不欲一眎人也。癸亥十月，悦性斋主人制铜为镇，属以细字精书之，且征拙著，遂以乞教。菉猗室倚檠，姚华茫父。”可知此八首咏菊诗作于1921年，两年后应好友之请，作菊花铜镇并录此诗于其上。

[61]《弗堂类稿》“诗甲一”，第一至第五页。

[62] 姚华：《如晤如语：茫父家书》，上海书画出版社，第92-93页。

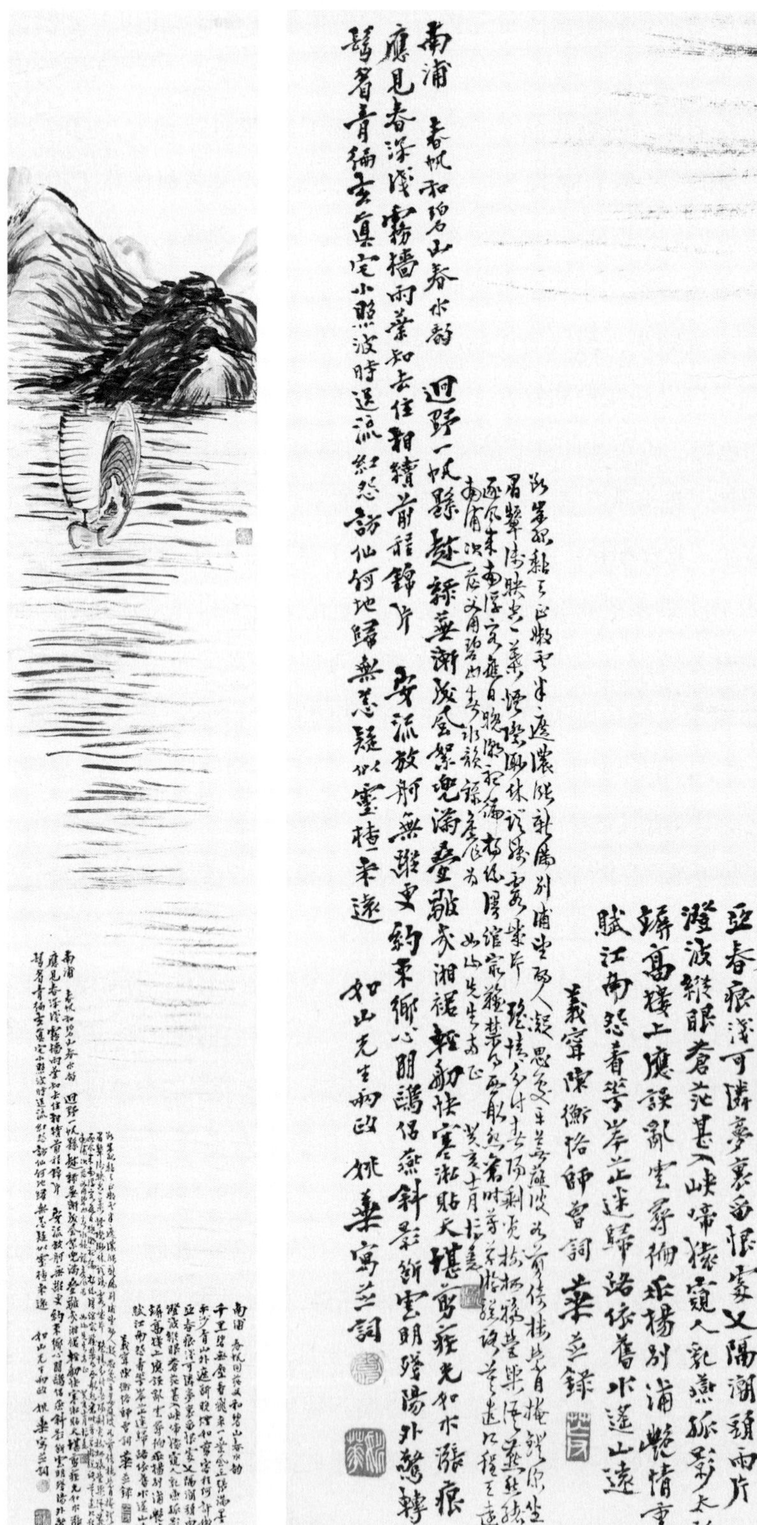

插图 24　茫父为齐如山写《南浦·春帆》图及题识局部

再如1923年9月23日，茫父先生写《南浦·春帆》词意铜盒【见本书图205】，并录辛酉旧作《南浦·春帆，和碧山春水韵》以及当年陈师曾步韵唱和之作。这件作品应该是为纪念刚刚病逝的好友陈师曾而作，推测是茫父自用之作，由同古堂张寿丞刻成。遥想1921年茫父先生创作此词，颇为自喜，好友陈师曾不仅因词作图，而且唱和一阕，茫父先生十分珍视之，师曾殁后，亦曾多次以词作图，目前仍可见三幅，其中1926年写《南浦·春帆》词意扇面并录旧作，其款识云："旧作此词，都下和者甚多。朽道人曾为作图，今朽已化去四年矣。予又风疾，怅惘前作，益以自念。今晨兴又闻湘乡陈南眉之丧，皆丙子同岁也。丙寅六月二十八日，莲花盦记，姚华。"当年（约1921）为新月社老板黄子美写同题手卷。【见本书图206】此外有一轴赠齐如山【插图24】。我们将铜墨盒与同题材扇面、手卷、立轴以及《弗堂类稿》《弗堂词》所录文本对照阅读，自会对这件作品创作的背景以及茫父先生之所以反复图之的情感寄托多几分理解。

再举一例，本书收录有3件抄写《五言飞鸟集》诗句的作品，2件镇尺【见本书图293、296b】、1件墨盒【见本书图297】。这就涉及1924年茫父先生演《五言飞鸟集》以及1929年徐志摩谋划为茫父先生出版等相关史实。《五言飞鸟集》无疑是茫父先生重要的创举，由郑振铎英译泰戈尔《飞鸟集》而演绎成中国五言古体诗，被叶恭绰先生赞为"此在吾国翻译界不能不谓为异军特起。它的重要还在于凝结了中印民间文化交流的友谊。"徐志摩则诩为"这是极妙的一段文学因缘。郑（振铎）先生看英文，不看彭加利文。姚（华）先生连英文都不看。那年泰戈尔先生和姚先生见面时，这两位诗人，相视而笑，把彼此的忻慕都放在心里。泰戈尔先生把姚先生的画带回到山梯尼克登去陈列在他们的美术馆里，姚先生在他的'莲花寺'里闲暇的演我们印度诗人的'飞鸟'"[63]。

4. 写刻相合，金胜纸缣

人们每以"枯笔燥墨，奏刀随之"作为茫父先生写铜作品的特征，语出《题画一得》，已被反复征引。更有论者认为"枯笔"即"秃笔"。最早有此论者，当推茫父先生孙婿邓见宽先生，他在《博雅、隽永的刻铜艺术——简论姚华、陈衡恪的书画刻铜》一文中写道："所谓'枯笔燥墨'，正是茫父、师曾善用秃笔，善用焦墨作书绘画。此秃笔焦墨极符合书画铜的用笔运墨要求。"[64]

[63] 姚华：《五言飞鸟集》徐志摩序，中华书局，1931年。

[64]《贵州文史丛刊》，1991年第4期，第83-89页。

从本书所录作品来看，这一定是误解。所谓“枯笔”，当指“干笔”，即蘸墨较少的毛笔，与“燥墨”相呼应，后者即“焦墨”，也就是研磨得很浓、含水很少的墨。茫父先生作书，对笔墨深有讲求，尤精于选笔用笔。在光滑细腻的铜盒上写细字精楷，枯笔如何能够副之？惟制作精良之硬毫小笔，堪当此任。有过在铜器表面写画经验者当能体会。

莲花盦写铜作品之所以精彩，最关键处在于“写刻相合”。甚至可以说，这是民国书画刻铜超越前人、独领风骚的最关键处。

在此前陈寅生大盛的时代，绝大多数刻铜匠人皆为穷苦学徒出身，不要说舞文弄墨，有的甚至识字十分有限。而陈寅生秀才“起自士林”，谙熟书法，自书自刻，写刻相合，自然“其刻实有胜于前人。”[65]于是开一代新风，以致“凡入都门购文玩者，莫不以有寅生所刻为重，足以与曼生壶並传。”[66]

但是，茫父先生认为陈寅生的作品“刻则善矣，而书画不超，遂夷为常品”[67]。那么，其他刻铜艺人的出品更无足论矣。

民国初年，寅生已殁，当时茫父先生所称许的刻铜艺人有张寿丞、孙华堂和姚锡久。“开国以来，张寿丞、孙华堂异军突起……已而锡久以所刻进，则不异张、孙之伎，一时鼎足。”[68]这是1919年初茫父先生为姚锡久刻铜集拓的题词，将姚与张、孙并举为“一时鼎足”。众所周知，今天流行的说法是将陈寅生、张樾丞和姚茫父并举为“近代刻铜三大家”，历史实在有些吊诡。

写刻相合，是吸引书画名家参与刻铜文房的前提条件。试想，如果铜师不能恰当呈现书画家在铜上写画之作，有哪位书画家还肯尝试合作呢？然而要做到“写刻相合”却非易事。

茫父先生对此早有创见。癸丑（1913）正月初五，他在题跋北魏《鞠彦云墓志》时写道：

> 予观魏石，皆以汉印求之，妙在以拙取妍，于敛为肆，其平重沉着，则刀法为之也。近代喜法魏书，然以毫当铁，岂能有合？隋唐以来，刻工渐进，乃与书家相得，其尤精者且能不失豪发，是亦时代使然，无足异者。独怪世人不

[65] 姚华为绍兴姚锡久刻铜集拓题词，见《姚茫父书法集》，第61页手稿。
[66] 姚华为绍兴姚锡久刻铜集拓题词，见《姚茫父书法集》，第61页手稿。
[67] 姚华：《题画一得·二笔》，转引自邓见宽编：《姚茫父画论》，贵州人民出版社，1996年，第85页。
[68] 姚华为绍兴姚锡久刻铜集拓题词，见《姚茫父书法集》，第61页手稿。

明乎此，尤沾沾求肖于点划之间，自矜笔法，抑亦不思之甚矣。予谓书、刻分合，隋唐一门限也。故评魏书，当知只结构可为临池之资，其点画别入刻品，不可混而为一。此论前人未发，偶于鞠彦云志有所悟，因记。[69]

茫父先生对秦汉以来历代碑刻多有集藏、临习，十分谙熟，因此其论断掷地有声，发前人所未发。他认为隋唐以前的碑刻，写刻相分，“隋唐以来，刻工渐进，乃与书家相得，其尤精者且能不失豪发”。针对学书者应如何取法北魏碑刻，他指出：“以毫当铁，岂能有合？”又说：“予谓书、刻分合，隋唐一门限也。”对于北魏碑刻，“当知只结构可为临池之资，其点划别入刻品，不可混而为一”。启功在髫龄时曾随长辈趋莲花寺拜谒茫父先生，亦深谙历代法帖、碑刻，或许受此启发，吟出“透过刀锋看笔锋”“一生师笔不师刀”的精辟观点。

甲寅（1914）十二月八日，茫父先生题释迦本《龙藏寺碑》，指出：

渤海之先河，譬之汉分，则《礼器》《史晨》之伦。“清新庾开府，俊逸鲍参军。”时会所至，英华斯呈，岂人力之所能强者邪！此时，石师伎亦进，刀与笔庶几相迎矣。甲寅腊八。[70]

茫父先生另有一段文字跋北魏《鞠彦云墓志》，指出：

遣笔奏刀，各有不同，古今笔史，已多变迁。石师旧闻，无从搜罗，不知书刻之间，难易如何？以意揣之，古用钝笔，今多锐毫，刀一而已。钝易为习，而锐难于将顺。自法帖兴，笔与刀几几合矣。然求之于古，则益去而益远，又况易刚而柔，笔又异材，古今相隔，不啻曾玄。故凡论石文，宜熟笔乘，再辨石师等差，然后于书体之变革，一一求合，或可有得。第以石刻求笔法，遂欲自夸于古人有所窥见，于帖且犹不得，况石文哉！独怪数千年来，曾未闻有为石师作考者，安得假我岁月，试一为之耶？[71]

“遣笔奏刀，各有不同。”遣笔是文人书家的基本功，奏刀是“石师”即工匠

[69]《弗堂类稿》“序跋丙下”，第八页。
[70]《弗堂类稿》“序跋丁”，第一页。
[71]《弗堂类稿》“序跋丙下”，第九页。

的基本技能。关于如何遣笔，文人事也，于是晋有卫夫人《笔阵图》，唐有张怀瓘《书断》，历代书论，浩如烟海。关于如何奏刀，所谓“石师旧闻”则“无从搜罗”，因此无法知晓“书刻之间，难易如何”。有感于此，茫父先生喟叹：“独怪数千年来，曾未闻有为石师作考者，安得假我岁月，试一为之耶？”可惜天不假年，茫父先生欲作《石师考》而未竟。但从这段论述已可窥见，茫父先生与一般文人之不同，他非常重视处于社会底层的匠人，尊重“石师”工匠在书法传承中的贡献。

所论虽然是古代碑志“写”与“刻”的关系，但是由“石师”而转向“铜师”，道理是相通的。“吉金雕刻最难为，应数良工胜石师。”[72] 茫父先生称呼刻碑的石匠为“石师”，称呼刻铜的匠人为“铜师”，仅从称呼即可感知二者之间的关联。这是 1913 年至 1914 年间，也正是民国刻铜技艺超越前代、走向成熟的关键时期，而茫父先生正是这一过程的最重要的推动者。

5. 手务快意，当世无二

茫父先生与陈师曾共同推动了民国初年北方画坛的文人画复兴，其绘画作品也因“以书入画”“以诗入画”而在画坛占有重要一席，一时有“姚陈”之称。但是，平心而论，其留在纸缣上的作品，书法自然可成一家，绘画除少数匠心独运、格调超迈者可入妙品、逸品外，多数作品亦不过中上，同时期可以颉颃者不乏其人。但是，茫父先生留在铜制文房上的书画，经张樾丞、张寿丞、姚锡久等铜师再次加工后，其艺术表现则远超同侪，甚至可以说“前无古人后无来者！”

何哉？盖因在铜上写画与在纸绢之上大有区别也。一则铜面光滑，而纸绢迟涩，行笔落墨之感觉大不一样；二则铜面尺幅狭小，大者不过盈掌，小者仅有寸余，方寸之间，更见谋篇布局之匠心，亦更须对笔墨驾轻就熟之控制力；三则写铜仅为中间过程，有赖于铜师的二次加工，而刻工好坏，直接关涉到成品之好坏，因此，写铜者须小心体谅刻工之不易，于构图、点染之间，为后续刻工留有余地。

茫父先生无疑是驾驭此三者的顶级高手，也是罕有的自觉以传世心态参与其事者，本书所录作品皆为明证。

由于茫父先生擅长细笔精楷近乎微书，曾见其在古书所作眉批【插图 25】，精楷写出，字小如蚁，点画一丝不苟，劲若精金。因此，铜制器具幅面之小反而成为他的优势。这从为周大烈写姜白石词意铜盒【见本书图 5】、黎伯颜小楷录曹子建《洛神赋并序》铜屏拓本【见本书图 16】、为黎伯渊写《安石榴赋》铜盒【见本书图 19】、鸡

[72] “得开元金简墨本，以诗记之”诗句，见《弗堂类稿》“诗乙”第六页。

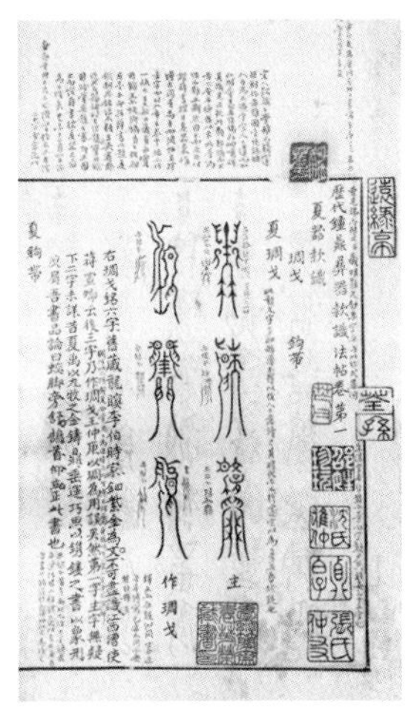

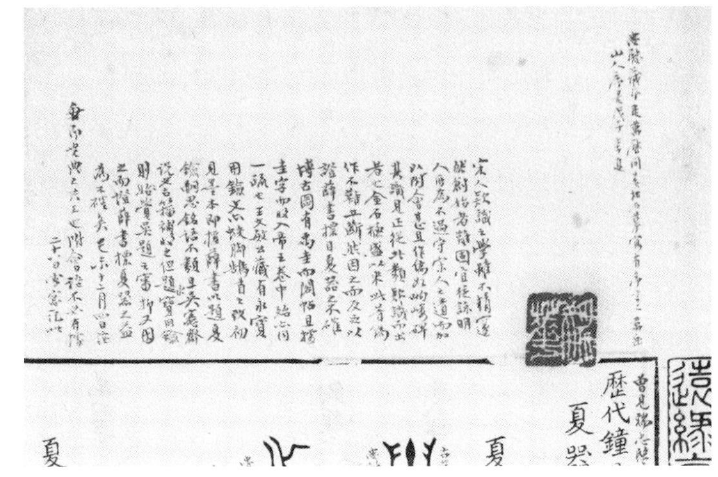

插图 25 茫父眉批古籍书影及其局部

毫小楷录《文心雕龙·体性》铜盒拓本【见本书图 42】、为尧承写《都门杂诗》铜盒【见本书图 68】等进行对照。

《铜写格歌》所云："手之所能务快意，书既可人画亦尔。"可知茫父先生对其写铜作品之自信，追求出手务快意，书画皆可人。

关于绘画，茫父先生多有高论。丁巳（1917）某日，先生曾为友人宋宝森作山水，适逢陈师曾到访莲花寺而不遇，师曾观画后留书云："为宝森画有独往独来之概"，茫父先生见后感赋《题画为宝森》："夜来滩上三篙水，绿到江心一笠山。笔墨往来成独绝（昨，朽道人过弗堂不遇，留书而去。云：'为宝森画有独往独来之概。'数日欲题此句，苦乏意趣，得朽书欣然而就，极好诗料），风波去住亦无关（当时着墨未竟，适有龙旗之变，得报，亦不遑问也）。"题罢，意犹未尽，再书："茫父论画，必欲胸无古人，目无今人。胸无古人，则无藩篱；目无今人，则无瞻徇。此纯是为我之学，兴趣一来，便尽力为之。当未作画时，古今人苟有好处，凡吾所储材，皆不欲遗。一旦搦管，但自写胸臆，平时材料听其自然奔赴而已。写此纸时，下笔极快，藩篱、瞻徇俱无由犯我，必以得失家数论之，岂不冤哉！朽评最为知言，因并注疏，以告今之人。是日再书。"[73]

这段题跋堪称茫父先生精彩画论。陈师曾赞誉他的山水"有独来独往之慨"，正是解人知语。茫父先生胸无藩篱，博采众长，但在落笔时又能"胸无古人，目无今人"，于是能"纯是为我之学"。"兴趣一来便尽力为之"与"手之所能务快意"

[73]《弗堂类稿》"诗戊"，第三、四页。按：所谓"适有龙旗之变"，即指张勋复辟。

大意略同。“当未作画时，古今人苟有好处，凡吾所储材皆不欲遗，一旦搦管，但自写胸臆”，则道出中国书画传承与创新的不二法门。

《铜写格歌》又云：“于古万有今无二，时人那得知吾技。”“于古万有”是说吉金铭刻历史之久、传世作品之多；“今无二”则体现茫父先生的自信与自豪，他相信自己所创造的诸体兼备的“今之吉金”，是当今无二的珍宝，而那些世俗之人又哪里晓得“吾技”之高妙呢？今日看来，茫父先生的自我评价是多么恰如其分！这也恰恰反映了他的高度自信与高瞻远瞩，也只有见多识广通晓古今如茫父先生者，才可能有此识见！

茫父先生曾为门人羡涔所作《山水册》题《论画三首》绝句，道其对绘画艺术之见解：

> 物理何堪尽入图，诗心裁剪贵探珠，象外玄虚太超妙，要人得悟有参无。
> 画争立意尽人知，意内须从言外思，晚唐名构无多言，著笔宜参花草词。
> 岂堪神妙课凡工，书画由来理本通，钩勒分明兼使转，灵机到处腕如风。[74]

在跋尾处先生补题：

> 予岂能画，诗而已，书而已。然性喜弄笔，凡笔之所事莫不为之，亦既为诗矣、为书矣，画亦笔之一事，何不可为之。故予为画，非能画也，予所为画，以博其诗书之趣，而非欲与画史争一时之名，彪千秋之艺也。又言：世之好予画者，或以诗以书求之，时有高诣，附和之声亦从而高予画。夫以画求予，则贬予画，非贬予画，实贬予甚焉矣！

题画诗与此跋语表达了茫父先生一以贯之的文人画主张：文人画贵有“诗心”而不贵“形似”，要超乎“象外”，得“诗书之趣”。茫父说自己不会画画，“予岂能画？”又说：“予所为画，以博其诗与书之趣，而非欲与画史争一时之名，彪千秋之艺也。”

晚年病臂后，他曾以书信与友人邓和甫讨论绘画，重申其画学主张：“所谓升堂入室，犹古人为主耳。以足下之清才妙思，何患不自作主人，而不尔者，缘性之

[74] 姚华，自题山水册尾与羡涔生，见邓见宽编：《姚茫父画论》，贵州人民出版社，1996年，第197页。

所适，人各不同，野性难拘，宁破壁称尊，不耐华屋为客，故不能从大贤之后也。一病以来，此志不遂，徒有妄言。”[75] 表示自己“野性难拘，宁破壁称尊，不耐华屋为客”，鼓励画家要“自作主人”！

关于“内家画”与“外家画”，先生云：“尝与师曾论画及此，而评语曰：内家能出，外家能入，则无此畛域矣。”

关于如何看待和学习古人，先生论道：“学画何能不师古人？不惟古人须学，即今人画，苟有一长可取，亦有宜师之者；不惟画如此，即其余人工制作，与夫天然事物，凡可与画相成者，皆吾画之所必师也。”又言：“惟学古，正以成就自己，不宜因此而舍己，以全身随之耳。”

茫父先生反复强调“学画”和“作画”的区别，“至作画时，非学画时比矣。正须扫除一切成见，灵机一兆，画境随生。古人自然就我，亦不必闭关而自守也。总之，此时有古人也可，无古人也可；有一家也可，有诸家也可。故依古人以自高，非也；蔑古人以自雄，亦非也。画无古今、人我之见，则画超矣。”

这些精辟见解得到邓和甫的回应，其《拙园论画》云：“作画要以其所能，写其所欲。欲非野战，如养心、养气、养趣、养神，自应有事也。至于能则借古人经验以求进步，参异域技术以求博，不抑所长，不丧所守，勤于研讨，观察练习，而不预标一格以自画。”[76]

同时之人评价茫父之画，如邵章曾题画：“近时京师画家淹贯学艺者，有义宁陈师曾、贵筑姚芒父。师曾画以钩勒胜，芒父则以点胜。钩出于篆，点源于隶古。人云：‘不作书，不能作画。’信然！师曾往矣，芒父则方锐意作画，求之者限几穿。”[77]【插图 26】

邵章还说：“茫父书从篆分出，画亦从篆分出，义宁陈巧与之同派惜早逝，叵

[75] 此段及以下数段文字，皆引自《复邓和甫论画书》及《再复邓和甫论画书》，见《弗堂类稿》“书椟”，第十二至十七页。邓和甫（1880—1929），名毓怡，字和甫，一字任斋，别号拙园，河北大城人。自幼聪颖，六岁随父邓汝淮读书，后拜吴汝纶为师，擅诗文，有时名。1903 年东渡，入早稻田大学习新学，回国后创办启智学堂。1911 年辛亥革命爆发，参与组建国民协进会，后改并共和党，任直隶支部干事，众议院选举当选为议员。1914 年，袁世凯解散国会，应绥远都统张绍曾邀，创办归绥银行并任经理。1924 年后退出政界，肆力于书画。1929 年 3 月 11 日病逝于北京。

[76]《湖社月刊》1927 年第 1-10 期，第 132-133 页。按：邓和甫《拙园画论》发表于 1927 年，于茫父先生通信论画应即在是年。其“养心、养气、养趣、养神”之论，与茫父先生信中所持观点一致。

[77] 上海东方国际 2005 春季拍卖会，第 823 号拍品，尺寸：89 厘米 ×46 厘米，估价 2 万元，未成交。王士骐字冏伯。明太仓人。曾祖倬，成化进士，兵部侍郎。祖忬，嘉靖进士，右都御史。父世贞，嘉靖进士，刑部尚书，文坛盟主。

知茫父不十年又怀奇而卒也。予不习画，然与茫父论画之诣悉合。”周肇祥则云：“姚君入民国始习画，下笔不假思索，顷刻而成。由生而熟，画乃大进。……闻尝综论所作：篆隶第一，文次之，画又次之。世有真识，当必首肯。”寿石工云：“茫父初不工画，久居京师，谂陈师曾，渐事点染。气韵潇洒，异乎时史之以形象为工者。丁卯（按：丙寅之误）病废，残臂挥毫，笔所不到处，其意自超。得其一缣，靡不珍逾拱璧。”[78]

插图 26　邵章题茫父《海棠奇石图》

曾见黄宾虹先生题茫父《颖拓泰山残石廿九字》引述茫父先生自题所作画杜工部《南楚》诗意图所云：“余非画家，亦尝作画，非作画也，图诗意代诗疏而已。”【插图27】可知茫父先生向不以画人自居，他自认“诗第一，书第二，画第三”，故请陈师曾为其刻一印曰“画又次之”，常钤盖于其作品之上。在他晚年为凌宴池题跋旧作时写道：“余自少时即喜弄笔作绘，然无师承。弱冠为诸生，乃数数为同辈弦征作便面酬应，居然以画名矣。通籍以后酬应益广，佳恶亦不一致，亦未尝用功夫。国变后始日伏案从事于山水，而花卉犹任其自然。记用功山水时已四十许，迄今年五十有五，粗有成就，而以病废不克前奋。总之画中终是自己面目，既不欲为画人，其成否亦不问之，佳恶随时而有不能自期，可谓遇之于机，不能不必之于术也。叔通尝以信天翁目我，于画何尝不然？”[79]

行文至此，笔者愿重申一点：纵观中国画史，即使仅仅考察晚清民国的北方画坛，茫父先生能否被推为第一流之大画家，恐怕见仁见智。但是，在近代刻铜文房历史

[78] 见上海中天2005春季中国书画拍卖会，第576号拍品，尺寸：55厘米×19厘米。按：此扇另面本空，茫父先生殁后二日，为昔日美专同事杨仲子所得，仲子先生请茫父生前好友周大烈、寿石工、邵伯絅、周肇祥等人题跋，颇涉对先生之评价。

[79] 画作为重华轩藏品，尺寸：86.6厘米×40厘米。凌霄凤（1892—1964），字宴池，斋号夕薰楼。江苏海门人。入江南高中两等商业学堂，从柳诒征先生学。1914年留学日本。能诗善画，富收藏。长期在金融领域工作，曾任上海、汉口等地大陆银行行长。著有《吴雨僧诗评》《清墨说略》等，有诗存《吴宓诗话》。

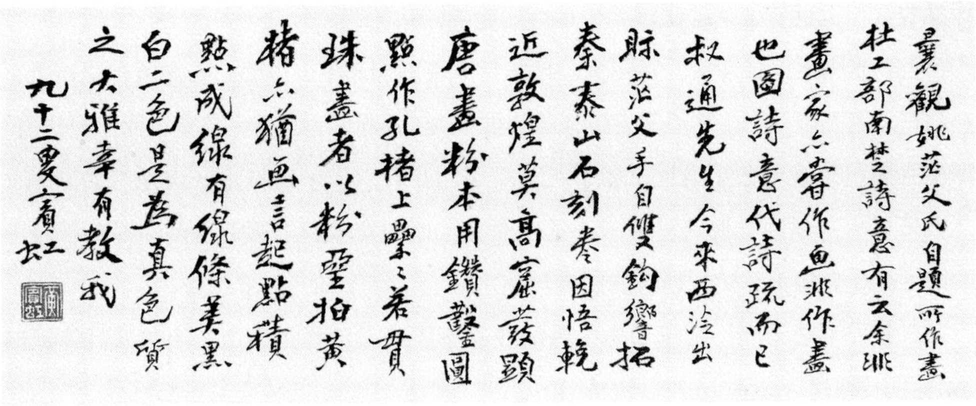

插图 27 黄宾虹跋姚茫父《颖拓泰山残石廿九字》

洪流中，他亲笔参与写画、再由张寿丞、姚锡久等铜师刻就的作品，在数量和艺术水准上均远超前贤与同侪；其作品的收藏价值和市场表现亦无可置疑稳居一流，且必定随时间之推移而不断被重新认识。茫父先生必定会因其在刻铜艺术上的杰出贡献而名垂不朽！

七、结语

综上所述，纵观从清嘉道到民国的整个刻铜文房发展史，从参与时间之持久、作品数量之多、题材之广、品质之高、影响之深远等诸多方面综合考量，姚茫父先生无愧于“近代刻铜艺术第一人”的美誉。

或有人说陈寅生贡献和影响更大。当然，如果从文化人而能“自写自刻”的角度看，陈寅生或许略胜一筹，因为姚茫父毕竟“写而不刻”。但是，如果从作品的艺术性以及推动刻铜技艺与境界取得突破和提升的角度看，陈寅生与姚茫父不可同日而语。

或有人说陈师曾与姚茫父至少等量齐观。的确，一方面二者对推动刻铜艺术发展的贡献很难区分伯仲；另一方面，二者在艺术见解上“意既相同，言必有合”，并且都留下数量可观、艺术水准高妙的刻铜作品。但是，如果考虑作品题材之丰富、在当时的带动和影响之大，陈师曾又明显不如姚茫父。何况陈在 1923 年不幸病殁，其参与刻铜艺术的时间又比茫父短了许多。

或有人说章浩如作品也很多，齐白石、陈半丁、王梦白、汤定之、余绍宋、金拱北、萧谦中、胡佩衡、寿石工、丁佛言、吴待秋、马晋、汪慎生、陆和九、王雪涛、张大千、溥心畬等等名家，也都有很好的作品。诚然！但是，综合起来看，这些人仅为偶然参与，作品数量和贡献与陈师曾比还差很远，遑论姚茫父呢？

至于张樾丞、张寿丞、姚锡久、孙华堂等等刻铜高手，纵然“吉金雕刻最难为，应数良工胜石师”[80]，姚茫父先生亦尊称他们为“铜师”，但是，毕竟均为工匠出身，即使张樾丞以篆刻名于当世，留下《士一居印存》，但是他真正亲自操刀的刻铜作品数量极少，远逊于他的堂弟张寿丞。而且，他们对金石书画的理解、对刻铜技艺的改进，均有赖于茫父、师曾的提携与点化。

余者更不必论矣！郭沫若先生曾经在品鉴姚茫父《颖拓泰山李斯刻石残字》时不禁发出赞叹：

> 茫父颖拓实古今来别开生面之奇画也。传拓本之神，写拓本之照。有如水中皓月，镜底名花，玄妙空灵，令人油然而生清新之感。叔老特加珍护，匪惟念旧，别具慧眼，知音难得。呜呼！茫父不朽矣！

笔者在为《如晤如语：茫父家书》撰写前言时亦曾感慨：

> 然而，在晚清民国的北京学界、政界、艺术界曾经是神一般存在的茫父，其不朽难道却要靠这似画非画、非画又是画的颖拓技艺吗？不幸的是，即便是颖拓神技，在郭氏赞叹不朽之后，竟也是数十年的沉寂。反倒是流布于各地文物市场的铜墨盒上随处可见的姚华或茫父款，让世人记住了这个名字，以至于苏华在《姚华——旧京都的一代通人》一文结束时不禁喟叹：“可惜的是，这样一位通人，竟无人作进一步地深入研究。不朽何在？难道只有字画、颖拓、破墨盒子？”[81]

今天重新审视民国刻铜艺术，重新认识以茫父、师曾为代表的书画名家对于民国刻铜艺术所做出的开创性贡献，不禁再叹一声：

呜呼！茫父不朽矣！

[80] 姚华《得开元金简墨本，以诗记之》诗句，见《弗堂类稿》“诗乙”第六页。

[81] 杜鹏飞略言姚茫父书信兼及《弗堂类稿》编纂，见姚华：《如晤如语：茫父家书》，上海书画出版社，2018年，第14页。

民国元年

1912

壬子

三十七岁

三月，姻亲罗灿五生日，其哲嗣罗半山乃先生内侄暨及门弟子，特定制铜屏并请先生题字，先生赋七绝《半山属题铜屏，为其尊人灿五先生寿》[1]：

> 叱叱风云杖策归，征尘又殢一官微。青丝镜雪高堂远，红叶霜蔬故里肥。天外雁行秋断续，画中人境意芳菲。江山刻划坤灵感，愿列欢筵竞舞衣。

按：这是目前所见茫父写铜之最早记录，或许也能部分说明茫父先生早期介入写铜创作的原因：即应亲朋好友之请，在铜制文房表面创作书画，以增强其艺术性、观赏性和纪念性。罗半山请茫父先生题写这件为父亲祝寿的铜屏，正是要增强其纪念性，这也正是传统寿屏所固有的意义。

非常遗憾的是，这条写铜记录目前尚缺少实物（或拓本）为证。记录源自茫父手订《弗堂类稿》，据上下文可知是在1912年，茫父孙婿邓见宽辑录此诗在《姚茫父画论》中，亦标注“作于1912年”，诗题云“半山属题铜屏”，可知是在铜屏上所作，因此这条记录应该是可信的，只能祈盼与之对应的实物尚在人间，或终有露面之日。

罗占奎（1849—1920），字灿五，贵州安顺人。是茫父夫人罗氏族兄，与茫父平辈，但年龄则与茫父生父源清相仿佛。育有三子：长子国本，字璞山；次子则逖，字半山；三子崑崎（1882—1918），字黔山。罗半山生卒年不详，早年追随姚华读书，毕业于北京筹边高等学校，后留学日本。民国三年至九年任隆化县知事，任上“精勤求治，奋勉有为”，大力兴办教育，以提高县民素质，组织编修了第一部《隆化县志》，给后人留下珍贵史料。因政绩斐然，地方贤达为其树《罗公德政碑》，以彰颂记。甲寅年（1914）罗灿五曾携孙罗承侨自家乡来京，寓居莲花寺，承侨遂留在京城读书，亦成为弗堂弟子。茫父曾撰《罗灿五太翁七十寿序》（见《弗堂类稿》“序记”，第七页）。民国九年（1920）十月吉日葬于贵阳，茫父先生为其撰并书《清乡贡进士罗君墓志铭并序》，并请好友陈衡恪为其篆盖。

[1] 诗见姚华《弗堂类稿》“诗辛”，第二十四页。亦收入邓见宽编：《姚茫父画论》，贵州人民出版社，1996，第276页。

民国四年

1915

乙卯

四十岁

三月三日，上巳，与樊樊山、易实父、罗掞东等禊集于什刹海，分韵得裁字，赋诗并写于铜墨盒，刻成寄熊述之，释文：

巳日同樊山、实父、掞东、颖人诸君十刹海禊集，分得裁字，寄示述之：

采兰赠芍千年事，雅道销沉仅未裁。今社偶从诸老集，桃花犹为后人开。风情壮岁余今醉，城郭名王有故台。昔日绮罗成寂寞，乐游原上几徘徊。

“采兰赠芍”本《郑诗》用《韩诗章句》义；“风情壮岁”则本香山《三月三日怀微之》诗；“城郭”用宋武帝《三月三日登八公山刘安故台》：“城郭如匹练之绕丛花。”【图1a】

按：此盒与图76b为熊述之节录《庄子》铜盒皆为贵州省博物馆所藏，推测是姚兰后人所捐赠。这件作品没有明确纪年，但由“什刹海上巳雅集”可以确认在1915年乙卯。这次雅集地点在北京什刹海，参与者还有“樊山、实父、掞东、颖人”诸老，分别是：

樊增祥（1846—1931），字嘉父，号樊山，别署天琴老人，湖北恩施人。光绪进士，历任渭南知县、陕西布政使、护理两江总督。辛亥革命爆发，避居沪上。袁世凯执政时，官参政院参政。曾师事张之洞、李慈铭，为同光派重要诗人，擅骈文，著有《樊山全集》。

易顺鼎（1858—1920），字实甫，号哭庵，湖南龙阳（今汉寿）人。尝问业于王闿运。光绪元年（1875）中举人，纳赀为江苏候补道，旋师事张之洞，曾主讲两湖书院。辛亥革命后寓居上海。袁世凯称帝，出任代理印铸局局长。

罗瘿公（1872—1924），名敦曧，字掞东，号瘿公，广东顺德人。早岁入广雅学院，为康有为弟子。23岁中副贡，官至邮传部郎中。1908年，出任唐山路矿学堂（即唐山交通大学，今西南交通大学）坐办。民国成立后，先后任总统府秘书、国务院参议、礼制馆编纂等职。诗人、剧作家，发掘并培育程砚秋，并编写12个京剧剧本，著述颇丰。

关赓麟（1880—1962），字颖人，广东南海人。近现代著名学者、词学家、实业家、教育家。1904年中进士。嗣赴日留学。归国后，历任财政部秘书，交通部路政司司长、联运处处长、编译处处长，铁路总局提调，京汉铁路会办、总办、局长，川粤汉铁路督办、平汉铁路管理局局长等职。民国11年（1922）

任交通大学校长。有《瀛谭》《借山楼集》《东游考察学校记》《京汉铁路之现在及将来》《中国铁路史讲义》等著述。编著有《稊园诗集》（丛书）多种。

可知茫父先生是按诸人齿龄罗列。这次什刹海禊集由樊樊山主邀，目前可以检索到的参与者尚有：

张瑞玑（1872—1928），字衡玉，号稳窟野人，山西赵城人。清末进士，辛亥革命前参加同盟会，官陕西成宁知县等，后任阎锡山政府财政司长、国会参议员，受南北议和会议之邀，出任陕西划界使，有《谁园集》。当日有《上巳日樊山实甫瘿公招什刹海修禊分韵得紫字》。

著涒吟社，清末文学团体。光绪三十四年（1908）成立于北京。按“著涒”实为“著雍”与“涒滩”之省，太岁（木星）在戊曰“著雍”，太岁在申曰“涒滩”，光绪三十四年为干支纪年的戊申年，故名“著沼吟社”，实即“戊申吟社”之意。由沈宗畸发起。社员有成昌、毓寅、史曾培、宋传曾、王延钊、易顺鼎、袁祖光、唐嘉禾、张瑜、陈之鼒、梁广照、张锡麟、叶恭绰、梁厂宽、冒广生、杨鼎元、朱珩、俞寿松、邵赞采、郢肇焜、唐鉴、金绶熙、万秉鉴、卓启堂，裴祖椿、定信、阿麟、王树荣、梁照等120人。《本社简章》云：“本社以网罗散佚，甄阐幽隐为宗旨，所选诗文宁强毋弱，宁少毋滥，务在唤起一国之精神，振奇侠之气。事果可传，纵文字稍差，亦可选刊，至于流连景物，纤细无关，与夫朋好应酬之作，虽有佳作，亦多不录”（见《国学粹编》第1期）。实则以提倡国粹，扶植旧体诗词、散文、骈文，抵制西方文化的输入和文学改革为其宗旨。其文学主张和南方国学保存会、《国粹学报》相似而不同，在政治上偏于守旧，而决无反清革命倾向。似仅在北京活动。刊有文学杂志《国学粹编》（又名《晨风阁丛书》）和《著涒吟社诗词抄》。活动当在3年以上，解散时间不详。

三月，应石寯之属写铜镇尺一对，以行草书录刘勰《文心雕龙·物色》篇赞语：

山沓水匝，树杂云合。目既往还，心亦吐纳。春日迟迟，秋风飒飒。情往似赠，兴来如答。

石寯属书，张瘦岑刻，乙卯三月，姚华。

印章：姚。【图1b】

按：此拓片为朱瀚先生所藏，这是笔者所知有明确纪年和明确物证的茫父写铜最早之作。笔者就此问题多处请教，诸方家就目前所见实物及拓片而言，均认可这一推断。如果前述1912年茫父为罗灿五生日写铜屏为事实，很难想象在1915年3月之前会没有任何其他写铜作品存世，因此，笔者非常期待未来有更多更新资料得以披露，以进一步叩问茫父、师曾等文人士夫参与铜刻文房的最早时间与缘起。

石甹有可能就是姚锡久，字石夫，也用石父。世代以镌刻金属之器为业，兼擅书法，亦大量参与刻铜，具体可参见本书1917年及以后作品。

张瘦岑即同古堂刻铜名家张寿丞（约1890—1932），名福臻，字寿丞，也用寿臣，河北新河人，同古堂创始人张樾丞的堂弟。

张寿丞刻铜作品通常署款“寿丞”或“寿臣”，此作则署“瘦岑”，虽非孤例，却也罕见，除此铜镇外，目前仅见于另一铜盒【图25】，是茫父为及门弟子王文华所写梅花。笔者推测，以同音字“瘦岑”代替“寿丞”，“石甹”代替“石夫”，或是茫父先生故意为之，遵循旧礼，以示客气。同时也说明此时茫父与张寿丞、姚锡久可能都还不够稔熟。

四月，应贵州同乡暨同学彭述文之请，写梅花铜盒并题：“疏影横斜水清浅。乙卯四月，茫父。”由同古堂张寿丞刻成。其下面空白处有述文所书节录曹植《七启》句：

> 飞仁扬义，腾跃道艺。游心无方，抗志云际。凌轹诸侯，驱驰当世。挥袂则九野生风，慷慨则气成虹蜺。焕采尊兄督弟述文书。【图2】

按：此盒画面构图颇为奇特，上半为茫父所写疏梅两枝，流水一弯，下半则是落款“述文”者应焕采尊兄之督所录曹植句。盒面正方，书、画各半，将整个画面填充丰满，几无空隙，却无丝毫令人淤塞不畅之感，反生出特别的整饬之美。茫父作画向来讲求布局，其题画更是如此，不知此作在画梅时是否已考虑其下题字之需，故留出足够空白。

经考，述文应是茫父先生在贵阳经世学堂时期的同学彭述文（1870—1937），字明之，别字铭之，贵州黄平人。自幼勤奋多才，善诗文，工书法。1897年经考试遴选入经世学堂，与茫父先生同学。受严修学政影响，立志教育救国，对算学有特殊兴趣，热心于民主政治，拥护维新变法，是贵州早期资产阶级民主革命的代表。光绪三十年（1904）在贵阳发起成立贵州科学会，宣传

图 1a 为熊述之写上巳诗意图铜盒

图 1b 行草书《文心雕龙》句镇尺拓本

革命思想，后并入“贵州自治学社”。又创办私立寻常小学堂，后改为乐群小学堂，积极传播革命思想，为贵州培养了一批革命人才。

焕采即贵州自治学社成员饶存厚（1873—1951），字焕采，贵州贞丰人。青年时加入贞丰“仁学会”，受维新思想启蒙。光绪三十三年（1907），钟昌祚（1871—1912）、张百麟（1878—1919）创立“贵州自治学社”，他与贞丰“仁学会”诸同人一道参加该组织，从事民主革命。贵州光复后，先后任瓮安、正安、铜仁、福泉等县县长，政声颇好。1951年病世。

关于此铜盒以及姚、彭、饶之交游，笔者已有专门文章详细考证[1]，此不赘述。

五月十二日，写荷花图铜盒并录元代词人赵可《蓦山溪》词：

云房西下，天共沧波远。走马记狂游，正芙蕖、平铺镜面。浮空栏槛，招我倒芳尊，看花醉，把花归，扶路清香满。水枫旧曲，应逐歌尘散。时节又新凉，料开遍、横湖清浅。冰姿好在，莫道总无情，残月下，晓风前，有恨何人见。

元赵内翰献之《蓦山溪》词《赋崇福荷花（崇福在太原晋溪）》。

乙卯五月十二日，菉猗室夜窗，贵筑姚华写意。印章：华。

旁边有萧龙友补题：

姚华君精书画，余甚慕之。此其游艺，属张寿臣刻，龙友。【图3a】

按：张寿臣即张寿丞。龙友即京城名医萧龙友（1870—1960），名方骏，字龙友，别号息翁，四川三台县人。清光绪丁酉（1897）科拔贡，遂入京充任八旗教席，后分发山东任知县。1928年辞官行医。萧精通文史，喜好书画，医文并茂，被誉为北京四大名中医之冠。

笔者曾见《汪孟舒岱游纪胜图册》（1934年珂罗版印刷）中每图皆有茫父、龙友题诗，时在1924年。其最后一图，龙友在诗后注云：“孟舒先生以自画游岱图属题，因步茫父同年诗韵以应。回忆廿年前游踪，如在画里，致可感也。中元甲子六月二十四日雨后，三台萧方骏龙友题识。”【图3b】可知二人早有科举

[1] 拙文《姚茫父与彭述文合写铜盒考》，载于《艺术中国文化生活》2020年第5期，第94-99页。

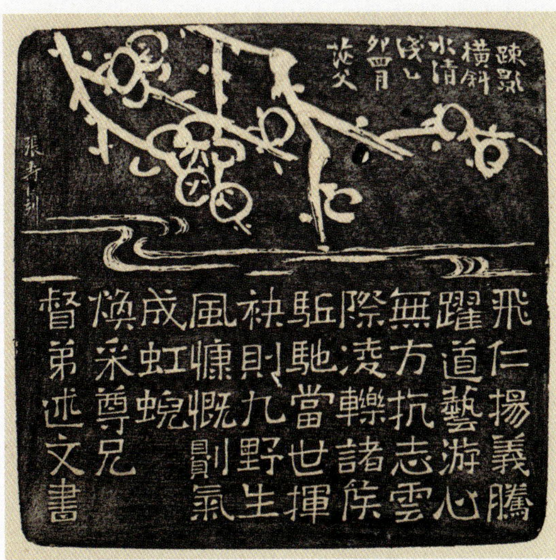

图 2 与彭述文合写梅花铜盒拓本

图 3a 为萧龙友写元人咏荷词意铜盒拓本

图 3b 萧龙友、姚茫父跋《汪孟舒岱游纪胜图册》

同年之谊（皆光绪丁酉科举人）。此盒应是萧龙友于同古堂见到后，补作题跋并请张寿丞刻成。

赵内翰献之即赵可（？—1189），字献之，号玉峰散人，泽州高平（今山西高平）人。金贞元二年（1154）进士，金世宗时为翰林修撰，章宗时擢为翰林直学士，诏诰多出其手。博学多才，卓荦不羁，长于诗词。有《玉峰散人集》。《蓦山溪》为词牌名，清《太原县志·祀典》载："崇福寺在县南五里大寺村，北齐天保二年（551）僧永安建。"夏天莲花开放，掩映寺院，分外雅致，为晋祠外八景之一，名"大寺荷风"。

五月，好友周大烈为族叔周约循先生六十寿定制铜墨盒，请陈师曾写青松白云，茫父先生题款[2]：

青松白云。乙卯五月，印昆老友属义宁陈衡恪写奉仲父约循老先生六十大寿。贵筑姚华题记。【图4】

按：周大烈（1862—1934），字印昆，别号十严居、夕红楼，湖南湘潭人。长于官宦世家，书香门第，父亲周翼枢（？—1872），字孟翔，为左宗棠妻侄。印昆幼年丧母，十岁丧父，靠家族接济发奋读书，十九岁在本乡教书，门生众多，已颇有声望。而立之年受聘于长沙第一师范学校，名闻省县。"湖南巡抚陈宝箴闻而贤之，延课其孙衡恪"（见陈敬第撰《湘潭周印昆墓志铭》[3]），成为陈师曾业师，相交三十载，谊在师友间，而师曾毕生师事之。在师曾所作文字中常见"敝师印昆先生""印昆师""印昆夫子""吾师周印昆先生"等语，可知其恭敬。

1904年周大烈获湖南官费留学日本，就读于东京法政大学，与姚茫父、陈叔通成为同学，并结下终身友谊。此时陈师曾亦在日本留学，可以推知因周大烈之介，姚、陈二人在东京即已相识、相知。1906年，周、姚等人曾共同参与组织丙午社，向青年传播现代国家观念与法制常识。1909年周氏出任吉林自治区民政厅长，在翌年吉林鼠害防控中有功。辛亥革命后，当选临时国会众议院湖南省议员。1915年出任清史馆编纂，寓居姚茫父先生所在的北京烂缦胡同莲花寺中，得以每日与茫父先生研谈金石文字之学。陈师曾1913年到京任职，作为周的早年

[2] 周继烈主编：《民国刻铜文房珍赏》，北京出版社，2013年，第35页。

[3]《湘潭周印昆墓志铭》见于《桂堂故宫诗》，民国排印本，1卷，收诗100首，为周大烈吟咏清故宫所发生的史事等。

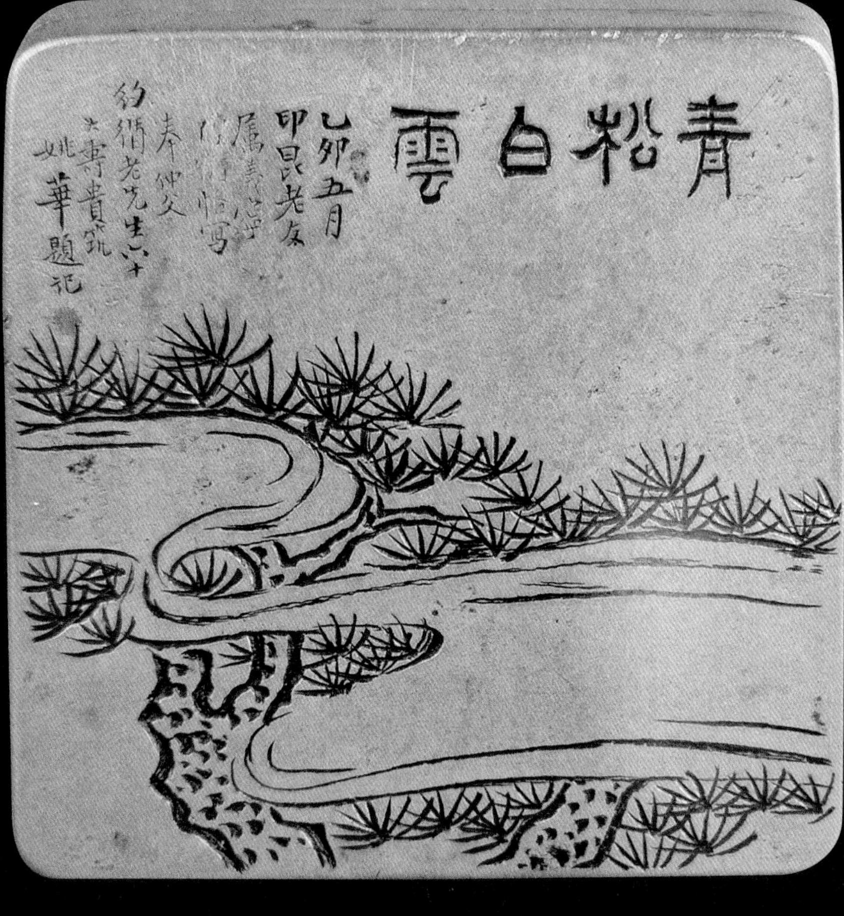

图 4　与陈师曾合写青松白云铜盒

弟子、茫父先生的好友，亦时时造访，并写有多本《莲花寺图》。此铜盒正作于1915年，是应周大烈之请，姚陈二人为周的族叔周约循老先生六十大寿所制。

周翼崧（1856—？），卒年不详，字约循，号窳庵，清湘潭人。监生，官国子监典籍。著有《小雨楼诗稿》《怡楼诗钞》《湘潭方上周氏家谱》等。是晚清名臣左宗棠（1812—1885）的妻侄，赵启霖（1859—1935，字芷荪，号游园，湖南湘潭人）的妻兄。这件作品是为数不多的姚陈早期合作的作品实物，也是周大烈、姚茫父、陈师曾三人友谊的见证物。

六月十一日，为老友周大烈写姜白石词意铜盒，并录姜白石慢词二阕以代铭文，由同古堂张寿丞刻成：

《长亭怨慢》，桓大司马云："昔年种柳，依依汉南。今看摇落，凄怆江潭。树犹如此，人何以堪。"此语余深爱之。

渐吹尽、枝头香絮。是处人家，绿深门户。远浦萦回，暮帆零乱向何许。阅人多矣，谁得似、长亭树。树若有情时，不会得、青青如此。

日暮。望高城不见，只见乱山无数。韦郎去也，怎忘得、玉环分付。第一是、早（早）归来，怕红萼、无人为主。算只有并刀，难剪离愁千缕。

《扬州慢》，淳熙丙申至日，余过维扬。夜雪初霁，荠麦弥望。入其城则四壁萧条，寒水自碧，暮色渐起，戍角悲吟。予怀怆然，感慨今昔，因自度此曲。千岩老人以为有《黍离》之悲也。

淮左名都，竹西佳处，解鞍少驻初程。过春风十里，尽荠麦青青。自胡马窥江去后，废池乔木，犹厌言兵。渐黄昏、清角吹寒，都在空城。

杜郎俊赏，算而今重到须惊。纵豆蔻词工，青楼梦好，难赋深情。二十四桥仍在，波心荡冷月无声。念桥边红药，年年知为谁生。

印昆制器，属为作书，因录白石慢词二阕代铭，并图其意，以助临池一兴。印昆昔种柳关东，赋诗责和，今又数年。俯仰今昔，应怅乱山隔望眼也。印昆号十严，字似千岩，兵燹以来，是处劫灰。读《扬州慢》，倘亦以为有《黍离》之悲也乎？印昆曾属予书拙稿《秋草诗》，二年无以应之，而印昆又改官史馆，再来京师，杜郎重到，感慨何如？为书此词以塞予责，抑亦自愧所作不如白

图 5　为周大烈写姜白石词意铜盒拓本

图 6　为周大烈写
铜镇拓本

石之思之尤深也。

乙卯六月十又一日，贵筑姚华菉猗室记。

张寿丞镌字。【图5】

约同期，另为周大烈写铜镇，以楷书节录王羲之《用笔赋》：

若蒙汜之落银钩；耀耀晞晞，状扶桑之挂朝日。

王右军《用笔赋》见《墨池篇》，为夕红楼书，莲花盦。

印章：姚。【图6】

按：前已述及，周大烈是姚茫父与陈师曾共同的好友。这件铜盒作品写姜白石词意并录原词二阕，画面构图有奇格，只在铜盒右上一隅和左下一角略作点染，勾勒出汀州水岸与郁树亭台，留出中间空阔之水面，恰好用来题诗。茫父先生以其独具风骨之细笔小楷，抄录姜白石慢词二阕并跋语计五百余言，与画面交相辉映，使得整个画面充实饱满，再经同古堂铜师张寿丞精心刻成，其精美令人赞叹不已。茫父长跋亦清晰交待其与周大烈之交游，可补史阙。拓本左下钤印“张寿臣金石刻”，可知是同古堂所自留拓本。

夕红楼是周大烈的斋馆名，有《夕红楼诗集》《夕红楼诗续集》存世，陈师曾曾为其刻“夕红楼”印。此铜镇节录王羲之《用笔赋》，然而从文辞推知原本应是一对，“若蒙汜之落银钩”只是半句，前面还有“没没汩汩”，才能与“耀耀晞晞，状扶桑之挂朝日”相对。据此推断，铜镇所失一半文辞或为“方圆穷金石之丽，纤粗尽凝脂之密。藏骨拒筋，含文包质。没没汩汩”，可惜拓本亦失群，无从验证矣。此铜镇书法风格非常典型，可与图8笙鹤翁小令铜镇、图24为伯巅写洪觉范诗句铜镇拓本对照来看，反映了茫父楷书从唐楷参以汉魏碑体的转型时期特征。

同日，为方立之写《莲池》铜盒，并录姜白石《念奴娇》《惜红衣》词，由同古堂张寿丞刻成：

念奴娇。闹红一舸，记来时、长与鸳鸯为侣。三十六陂人未到，水佩风裳无数。翠叶吹凉，玉容消酒，更洒菰蒲雨。嫣然摇动，冷香飞上诗句。

日暮，青盖亭亭，情人不见，争忍凌波去？只恐舞衣寒落，愁

图 7　为方立之写《莲池》铜盒拓本

入西风南浦。高柳垂阴，老鱼吹浪，留我花间住。田田多少，几回沙际归路。

惜红衣。簟枕邀凉，琴书换日，睡余无力。细洒冰泉，并刀破甘碧。墙头唤酒，谁问讯、城南诗客。岑寂。高柳晚蝉，说西风消息。

虹梁水陌。鱼浪吹香，红衣半狼藉。维舟试望故国，渺天北。可惜渚边沙外，不共美人游历。问甚时同赋，三十六陂秋色。

乙卯六月十又一日，菉猗室雨窗对盆荷书白石二词为立之铭器。姚华记，张寿丞刻。【图7】

又为其写铜镇一对，录元代杂剧家乔梦符《水仙子》小令：

冬前冬后几村庄，溪北溪南两履霜，树头树底孤山上。冷风来何处香？忽相逢缟袂绡裳。酒醒寒惊梦，笛凄春断肠，淡月昏黄。

立之三兄亲家雅鉴。笙鹤翁《水仙子》小令，姚华。【图8】

按：方立之（1886—1961），安徽定远人。1904年入东京早稻田大学法科，1909年毕业，旋归国在奉天省署办理法律编纂事宜。辛亥革命后，历任北洋政府政事堂参议、法制局局长、国务院秘书长等职，1927年起即赋闲。1953年被聘任为江苏省文史研究馆馆员。1960年被聘任为中央文史研究馆馆员。

茫父先生与方立之相识较早，二人同在1904年留学日本，在日期间或已相识，1912年二人曾同游颐和园，先生有《颐和园游记》纪其事；茫父在1914年写给儿子姚鋈的信中提到方立之请他在日本代购书籍事，而次年的信中提到方立之时已用“立之姻丈”，可知此时已有姻亲关系，与此铜镇落款所称“立之三兄亲家”正可相互印证，信中又提及“立之于小六为寄父”[4]，小六即茫父六子姚鏊（1912—1929），可知两家关系之近。

这件铜盒作品写姜白石词意并录原词，画面构图饱满，仿佛精心计算过，书、画皆用心，笔笔不苟，相得益彰，诚不可多得之佳作。铜镇亦精彩，双面刻画，一面是好友陈师曾所写梅花，署款：“立之先生正，师曾衡恪”；另一面是茫父先生书法，恰是其书风发生转变的关键时期，已将金文“倒薤法”融入楷书中，形成自己的独特风格。可惜失群，从幸存单只及拓本，仍可以一睹丰采。

[4] 姚华：《如晤如语茫父家书》，上海书画出版社，2018年，第35页。

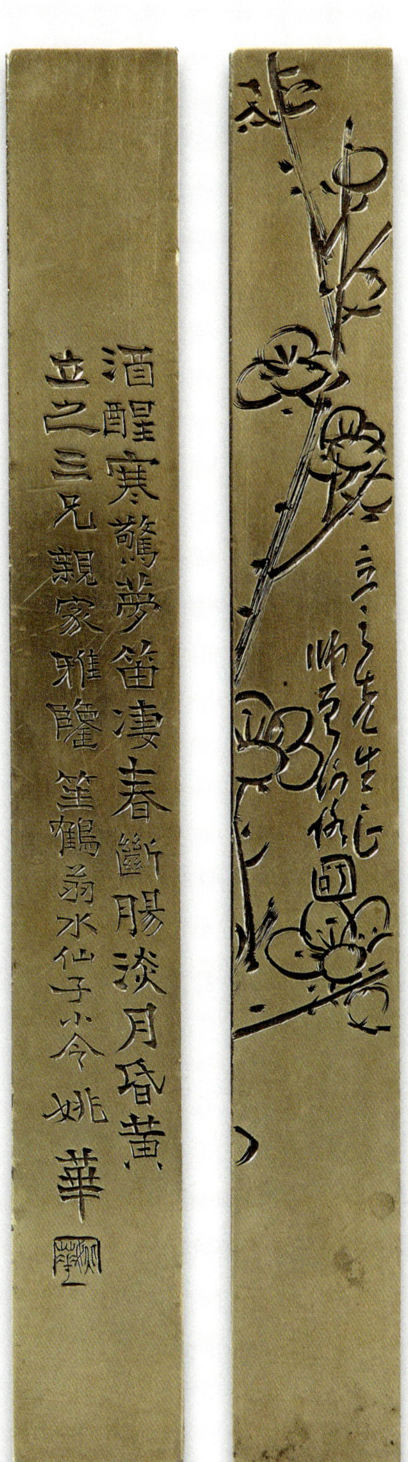

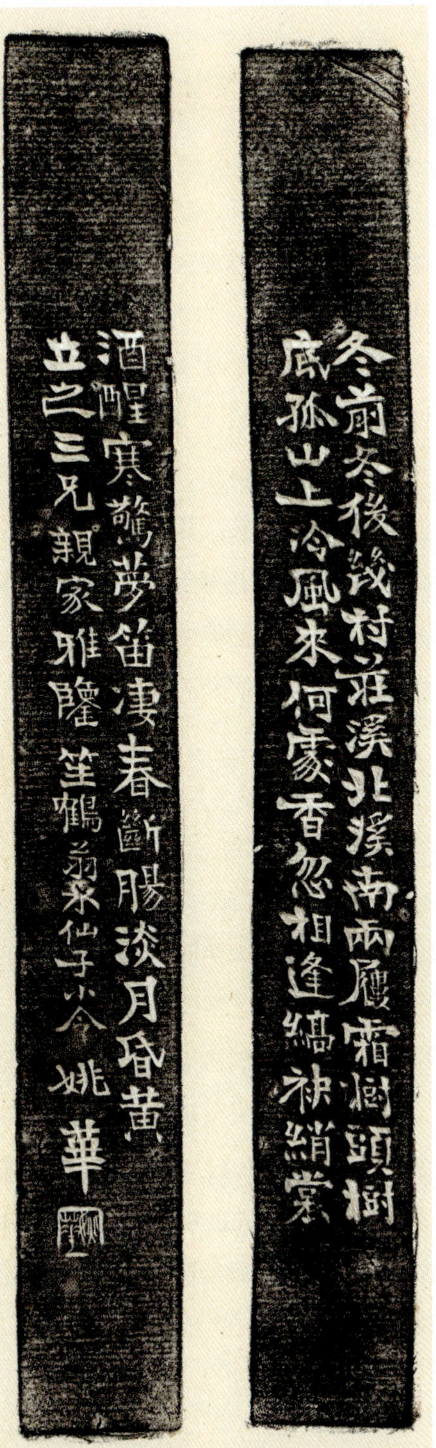

图 8 为方立之写乔梦符《水仙子》小令铜镇及拓本

六月十三日，大暑，为新吾写《暗香疏影图》铜盒，并题《暗香》《疏影》词，由张寿丞刻：

暗香疏影。

旧时月色，算几番照我，梅边吹笛？唤起玉人，不管清寒与攀摘。何逊而今渐老，都忘却春风词笔。但怪得竹外疏花，香冷入瑶席。

江国，正寂寂，叹寄与路遥，夜雪初积。翠尊易泣，红萼无言耿相忆。长记曾携手处，千树压、西湖寒碧。又片片、吹尽也，几时见得？右暗香。

苔枝缀玉，有翠禽小小，枝上同宿。客里相逢，篱角黄昏，无言自倚修竹。昭君不惯胡沙远，但暗忆、江南江北。想佩环、月夜归来，化作此花幽独。

犹记深宫旧事，那人正睡里，飞近蛾绿。莫似春风，不管盈盈，早与安排金屋。还教一片随波去，又却怨、玉龙哀曲。等恁时、重觅幽香，已入小窗横幅。

右疏影。张寿丞镌。

乙卯六月十三日，为新吾书。姚华。【图9a】

按：新吾不能确知何人，笔者推测，可能是同样有日本留学经历的张新吾（1879—1976），又名星五，曾用名奎，江苏川沙人（今上海浦东）。初入上海梅溪书院，后入天津北洋大学堂。光绪二十九年（1903）毕业于日本帝国大学化学专业，回国创办天津工艺学校。翌年调北京，任商部主事，兼进士馆教习和北京高等实业学堂教师。民国初年，任农商部代理次长、代理总长。主持筹建石景山炼钢厂（首钢前身）。与吴蕴初、范旭东等创办中华化学会，历任九届会长。晚年潜心哲学，著有《学庸新义》（日本东京白石商店印行，1936）、《三极论》（法律出版社，2012）等。茫父先生考取甲辰科（1904）进士，张新吾时任进士馆教习。

正如茫父先生哲嗣姚鋻在题此盒拓本时云：“此题书于云月弥漫之间，并不破坏暗香疏影的画境，在空间之处理上，可以说达到了画与题并妙的极致了。”（姚鋻，1960年12月10日[5]）【图9b】

---

[5] 姚鋻跋语见姚府珍藏《莲花盦遗墨》册页，此册页以红格稿纸装订而成，粘贴了茫父写铜作品拓本数十件，其中比较精彩者皆有姚鋻毛笔题跋。

图 9a 为新吾写《暗香疏影图》铜盒拓本

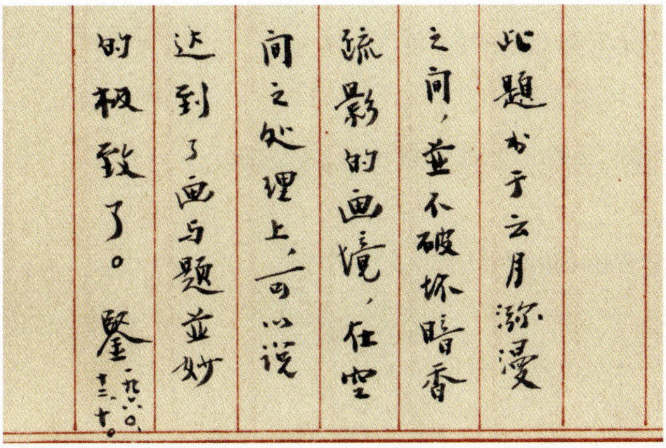

此题於云月弥漫之间，並不破坏暗香疏影的画境，在空间之处理上，可以说达到了画与题並妙的极致了。鋆 一九八〇.三.十。

图 9b 姚鋆题跋

六月，老友金开祥同年自广西到京述职，定制一批铜盒，请先生为其写就古语，同古堂张寿丞刻成，分题上款以赠亲朋友好。目前可见到12件拓本：

其一，为季思兄节临写《娄寿碑》句：

乐天知命榷乎不可扶也。

娄寿碑。乙卯六月，季思兄鉴。开祥监制，茫父书。【图10a】

其二，为智樗先生节录刘彦和《文心雕龙序志》赞：

生也有涯，无涯惟智。逐物实难，凭性良易。傲岸泉石，咀嚼文义。文果载心，余心有寄。刘彦和文心雕龙序志赞。

乙卯六月，菉猗室书。智樗先生雅鉴，金开祥监刻。【图10b】

其三，为明卿仁兄节录《郑文公下碑》句：

玄契圣理，超异恒儒。

郑文公下碑。乙卯六月，茫父书。

明卿仁兄雅鉴。开祥监制。【图10c】

其四，为蛰厂节临《夏承碑》句：

德任其位，名丰其爵，是故宠禄传于历世，策薰著于王室。

夏承碑。蛰厂兄鉴。开祥监制。【图10d】

其五，为子毅二兄节录《汉石经·鲁诗》句：

彼君子兮，不素食兮。

汉石经鲁诗，子毅二兄教。姚华茫父。【图10e】

其六，为信芳兄节录《论语·为政》句：

孝于惟孝，友于兄弟。

信芳兄鉴。开祥监制。【图10f】

其七，为子重五弟节录《汉石经·论语》句：

言中伦，行中虑。

汉石经论语，子重五弟教。姚华茫父。【图10g】

其八，为焕夔兄节录《北魏崔敬邕墓志铭》句：

胆思凝果，善谋好成，临事发奇，前略无滞。

崔敬邕铭，焕夔兄鉴。姚华书，开祥监制。【图10h】

其九，为美南兄节录《王宏[洪]范碑》句：

养质鲲波，终抟鹏羽，爽节川渟，高峰岳峙。

王宏范碑，茫父书，美南兄鉴，开祥监制。【图10i】

其十，为鸿逵兄节录《汉石经·论语》句：

往者不可谏也，来者犹可追也。

汉石经论语，乙卯六月，鸿逵仁兄雅鉴。茫父书，金开祥监制工，张寿丞刻字。【图10j】

其十一，为金开祥节录《文心雕龙》句：

道心惟微，神理设教。光彩元圣，炳耀仁孝。龙图献体，龟书呈貌。天文斯观，民胥以效。秒极生知，睿哲惟宰。精理为文，秀气成采。鉴悬日月，辞富山海。百龄影徂，千秋心在。三极彝道，训深稽古。致化归一，分教斯五。性灵镕匠，文章奥府。渊哉铄乎，群言之祖。

子诚同年属书，姚华茫父。【图10k】

其十二，为金开祥外甥录汉乐府《长歌行》句：

青青园中葵，朝露待日晞。阳春布德泽，万物生光辉。常恐秋节至，焜黄华叶衰。百川东到海，何时复西归？少壮不努力，老大徒伤悲！

少贤吾甥雅玩，子诚制，茫父书。【图10l】

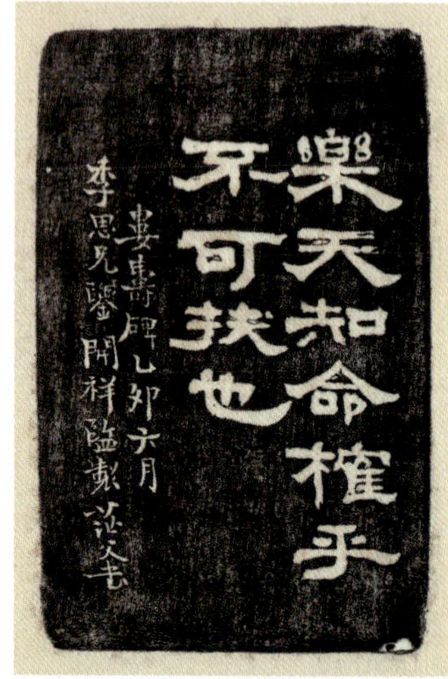

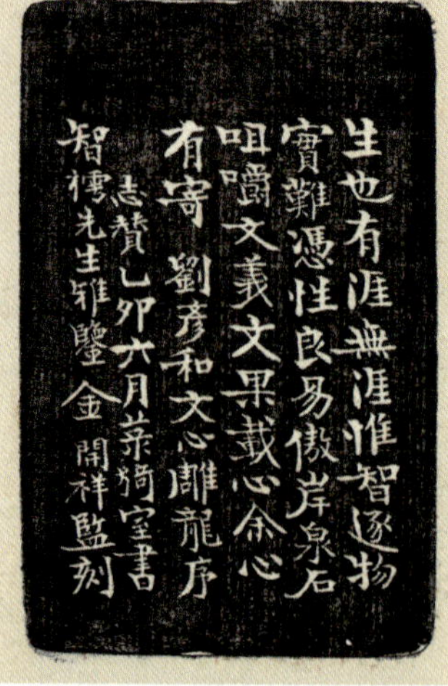

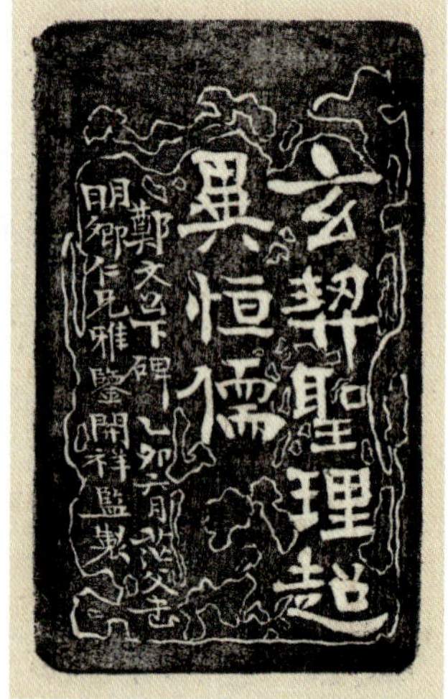

a　b　c

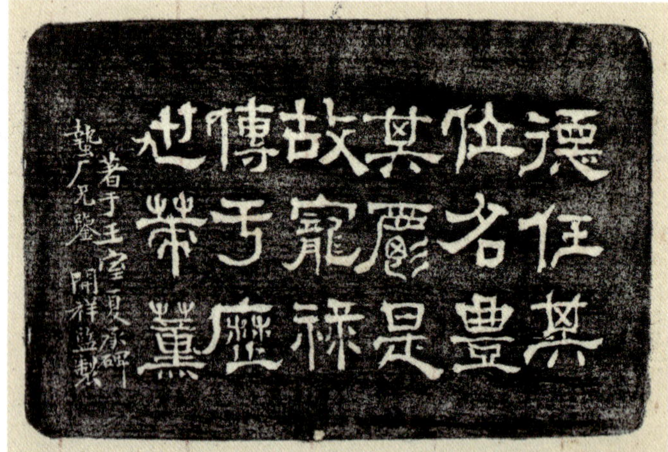

d

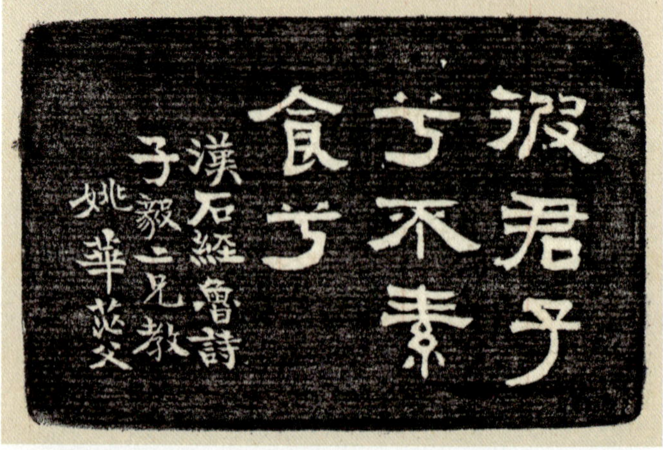

e

图 10　为金开祥写定制铜盒拓本

f g

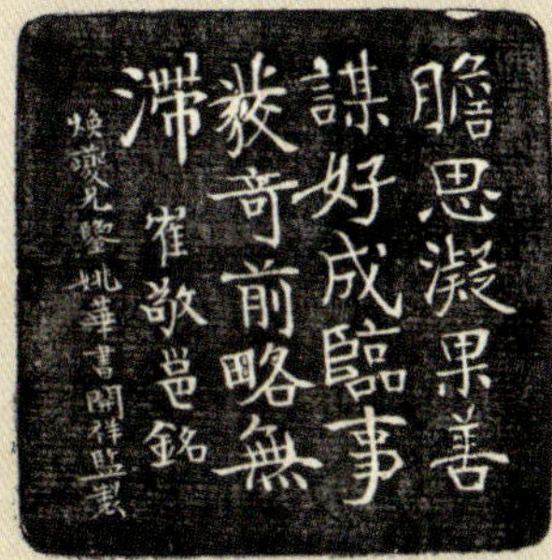

養質鯤波
終搏鵬羽
爽節川渟
高峰嶽峙

h i

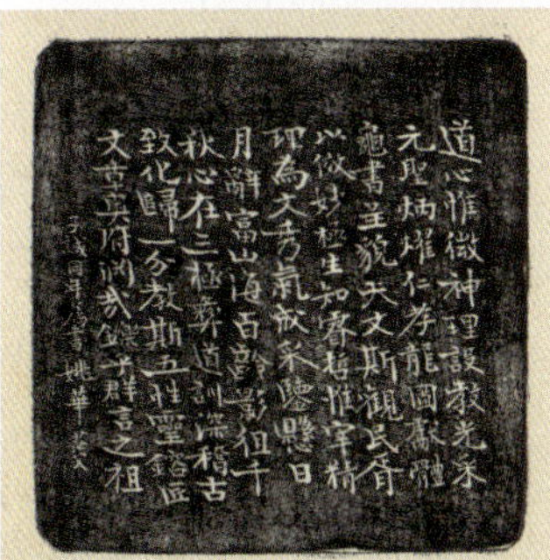

g k

l

按：金开祥（1870—1917），字子诚，号瑞卿，贵州贵阳人。与茫父先生是经世学堂时期的同学，光绪二十三年（1897）秋闱乡试一同中举。历任桂林巡抚幕文案，岑溪、怀集、苍梧等县县令，任上积极兴学校、劝农桑，有政声。后迁梧州知府、桂林道尹、中越划界交涉督办。1915年袁世凯洪宪称帝时，曾劝说时任广西督军、桂系军阀陆荣廷（1858—1928）起兵讨袁，参加护国战争，有功于护国之役。金开祥居官勤廉，政绩卓著，终以积劳成疾，民国六年初卒于柳江道尹任上，著有《静澹室遗文》（民国十三年贵阳文通书局铅印本）。

金开祥长期在西南为官，1915年夏曾自广西奉令入京述职。居京期间与茫父先生多有往还，《茫父颖拓》第41页录有一件团扇【图11a】[6]，刚好提及他此番入京事，茫父跋语云："刘宋建成将军齐北海二郡太守刘怀民墓志，甲寅夏颖拓一段，以为肖也。乙卯夏，子诚同年述职如京师，见之亦以为肖也，且创见又以为奇也，坚欲有之，遂以奉遗。七夕后二日，姚华记。"其背面则以楷书录《张茂先答何劭三首》【图11b】，并云："张茂先答何劭三首为子诚同年即送之归桂林。姚华倚槃书。"《姚茫父书画集》第99页录有一件茫父写给他的团扇[7]，亦可与此呼应，其款识云："乙卯初伏，节《老子》为老瑞书，姚华记。"右侧小字边跋云："师曾下笔，予谓其兼麓台、石涛之长。予下笔，师曾亦谓其兼冬心、完白之长。似是标榜，实则各人胸中尚有绝顶。子诚必诧异胡狂态乃尔，曰：'不知有汉，何论魏晋。'师曾名衡恪，义宁陈氏。子诚，瑞卿更字。"题跋中所说老瑞、子诚、瑞卿，皆是金开祥也。

金开祥在京期间，茫父先生多有书画相赠，这批铜盒应是他准备分赠友好者。

夏，制铜盒奖励女子师范学校毕业生。具体数量不知，此为其一：

君子之求。

乙卯夏，北京女子师范学校本科毕业奖蔡桐。姚华记。【图12】

按：蔡桐无考。此铜盒是茫父先生执掌北京女子师范学校时，奖励毕业生蔡桐的奖品，时在1915年夏。经查，是年六月该校共毕业学生10人，为本科第一班。[8]按常理推测，应该同时定制了一批，而目前仅见到这一件。1916年夏，

[6] 邓见宽编：《茫父颖拓》，贵州人民出版社，2008年，第41页。

[7]《姚茫父书画集》，贵州美术出版社，1986年，第99页。

[8] 朱有瓛主编：《中国近代学制史料第3辑》下，华东师大出版社，1992年，第546页。

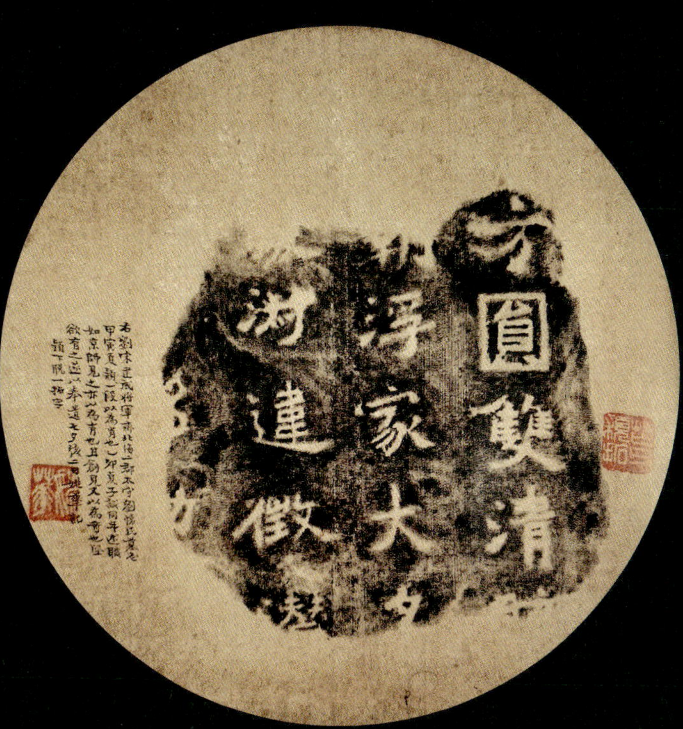

a

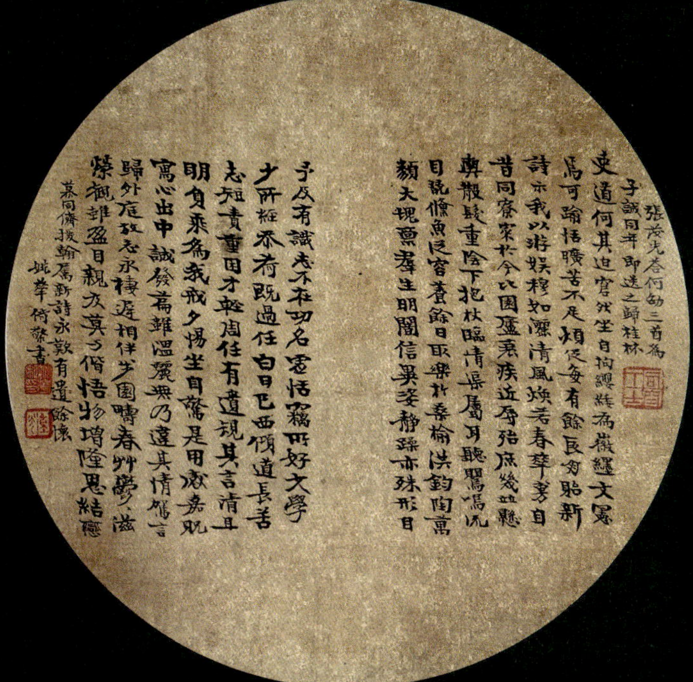

b

图 11　为金开祥颖拓碑帖及楷书团扇

茫父先生再次定制一批墨盒，奖励女子师范本科、讲席科等毕业生80余人，目前仍能看到其中至少88个铜盒的拓片（见本书图28—36，可参考拙编《艺苑重光：姚茫父编年事辑》，故宫出版社，2016，第149页）。

八月四日，为峨青仁兄写梅花铜盒并录宋人史达祖梅花词两首：

梅溪词

换巢鸾凤　梅意

人若梅娇。正愁横断坞，梦绕溪桥。倚风融汉粉，坐月怨秦箫。相思相[因]甚到纤腰。定知我今，无魂可销。佳期晚，谩几度、泪痕相照。人悄。天眇眇。花外语香，时透郎怀抱。暗握荑苗，乍尝樱颗，犹恨侵阶芳草。天念王昌忒多情，换巢鸾凤教偕老。温柔乡，醉芙蓉、一帐春晓。

留春令　咏梅花

故人溪上，挂愁无奈，烟梢月树。一涓春水点黄昏，便没顿、相思处。曾把芳心深相许。故梦劳诗苦。闻说东风亦多情，被竹外、香留住。

乙卯八月四日，对烛为峨青仁兄作，姚华茫父。【图13】

按："峨青仁兄"当指刘荣棠（1888—1954），字峨青，河南唐河人。早年曾留学日本，入东京政法大学，后加入同盟会，追随孙中山先生，支持共和，反对帝制，民国时与茫父先生同为国会议员。曾参与护法运动，有功于民国。是国民党河南四君子之一，老国民党国会议员，曾在南京办《大河日报》，抗战时期曾任周口专署专员，坚决抗战，与共产党多有往来，建立良好统战关系。

八月十五日，中秋，为文屏写山水铜盒，由同古堂张寿丞刻成：

乙卯中秋，为文屏作，茫父。张寿臣刻。【图14】

按：文屏无考。同时代，有贵州安顺人张维森，字文屏，系前清光绪武举，有子张法乾（1911—2002），毕业于天津南开学校，后入日本士官学校，毕业后回国，与蒋介石是校友，被任命为总统府警卫营长。在日本侵略军进攻南京时，是最后从南京撤退的政府人员之一。1949年去台，曾被推为旅台贵州同乡会理事长。另有北京京剧武生名票纪文屏，生卒年不详。曾在河北省银行任职，亦曾在鼓楼一带经营煤油庄洋货店。以茫父先生与北京梨园之渊源，亦不排除此人的可能。

九月九日，重阳，写菊花铜盒并录陶渊明《九日闲居诗并序》，释文：

陶靖节九日闲居诗并序

余闲居，爱重九之名。秋菊盈园，而持醪靡由，空服九华，寄怀于言。

世短意常多，斯人乐久生。日月依辰至，举俗爱其名。露凄暄风息，气澈天象明。往燕无遗影，来雁有余声。酒能祛百虑，菊解制颓龄。如何蓬庐士，空视时运倾！尘爵耻虚罍，寒华徒自荣。敛襟独闲谣，缅焉起深情。栖迟固多娱，淹留岂无成。

予喜栽菊，时写以遣兴。乙卯重阳对花写此，更书渊明诗以补其阙。非敢自托隐逸，亦聊励晚节而已。贵筑姚华。【图15a】

按：此铜盒无上款，盒面书画各半，构图饱满，其构思与此前写给萧龙友、周大烈、方立之等人的铜盒一脉相承。题材是茫父先生十分喜爱的菊花，文字则是他所喜爱的陶渊明咏菊之作，正如他在落款中所云："予喜栽菊，时写以遣兴，乙卯重阳对花写此。"据此推断，这可能是茫父先生自用的墨盒。[9]

就在此前的九月二日，阳历逢10月10日中华民国国庆日，风闻袁世凯意欲洪宪建元，先生于忧愤中写下《国庆日对菊书怀》："山中甲子今何岁？世外风烟又晚秋。寒雨连天催落木，他乡假日赋登楼。芳辰且再消棋局，薄酒仍堪话壑舟。此后无花须尽赏，重阳虽好易生愁（将有洪宪建元之耗）。"[10]表明对袁世凯复辟帝制的态度和对世事的担忧，表达了反军阀意识和不同流合污的信念。正可与此铜盒写菊对照来看。

大约同期，写菊花铜镇并题诗：

闲来十笏斋头坐，相伴寒钟有故人。忽忆山中秋气冷，灯前图出倍伤神。茫父。印章：老芒。【图15b】

---

[9] 此作未见原拓，图片出自周继烈《铜匣古韵：墨盒收藏》，浙江大学出版社，2004，第72页。
[10] 姚华《弗堂类稿》"诗辛"，第二十四页。

图 12　为奖励女子师范学校毕业生蔡桐制铜盒拓本

图 13　为峨青写梅花铜盒拓本

图 14　为文屏写山水铜盒拓本

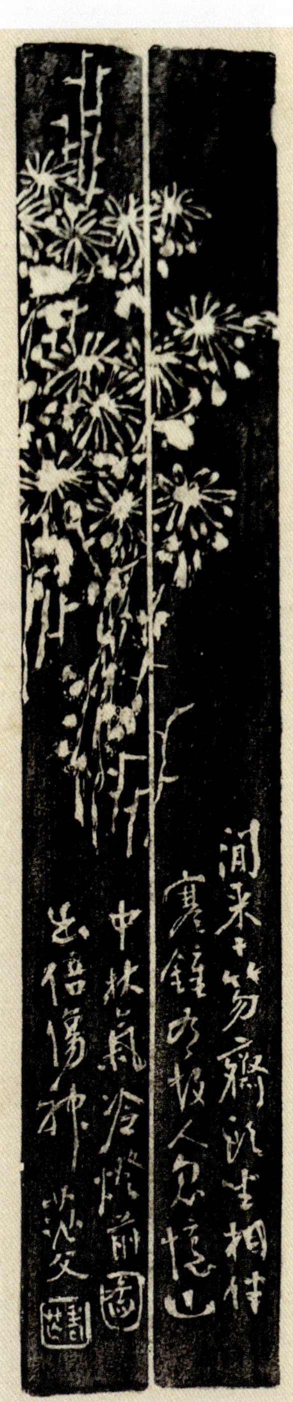

图 15a　乙卯重阳写菊铜盒拓本

图 15b　写菊花铜镇拓本

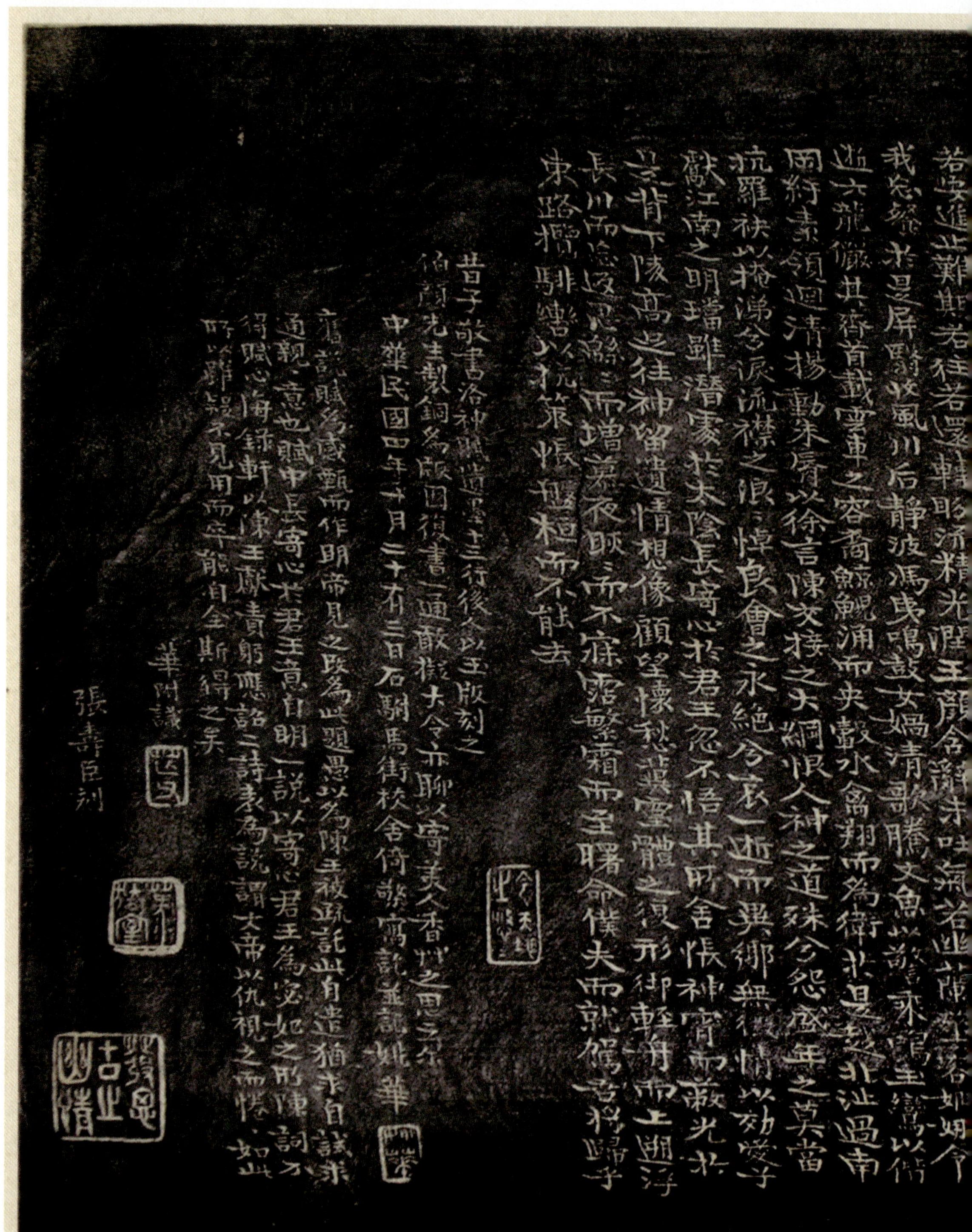

图16　为黎伯颜写小楷曹子建《洛神赋并序》铜屏拓本

曹子建洛神賦　并序

黄初三年余朝京師還濟洛川古人有言斯水之神名曰宓妃感宋玉對楚王神女之事遂作斯賦其辭曰

余從京域言歸東藩背伊闕越轘轅經通谷陵景山日既西傾車殆馬煩爾廼稅駕乎蘅皋秣駟乎芝田容與乎陽林流眄乎洛川於是精移神駭忽焉思散俯則未察仰以殊觀覩一麗人于巖之畔廼援御者而告之曰爾有覿於彼者乎彼何人斯若此之豔也御者對曰臣聞河洛之神名曰宓妃然則君王所見無乃是乎其狀若何臣願聞之余告之曰其形也翩若驚鴻婉若遊龍榮曜秋菊華茂春松髣髴兮若輕雲之蔽月飄颻兮若流風之迴雪遠而望之皎若太陽升朝霞迫而察之灼若芙蕖出淥波穠纖得中修短合度肩若削成腰如約素延頸秀項皓質呈露芳澤無加鉛華弗御雲髻峩峩脩眉聯娟丹脣外朗皓齒內鮮明眸善睞靨輔承權瓌姿豔逸儀靜體閑柔情綽態媚於語言奇服曠世骨像應圖披羅衣之璀粲兮珥瑤碧之華琚戴金翠之首飾綴明珠以耀軀踐遠遊之文履曳霧綃之輕裾微幽蘭之芳藹兮步踟躕於山隅於是忽焉縱體以遨以嬉左倚采旄右蔭桂旗攘皓腕於神滸兮采湍瀨之玄芝余情悅其淑美兮心振蕩而不怡無良媒以接歡兮託微波而通辭願誠素之先達兮解玉珮以要之嗟佳人之信脩兮羌習禮而明詩抗瓊珶以和予兮指潛川而為期執眷眷之款實兮懼斯靈之我欺感交甫之棄言兮悵猶豫而狐疑收和顏而靜志兮申禮防以自持於是洛靈感焉徙倚彷徨神光離合乍陰乍陽竦輕軀以鶴立若將飛而未翔踐椒塗之郁烈步蘅薄而流芳超長吟以永慕兮聲哀厲而彌長爾廼眾靈雜遝命儔嘯侶或戲清流或翔神渚或采明

按：此铜镇无年款，体裁及画风与【图15a】铜盒如出一辙，惟构图由横向改为竖向，但菊花荒榛的画法完全一致。所题诗句不知是否茫父自作，“忽忆山中秋气冷，灯前图出倍伤神”，点出了时在金秋，写罢此图暗自神伤，或许也与洪宪称帝的传闻不无关系。书法风格与【图1】行书也相符。

九月十五日（10月23日），友人黎伯颜制铜屏，先生以小楷为其录曹子建《洛神赋并序》全文，由张寿丞刻成。正文释文略。落款：

昔子敬书洛神赋遗墨十三行，后人以玉版刻之。伯颜先生制铜为版，因复书一通，敢拟大令，亦聊以寄美人香草之思云尔。中华民国四年十月二十有三日，石驸马街校舍倚槃写讫并记，姚华。”

旁边又补书小字三行半：

旧说赋为感甄而作，明帝见之，改为此题。愚以为陈王被疏，讬此自遣，犹《求自试》《求通亲》意也。赋中“长寄心于君王”，意自明。一说以“寄心君王”为宓妃之所陈词，不得赋心。悔录轩以陈王献《责躬》《应诏》二诗表为说，谓文帝以仇视之而惓惓如此，所以虽疑不见用，而卒能自全。斯得之矣。

华附识。张寿臣刻。

印章：姚华。茫父。菉猗室。发思古之幽情。念天地之悠悠。司空下士。【图16】

按：这是茫父先生为同乡、同学、好友黎伯渊所作铜屏。黎渊（1879—1934），字伯颜、伯渊。贵州遵义人，光绪二十七年（1901）年考取公费赴日，入中央大学法学系。光绪三十一年（1905）毕业回国，任资政院秘书官，直隶总督署文案。民国初年，任北洋政府总统府秘书，政治会议议员，约法会议议员，参政院参政。后任北京政府国务院法制局参事。著有《明致堂诗稿》《鸠寄庐集》《鷦巢集》等。

茫父与黎渊同为贵州举人，皆有留学日本习法政的经历，相知相交至深。1905年黎渊毕业归国，时茫父正留学东京，曾有诗赠别（参见《艺苑重光》第80页）。

此铜屏之精彩有目共睹，难以言表。《洛神赋》全篇874言，加上题跋231言，总计1105字，茫父所书小楷，字小如米，细若纤毫；点画精湛，顾盼有姿；瘦硬通神，一笔不怠，堪称写铜文房巅峰之作。可惜实物不知所踪，惟祈尚在人间。

黎渊1901年留学日本，陈师曾于次年到日本，二人1902年即已相识，陈师曾有《壬寅除夕与张棣生、江翊云、黎伯颜、仲苏诸君饮集三王山赋此志感》诗："人生幻若波中涡，日月一去投疾梭。明日焉知今日我，三十四十悲如何。今年日本逢除夕，小山峨峨据一席，围炉剧饮十一人，各数年华溯畴昔。昔吾于此常盘桓，樱花灿烂争春妍。红粉沈埋忽不见，但见乔木森参天。吾侪飞集如鸥鸢，何为一朝到海边。寒心酸鼻百不说，惟惧白发生华巅。吁嗟座中皆少年，举足有若忧心煎。雕绘肝脾觅一乐，欢呶大叫非徒然。寒风侵肌殊凛凛，佳节当前发深省。翻从曲蘖逃昏冥，莫向烟涛望乡井。灯火依微酒将半，低檐滴雨花零乱。强起高歌要有人，不须醉饱便星散。"

诗题中所云张棣生、江翊云、黎伯颜、黎仲苏诸君皆茫父好友。黎氏昆仲是贵州同乡，且同为学古书院同学，严修门下弟子。黎迈（1882—1953），字仲苏，黎伯颜胞弟。1902年赴日留学，入东京帝国大学学工科，获理工硕士学位。回国后应四川总督赵尔巽之聘，任四川兵工厂副厂长。后赴京，任度支部（清代掌管财政事务的机构）七品小京官。入民国后在北洋政府财务部、中国银行任职。

姚茫父1904年到日本东京留学，可能旋即与陈师曾相识，进而相交、相知。否则很难解释，为什么陈师曾1913年到北京后，很快就与姚茫父"打得火热"。

九月下浣，以楷书录黄山谷《秋思寄子由》绝句，由姚锡久刻成：

黄落山川知晚秋，小虫催女献功裘。老松阅世卧云壑，挽著沧江无万牛。

山谷秋思寄子由。乙卯九月下浣，茫父书。

印章：姚。石父刻。【图17a】

按：茫父早期写铜作品，大都由同古堂张寿丞操刀刻成，特别重要的作品，则由张樾丞亲自奏刀。此铜盒刻工用印"石父刻"，即姚锡久，令笔者稍感诧异，因为此前认为"两姚"（指姚茫父与姚锡久）合作写铜，最早在1917年冬（拙著《艺苑重光：姚茫父编年事辑》，第180页）。此盒如果可以确认无误，则将二人合作时间提前到1915年，因未见实物，网上流传的图片精度亦不高，不敢遽然断其真伪，姑且立此存照。有趣的是，在《莲花盦写铜》中亦收录一件黄山谷《秋思》诗铜盒【图17b】，也是姚锡久操刀，书风与作于本年的为黎伯渊写《安石榴赋》铜盒拓本【图19】及为王伯群楷书张华诗铜盒拓本【图22】风格完全一致，据此判断，也应置于同期。

茫父先生1919年正月为姚锡久刻铜拓本集所题跋语云：“惟同时三人，独锡久娴书法，则不可不更于此求之，则或将为锡久之所独擅也！”据此可知，姚锡久擅长书法，因此也擅长刻书法，此两件铜盒可为实证。

秋暮，为希濂先生画牡丹铜盒并题唐代李贺《牡丹种曲》：

莲枝未长秦蘅老，走马驮金斸春草。水灌香泥却月盆[盘]，一夜绿房迎白晓。美人醉语园中烟，晚华已散蝶又阑。梁王老去罗衣在，拂袖风吹蜀国弦。归霞帔拖蜀帐昏，嫣红落粉罢承恩。檀郎谢女眠何处？楼台月明燕夜语。

李昌谷《牡丹种曲》。乙卯秋暮，为希濂先生画并题。贵州姚华。张寿丞刻字。

印章：菉猗。【图18】

按：牡丹是茫父先生比较多见的绘画题材，但是在铜盒上写牡丹，似乎并不多见。此盒构图别致，题跋与绘画错落有致，使得画面有很强的均衡感。

袁希濂（1873—1950），字仲濂，江苏宝山（今上海）人。光绪丁酉（1897）肄业于上海龙门书院，甲辰（1904）留学东京法政大学，与茫父先生同学并同为法政速成科第二班卒业。辛亥归国，在天津任法官，1920年调任湖北武昌，后任江苏丹阳县知事。北伐军兴，回上海皈依佛门，成为著名佛教人士。其兄袁希涛（1866—1930）字观澜，又名鹤龄。与茫父先生为丁酉（1897）同年举人，次年中进士，曾任北洋政府教育部次长、同济大学校长等职。

十月十五日，为黎伯颜所购同古堂铜盒写《安石榴图》，并以小楷录潘尼《安石榴赋》全文，由张寿丞刻成：

安石榴赋有序，潘尼。安石榴者，天下之奇树，九州之名果。

图 17a 楷书黄山谷《秋思寄子由》铜盒

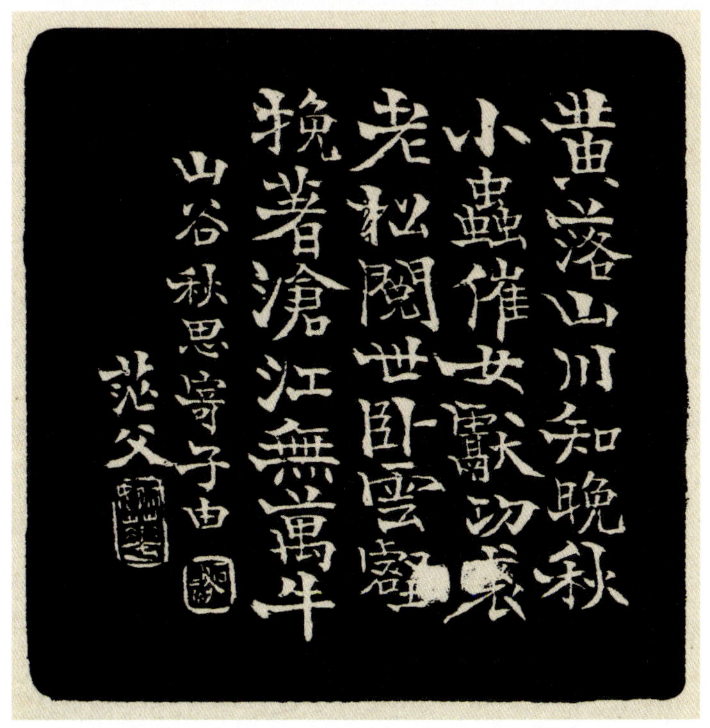

图 17b 楷书黄山谷《秋思》铜盒拓本

是以属文之士，或叙而赋之。盖感时而骋思，覩物而兴辞。余迂旧宇，爰造新居，前临旷泽，却背清渠。实有斯树，植于堂隅，华实并丽，滋味亦殊。可以乐志，可以充虚。朱芳赫奕，红萼参差。含英吐秀，乍合乍披。遥而望之，灼[焕]若隋珠耀重川；详而察之，灼若列宿出云间。湘涯二后，汉川游女，携类命俦[畴]，逍遥避暑。托兹树以栖迟，溯翔风而容与，尔乃擢纤手（兮）舒皓腕，罗袖靡兮流芳散。披绿叶于修条，缀朱华乎弱干。岂金翠之足珍，实兹葩之可玩。商秋授气，收华敛实。千房同蒂，十子如一。缤纷磊落，垂光耀质。滋味浸液，馨香流溢。

伯颜先生制墨藏，属思所以文之，因为写安石榴并录潘赋以补其阙。乙卯十月望日，石驸马街校舍，弟姚华崇广并记。

张寿臣刻。印章：姚华。张。【图19】

按：此盒亦为好友黎伯渊所作，与前作小楷《洛神赋》铜屏【图16】仅相隔一月。其绘画与书法位置经营得当，疏密相间，安石榴枝叶果实之写意与书法之整饬，相互映衬，堪称茫父写铜代表作。跋语中所云“石驸马街校舍”，即北京女子师范学校之所在，茫父先生时任校长。

十月下旬，以楷书录清人王士祯绝句于墨屏，释文：

载酒西园追昔游，画阑桂树古今愁。兰成剩有江南赋，落日青山望蔡州。

渔洋题元裕之诗卷绝句，乙卯十月下旬，姚华。印章：华。【图20】

按：从拓片看，此作四角方直，尺寸较小，或为墨屏。渔洋即王士祯（1634—1711），原名王士禛，号渔洋山人，山东新城（今淄博桓台）人。清初杰出诗人、文学家。此铜屏没有题上款，有可能是茫父自用之物。

十一月，为若苏写菊花铜盒：

若苏文玩。乙卯十一月过伯颜新居写此为纪。姚华。

印章：姚。【图21】

按："若苏"，无考。此盒是茫父访问黎伯颜（黎渊）新居时所写，从称呼看，若苏应是茫父、黎渊之晚辈，或是黎氏后人。

初冬，为门人王伯群写铜盒，楷书节录西晋张华四言励志诗六十字：

吉士思秋，实感物化。日与月与，荏苒代谢。逝者如斯，曾无日夜。嗟尔庶士，胡宁自舍。仁道不遐，德輶如羽。求焉斯至，众鲜克举。大猷玄漠，将抽厥绪。先民有作，贻我高矩。

伯群老弟雅属，节张华励志。乙卯初冬，姚华。印章：华。【图22】

按：王伯群（1885—1944），名文选，又名荫泰，字伯群，贵州兴义人，贵州省军政要员刘显世（1870—1927）的外甥。幼承庭训，及长入笔山书院从姚茫父、熊范舆、徐叔群三人专攻读《孟子》《左传》和数理学。后东渡日本，入东京中央大学政治经济系，并加入同盟会。归国后曾官至交通部长等职。王是茫父先生执掌笔山书院时期的学生，终身执弟子礼甚恭。茫父晚年多承王伯群关照，售画筹款、为儿子安排工作、出版《弗堂类稿》诸事，书信往来不断（参见拙编《如晤如语：茫父家书》，上海书画出版社，2018）。

中冬，与陈师曾合写铜镇尺两只，分赠若苏、蕙侄：

其一，师曾写松，茫父题款：

苍虬。若苏文玩。师曾画，茫父题。

其二，师曾写菊，茫父题款：

有菊即重阳。乙卯中冬为蕙侄，师曾画，茫父题。【图23】

按：关于上款人"若苏"，可参见前文图20为若苏写菊花铜盒，而此件为一对镇尺，皆有完整双款，分属若苏、蕙侄，笔者推测，若苏与蕙侄可能是一家人，抑或是同一人。

冬日，为邵章写铜镇：

爱君修竹为尊者，却笑寒松作大夫。《能改斋漫录》洪觉范赋竹尊者句，伯褧先生督书。乙卯冬小玄海，姚华。

图 18　为希濂画牡丹并题李贺《牡丹种曲》铜盒拓本

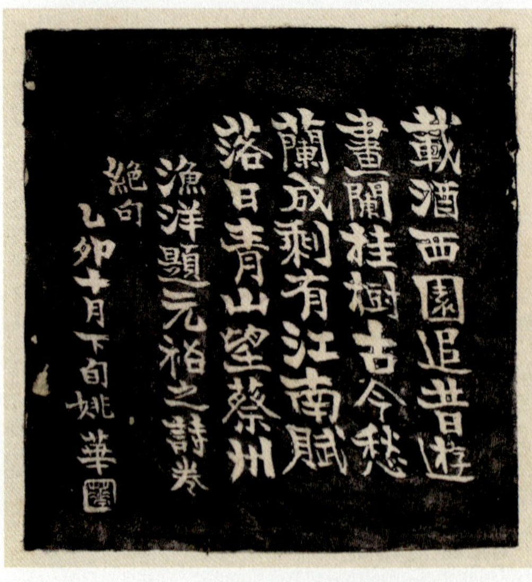

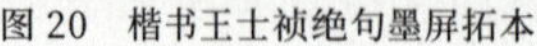
图 20　楷书王士祯绝句墨屏拓本

图 21　为若苏写菊花铜盒拓本

图 19　为黎伯渊写《安石榴赋》铜盒拓本

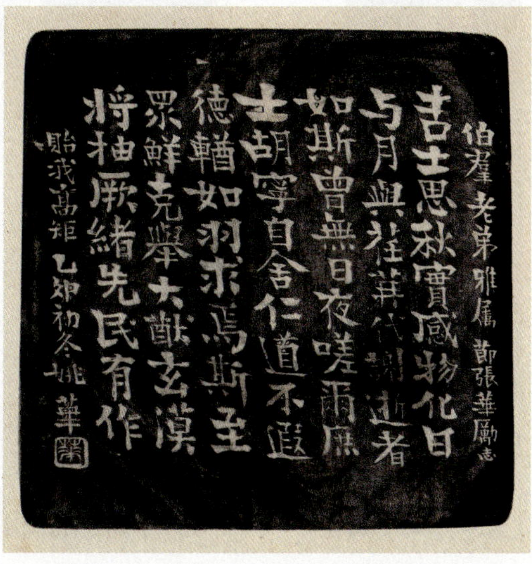

图 22　为王伯群楷书张华诗铜盒拓本

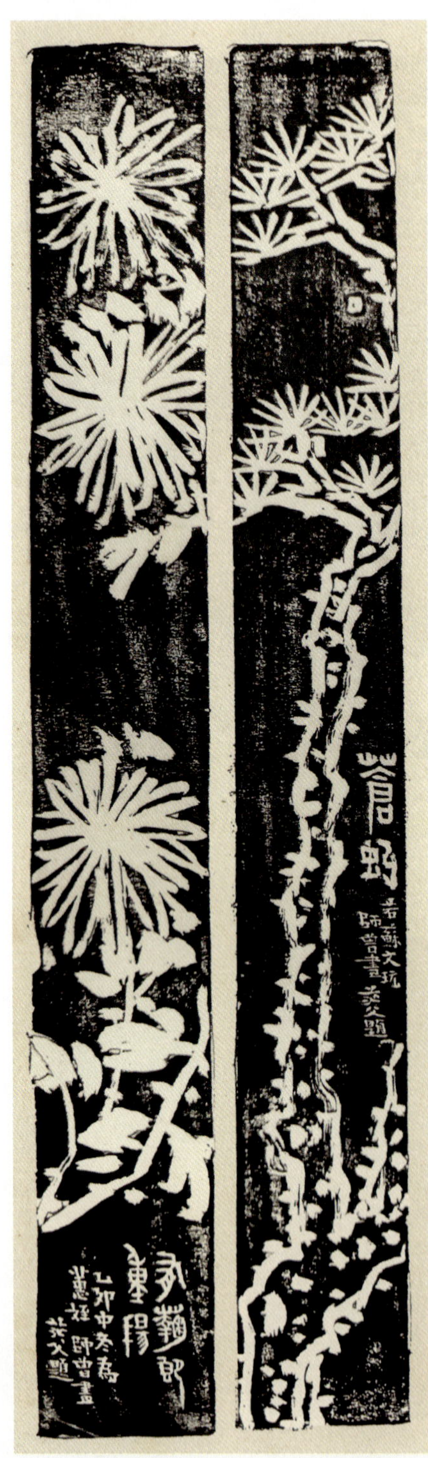

图 23　与陈师曾合写菊花苍松铜镇拓本

图 24　为邵章写铜镇拓本

a

b

图 25 为王文华写铜盒拓本

印章：姚。【图24】

按：伯蘋即邵章（1872—1953），字伯褧，亦作伯炯、伯絅，号倬盦、倬安。浙江仁和（今杭州）人。光绪二十九年（1903）二甲第三十四名进士，曾毕业于日本法政大学速成科。历任翰林院编修、杭州府中学堂、浙江两级师范学堂、湖北法政学堂及东三省法政学堂监督，奉天提学使，北京法政专门学校校长，北京政府评政院评事兼庭长、院长等职。富收藏，精研碑帖，工书法，四体皆通。其诗文亦名重一时，著《云淙琴趣词》《倬庵诗稿》《倬庵文稿》等。[11]

茫父先生与邵章友善，二人既同为进士（分别是癸卯、甲辰科）出身，又是东京法政大学速成科同学，并且对金石、书画、诗词皆有同好，同为"聊园词社"成员，因此过从甚密，诗词唱和极夥。茫父先生1930年病故后，其墓表即为邵章先生撰文并书丹，关系可见一斑。这件作品亦颇用心，正是茫父书风转变的关键期，将金文倒薤法运用到楷书撇捺中，此作即是例证。

"伯蘋"在邵章作品署款中不常见，一般版本的邵章简介均未列举。但是在国家图书馆古籍馆金石拓片组的藏品中，有一件邵章跋《崔懃造像记》，其落款有"戊午除夕得之厂肆。仁和邵章伯蘋识于恐致福斋。"并有钤"邵章私印""恐致福斋""伯褧""邵章之印"可知伯蘋就是邵章表字。[12]

是年，为笔山书院时期的弟子王文华写铜盒两件，其中一件是王文华为何应钦所求，由同古堂张寿丞刻成：

暗香浮动月黄昏。果严老弟雅鉴，姚华。印章：姚。

张瘦岑刻于同古堂。【图25a】

敬之老弟雅玩，文华。茫父画。【图25b】

按："果严老弟"即王文华（1889—1921），字电轮，号果严，贵州兴义人。他是王伯群（文选）胞弟，是贵州督军兼省长刘显世的外甥。兄弟二人皆茫父先生1901年长兴义笔山书院时的学生。少年时即受改良思想影响，追求社

[11] 关于邵章生卒年，曾见油印本《倬盦遗稿》，收其1951年自订年谱，开篇云："一八七二年清同治十一年一岁，是年七月二十七日巳时生。"最后一行是其子邵锐所补："一九五三年，八十二岁，七月八日（夏历五月二十八日）寅时卒，葬北京香山万安公墓。"

[12] 冀亚平：《邵章碑帖题跋辑录》，见《文津学志》2011第11期，第211-220页。

图 26 为芷皋先生写铜盒拓本

会变革，曾与何应钦主办少年贵州会。壮年从军，在黔军中任团长，护国战争有功，升任师长，后官至黔军总司令。支持孙中山革命，反对袁世凯称帝。因派系斗争，1921年在上海被刺客暗杀，年仅33岁。此铜盒写梅花几枝、明月半轮，正合“暗香浮动月黄昏”诗意。与图2梅花书法铜盒对照可知，这两件铜盒分别为《暗香》和《疏影》，可成一对，应是同时之作。

敬之即何应钦（1890—1987），字敬之，贵州兴义人。早年就读于贵州陆军小学堂、武昌陆军第三中学，后赴日本先后就读于振武学校、日本士官学校。1910年加人同盟会。1916年回国，历任黔军第一师第四团团长、国民革命军第一军第一师师长、军长，黄埔军校教育长、北伐军东路总指挥、国民党军事委员会参谋总长兼第四战区司令官等职。1949年去台，曾任“国防部长”“行政院长”等职。

王文华、王伯群弟兄与何应钦同出贵州兴义名门，后来何应钦娶了王伯群胞妹，王、何成为姻亲。三人在中国近代民主革命进程中都发挥了重要作用。

是年，为芷皋先生写铜盒，绘酴醾花，并录宋人韩维酴醾绝句三首：

细蓓繁英次第开，攀条尽日未能回。不如醉卧春风底，时使清香拂面来。天意再三珍艳品，花中最后吐奇香；狂风莫扫残英尽，留与佳人贮绛囊。平生为爱此香浓，仰面常迎落架风。每至春归有遗恨，典型犹在酒杯中。韩持国酴醾绝句，世盛称之，既为花写照并录与芷皋先生共赏。姚华。【图26】

按：此盒无年款，但从其构图和书法风格判断，应作于是年。芷皋先生或即陈登山（1859—1935），字芷皋，湖北长阳人。日本法政大学毕业，宣统年间归国，选为湖北省咨议局议员。入民国后历任北京陆军部军法司司长、汉冶萍公司董事等职。茫父先生为贵州省咨议局议员，二人同为日本法政大学毕业，多有交集。

民国五年

1916

丙辰

四十一岁

正月十八日，雨水，为大瓤（风）写佛于铜盒[1]，同古堂张寿丞刻成：

丙辰雨水，为大瓤写佛。姚华。【图27】

按：大瓤（风）无考。此盒尺寸很小，直径仅5.5厘米，然而茫父先生驾驭从容，画面细密繁茂，却又笔笔不苟，繁而不乱。刻工为同古堂张寿丞，刀法精湛，充分表现了茫父写画之精微。

夏，北京女子师范学校期末，订制铜墨盒八十八件（据存世拓片统计）[2]，并一一书写历代碑帖、造像题字、残简等内容，请琉璃厂同古堂铜师张寿丞细心刻就，作为奖品颁给三十名优选的本科毕业生、二十八名讲习科毕业生、二十九名其他班级优秀学生和一名不知学科的毕业生，足见茫父先生身为校长之良苦用心。这批铜盒有两种规格，尺寸都不大，一种是约5.5厘米见方的方盒，一种是约4.5厘米直径的圆盒。兹根据拓片，分类逐一释读如下。

北京女子师范学校奖励本科毕业生铜盒三十件【图28—图30】：

1. 躬俭尚约。《汉郙阁颂》。丙辰夏季，北京女子师范学校毕业奖本科林婉宜，姚华。

2. 子曰："凤兮凤兮，何而德之衰也。往者不可谏也，来者犹可追也。《汉石经·论语》与今本微异，'何'下多一'而'字，案'而''汝'古通。"丙辰夏，北京女子师范学校毕业奖本科李静宜，姚华。

3. 贡真绌伪，遏渐防萌。《汉张表碑》。丙辰夏，北京女子师范学校毕业奖本科胡墨林，姚华。

4. 允道笃爱，先人后己。《夏承碑》。丙辰夏，北京女子师范学校毕业奖本科周淑英，姚华。

5. 齐光日月，厥德聿昭。《汉司徒残碑》。丙辰夏，北京女子师范学校毕业奖本科金兰芳，姚华。

6. 阐洪轨兮休烈彰，令德攸兮宣重光。《汉张表碑》。丙辰夏，北京女子师范学校毕业奖本科杨丽则，姚华。

---

[1] 见于怀莲斋朱瀚先生所藏张寿丞刻铜拓片册。

[2] 这批铜盒大都已无缘见到，幸有拓片留存，粘成一册，仍珍藏于姚府。

图 27 为大觀写山水佛像铜盒拓本

7. 朝夕讲习，乐以忘忧。《汉元儒先生娄寿碑》。真赏斋本丰道生《赋》所谓“《夏承》《娄寿》，汉碑天球、河图比重者”是也。丙辰夏月，北京女子师范学校毕业奖本科曾庭谦，姚华。

8. 光宣美勋永未蔽。《汉灵台碑》。丙辰夏，北京女子师范学校毕业奖本科楼咏琴，姚华。

9. 伏戏[羲]仓精，初造王业，画卦结绳，以理海内。祝诵氏无所造为，未有耆欲，刑罚未施。汉武梁祠画象题字。北京女子师范学校毕业奖本科欧阳模，丙辰夏季，姚华。

10. 宝此醇懿。《汉庐江太守范式碑》。丙辰夏，北京女子师范学校毕业奖本科笪复权，姚华。

11. 令问孔修。《前秦广武将军碑》。丙辰夏月，北京女子师范学校毕业奖本科张青筠，姚华。

12. 操牍奋笔，业术敏达。《汉王纯碑》字。丙辰夏，北京女子师范学校毕业奖本科肖淑芳。此碑久失传，据宜都杨氏钩本对临。姚华并记。

13. 孝弟[悌]笃学。《汉戚伯著碑》。丙辰夏，北京女子师范学校毕业奖本科李轶莫，姚华。

14. 稽之中和。《汉礼器碑》。丙辰夏，北京女子师范学校毕业奖本科郑德璘，姚华。

15. 人参文昌。《汉凉州刺史魏君碑》。是碑朴质苍劲，微似张迁而加之流逸，又间出以参差错落之致，汉隶能品也。覃溪翁方纲。此泰安赵氏所旧藏，世无二本也，方纲又记。丙辰夏，北京女子师范学校毕业奖本科生李淑韫，姚华。

16. 帝尧放勋，其仁如天，其知如神，就之如日，望之如云。汉武梁祠画象题字。丙辰夏，北京女子师范学校毕业奖本科林仲班，姚华。

17. 韬光韫玉，以远悔咎。《汉谯君碑》。丙辰夏，北京女子师范学校毕业奖本科葛敬璇，姚华。

18. 荣禄不能荡其志。《汉司徒残碑》。丙辰夏，北京女子师范学校毕业奖本科谢纬静，姚华。

19. 恬静湛泊，匪偟时荣。《汉张表碑》。丙辰夏季，北京女子师范学校毕业奖本科段云章，姚华。

20. 老莱子，楚人也。事亲至孝，衣服斑连婴儿之态，令亲有欢。君子嘉之，孝莫大焉。汉武梁祠画象题字。丙辰夏，北京女子师范学校毕业奖本科陈淑瑗，姚华。

21. 毋偏毋党，王道荡荡。《汉石经·尚书》。丙辰夏，北京女子师范学校毕业奖本科顾敬熙，姚华。印章：姚。茫父审定。

22. 行不启而达，学不劳而能。《汉王纯碑》。丙辰夏，北京女子师范学校毕业奖本科杨巽贞，姚华。

23. 言合雅谟，虑中圣权。《汉谯君碑》。丙辰夏，北京女子师范学校毕业奖本科丁培，姚华。

24. 仁义成于束修，孝弟[悌]根其本性。《汉朱君碑》。丙辰夏，北京女子师范学校毕业奖本科生胡鹤贞，姚华。

25. 且以毓姿，优游上京。丙辰夏，临《汉谯君碑》。北京女子师范学校毕业奖本科王家兰，姚华。

26. 温然而恭，慨然（而）义，善与人交，久而能敬。《汉元儒先生娄寿碑》，北平翁氏双钩华氏本。丙辰夏，北京女子师范学校毕业奖本科蒋智同，姚华。

27. 文字炳朗。《吴天发神谶碑》。丙辰夏，北京女子师范学校毕业奖本科程家琛，姚华。

28. 君平明易。《汉征西大将军杨瑾碑》。丙辰夏，北京女子师范学校毕业奖本科姚晋新，姚华。

29. 曾子质孝，以通神明，贯感神祇，著于来方。后世凯式，□□[以正]抚纲。谗言三至，慈母投杼。此一榜在像下方横书。汉武梁祠画象题字，后四字泐其一损其二，旧释“著于来方”为“有灵乘乃”，史洪释“著乎朱方”。丙辰夏，北京女子师范学校毕业奖本科盛国□，姚华。

30. 体弘仁，蹈中庸，所临历，有休功。《汉赵君碑》。丙辰夏，北京女子师范学校毕业奖本科生余毓英，姚华。

按：根据此处引图，可知北京女子师范学校北京女师师范学校1916年本科毕业生名单：林婉宜、李静宜、胡墨林、周淑英、金兰芳、杨丽则、曾庭谦、楼咏琴、欧阳模、笪复权、张青筠、肖淑芳、李轶萁、郑德璘、李淑韫、林仲

1　2

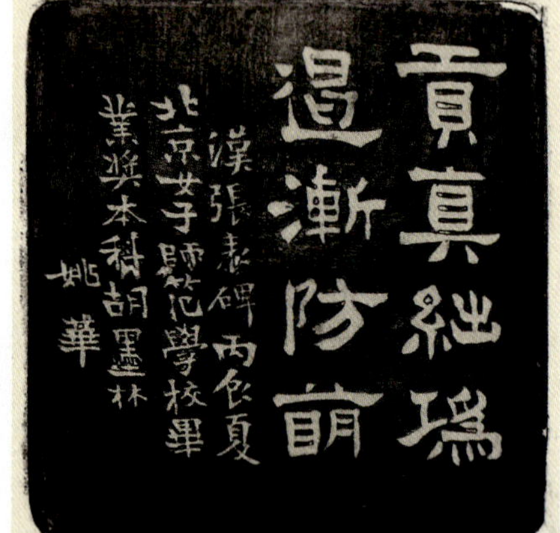

3　4

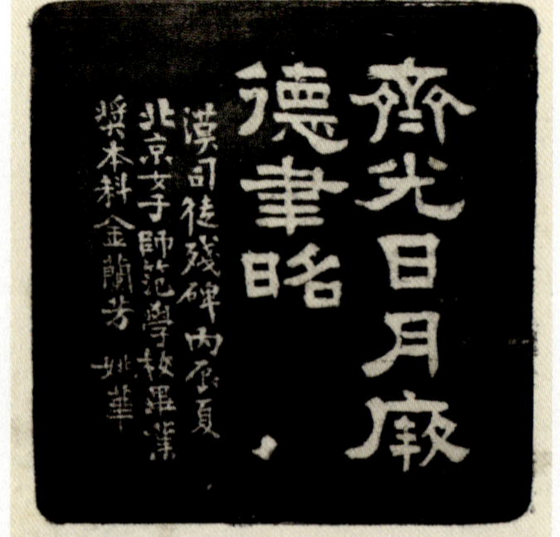

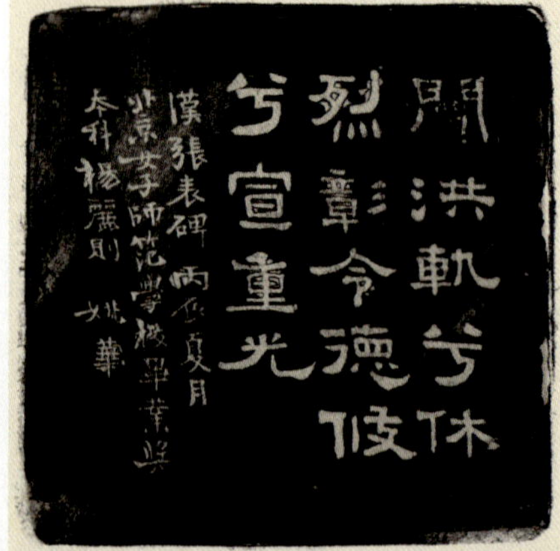

5　6

图 28　北京女子师范学校奖励本科毕业生定制铜盒其一至十二件拓本

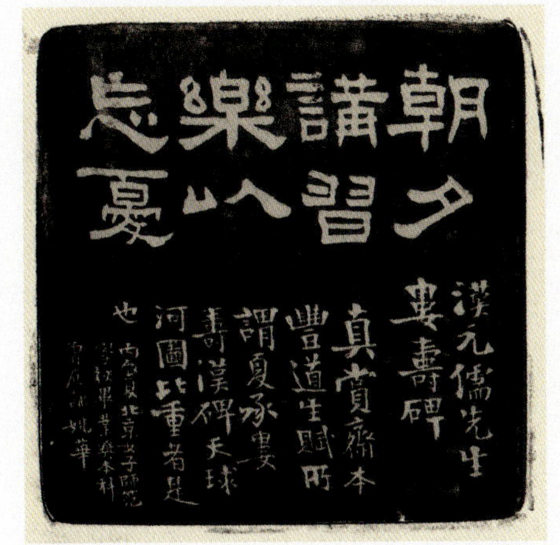
朝夕講習樂以忘憂
漢孔儒先生婁壽碑
真賞齋本豐道生賦所謂夏承婁壽漢碑天球河圖此輩者是也
丙辰夏北京女子師範學校畢業獎本科
姚華

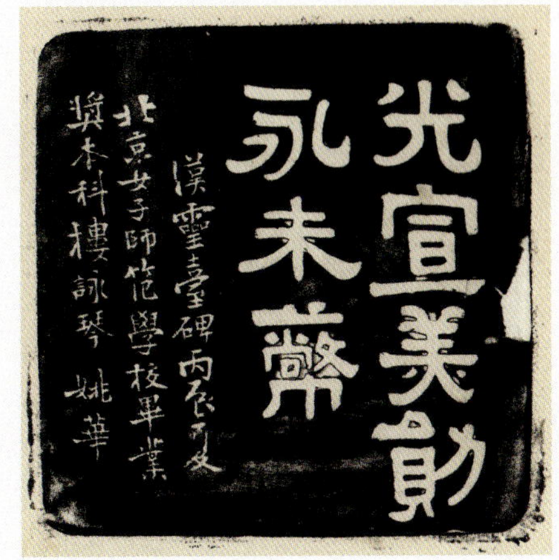
光宣美勳永未幣
漢靈臺碑丙辰夏
北京女子師範學校畢業
獎本科樓詠琴 姚華

7 8

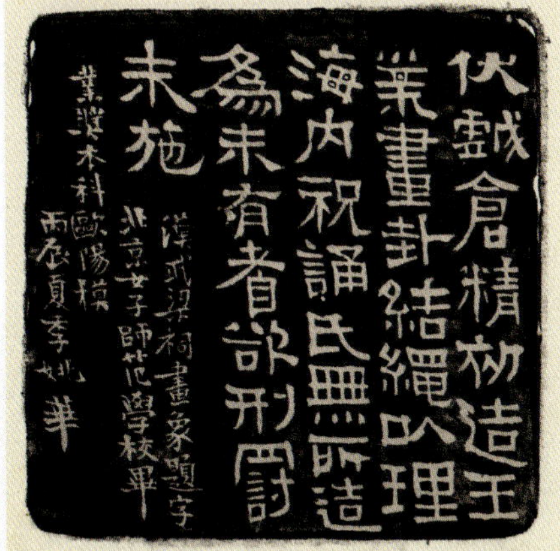
伏戲倉精初造王業畫卦結繩以理海內祝誦氏無所造為未有者刑罰未施
漢武梁祠畫象題字
北京女子師範學校畢業獎本科歐陽楨
丙辰夏 姚華

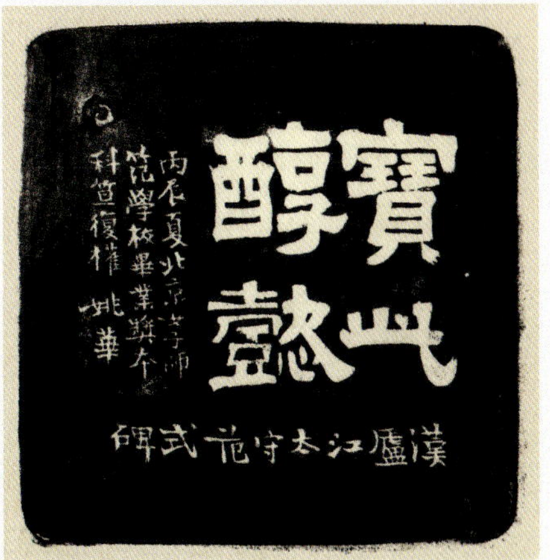
實此醇懿
丙辰夏北京女子師範學校畢業獎本科寶復權 姚華
漢廬江太守范式碑

9 10

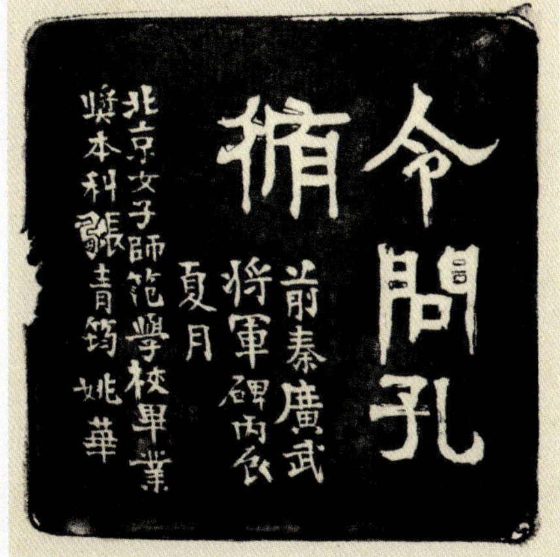
令問孔脩
前秦廣武將軍碑丙辰
夏月
北京女子師範學校畢業獎本科張青筠 姚華

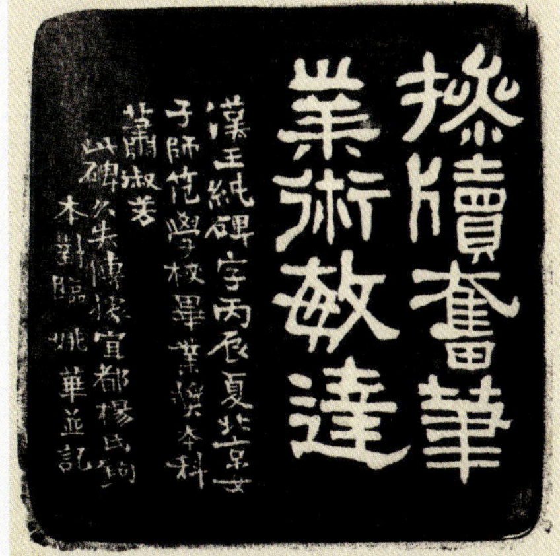
撫績奮華業術敏達
漢王純碑字丙辰夏北京女子師範學校畢業獎本科
此碑久失傳據宜都楊氏鉤本對臨 姚華並記

11 12

13　14

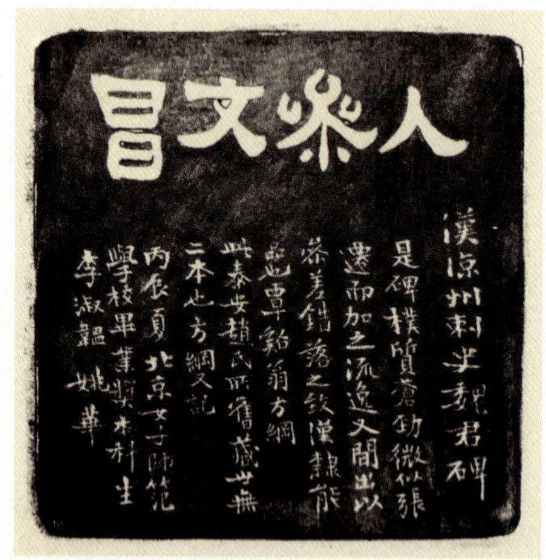

帝堯放勳其仁如天其知如神就之如日望之如雲

15　16

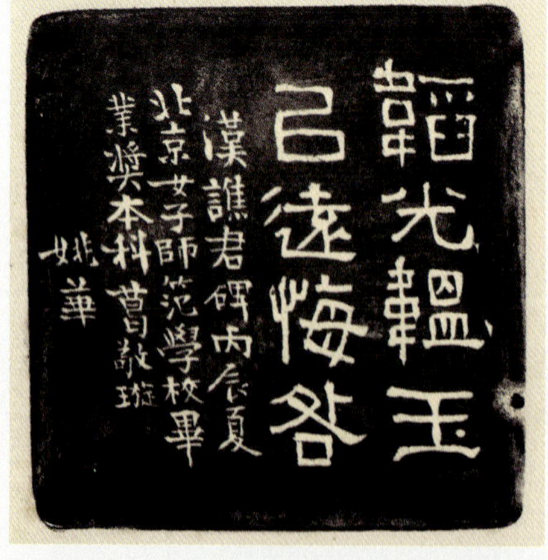

17　18

图 29　北京女子师范学校奖励本科毕业生定制铜盒其十三至二十四件拓本

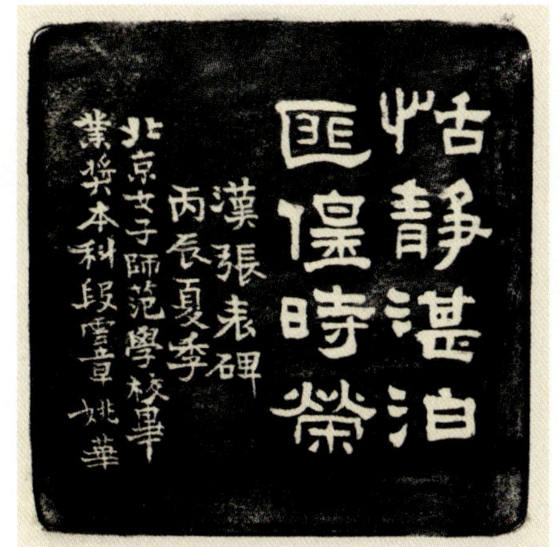

19 20

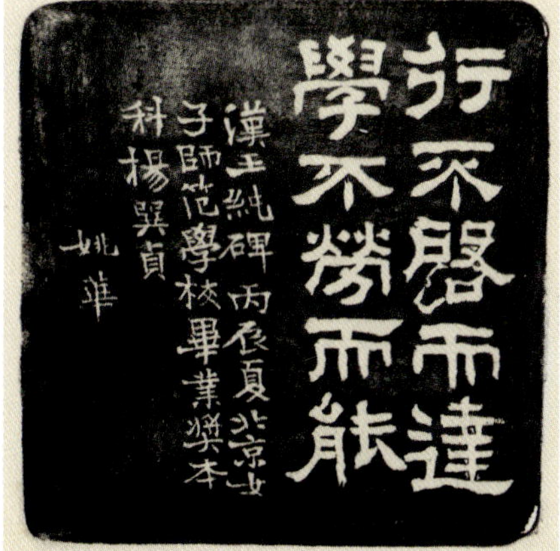

21 22

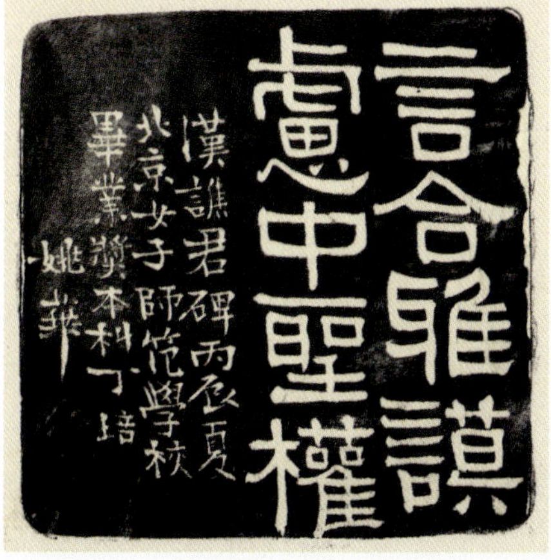

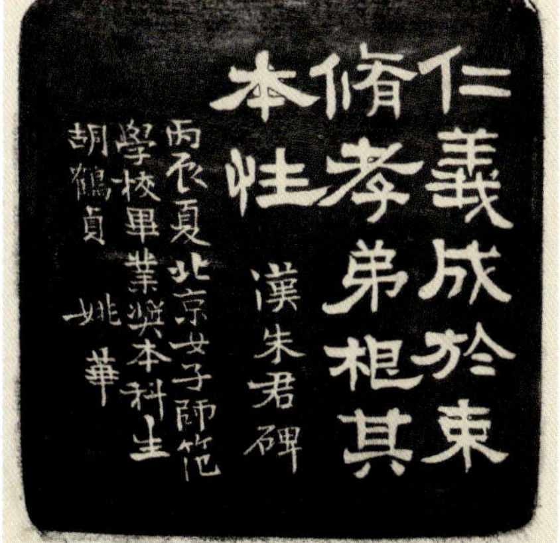

23 24

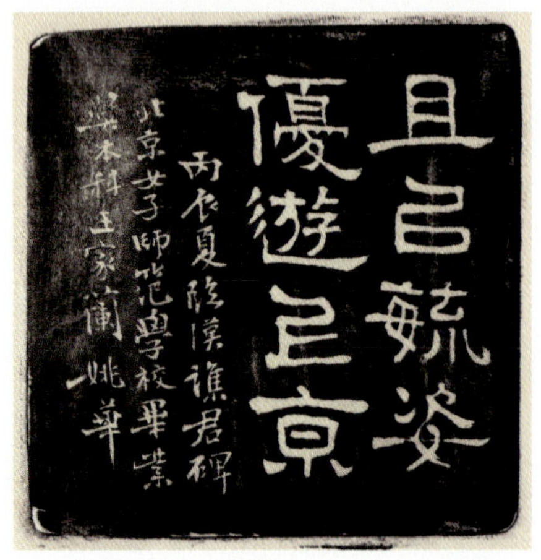

25　26

27　28

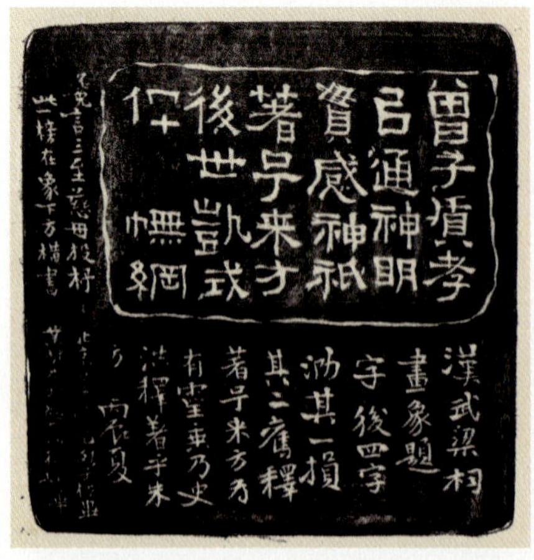

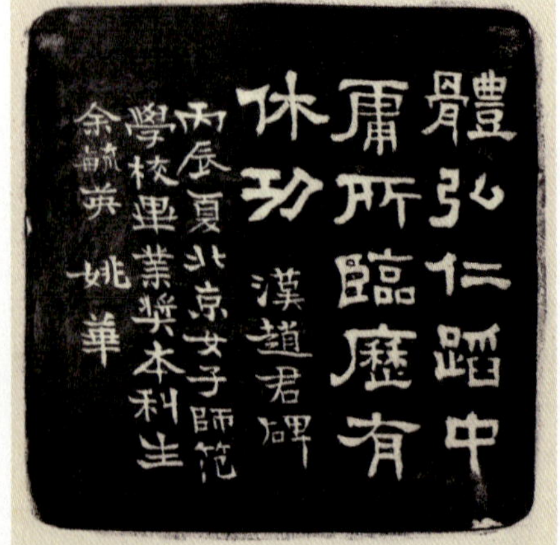

29　30

图 30　北京女子师范学校奖励本科毕业生定制铜盒其二十五至三十件拓本

班、葛敬璇、谢纬静、段云章、陈淑瑗、顾敬熙、杨巽贞、丁培、胡鹤贞、王家兰、蒋智同、程家琛、姚晋新、盛国□、余毓英。

其中，陈淑瑗是北京高等师范学校校长陈筱庄的女儿，是年七月与茫父长子姚鋆结为夫妇，遂由学生而成为儿媳。婚后姚鋆和淑瑗二人同赴日留学。

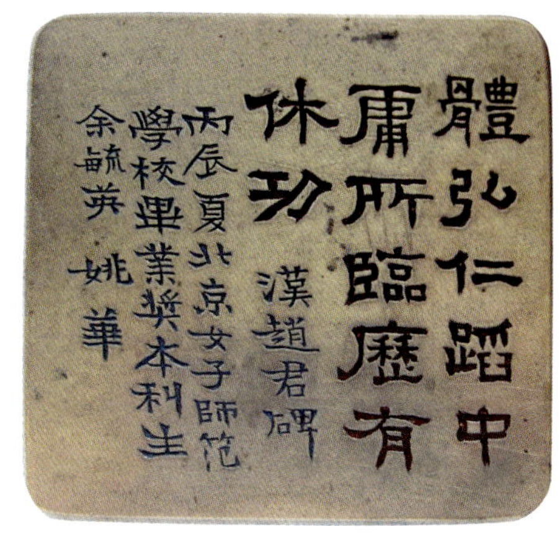

图 31　北京女子师范学校奖励本科毕业生定制铜盒三十件之一

第三十件拓本有铜盒实物存世【图31】，是这批铜盒中目前仅见的实物，非常难得。笔者曾有幸上手，铜盒小巧玲珑，温润光洁。

北京女子师范学校奖励讲习科毕业生铜盒二十八件【图32—图34】：

1. 中书。《天玺纪功碑》字，上参吉金倒薤之文，下契中唐平原之笔。丙辰夏，北京女子师范学校毕业奖讲习科张笃和，姚华。

2. 德秀时哲。《后魏郑羲下碑》。丙辰夏，北京女子师范学校毕业奖讲习科葛婉玉，姚华。

3. 知来藏往，一以贯之。《夫子庙堂碑》。丙辰夏，北京女子师范学校毕业奖讲习科曹蔚芬，姚华。

4. 养善繇时雨之澍品物。《汉朱伯灵碑》。丙辰夏，北京女子师范学校毕业奖讲习科刘立先，姚华。

5. 除恶如农夫之务去草。《汉朱伯灵碑》。丙辰夏，北京女子师范学校毕业奖讲习科李裕琳，姚华。

6. 孝弟[悌]根其本性。《汉朱伯灵碑》。丙辰夏，北京女子师范学校毕业奖讲习科沈仁同，姚华。

7. 下学上达，有朋自远。《汉娄寿碑》。丙辰夏，北京女子师范学校毕业奖讲习科生熊棣华，姚华。

8. 厚载多容。《汉朱伯灵碑》。丙辰夏，北京女子师范学校毕业奖讲习科万仲瑛，姚华。

9. 德音云翻。《后魏郑文公下碑》。丙辰夏，北京女子师范学校毕业奖讲习科杨竞诗，姚华。

10. 文为辞首，学实宗儒。《后魏郑羲下碑》。丙辰夏，北京女子师范学校毕业奖讲习科余素纯，姚华。

11. 粟帛之介，庖园之节。丙辰夏，节《汉凉州刺史魏君碑》字。北京女子师范学校毕业奖讲习科张挹娴，姚华。

12. 五凤元年十二月乙卯朔。汉简牍遗文出西域。丙辰夏，北京女子师范学校奖修业讲习生刘琼华，姚华。

13. 瑶音玉震，闻于弱冠。《后魏崔敬邕志》，丙辰夏，北京女子师范学校毕业奖讲习科生杜磬，姚华。

14. 六石其弩一。汉简牍遗文。丙辰夏，北京女子师范学校毕业奖讲习科韩树人，姚华。

15. 儁华茂实以响流于京夏。《后魏崔敬邕志》。丙辰夏，北京女子师范学校毕业奖讲习科王时敏，姚华。

16. 徽柔懿恭，明允笃恕。《汉庐江太守范式碑》。丙辰夏，北京女子师范学校毕业奖讲习科杨和林，姚华。

17. 深明典隩。《汉谯君碑》。丙辰夏，北京女子师范学校毕业奖讲习科陈翊，姚华。

18. 大道无名，上德不德，玄功潜运，几深莫（测）。《醴泉铭》。丙辰夏，北京女子师范学校毕业奖讲习科陈璞，姚华。

19. 挽发传业，好学不厌。《娄寿碑》。丙辰夏，北京女子师范学校毕业奖讲习科曹朗宜，姚华。

20. 玉洁金志，卓尔无闷。《后魏李超志》。丙辰夏，北京女子师范学校毕业奖讲习科刘合瑗，姚华。

21. 惟德是与。《汉凉州刺史魏君碑》，德字上泐。丙辰夏，北京女子师范学校毕业奖讲习科黄翼，姚华。

22. 诗书是综。《汉谯君碑》宜都杨氏本。丙辰夏，北京女子师范学校毕业奖讲习科张素真，姚华。

23. 允执虔恭。《汉凉州刺史魏君碑》。丙辰夏，北京女子师范学校毕业奖讲习科夏联芳，姚华。

24. 用之日新，挹之无竭。道随时泰，庆与泉流。《醴泉铭》。丙辰夏，北京女子师范学校毕业奖讲习科冯玉琬，姚华。

25. 三坟剋阐，五典允敷。《后魏郑羲下碑》。丙辰夏，北京女子师范学校毕业奖讲习科丁志馨，姚华。

26. 仁义成于束脩。《汉朱伯灵碑》。丙辰夏，北京女子师范学校毕业奖讲习科曹静宜，姚华。

27. 道德润身，皆资学校，矧乃入神妙义，析阙[理]微言。《夫子庙堂碑》。丙辰夏，北京女子师范学校毕业奖讲习科施锦川，姚华。

28. 资覆匮以成山，导河流而为海。《庙堂碑》。丙辰夏，北京女子师范学校毕业奖讲习科吴毓英，姚华。

按：由此处引图可知北京女子师范学校北京女师师范学校1916年讲席科毕业生名单：张笃和、葛婉玉、曹蔚芬、刘立先、李裕琳、沈仁同、熊棣华、万仲瑛、杨竞诗、余素纯、张抯娴、刘琼华、杜畧、韩树人、王时敏、杨和林、陈翊、陈璞、曹朗宜、刘合瑗、黄翼、张素真、夏联芳、冯玉琬、丁志馨、曹静宜、施锦川、吴毓英。

在“女子无才便是德”的旧时代，北京女子师范学校堪称开风气之先，为社会培育了一批女性师范人才。她们中的很多人终身从教，为民国及新中国教育事业做出贡献。兹举数例：

张笃和（1895—1971），字楚英，湖北安陆人。大革命时期牺牲的耿仲钊烈士之妻。曾任孔德学校教员、汉口妇女协会常务委员兼总务主任、中央大学图书馆馆员。1955年被聘为北京市文史研究馆馆员。

沈仁同（1897—1996）浙江湖州人。我国近代法学泰斗沈家本（1840—1913）之孙女。曾就读和毕业于北京女子政法学校和北京女子师范学校。1941年参加革命，因地下工作化名余谷似，先后为晋冀鲁豫边区济南五分区北京地下工作站和中共北京城工部进行秘密联络和掩护工作。解放后，在太原师范学校、中央人民广播电台、内蒙古自治区直属机关党委工作。1957年被聘为北京市文史研究馆馆员，曾任北京文史馆党委书记。她勤于笔耕，能诗文，晚年完成《我的回忆录》和《九十年的变迁》等书。

丁志馨，生卒不详，安徽阜阳人。早年毕业于北京女子师范学校，后毕业于国立北平大学女子文理学院数学系。曾任北平大学女子文理学院数学系助教、国立九中及女子师范学院附中等学校教员、四川民德女中训育主任等。1947年到浦江县私立中山中学任数学教员并担任年级主任。

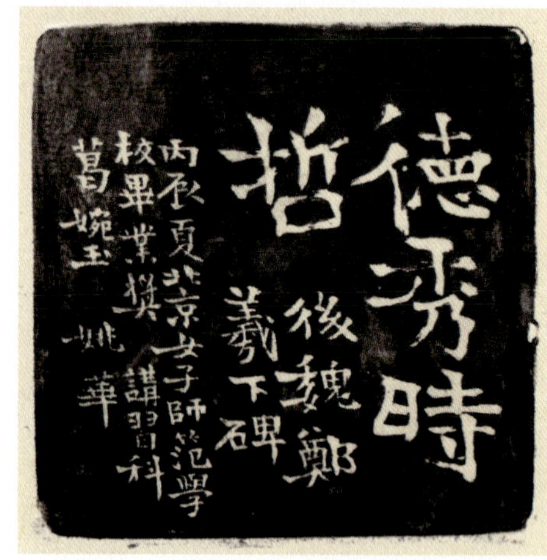

1　2

3　4

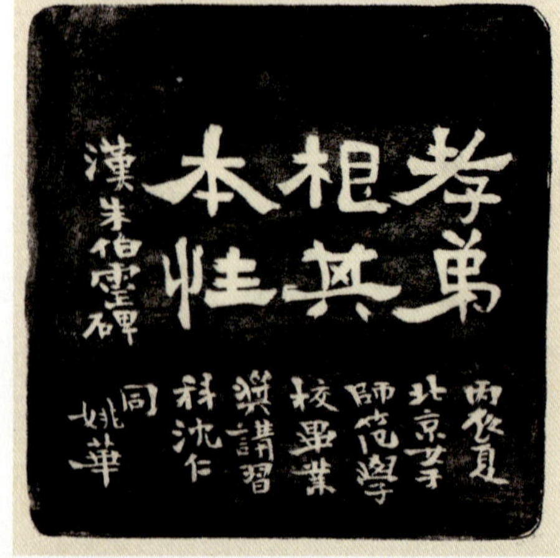

5　6

图 32　北京女子师范学校奖励讲习科毕业生定制铜盒其一至十二件拓本

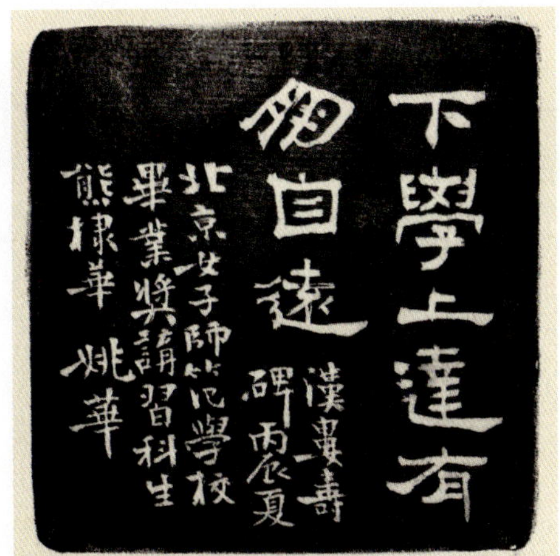
下學上達有
朋自遠
漢婁壽碑 丙辰夏
北京女子師範學校
畢業獎講習科生
熊棣華 姚華

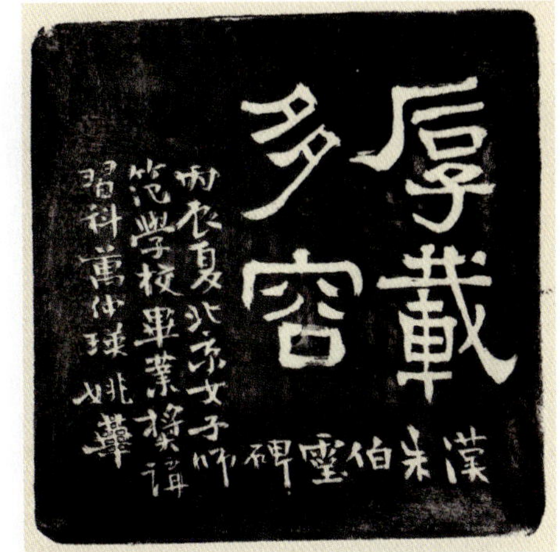
厚載
多容
漢朱伯靈碑
丙辰夏北京女子師
範學校畢業獎講
習科萬佩瑛 姚華

7 8

德音雲
後魏鄭文公
下碑丙辰夏
北京女子師範學校畢
業獎講習科楊競詩
姚華

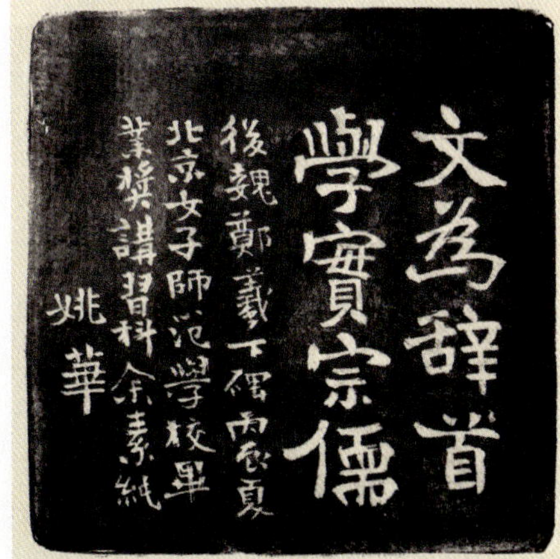
文為辭首
學實宗儒
後魏鄭羲下碑丙辰夏
北京女子師範學校畢
業獎講習科余素紈
姚華

9 10

粟帛
生木
庵園
生節
丙辰夏 節漢涼州刺史魏君碑字
北京女子師範學校畢業獎講習科
張挹斓
姚華

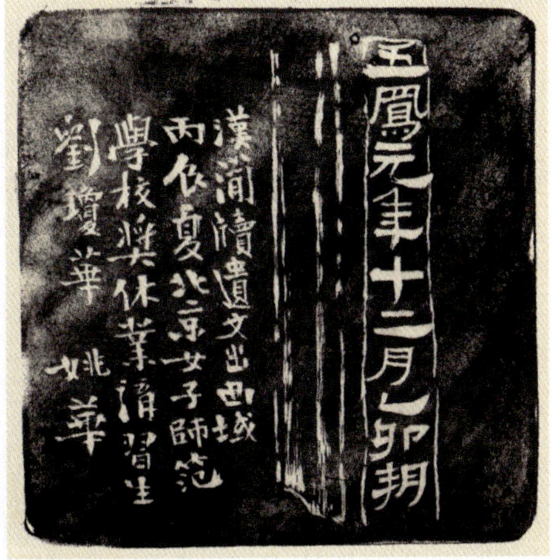
五鳳元年十二月乙卯朔
漢簡牘遺文出西域
丙辰夏北京女子師範
學校獎休業講習生
劉瓊華
姚華

11 12

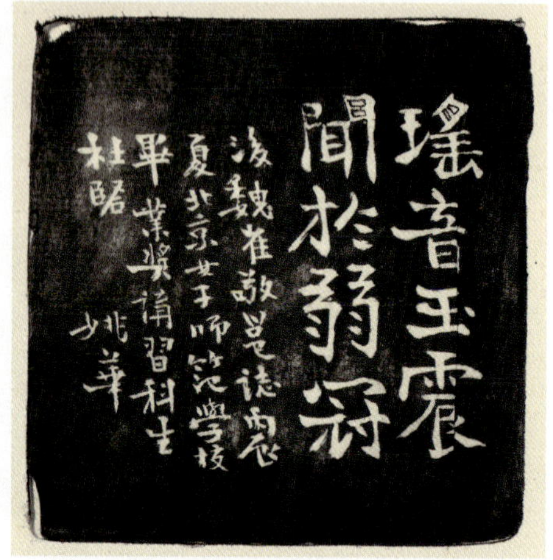

13　14

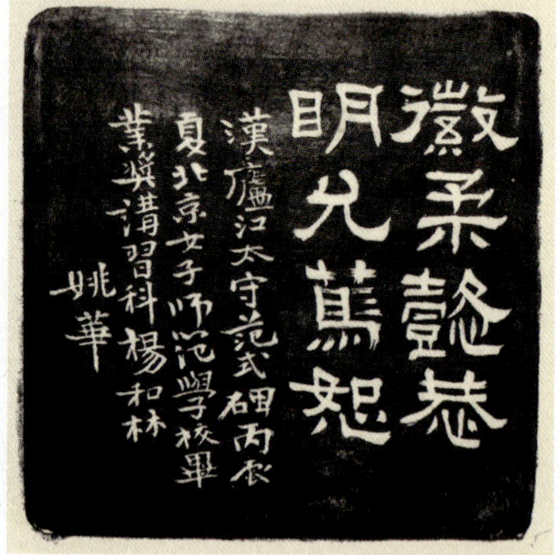

15　16

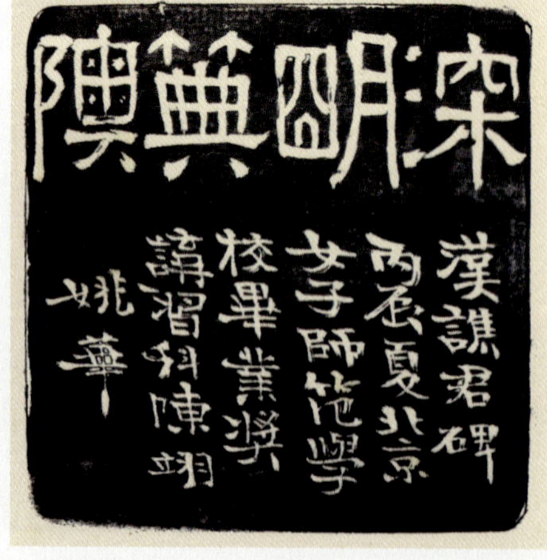

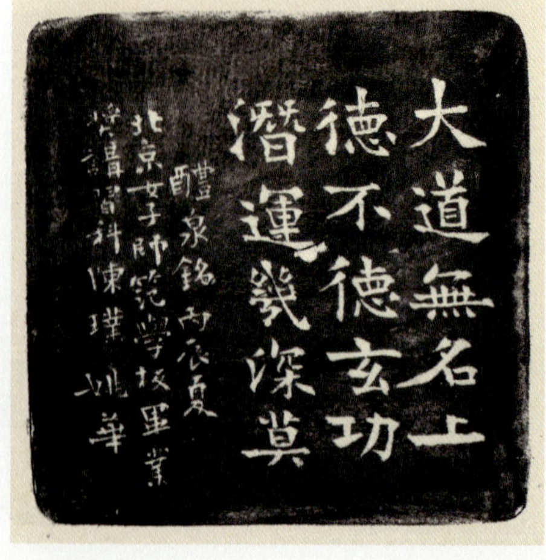

17　18

图 33　北京女子师范学校奖励讲习科毕业生定制铜盒其十三至二十四件拓本

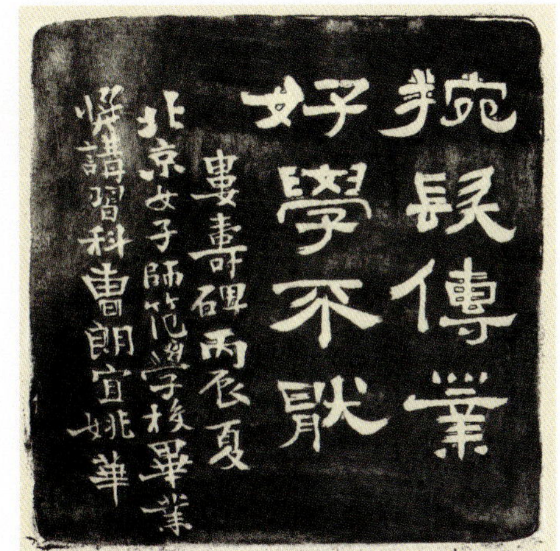

19 20

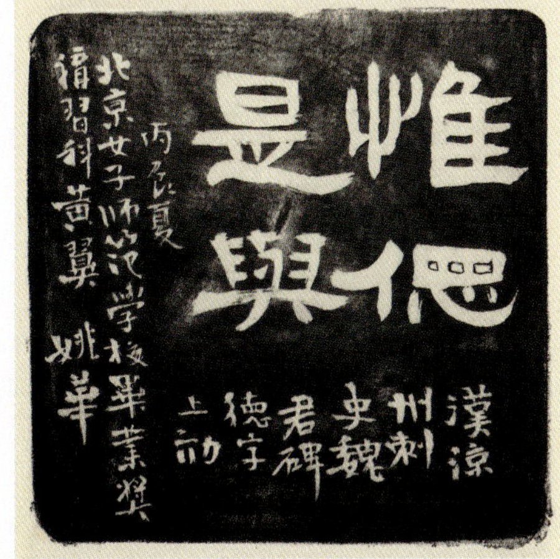

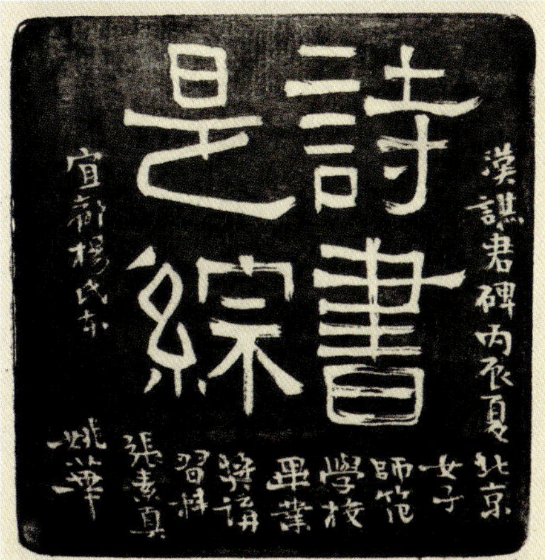

21 22

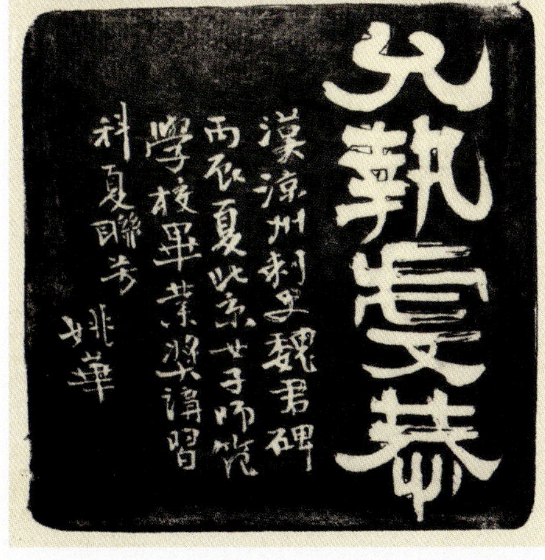

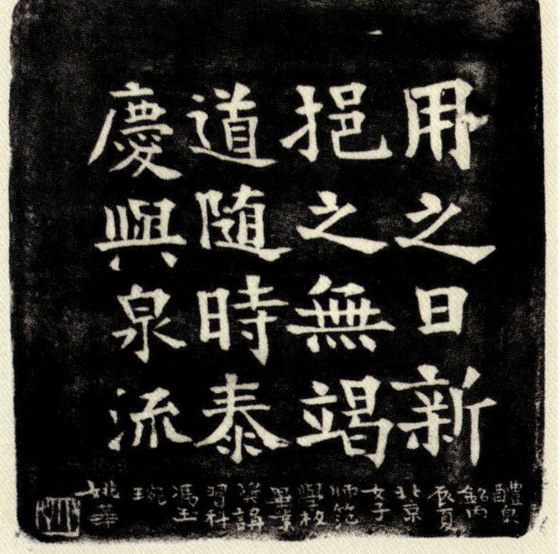

23 24

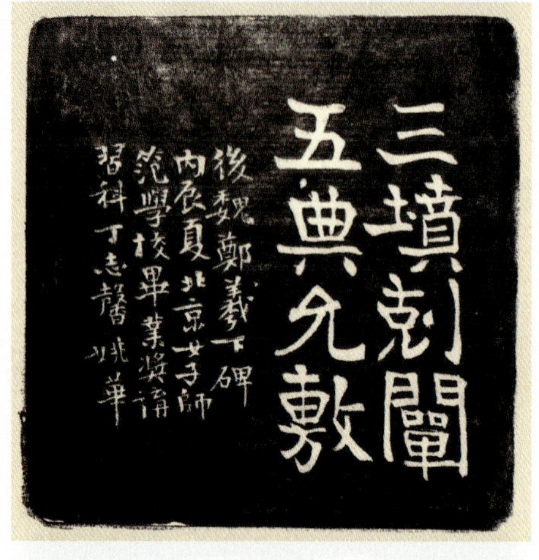

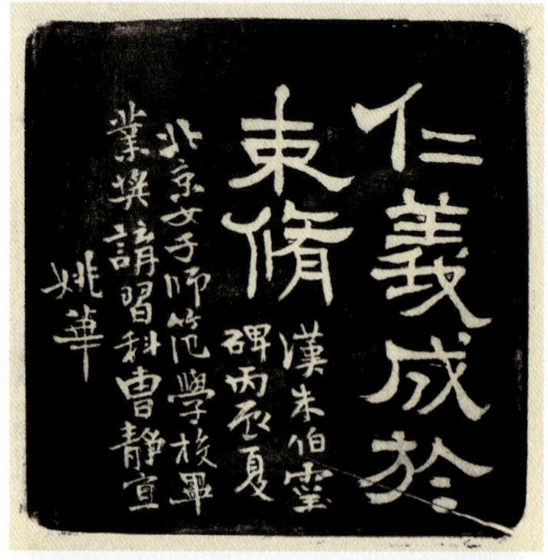

25　26

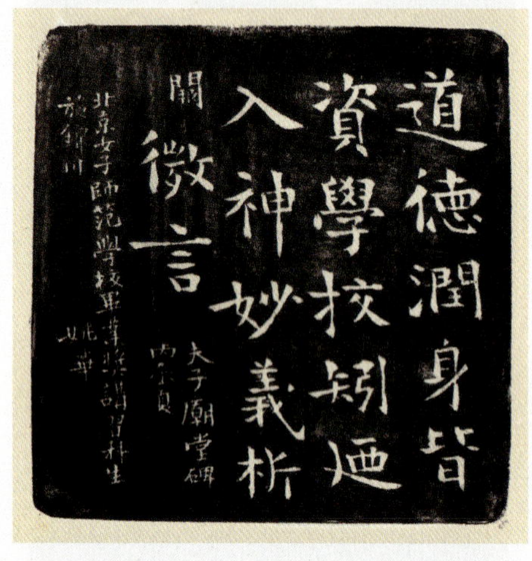

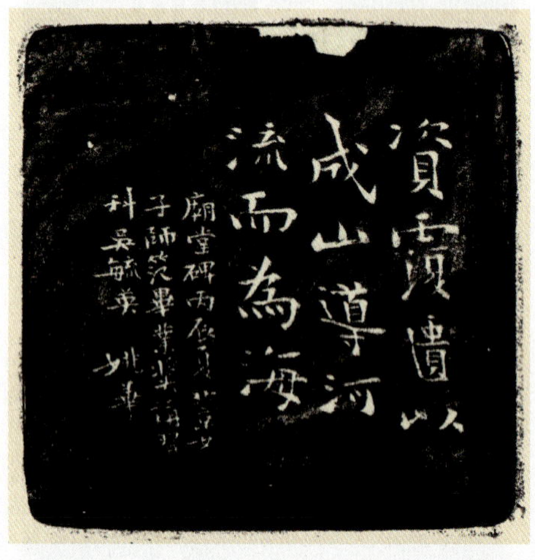

27　28

图 34　北京女子师范学校奖励讲习科毕业生定制铜盒其二十五至二十八件拓本

北京女子师范学校奖励学生铜盒二十九件【图35】。

奖励本科毕业生的三十件铜盒和奖励讲习科毕业生的二十八件铜盒皆为方形，文字较多，而奖励其他学生的二十九件铜盒皆为圆形，较之前者，文辞皆很简单，大多两个字，最多四个字。从行文判断，这批受奖励的学生应该不是毕业生，仍在校就读。鉴于文辞简单易读，此处不做释读，仅依次列出受奖励的学生姓名如下：

杨秀文、李淑、谢纫兰、于佩新、程李淑、曾振绮、黄志瑜、冯叶昆、王伯华、黄濂、张传馨、向贤业、高淑芳、王凤贞、时昭瀚、孔娟武、谭纫雁、田淑贞、张传淑、孙玉兰、周李华、檀润娟、叶葆真、姚鋆、陈法青、刘福林、李琇莹、师华、黄淑湘。

按：其中姚鋆正是茫父先生的亲侄女，其父姚芗为茫父先生胞弟，早逝，遗孀赵氏和幼女姚鋆皆在莲花寺与茫父先生一家共同生活。此时姚鋆就读北京女子师范学校。

北京女子师范学校奖励毕业学生铜盒一件：

徽柔懿恭，明允笃恕。《汉范式碑》。丙辰夏，北京女子师范学校毕业奖萧敬芳，姚华。【图36】

按：此铜盒与前述三个系列（本科、讲席科、在读生）铜盒皆不同，这一件铜盒虽然写明是奖励毕业生萧敬芳，但却没有写是“本科”或“讲席科”，这是目前所知的唯一例外。而且，前述87件铜盒的内容皆无雷同，而此盒所录《范式碑》内容，却与图33之16奖励女子师范毕业生讲习科杨和林的铜盒重复，这也是此盒稍显奇怪之处。

萧敬芳事迹无考，但其父萧瑞麟（1868—1939），字石斋，云南昭通人。早年毕业于云南五华书院，清光绪十九年（1893）乡试中举，三十年（1904）选派日本进修师范，次年学成归，返乡创设昭通五属师范传习所，宣统元年（1909）考入北京大学攻读经史科。民国初年当选国会众议院云南省议员，1913年到京履职，其长女萧淑芳、次女萧敬芳随行入都，旋入北京女子师范学校，恰于1916年同时毕业。萧瑞麟先后任四川彰明县知事、云南顺宁县知事、普洱道尹兼思茅关监督、普防警备司令。卸任后受聘于云南通志馆编修，生平

1　2

3　4

5　6

图 35a　北京女子师范学校奖励学生定制铜盒其一至十二件拓本

7 8

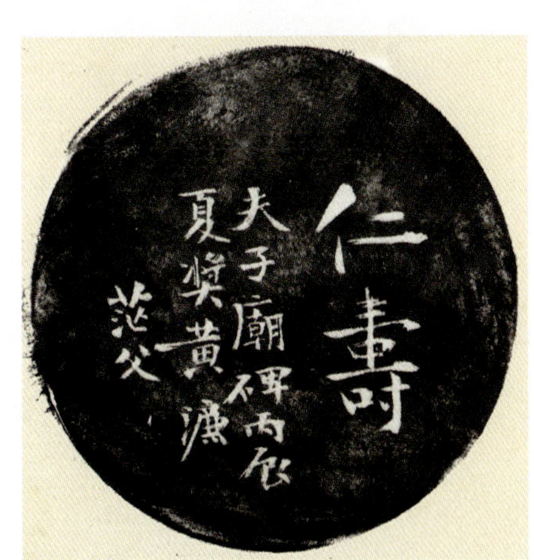

9 10

11 12

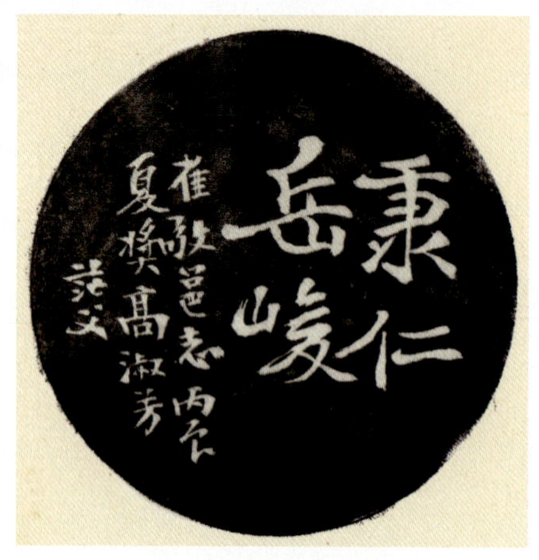

13　14

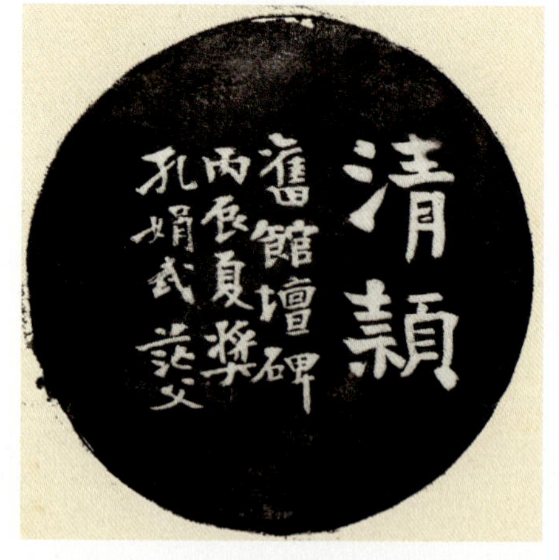

15　16

17　18

图 35b　北京女子师范学校奖励学生定制铜盒其十三至二十四件拓本

19 20

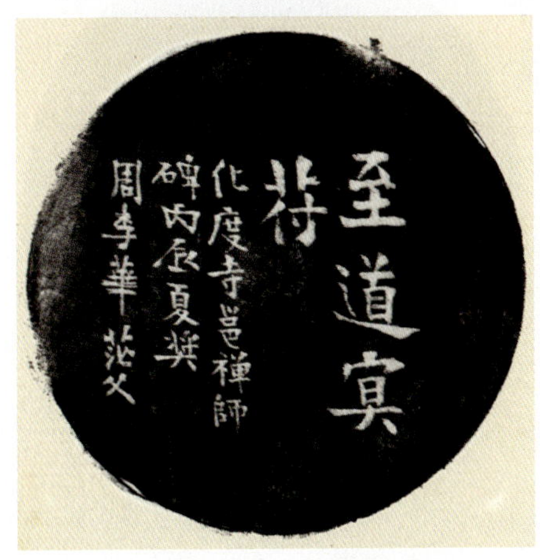

21 22

23 24

25　26

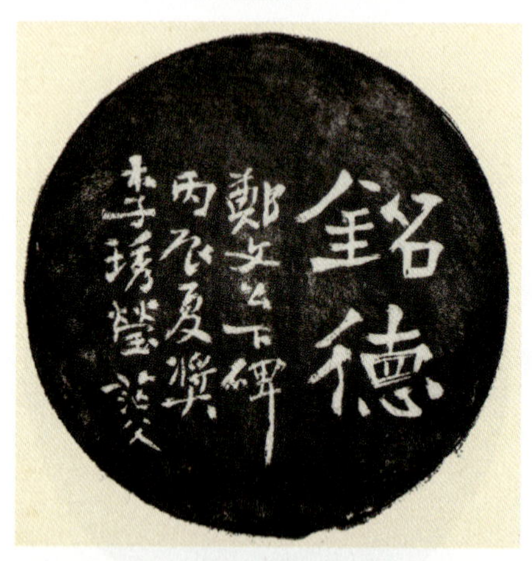

27　28

29

图 35c　北京女子师范学校奖励学生定制铜盒其二十五至二十九件拓本

图 36　北京女子师范学校奖励毕业生萧敬芳铜盒拓本

颇多著述。长女婿徐虚舟（1878—1940），云南昭通人，官至江西省政府秘书长兼财政厅长、代主席等职；次女婿陶继鲁（1884—1961），字鸿焘，亦云南昭通人，早年留学美国，曾任云南高等师范学校校长、个旧锡务公司总理等职，1956年受聘为云南省文史馆馆员。

六月十日，为学韩仁兄书孟浩然五言古诗三首于铜盒，由同古堂张寿丞刻成[3]：

学韩仁兄雅属，丙辰六月十日。

津无蛟龙患，日夕常安流。本欲避骢马，何如同鹢舟。岂伊今日幸，曾是昔年游。莫奏琴中鹤，且随波上鸥。堤缘九里郭，山面百城楼。自顾躬耕者，才非管乐俦。闻君荐草泽，从此泛沧洲。

采樵入深山，山深树重叠。桥崩卧槎拥，路险垂藤接。日落伴将稀，山风拂萝衣。长歌负轻策，平野望烟归。

皇皇三十载，书剑两无成。山水寻吴越，风尘厌洛京。扁舟泛湖海，长揖谢公卿。且乐杯中物，谁论世上名。

姚华灵寿砖馆书。印章：灵寿。姚华。【图37】

按：学韩无考。落款“姚华灵寿砖馆书”并用“灵寿”引首章，缘由是茫父先生于是年春得汉代“灵寿”文砖一方，曾命次子姚鋈用此二字制成馆额，以为父姚源清祈寿，并颜其居室为“灵寿砖馆”。因姚源清次年正月遽归道山，致此称号沿用时间很短，在作品中更不多见，而写铜作品留此名号者，此为仅见。

六月上旬，临《汉石经·尚书》残碑文字于铜盒，由同古堂张寿丞刻成：

之劳能迪古兴降不永建乃家。《汉石经·尚书》残碑，惟民五年岁在丙辰六月上浣，姚华书，张寿丞刻。

印章：姚。茫父审定。【图38a】

按：《汉石经·尚书》残碑即《熹平石经·尚书》残碑，文字方正而点画圆

[3]《今器款识拓片册》，姚府收藏。

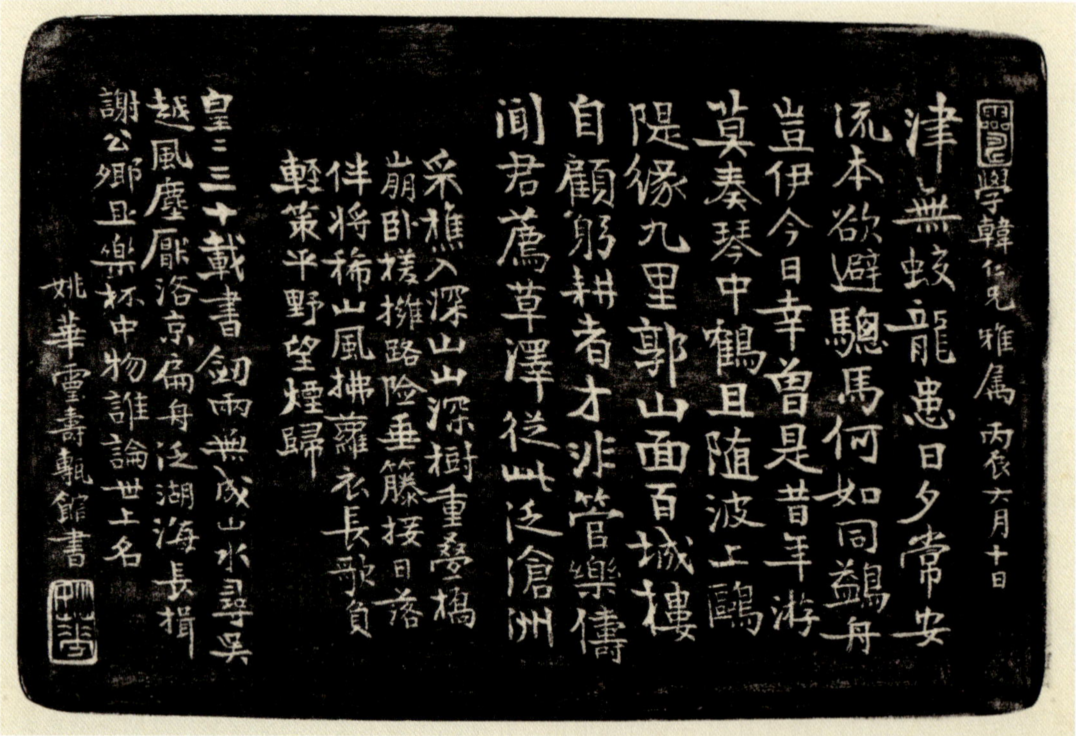

图 37　楷书孟浩然诗句铜盒拓本

a

b

图 38 临《汉石经·尚书》残碑铜盒拓本及翻刻版铜盒

润，茫父所临忠于原作。惜铜盒无存，唯见拓本。坊间流传一件翻刻版《汉石经·尚书》残碑铜盒（见【图38b】），无款，但保留了“姚”及“茫父审定”两印，从布局来看，当是用图38a铜盒拓本翻刻，点画已经失去原作的书写味道，特别是印章的“姚”字，已经走样至不可辨识。

六月，北京女子师范学校本科毕业生姚晋新出嫁，定制铜盒一对，以小篆录古文吉语以为贺礼：

施衿结褵，虔恭中馈。惟民五年辰在丙辰，张茂先《女史箴》。【图39a】

骑龙弄凤，翔嬉人间。范蔚宗《后汉书·传赞》。晋新于归，姚华书纪。【图39b】

按：姚晋新无考，是年毕业于北京女子师范学校本科，可参见图30之二十八）。此件小篆圆润而古拙，所录吉语分别出自《女史箴》与《后汉书》，既点出新婚之意，又寄寓美好祝愿。以铜墨盒作为结婚礼物不知是否始于茫父先生，但是在铜墨盒上如此正式、隆重地施以铭文，赠与新人，则可见茫父先生之郑重，也可窥先生对铜刻文房器具之用心。

夏，将是年所写铜盒、铜镇拓本粘成一册，并以小篆题写“今器款识”四字，落款“丙辰夏，弗堂题。”【图40】[4]

按：此册收录铜刻文房拓本逾百，件件精美（参见本书乙卯、丙辰两年图片），可见茫父先生视铜刻文房如古代吉金，称其为“今器”，所铭刻之书画，则如同古代吉金款识，故称“今器款识”。从上述拓本之古雅精微，亦足窥茫父先生之用心。

又，关于“弗堂”，正是在丙辰四月时，茫父先生辟莲花寺北殿为弗堂，并撰《弗堂记》叙其事：“……主人性懒而志啬，当随时俗人之所好尚，而以其所苦窳者充数承乏，颇自豪，意气泰如。时俗人意谓非是，多不之许，如是者甚众。今年四月以来，天下多故，朝野益骇。主人日晏然败寺中，益营居

[4]《今器款识拓片册》，姚府收藏。

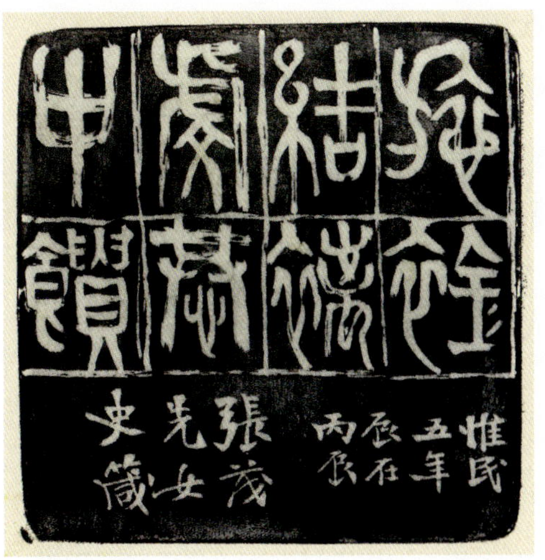

a　b

图 39　北京女子师范学校学生姚晋新出嫁定制对盒拓本

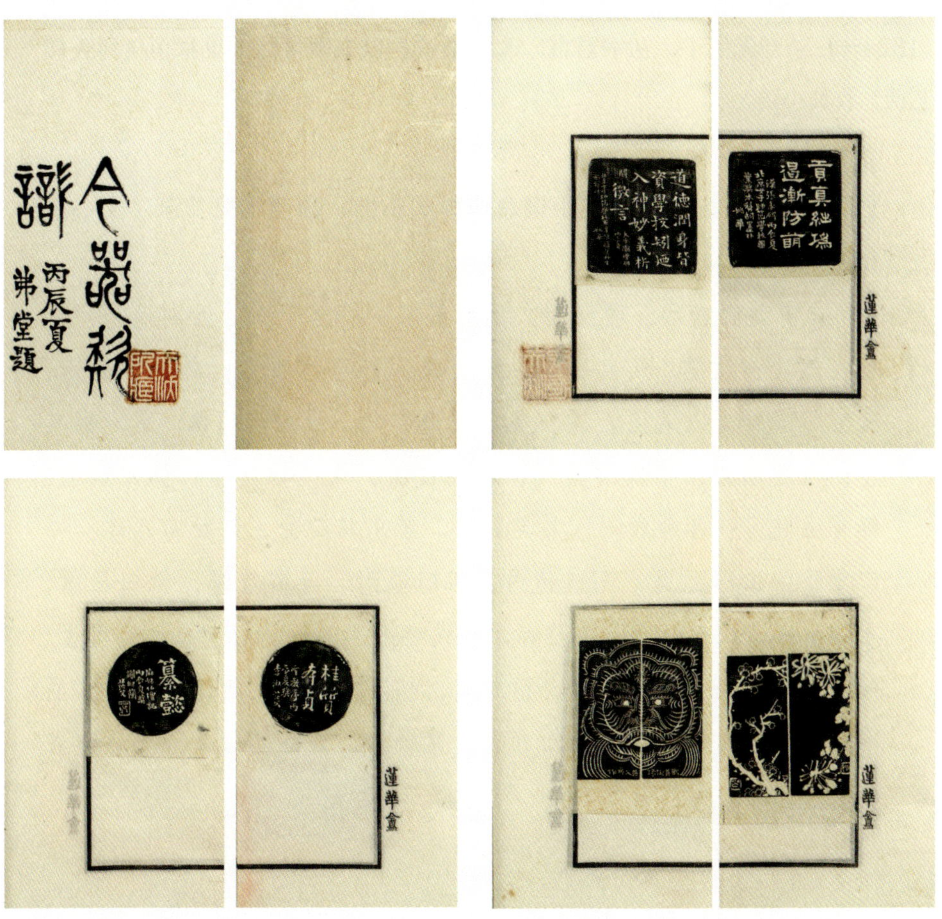

图 40　姚华《今器款识拓片册》书影

室，门萝架藤，土木杂治，冥与世忘，逾月乃为堂。”又云：“堂本佛有，而主人半之，半佛曰弗，宜曰弗堂。”[5]从此，茫父先生著述及书画作品每署弗堂。

七月十日，立秋，应贵筑同乡黄道敏之请，以颖拓法写汉三年瓦当于铜盒，请同古堂张寿丞刻成[6]**：**

汉三年瓦文曰：“惟汉三年，大并天下。”此今年春间得之厂肆式古斋者。行式整密，纵横相间，变而不诡。“汉”水形作川，犹是金文旧轨；“天”作“而”，与“而”形近。此古籍之所以“天”“而”互讹也。丙辰盂兰会前五日，姚华记。

莲溪先生正，黄道敏赠，张寿丞刻。

印章：茫父所仿。伪古。【图41】

按：“莲溪先生”，无考。黄道敏，生卒不详，贵州贵筑人，黄彭年（1824—）子寿先生子，初字君直，改字道敏。以书画自给，巢章甫《海天楼艺话》收其小传。

七月二十五日，以鸡毫笔于铜盒作蝇头小楷，为照临兄节录《文心雕龙·体性》篇[7]**：**

夫情动而言形，理发而文见；盖沿隐以至于显，因内而符外者也。然才有庸儁，气有刚柔，学有浅深，习有雅郑；并情性所铄，陶染所凝，是以笔区云谲，文苑波诡者矣。故辞理庸儁，莫能翻其才；风趣刚柔，宁或改其气；事义浅深，未闻乖其学；体式雅郑，鲜有反其习：各师成心，其异如面。若总其归途，则数穷八体：一曰典雅，二曰远奥，三曰精约，四曰显附，五曰繁缛，六曰壮丽，七曰新奇，八曰轻靡。典雅者，熔式经诰，方轨儒门者也。远奥者，馥采典文，经理元宗者也。精约者，核字省句，剖析毫厘者也。显附者，辞直义畅，切理厌心者也。繁缛者，博喻酿采，炜烨枝派者

[5]《弗堂类稿》“序记”，第二十一页。

[6] 拓本见《今器款识拓片册》，姚府收藏。

[7]《今器款识拓片册》，姚府收藏。

也。壮丽者，高论宏裁，卓烁异采者也。新奇者，摈古竞今，危侧趣诡者也。轻靡者，浮文弱植，缥缈附俗者也。故雅与奇反，奥与显殊，繁与约舛，壮与轻乖。文辞根叶，苑囿其中矣。

《文心雕龙·体性》篇，以鸡毫作蝇头书，固不能如院体之工谨，要不失我自在之趣，是则难与俗眼相适者也。丙辰七月二十有五日，菉猗室倚檠为照临兄书，姚华。

印章：姚。【图42】

按："照临兄"，无考。此篇小楷约四百言，以鸡毫笔书就，而能工整若此，足见茫父先生书法功底之深，其细笔小字之精，尤令人惊叹。

八月十五日，中秋，与陈师曾合作，为浣士书铜屏，录司空表圣《观音忏文》[8]：

伏以圣感至诚，祥符吉梦。久期瞻仰，辄用庄严。上以报罔极之恩，下以遂平生之愿。亦冀仁滋庶彙[类]，福必旁臻。且自叨窃一名，晓夕三省。虑增隐匿，有负深知。以此归心，诚无愧色。必也行欺暗室，业堕分阴。饰伪沽名，乘[伏]机稔恶。于家则岖崎[崎岖]自奉，忍骨肉之饥寒。于国则苟且求容，啄生灵之膏血。是乃神惟必照，鬼得而诛。敢将有衅之身，曲累无私之照。至若见持蹇分，将触祸机。或不幸以逢尤，或求全而受毁。即常希拥佑，必保孤危。况积疹初平，殊恩有自。置斋生日，用表成功。所期劫盖微尘，不竭依投之态[恳]。庆流末裔，共成香火之缘。粗写丹忱[诚]，仰回玄鉴。

司空表圣《观音忏文》，惟民五年丙辰中秋，为浣士仁兄书铜版。姚华。【图43a】

另外一面是陈师曾所绘水月观音图，款识：

度尽众生成正觉，圆通誓愿共三千。适从极乐园中过，分得莲花十丈船。柯敬仲诗。

[8] 周继烈主编：《民国刻铜文房珍赏》，北京出版社，2013年，第3页，尺寸：长宽各6.8厘米，厚0.35厘米。

图 41　写汉三年瓦当铜盒拓本

图 42　小楷节录《文心雕龙 · 体性》铜盒拓本

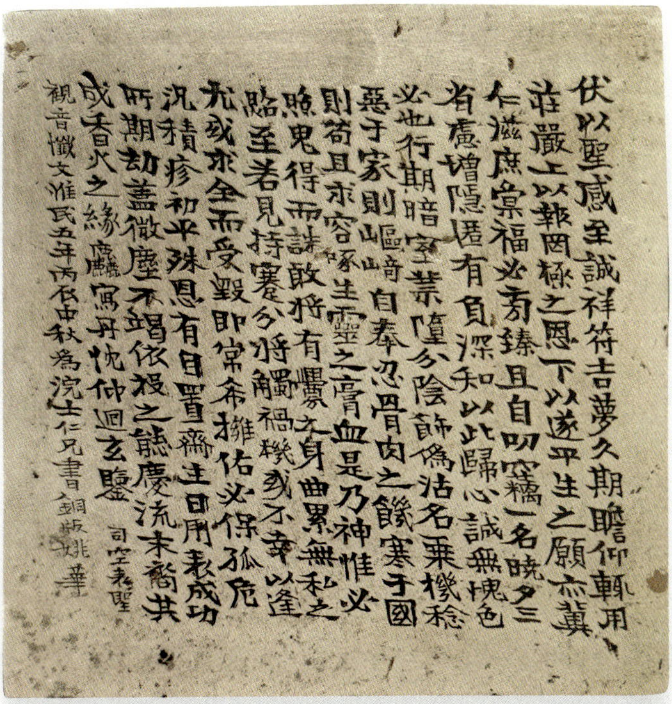

a

b

图 43　与陈师曾合作铜屏

印章：师曾。【图43b】

按："浣士仁兄"，无考。此铜屏尺寸很小，从形制推测可能是墨屏。这是姚、陈合作的写铜精品。柯敬仲即元代大画家柯九思（1290—1343），号丹丘生，浙江临海人。擅长山水、人物、花卉，而以墨竹尤为佳。这首诗正是柯九思题《观音像》自作。

同日，为棣生学长写东坡《水调歌头》词意铜盒并以楷书录原词，更以细笔小字录自作词《水调歌头·和东坡丙辰中秋明月几时有》：

明月几时有？把酒问青天。不知天上宫阙，今夕是何年。我欲乘风归去，又恐琼楼玉宇，高处不胜寒。起舞弄清影，何似在人间。转朱阁，低绮户，照无眠。不应有恨，何事长向别时圆？人有悲欢离合，月有阴晴圆缺，此事古难全。但愿人长久，千里共婵娟。

东坡《水调歌头·丙辰中秋》词，为棣生学长。华。

呼月遣愁去，放出小园秋。不须檀板歌吹，闲处足勾留。底事前尘后影，只有青天碧海，人世一浮沤。寂寂转银汉，无语下西楼。十年事，玄海梦，老来休。吾庐修竹三径，莫忧月当头。喜是经年一见，照彻长空万里，珍重五更筹。满地尽相望，终夜挂帘钩。

和东坡前调中秋词，姚华。

印章：姚。茫父。张寿臣刻。藻鉴悬□。【图44】

按：棣生即张孝移（1881—1937），字棣生，号逖省，湖北武昌（今鄂州）人，清代书法家、文学家张裕钊（1823—1894）之孙。1902年入日本早稻田大学习法科，毕业归国后历任京师法政学堂和京师法律学堂教习、修订法律馆纂修、党政编查馆科员、大理院六品推事及大理院详谳处行走等职。入民国后，历任京师总检察厅首席检察官、代理厅长等职，后任司法部司法讲习所教员，北平大学法学院、法商学院、河北大学、北京大学、河北省立法商学院法律系教授等职。与陈师曾、姚茫父、黎伯渊等皆有交游，娶江翊云（1878—1960）之妹，遂为江瀚（1857—1935）婿。张棣生虽然比姚茫父小5岁，但茫父先生仍称其"棣生学长"，这是前人所守之礼。

图 44 写苏轼《水调歌头》词意铜盒拓本

茫父先生这首和东坡《水调歌头》词作于丙辰中秋，不仅当日写在赠棣生学长的铜盒上，而且在同期写给姚鋈夫妇的家书中，也另纸抄录该词并附有数百字长跋，其中讲到：“词中所谓‘玄海梦’者，吾丙午重渡海而东，以中秋翌日行，十八日过玄海，舟中玩月，有诗云：‘玄海生明月，孤舟竟夕看。照人怨离别，望古杂悲欢。夜永鱼龙寂，天高星斗寒。故乡小儿女，梦我水云端。’及回朝侨居僧寺，北斋得月独多，因榜曰‘小玄海’，即以此耳。当丙午前后数年间，慨然有志于天下之事。今正十年，不堪回首。明月似旧，益令人怅惘已。”可知他对这首词是看重且满意的，然而奇怪的是，该词竟然未收入《弗堂类稿》中，令人费解。当然，此铜盒拓本将因此“佚词”而更具文献价值。[9]

同日，为文屏写铜盒一对，其一写《公鸡图》铜盒并录《刘随州酬柳柳州家鸡之赠》诗，其二节临《崔敬邕铭》文字：

日日临池弄小雏，还思写论付官奴。柳家新样元和脚，且尽姜芽敛手徒。

刘随州酬柳柳州家鸡之赠，丙辰中秋，为文屏作画。姚华茫父。【图45a】

秉仁岳峻，动智渊明。育善以和，奖干以贞。《崔敬邕铭》，为文屏拟，姚华。【图45b】

同期，为希濂先生写《空谷长啸》铜盒：

空谷长啸。杨龙友旧本，为希濂先生。姚华。

印章：姚。弗堂。【图46】

按：希濂即茫父先生留日同学袁希濂，生平可参见图18为希濂写牡丹并题李贺诗句铜盒拓本。

同日，为子龙先生写书法对盒：

[9] 拓本见《莲花盦写铜》第2页。词见《如晤如语：茫父家书》，上海书画出版社，2018年，第51页。该词未收入《弗堂类稿》，亦不见《弗堂词·菉猗曲》等其他著录，应属茫父佚词。“玄海生明月”诗见《弗堂类稿》“诗辛”，第六页。

a

b

图 45 为文屏写铜盒一对拓本

隽华茂实以响流于京夏。子龙先生。姚华。【图47a】

秉仁岳峻，动智渊明。育善以和，奖干以贞。丙辰中秋，书奉子龙先生，姚华。【图47b】

按：子龙先生应是茫父在贵州经世学堂时期的同学毛邦伟（1873—1928），字子龙，也用子农，贵州遵义人。清光绪二十七年（1901）考取举人，光绪二十九年（1903）东渡日本官费留学，先入弘文学院学日语，时鲁迅先生亦在此学习，遂相识相交。1905年考入东京高等师范学校，结识同学伍崇敏（1874—1964），后结为夫妇。宣统元年（1909）毕业回国，以日本留学生参加廷试及格，以举人授内阁中书，任职于学部佥事、编书局编审员。先后任北京优级师范教员、北京初级师范教员、北京女子师范教务长。1912年民国成立后，任教育部佥事、教科书编审处副主任，编纂股主任，全国编纂委员会主任。

茫父与子龙先生早年在贵州经世学堂同学，分别于1897年和1901年中举，先后（1904年和1903年）留学日本东京。归国后，曾先后执掌北京女子师范学校、执教北京高等师范学校，交游很多，此不赘述。1916年毛子龙先生时在教育部任职，而茫父先生是年长女子师范学校。

同日，为勉之先生写书法墨盒一对：

温然而恭，慨然而义，善与人交，久而能敬。勉之先生。姚华。【图48a】

反者道之动，弱者道之用。天下万物生于有，有生于无。丙辰中秋，书奉勉之先生，姚华。【图48b】

按：勉之即万勖忠（1881—1947），又名万忠，字勉之，号万园主人，贵州省贵阳市人。1905年考取官费赴日留学，1910年毕业于东北帝国大学农科，回国考取农科举人，任贵州大学农林学堂教务长。1911年娶梁启超内侄女李淑兰为妻。1913年受聘高等师范农政专门学校（北京农业大学前身）任教授，尝寄住莲花寺，随茫父先生习画，同时受邀在北京女子师范学校及北京美术专科学校教授白描、花鸟、仕女、佛造像等。翌年，将五妹万佩兰许配给姚华长女婿文宗沛的二弟文宗淑，遂成为茫父先生的姻亲晚辈。是我国著名的植物学家、

图 46 为希濂先生写《空谷长啸》铜盒拓本

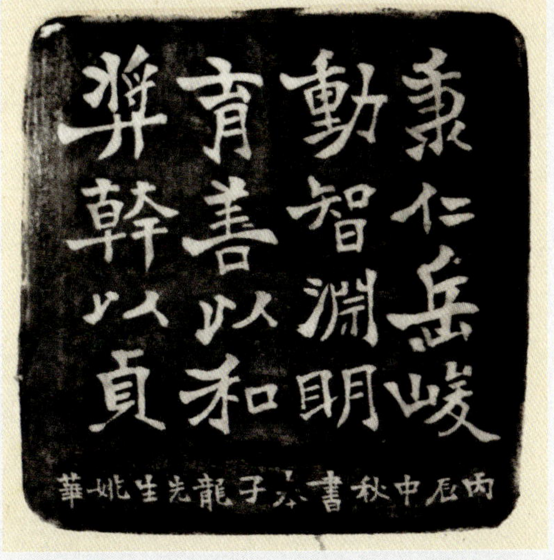

a b

图 47 为子龙先生写书法铜盒一对拓本

园艺学家，著有《花卉园艺》等。

九月，门人文宗潞自贵州来京，请先生为写铜镇，节录《庄子·寓言》篇：

而睢睢盱盱，而谁与居？大白若辱，盛德若不足。

《庄子·寓言》，彦生属书，姚华。

印章：姚。华。【图49】

按：文宗潞，字彦生，贵阳人，生卒不详，是茫父先生在贵阳讲学时期的学生，也是茫父先生亲家文明钦（1841—1916）的侄子。其父文明钰（1862—1928，字式如，晚号鹤山老人。）是文明钦的三弟。彦生为名钰次子，光绪三十二年（1906）以贵州通省公立中学堂甲班最优等第一名毕业，宣统二年（1910）毕业于公立南明学堂，后留学日本。归国后一度在贵州省从政，后醉心于教育和地理，多有建树。1916年10月，受贵州省督军兼省长刘显世之命调查省外蚕丝业。文宗潞历时两年，遍访东部中国，并东渡考察日本，采购、收集了蚕丝器具、蚕种及蚕丝书籍等共约五十箱回黔，并整理出洋洋三万言的《视察丝业笔记汇录》，为贵州在民国初年蚕桑业奠定基础。

此铜镇大约即作于文宗潞初到北京考察时。“而睢盱盱，而谁与居？大白若辱，盛德若不足。”语出《庄子·寓言》篇，是庄子引述老子讽劝阳子居要谦虚待人的话。从内容推测，这可能是一支独立的单尺。

大约同期，写古人诗意铜盒两件，

其一，孟浩然《宿业师山房待丁大不至》诗意铜盒：

松月生夜凉，风泉满清听。茫父。

印章：姚。【图50a】

其二，黄公度《浣溪沙·时在西园偶成》词意铜盒：

风送清香过短墙。烟笼晚色近修篁。夕阳楼外角声长。欲去还留无限思，轻匀淡抹不成妆。一尊相对月生凉。知稼翁词，茫父写。【图50b】

秋，写秋意铜盒一对，分别录宋人苏舜钦及韩琦诗：

悲欢今古事，寂寂堕荒城。《沧浪集》中秋夜月句。茫父。【图51a】

a

b

图 48 为万勉之写书法铜盒一对拓本

只趁重阳选菊栽，当栏殊不及时开。风霜日紧犹何待，甚得迎春见识来。茫父。【图51b】

按：两件铜盒构图相若，皆书法、绘画各占半幅，略取斜势，一写秋月，一写秋菊，题诗、署款皆用行草书，在茫父写铜作品中不多见，可知约略作于同期。其中图51b东篱秋菊，又可与图21对照观看，菊花竹篱何其相似乃尔。

秋，楷书司空图《二十四诗品》集句十六言铜盒，由姚锡久刻成[10]：

西山朝来，致有爽气。太华夜碧，人闻清钟。丙辰秋，茫父。绍兴锡久刻。【图52】

冬至，为征圣仁兄节录汉晋简牍遗文制铜镇尺一对、铜盒两只[11]：

铜镇一：五月十四日，京数相闻，思想，知送阚西域。汉晋简牍遗文，出流沙，斯坦因博士访得，载归英伦。为征圣兄拟。姚华。【图53a】

铜镇二：奉谨以琅玕一，致问春君，幸毋相忘。汉简椟[牍]遗文，丙辰冬至月，征圣仁兄属，姚华。印章：姚。【图53b】

铜盒一：诸将为乱□露希到降□复别表虽首顿首。汉晋简椟遗文，此由隶变而为章草，又以章草合变而为此，其笔势十九犹隶法。由此推求，便知淳化以后诸家套帖，展[辗]转摹拟，百无一真。此今人眼福也。为征圣兄临并记。姚华。【图53c】

铜盒二：四体既正，肤革充盈，人之肥也。父子笃，兄弟睦，夫妇和，家之肥也。大臣法，小臣廉，官职相序，君臣相正，国之肥也。仓亭先生雅鉴，征圣刻赠。茫父书。【图53d】

按：此四件作品皆独立署款，临古并作释文，精彩难得。惜上款人征圣仁兄与仓亭先生皆不可考。

---

[10] 见《莲花盦写铜》，第87页。

[11]《今器款识拓片册》，姚府收藏。

a

b

图 49　为文彦生节录《庄子·寓言》铜镇拓本

图 50　写古人诗意铜盒一对拓本

姚鋆先生题此铜盒一【图53c】云："书法的发展，当于此等处体会。传世诸帖，多为后人摹失，但若能从金石简牍中窥其原貌，则古今之变，亦可以参透过半了。"【图53e】

又在题跋铜镇一【图53a】时补充写道："此刻亦为由隶变楷的一例，与前'诸将为乱'一简可并参看。王羲之《兰亭序》原貌当如此。王之所以为书圣，正因他是由隶变楷最有创造性的第一书家耳。"[12]【图53f】

是年，为尊吾兄写老干梅花铜盒：

拗折铜坑玉一枝，江南春赠陇头时。到来已是尘沙劫，赋得瑶华欲寄谁？茫父。

尊吾兄属，姚华写梅。

以草法运篆势为寒梅写照，适称古秀。刻竟，过同古堂补题。茫父。

张寿丞刻。印章：姚。华。寿臣。【图54】

按：尊吾即贵州聂树楷（1864—1942），字尊吾，号得庵，晚年以左耳聋，因号聱园。贵州遵义府务川县人。光绪二十年（1894）举人，次年入京会试时，参与"公车上书"，支持维新变法，后归里设馆授徒，1903年在思南坐馆，后应黎平知府之聘前往协助创办新式学堂。1908年赴兴义协助办学。辛亥革命后委为兴义县知事，政声颇著。民国五年（1916）任省署秘书长，为省长刘显世所特识。历任贵州省法政专门学校专任教员，省立高中、南明中学、导文中学、贵阳女子师范等校教职，曾任省长公署秘书长。擅书法，工诗文。参与编纂《民国贵州通志》《兴义县志》。著有《黔贤事略》《聱园诗剩》《聱园词剩》等，稿本今藏贵州省图书馆。

姚鋆先生题此作云："以草法运篆势为寒梅写照，但若不以刀笔刻出，亦难得其趣。先君过同古堂，喜而补题，兴奋之状，今日尚得想像也。"[13]

为百应兄写苍松铜盒：

百应兄属，姚华。【图55】

---

[12] 两条题跋均录自《莲花盦遗墨》册页，姚府珍藏。

[13] 姚鋆跋《莲花盦遗墨》册页，姚府珍藏。

a

b

图 51 写古人诗意铜盒一对拓本

图 52 楷书《二十四诗品》
集句十六言铜盒拓本

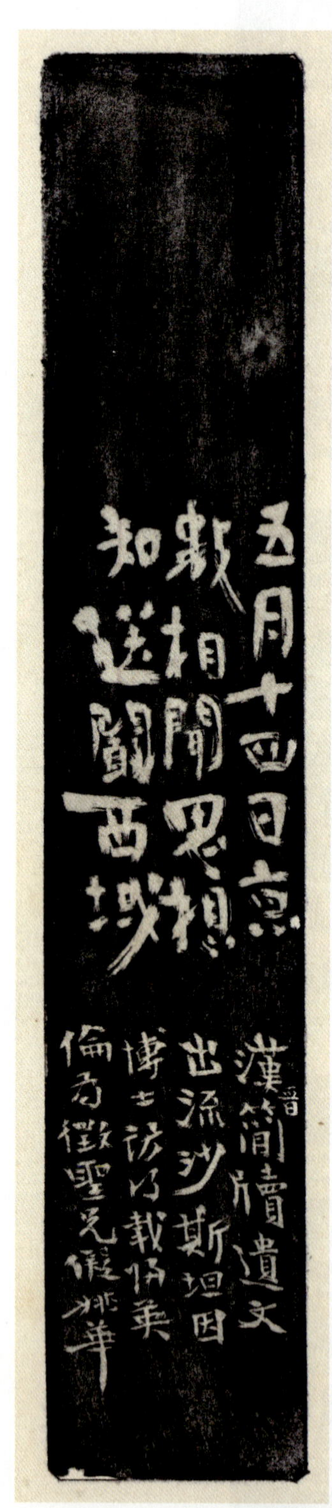

a　b

图 53　节录汉晋简牍遗文铜镇尺一对与铜盒两只拓本及姚鋻题跋

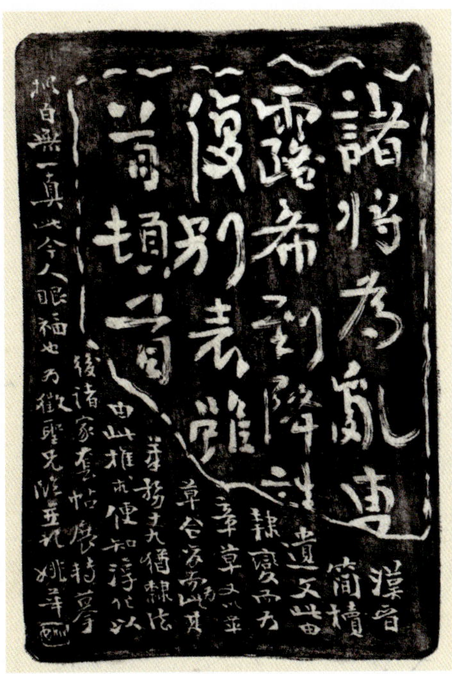

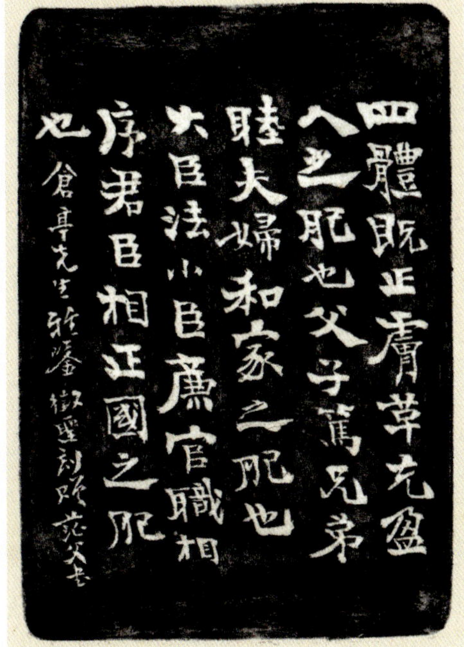

c d

书法的发展，当于此等处体会。传世诸帖，多为后人摹失，但若能从金石简椟中窥其原貌，则古今之变亦可以参透过半了。

坚 一九八〇，十二，十。

此刻亦为由隶变楷的一例，与前"诸将为乱"一简可并参看。王羲之"兰亭序"原貌当如此。王之所以为书圣，正因他是由隶变楷最有创造性的第一书家耳。

坚 一九八〇，十二，十

e f

按：“百应”，无考。此件铜盒亦用草法，虬枝老干，剑叶苍藤，虽只黑白二色，如见墨气淋漓。

为占五楷书铜盒两件：

谷神不死，是谓玄牝；玄牝之门，为天地根。绵绵若存，用之不勤。茫父书。级秋世兄雅玩，占五制于京都。【图56a】

不出户知天下，不窥牖见天道，其出弥少，其知弥远。哲宣表侄雅玩。占五制于京师。【图56b】

按：此两件铜盒，一件属“茫父书”款，另一件则没有署款，但都出自茫父亲订拓本集《今器款识》，为茫父手书、同古堂张寿丞操刀无疑。“占五”无考，或与茫父无交游，从行文可知他从外地到北京，特意在同古堂定制了这两件铜盒，作为礼物分赠晚辈，一件给“级秋世兄”，另一件给“哲宣表侄”。可以想见，当时京师铜墨盒已经成为外地人喜爱的伴手礼。

楷书铜盒一对，无上款：

天地无全功，圣人无全能。列子。茫父书。【图57a】

民有余即让，不足则争。让则礼生，争则暴乱起。淮南子·齐俗训。姚华。【图57b】

按：此两件拓本亦出自茫父亲订本《今器款识》，有茫父署款，且预留了题写上款人的位置，应该是为同古堂书写的“商品”。

写铜镇三对，其一、二均为兽首衔环图案，其三为梅菊斗艳【图58】：

其一：琥。白玉，满身土斑。关中出土，吴窓斋藏。《说文》：“琥，发兵瑞玉，为虎文。”《春秋传》曰：“赐子家子双琥”是。郑注《周礼》：“琥，猛象秋严。”茫父。印章：姚。琥，虎文玉也；珑，龙文玉也。所以祷旱。珑琥，字堪为偶。【图58a】

其二：兽首衔环，茫父所作。印章：姚。茫。【图58b】

按：铜镇实物现藏于贵州省博物馆，无年款，据书法风格归于是年。铜镇

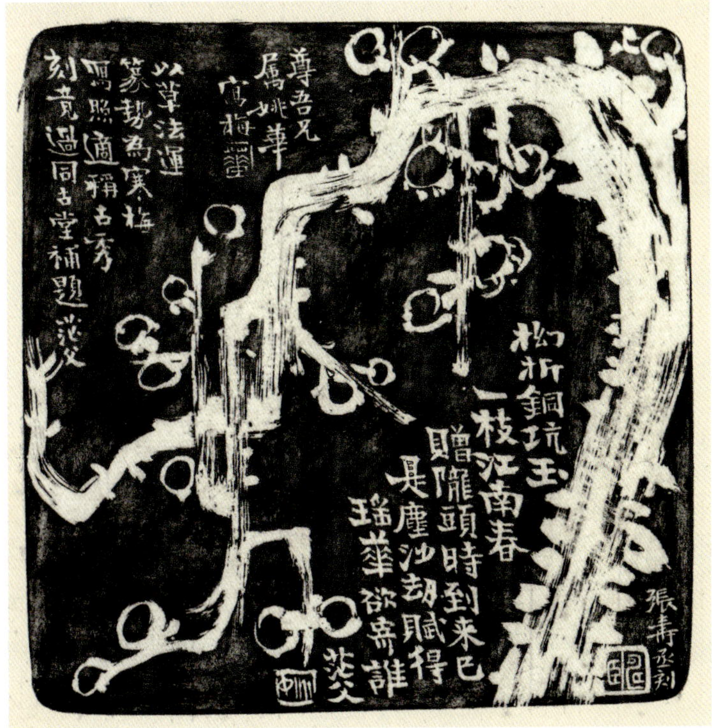

图 54 写老干梅花铜盒拓本

图 55 写苍松铜盒拓本

拓本皆出自茫父亲订本《今器款识》，有可能是一对铜镇的正反面，也可能是两对不同的铜镇，未见实物，故无从判定。

是年，以颖拓法写埃及刻石造像制铜盒一对，请同古堂张寿丞刻成：

佉卢文字如仓颉，埃及当年亦象形。滂喜门人徒考释，只知鸟兽认台亭。题海西古刻并拟其本，茫父。【图59a】

景教云微梵篆衰，海西雕刻亦恢奇。汗牛百石量投报，未称陈家汉画碑。佉卢文字如仓颉，埃及当年亦象形。滂喜门人徒考释，聚讼何从辨一丁。茫父写并题。【图59b】

按：茫父先生涉猎极广，不仅稔熟中国传统金石文字，而且对埃及古代刻石亦颇有关注。这些刻石或拓本大都源自端方旧藏，在邓见宽整理的《茫父颖拓》（贵州人民出版社，2008）一书第45和46页，收录两件茫父颖拓端方旧藏埃及五千年古刻拓本，分别作于1908和1909年，这是目前所知茫父最早接触埃及古刻。

这两个铜盒实物不知所终，幸有拓本留存，可窥莲花盦写铜题材之广。铜盒均无上款，推测最初应是茫父自己赏玩之物。文字与颖拓图案相得益彰，凸显金石味道。

大约是年，置铜盒一对，写《诗经·国风·召南》诗句及诗序：

采苹，大夫妻能循法度也。能循法度，则可以承先祖、共祭祀矣。

于以采苹？南涧之滨。于以采藻？于彼行潦。于以盛之？维筐及筥。于以湘之？维锜及釜。于以奠之？宗室牖下。谁其尸之？有齐季女。

印章：诗教也。茫父书。【图60】

大约是年，写铜镇单尺两只，分赠叔华、炎午：

炎午兄属，茫父。印章：芒。

落叶多惊雨，明河半隔云。谢茂秦句，叔华兄属，姚华。印章：姚。【图61】

a b

图 56 楷书铜盒两件拓本

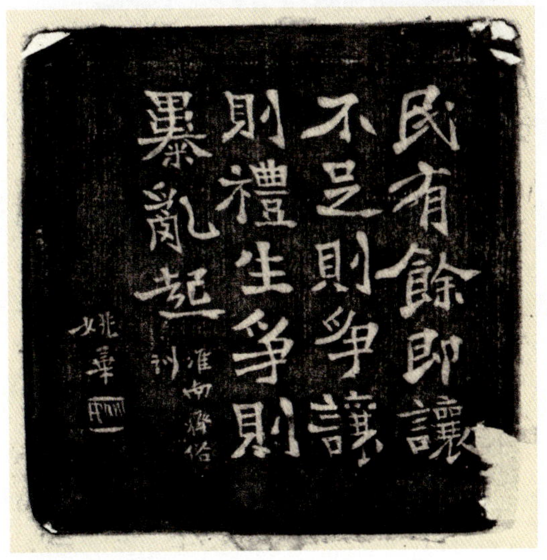

a b

图 57 楷书铜盒一对拓本

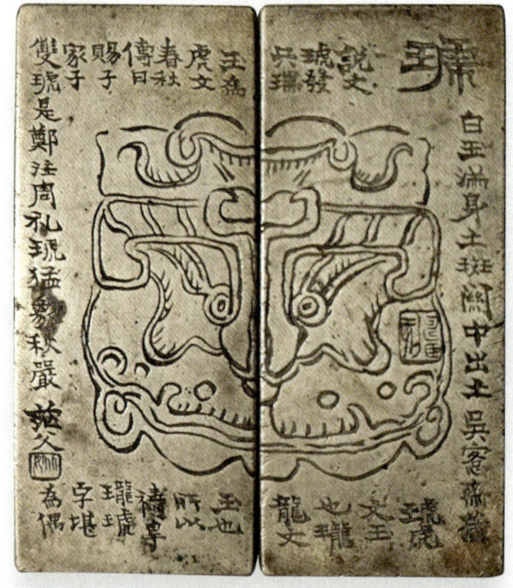

a

c

b

图 58　写铜镇三对实物及拓本

a

b

图 59　以颖拓法写埃及刻石造像铜盒一对拓本

按：炎午或是赵恒惕（1880—1971），字炎午，湖南湘潭（一作衡山）人。清光绪三十年（1904）被选送日本陆军士官学校，次年加入同盟会。宣统元年回国，受蔡锷邀往广西督炼新军。参加辛亥革命反清和“二次革命”讨袁。1916年任湖南第一师师长，1920年任湖南督军及湘军总司令。1921年任湖南省临时省长，次年公布省宪法，任省长。抗战期间任湖南省临时参议会议长。1949年渡台，曾任总统府资政。能诗，辑入《南平诗社初集》等。赵炎午与茫父先生同期留学日本，与梁启超、蔡锷等相熟，1916年前后曾到北京，此镇很可能作于是年。

约在是年，写《秋山读易图》铜盒，今可见实物与拓本各一。【图62】

按：两件作品构图相类，图63a亦为同一题材。画工之精粗略有差异，相比而言，拓本构图与线条更为柔顺，但实物则更有一种萧瑟零落的深秋气息，并且从实物亦可窥铜师刀工之精湛爽利。

约在同期，为芷泉写铜盒及铜镇：

芷泉仁兄雅属，芒芒父写。印章：姚。【图63a】

秋竹隐疏华。芷泉仁兄雅属，茫茫父写。印章：芒父。【图63b】

按：芷泉应是茫父先生司法界同事吴源（1876—1933）字芷泉，一字芷潜，原名养源。浙江义乌人。少时师事楼炳文习经史，应县试得第一名。光绪廿六年（1900）补博士弟子员，次年以高等补增生。后清廷下诏废科举、兴学堂，出资在村中创办本县最早新式学堂——民义学堂，并自任教员。不久考入国立京师法政学堂，宣统元年举优贡，次年于法政学堂毕业。辛亥革命后，入临时政府司法部任主事、佥事、刑事司司长等职，兼司法储才馆教席。1927年辞职返乡，闭门著述。富藏书，蓄碑帖拓本四千余纸。

约在同期，写梅花铜镇。【图64】

是年，好友陈师曾写菊铜盒，先生题句：

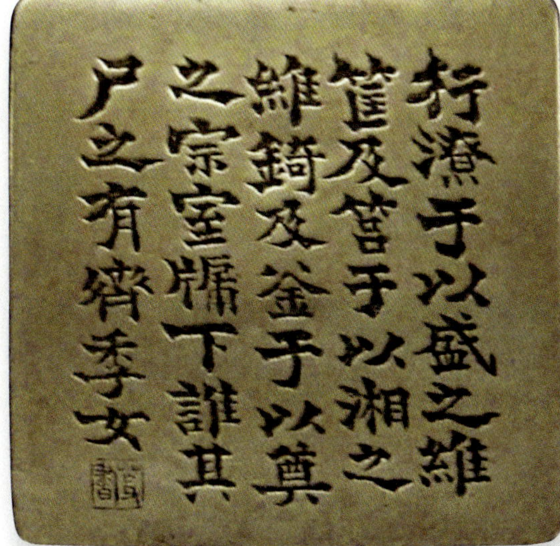

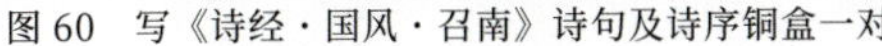
图 60 写《诗经・国风・召南》诗句及诗序铜盒一对

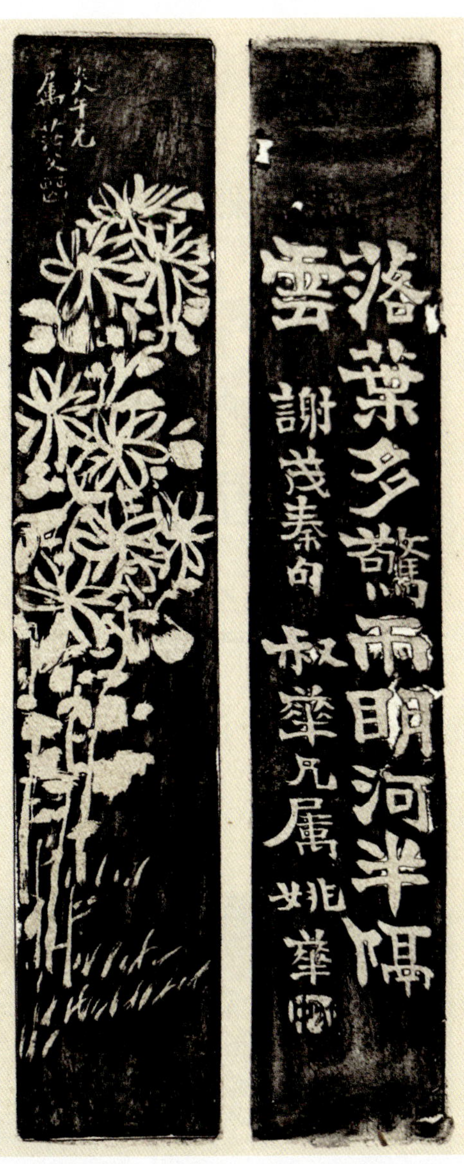

图 61 写铜镇单尺两只拓本

图 62　写《秋山读易图》铜盒

图 63a　为芷泉写铜盒拓本

图 63b 为芷泉写铜镇拓本

图 64 写梅花铜镇拓本

槐堂好古耽金石，治篆攻坚今最名。纵笔为花更奇绝，如将史籀化渊明。[14]

师曾又一器写梅，先生题云：

槐堂缩本梅花幅，宜写吉金作研铭。更喜疏枝兼隐秀，雪窗长伴夜灯青。临风清兴想临池，千树西湖冻折枝。莫怨香悭添秀句，金壶弥漫贮多思。梳洗看河笔有锋，折梅应自辟蛟龙。定庵诗称槐堂画，篆作伟词予取熔。

先生在《题画一得·二笔》中又云："此器原题'折梅不畏蛟龙奋'，是清龚自珍（定庵）句，故'梳洗看河'亦使定庵事。偶检得旧稿，以类记之。"[15]

[14] 姚华：《题画一得·二笔》，刊于《艺林旬刊》第四期，转引自贵州文史丛刊编辑部编：《贵州文史丛刊》，贵州人民出版社，1983年合订本，第755页。原文："师曾铜画，余数数题之。其一刻写菊，题云：'槐堂好古耽金石，治篆攻坚今最名。纵笔为花更奇绝，如将史籀化渊明。'此题，师曾未逝时曾及见之，颇称双管俱下，不作寻常题句也。事在丙辰，今逾一纪矣。"

[15] 姚华：《题画一得·二笔》，刊于《艺林旬刊》第四期，转引自贵州文史丛刊编辑部编：《贵州文史丛刊》，贵州人民出版社，1983年合订本，第755页。

民国六年

1917

丁巳

四十二岁

三月，门人王文华电轮以贵州督军代表身份到北京出席“督军团会议”，期间乞先生为写铜盒。时先生方得始皇廿六年量诏全拓本，欣喜无量，居家考释临写数本，因录诏版全文及考释文字数十言，由同古堂刻铜师孙不疑刻成，赠奉文华业师熊范舆先生：

始皇廿六年诏版文。丁巳三月文华刻奉铁师。姚华临写。

量诏不一，刻最多者，《始皇廿六年诏》及《二世元年诏》耳。予曾见龚景张有一方量，是十八年大良造鞅所作，秦量之奇品也。刻笔之极远者，莫如龟甲文字，其清刚精到，均绝后人学步。无它，事不习也。秦诏刻便如龟甲，有其清刚，而行之以恣肆，别是一绝。要皆可以至证者也。

秦诏刻权量间者，颇为世重，与三代吉金等贵。此是邈法篆势初解散者，又刻款始变铸字，后世石刻如开通褒斜摩崖，便祖此矣。茫父记。

同古堂制铜师孙不疑。印章：芒。芒父。芒父。孙。

又在诏文“丞”字左侧小字加注：

此丞字奇，以缪篆结法。【图65a】

按：这是王文华赠送其老师熊范舆的特制铜盒。果严即王文华，前已述及。铁师即熊范舆（1878—1920），字承之，一字继先、君绪、铁崖，也做铁岩，贵州贵阳人。是茫父先生经世学堂同学，1902年与茫父同去兴义笔山书院执教。光绪三十年（1904）进士，后官费留学日本早稻田大学，与杨度组织宪政讲习会，任会长。回国后历任北洋法政学堂监督、天津知县、云南知府等职。民国成立后任贵州都督府总务厅长，后派往云南调查财政，1913年遭弹劾辞官。1915年任中国银行贵州省分行主任、省署秘书长，1920年11月11日因军阀派系斗争被杀害。

茫父先生于是年闰二月得秦始皇二十六年量诏全拓本，居家临写、考释，并赋《始皇廿六年四字范残量诏歌》长诗近千言【图65b】，详考始皇量诏历代递藏情况，其中有句：“秦皇大略令人起，相斯制作今炳煌。”其小注云：“后人诋秦法，而十九由之。郡县之制有功后世最巨也。”是对秦始皇较为客观公允之评。书成长卷，集考证、释文、诗颂于一，集篆、隶、楷书于一。先生推重量

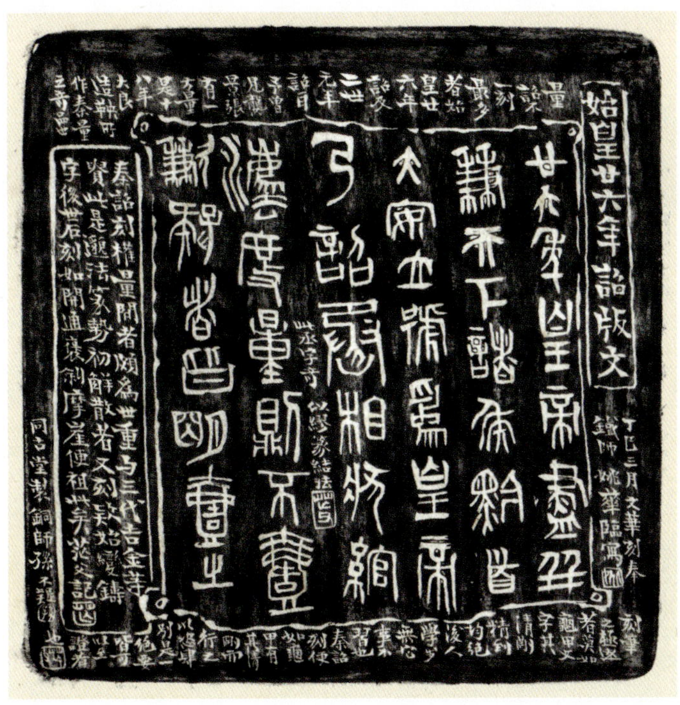

图 65a 考释秦始皇廿六年量诏铜盒拓本

图 65b 为陈师曾录考释秦瓦量诏诗文扇

诏书法，三四年间又多次于册页、扇面临写、题跋。[1]

四月三日，展上巳，为九如学长写心清入定图铜盒：

心清入定。九如学长属为写冬心佛，以意拟之，不嫌无本耶。此真我心中之佛也。丁巳展上巳日，弗堂并记。

印章：姚华。小冬心佛。【图66】

按："九如学长"，无考。比较可能的推测，是同为国会参议院议员的奚臻（1877—1953），字九如，江苏武进循理（今常州小新桥史墅）人，晚清末科秀才。历任武进农会会长、水利局长、江苏省参议员、江苏省农会会长等职，后筹设创办厚生制造机器厂，厂名源出辛亥革命口号"通商惠工、厚生利用、国基永奠"句，占地十余亩，在沪宁沿线鲜有其匹。此即常州柴油机厂的前身。1949年追随国民党去台。

"展上巳"为每年农历之四月三日。此盒意写金冬心佛造像，得其大略。冬心即金农（1687—1763）字寿门、司农等，号冬心先生、稽留山民，浙江钱塘人。清代书画家，"扬州八怪"之首。金农虽博学多才，却一生坎坷。他应试未中，遂周游各地，晚寓扬州，卖书画自给。其工于诗文书画，并精于鉴别。书法创扁笔书体"漆书"，兼有楷、隶体势。金冬心喜造佛像，茫父写佛参其意，此铜盒及本书所载图86、图157、图213所示作品皆为实证。

四月，楷书节录《道德经》句制铜盒一组：

谷神不死，是谓玄牝。玄牝之门，是谓天地根。绵绵若存，用之不勤。丁巳四月，茫父。印章，姚，感灵妫以受姓，上玄，茫父所作。【图67a】

天地不仁，以万物为刍狗，圣人不仁，以百姓为刍狗。天地之间，其犹橐籥乎？印章：芒。【图67b】

虚而不屈，动而愈出，多言数穷，不如守中。茫父。印章：姚。【图67c】

[1]《始皇廿六年四字范残量诏歌》长诗见《弗堂类稿》"诗乙"，第四页；图见《姚茫父书法集》，第56-57页。

图 66 为九如学长写心清入定图铜盒拓本

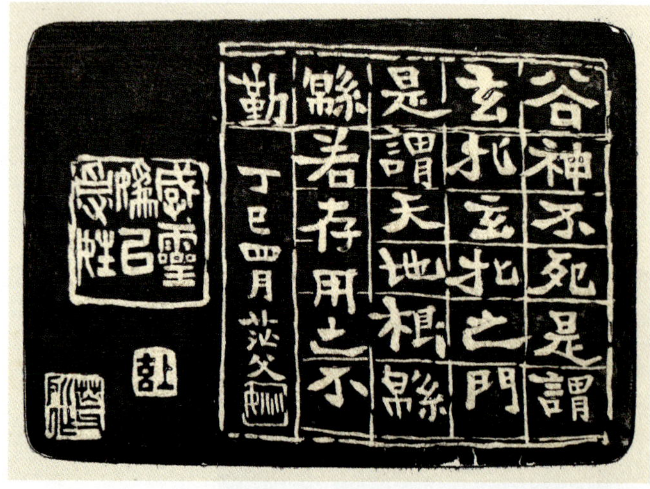

a

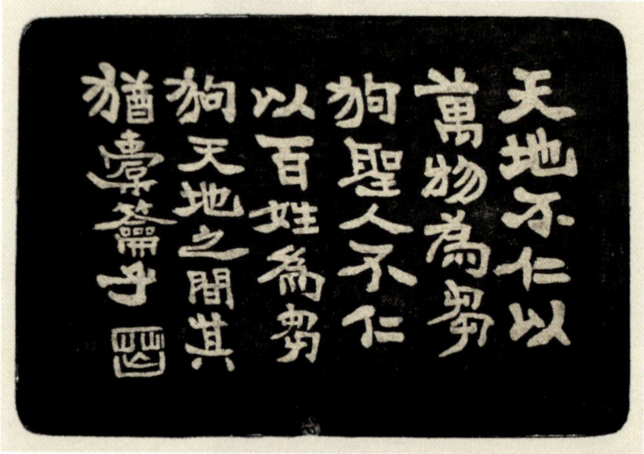

b

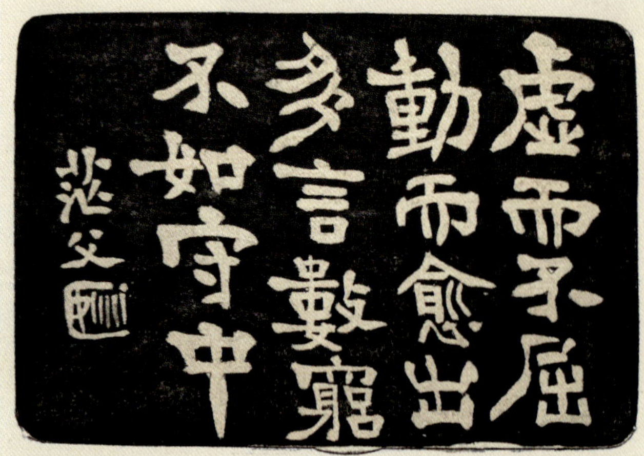

c

图 67　楷书节录《道德经》铜盒一组拓本

五月，为国会参议院贵州省议员黄元操写铜盒，录近作《都门杂诗》十二首并序及续作六首[2]**：**

都门杂诗并序，尧承仁兄教。姚华茫父近草。

六年五月廿四日纪事之作也。浮生半日，战史千秋。庾兰成之赋枯树，人何以堪；杜子美之吟北征，事与古别。欲资稗乘，聊记琐言，途说道听，所闻多市井之词；形赠影答，其意在文字以外。得失之数，又何知焉！

十日龙池已成虚，惊雷梦里事何如？疑闻爆竹迎朝旭，细把榴花认岁除。

仓皇未暇南郊议，万马环丘列幕平。阊阖初开成巷战，不曾石破只天惊。

何人残墨记金銮，逊国重闻走木兰。寂寞大清门外路，南池昨夜会千官。

千金几日募生头，棋局欣从一劫收。无奈金吾有途禁，闭门数数看吴钩。

晨炊潦草爨烟残，破阵初歌曲未阑。已战城南战城北，东隅列壁万人观。

飞将航空似木鸢，神京四望总堪怜。烈日炙人能下石，乘风御寇意泠然。

渊渊鸣鼓出师门，京邑途穷日易昏。霸业不成郿坞失，徐方路断阻归魂。

浮尸血泊日争殷，跋扈将军甲尚擐。词客草间偷活去，顾荣羽扇尽萧闲。

百忧相续启顽嚣，厄运蛇年是否真？回首庚壬逢鼠窃，间阎今又备羌人。

剧战何容众土欢，长天弹雨射金丸。行间能识鞶缨贵，死胜沙场尚盖棺。

胜算应成一鼓擒，军声急处转销沉。已闻清昼风前报，长剩颓垣战后寻。

[2]原盒下落不明，拓本著录于《莲花盦写铜》，第68页。诗见《弗堂类稿》“诗甲一”，第二页。

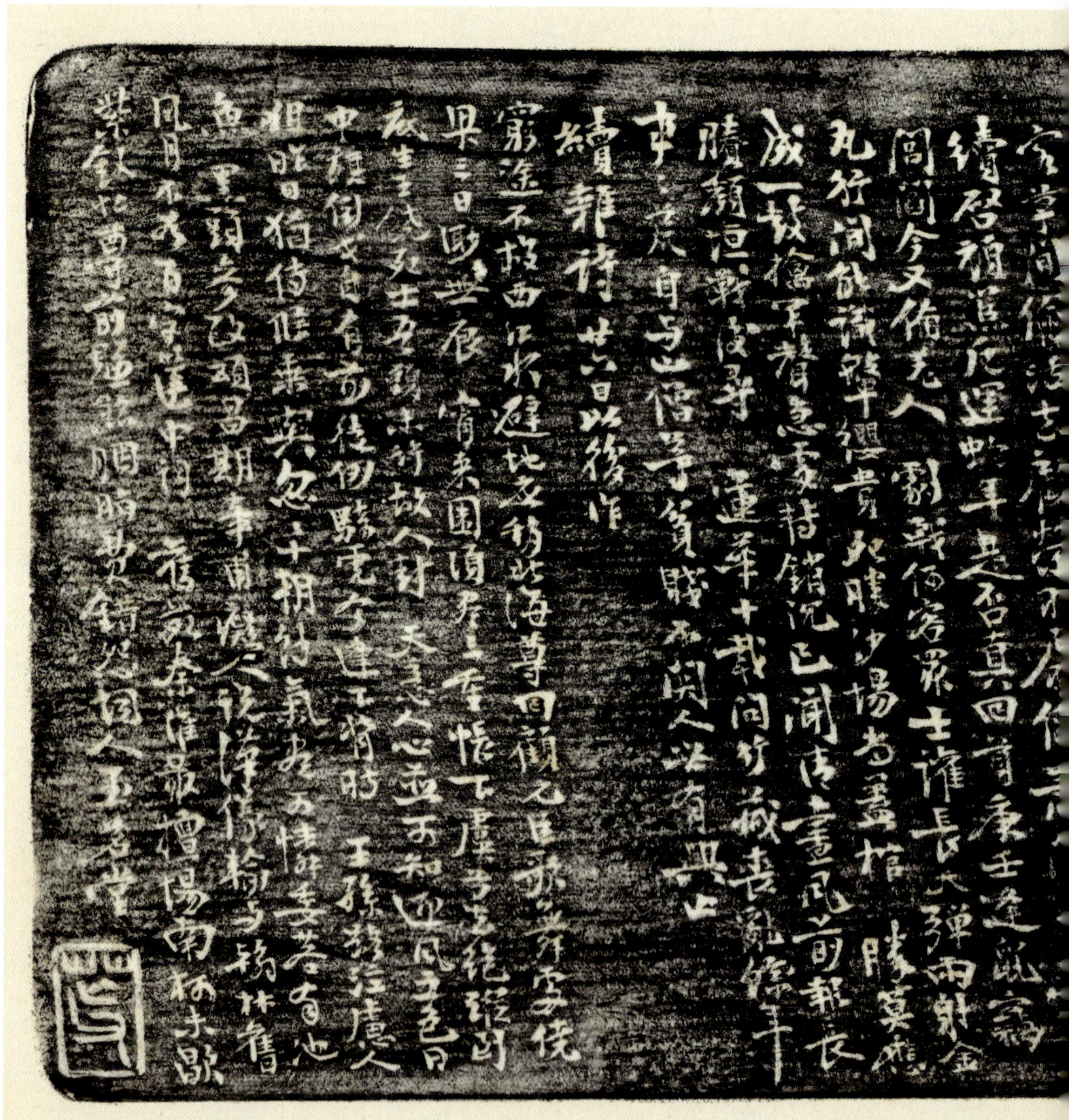

图 68　为尧承写《都门杂诗》铜盒拓本

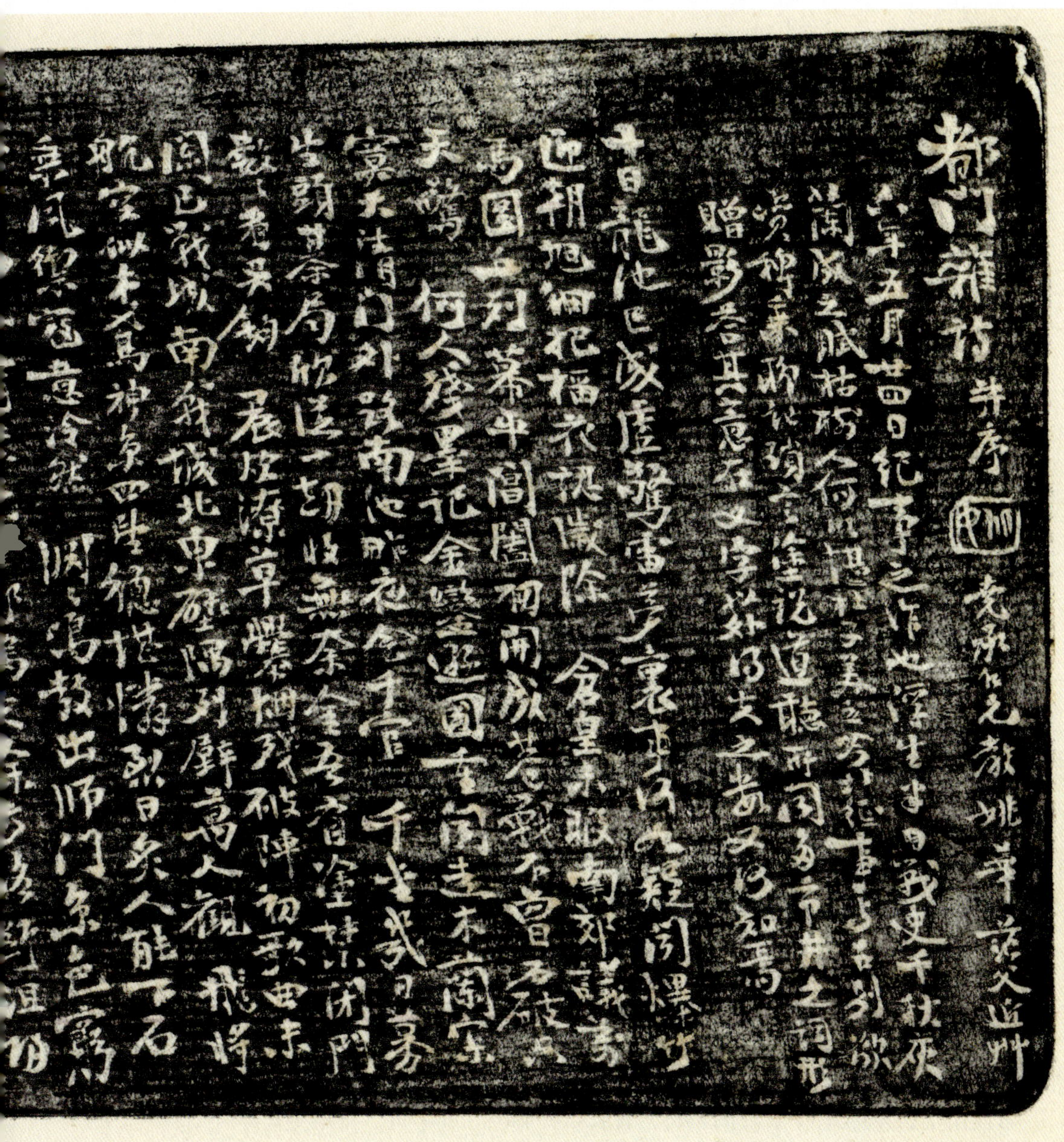

莲华十载问行藏，丧乱余年事事荒。自与山僧等贫贱，不关人世有兴亡。

续杂诗，廿六日以后作。

穷途不救西江水，避地应移北海樽。回顾元臣歌舞处，绕梁三日渺无痕。

宵来围项尽三重，帐下虞兮去绝踪。到底生王饶死士，吾头未许故人封。

天意人心并可知，迎风五色日中旗。倒戈自有前徒例，骑虎今逢下背时。

王孙路泣虑人狙，昨日犹传候乘舆。忽忽十朝余气尽，可怜委巷有池鱼。

黑头参政颂昌期，章甫痴人说汉仪。输与翰林旧风月，不如百字箧中词。

旧院秦淮最擅场，南柯未歇紫钗忙。樽前赚煞胭脂费，错怨词人玉茗堂。【图68】

按：尧承即黄元操（1875—1951），字尧承，也用尧臣，别号拙归园主，贵州安顺人。幼时家境贫寒，在其叔父的教诲下，以文章、诗词、书法见长，考为拔贡。严修主持贵州学政时，与茫父先生一同考入经世学堂，成为同学。曾先后担任劝学所总董、贵州省禁烟兼选举委员会委员，入民国后当选参议院议员，曾任中国银行贵州分行行长、续修安顺府志局局长等职。对安顺地方教育与贵州省金融业做出贡献。

是年五月十三日（7月1日），军阀张勋宣布拥立宣统皇帝溥仪复辟，恢复旧制。十五日，在梁启超游说下，段祺瑞在天津马厂誓师，自任“讨逆军总司令”，宣读由梁启超起草的《讨逆宣言》，起兵讨伐张勋。二十日，讨逆大军开始攻打东华门，张勋避走荷兰公使馆，二十四日战斗结束，复辟闹剧流产，前后历时十二天。[3]

先生有感于连年军阀战乱给人民带来的灾难，二十二日作《都门感事诗》

[3] 参见冯学荣：《亲历北洋从共和到内战（1912—1928）》，中国工人出版社，2014年，第168-169页。

五言古体一百零四韵一千四百余言，首句即云：“一姓不再兴，况乃中兴后。寂历举前史，帝业谁能久。”接着历数自周以来历代王朝更迭，指出：“云南尤可哀，痛史无前有。帝业只如此，故常胡可狃？”旨在提醒妄想复辟帝制者，不要贪图帝业，应顺应社会潮流，走共和道路。[4]二十四日，又作《丁巳都门杂诗十二首》感怀，即此铜盒上所录者。其题记云：“六年五月廿四日纪事之作也。浮生半日，战史千秋。庾兰成之赋枯树，人何以堪；杜子美之吟北征，事与古别。欲资稗乘，聊记琐言，途说道听，所闻多市井之辞，形赠影答，其意在文字之外。得失之数，又何知焉！”二十六日后，又陆续做《续杂诗十二首》，此铜盒因空间所限仅录其一、二、三、四、七、九，计六首。诗人有感而发，一咏再咏，对军阀复辟倒行逆施痛加鞭策。[5]

六月，方立之于天坛拾得反张勋复辟之战所遗留之上海制造局七生五弹壳，大如钉头，请先生作铭其上以为笔筒之用，由张寿丞刻成[6]：

笔篃（同筒）铭并序

立之得弹壳于天坛，铜也，大如钉头，以为笔筒，属铭。

年厄于虵（蛇），帝亡其家，群龙斗野，一鳞沉沙。时雨洗甲，剥金生华。管城森张，朵颐谽呀。今号墨卿，昔谥镆铘。如刀为镜，如蚕为蝦。既偃既修，天耶人耶。刊铭示后，等辨铜牙。

惟六年丁巳六月，贵筑姚华作铭并书，铜师张寿承。【图69】

按：铜师张寿承即张寿丞。方立之前文已及。这件刻铜作品极为特殊，所谓“上海制造局七生五弹壳”，正是此前不久发生的“张勋复辟”闹剧留下的遗物，方立之拾取此弹壳旨在铭记历史。“七生五”是炮弹型号，指弹壳的口径，“生”是英文厘米centimeter的音译，“七生五”即7.5厘米口径，其大小正好可以用作笔筒。于是方立之请姻亲好友姚茫父先生书铭文，又请同古堂铜师张寿丞刻成，就成为一件独具纪念意义的实用艺术品。

姚鋆先生在此拓本旁有跋语：“此笔筒铭拓本是方君景堪拓赠者。景堪不幸

[4] 《姚华诗选》，第61-66页。

[5] 《弗堂类稿》，“诗甲一”，第一至第五页。

[6] 原物不知所终，拓本藏姚府。按：七生五之“生”字，为英文厘米的音译，即7.5厘米口径的弹壳。

早折，今日睹此不免恋念情深。回忆当年朝夕过从时，景堪正在少年读高中时也。”[7]“方君景堪”即方立之的公子，高中毕业后考入北平大学法律专业，时在1935年前后。从姚鋆跋语可知，方、姚两家关系密切，子弟朝夕过从。可惜方景堪英年早逝，事迹不彰。

大约同期，节录荀子语为馀春铭铜盒：

口可劫而使墨云；行可劫而使诎申；心不可劫而使易意。

荀子语，铭馀春墨藏。姚华。【图70】

按：“馀春”无考。铜盒文字出自《荀子·解蔽》，原文：“心者，形之君也，而神明之主也，出令而无所受令。自禁也，自使也，自夺也，自取也，自行也，自止也。故口可劫而使墨云，形可劫而使诎申，心不可劫而使易意。是之则受，非之则辞。”

十月，内侄罗半山自隆化来函为其尊人罗灿五求画，半山乃先生早年及门弟子，其子承侨后亦为弗堂弟子。特订制铜屏，先生欣然命笔为写细密山水并录内兄灿五旧作一绝，尺幅阔大，美轮美奂，由同古堂张寿丞刻成[8]：

恍恍惚惚光阴速，于今又是六十六。燕京万里也来游，宇宙河山一画幅。甲寅夏五，灿五氏题于都门。

灿五大兄携孙承侨来游京师，归又三年矣。嗣君半山大令以书并尊甫旧作至自隆化，属为写图。承侨遂冶铜以请，因欣然把笔，图竟并记。丁巳阳月，姚华。

印章：茫父。罗氏家献。张寿丞刻。【图71】

按：此件铜屏尺幅阔大，画面细密，繁而不乱，颇具经营布置之匠心，是同古堂铜师张寿丞成熟期之代表作品，具有民国铜刻文房的代表意义。茫父先生在1917年前后创作多幅山水作品，大都尺幅较大，今选其中一件小品，正可

[7] 两条题跋均录自《莲花盦遗墨》册页，姚府珍藏。

[8] 原盒下落不明，有拓本存世。

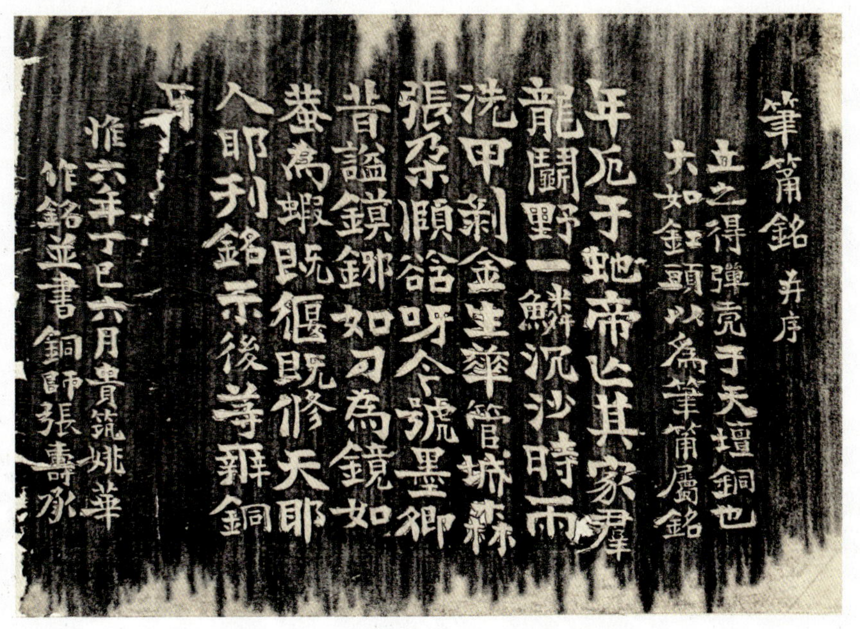

图 69　为方立之藏七生五弹壳作铭并书拓本

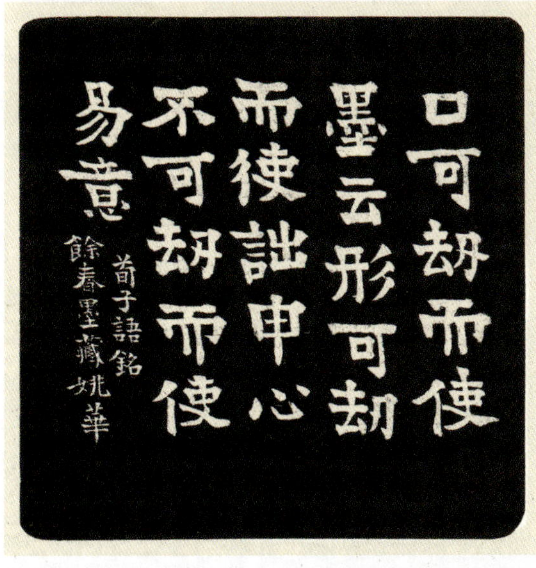

图 70　节录荀子语铜盒拓本

图 71　为罗灿五写山水铜屏拓本

恍々惚々
光陰
迭於今
又是

与此铜屏对照，尺幅虽小，格局很大。[9]

同期，为内侄罗璞山制铜镇，摹李清照易安印及考释文字，由同古堂张寿丞刻成：

易安。绿松，是磁印，非绿松也。寒斋所藏《石查印集》有此印，宋李清照号易安居士，殆其印也。茫父。璞山镇纸，承侨监制。

印章：老芒。寿臣刻。我思古人。宋印。【图72】

按：胡石查（1831—1902），名义赞，字叔襄，号石槎，又用石查，晚号烟视翁。河南光州（今光山）人。同治十二年（1873）举人，官海宁同知。精鉴别，富藏金石书画，长金石考证之学，蓄泉币多希品，考证精确，与鲍臆园（康）抗衡。行楷、山水皆学董其昌，清润淹雅，格调不俗，题识亦佳。刻印宗秦汉，收藏书画、金石甚富，辑有《石查印集》。《广印人传》有记：“罗璞山，名国成，字璞山，生卒不详。茫父内兄罗灿五长子，罗半山长兄。”

同期，为内侄孙罗承侨制铜镇，摹古陶文“高君”二字并考释之，由同古堂张寿丞刻成：

高君。高君匋量，王文敏公故物，今归山斋。

高君量铭“高君”二字，极古秀遒丽之致。高字起势，正与石门颂笔法相似。为惠伯橅之。茫父并记。

印章：姚。茫父。【图73】

按：从形制推测，这应是一件小手镇，实物今归山东藏家牟先生。“高君”二字是陶量残存之铭。从茫父跋语可知，此陶量原为王懿荣故物，后被茫父收入莲花盦“山斋”中。陶量即陶制量器。王懿荣（1845—1900），字正孺，又字廉生、莲生，晚号养潜居士，《清史稿》有传，谥文敏。晚清一流学者、金石学家，因首先发现甲骨文而被称为“甲骨之父”，在庚子国难中以身殉国。

罗承侨，字惠伯，贵州人，生卒不详。是罗半山子，茫父内侄孙，1915年

---

[9] 作品见北京诚轩2012秋季艺术品拍卖会，第004号拍品，尺寸为27厘米×33.5厘米，以3.22万元成交。

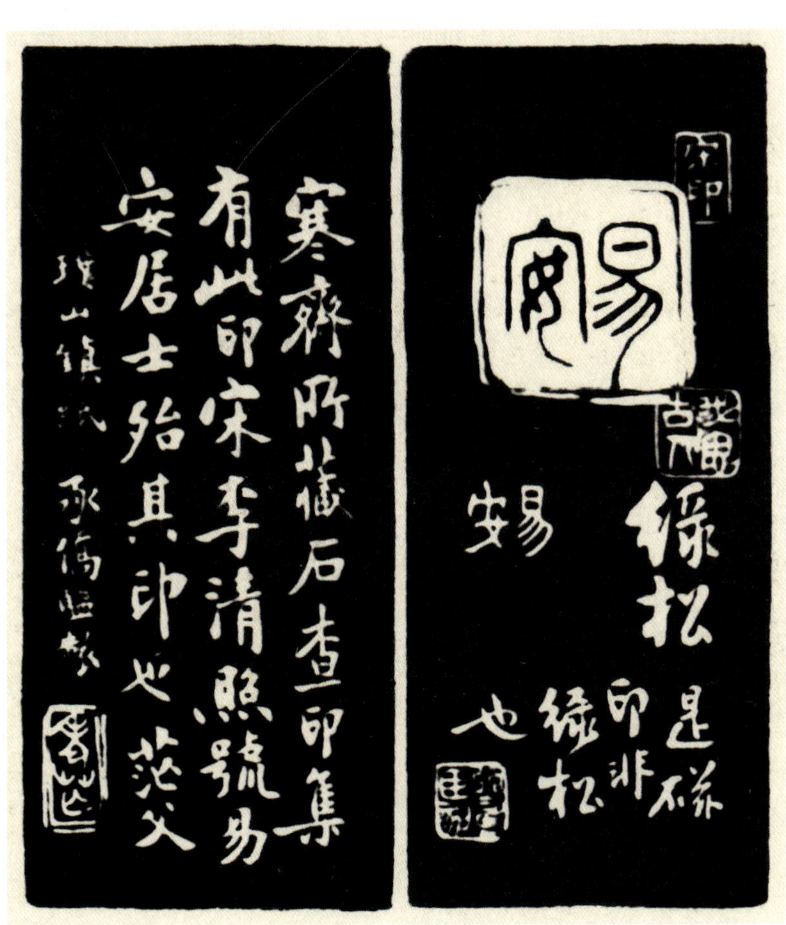

图 72 为罗璞山摹古印铜镇拓本

随祖父罗灿五到北京，一度寓居莲花寺中。后留在北京求学，期间与郑天挺等人每周往莲花寺弗堂听茫父讲学，也是弗堂弟子。后从政，曾任贵州水城县县长。1941年贵阳设市，出任市政府参事，并出席第一次市政会议，后调任荐任秘书。

十一月九日，冬至，为长子姚鋈的同学好友黄宝初写铜盒及铜镇。铜盒释文[10]：

大道弟子、天下都元帅、尚父、守中书令、吴越国王钱镠，年七十七岁，二月十六日生。自统制山河，主临吴越，民安俗阜，道泰时康，市物平和，遐尔清宴。仰自苍昊降佑，大道垂恩。今特诣洞府名山，遍投龙简，恭陈醮谢，上答玄恩，伏愿年年无水旱之州，岁岁有农桑之乐。兼乞镠壬申行年，四时履历，寿龄遐远，眼目光明，家国兴隆，子孙繁盛，志祈玄祝，允协投诚。谨诣太湖水府，金龙驿传。于吴越国苏州府吴县洞庭乡王梁里太湖水府告文。

宝正三年岁在戊子三月壬申投。

吴越投龙玉简与银简先后出太湖中。银简久传于艺林，此简仅《铁桥金石跋尾》一见其名。丁巳冬至为宝初临，姚华。【图74a】

铜镇释文：

毋不敬，俨若思，安定辞，安民哉。宝初属，姚华。【图74b】

按：宝初即黄国华（1894—1985），字宝初，号公晋，祖籍广东梅县，生于台湾新竹。小学毕业后随家人到日本，1914年毕业于日本爱知中学，后考入东京帝国大学农学部，1918年毕业于蚕桑科。与茫父先生长子姚鋈同学，过从甚密，在姚鋈影响下，同返贵州发展教育及蚕桑事业，曾执教于贵州省立农业学校，兼任垦殖局顾问。1920年转到广州中山大学农学院，后考取赴法勤工俭学，先入里昂大学，终考入德国柏林中央研究院，获森林学博士学位。归国后受聘于南京东南大学农学院，任蚕桑系主任兼农场场长。抗战爆发后，再到贵阳，任教于中央大学实验学校（后更名国立第十四中学）。抗战

[10]《莲花盦写铜》第79页。

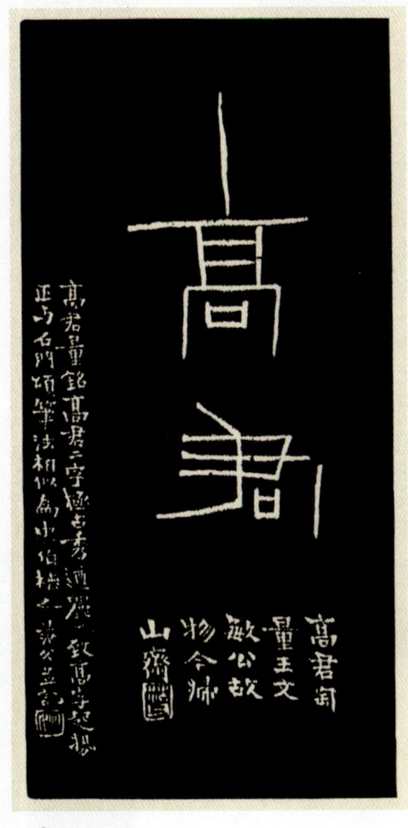

a b

图 73 为罗承侨摹古陶文手镇拓本及实物

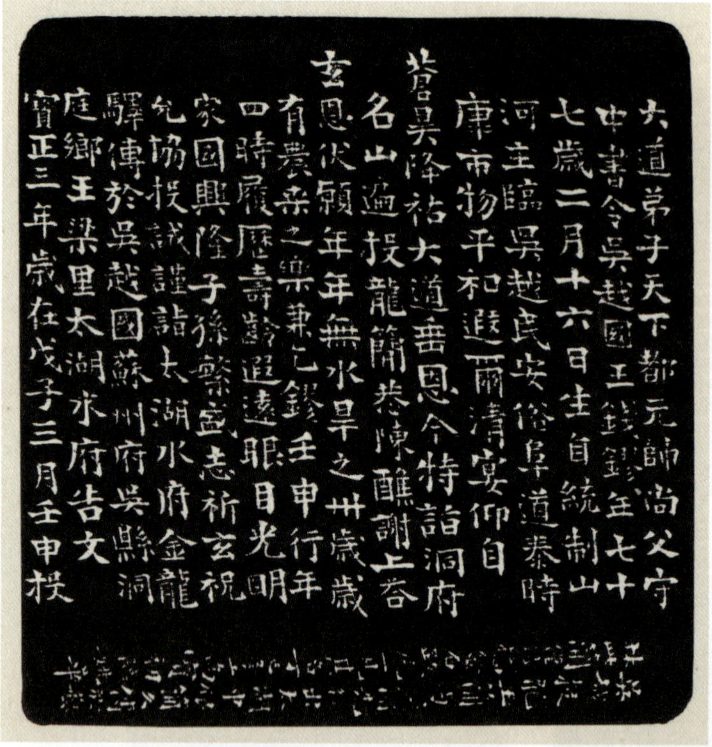

大道弟子天下都元帥尚父守
中書令吳越國王錢鏐年七十
七歲二月十六日生自統制山
河主臨吳越民安俗阜道泰時
康市物平和遐邇清宴仰自
蒼昊降祐大道垂恩今特詣洞府
名山遍投龍簡恭陳醮謝上荅
玄恩伏願年年無水旱之災歲歲
有豐稔之樂兼乞鏐壬申行年
四時嚴歷壽齡遐遠眼目光明
家國興隆子孫繁盛志祈玄祝
允協投誠謹詣太湖水府金龍
驛傳於吳越國蘇州府吳縣洞
庭鄉王梁里太湖水府告文
寶正三年歲在戊子三月壬申投

图 74a　为黄宝初写铜盒拓本

图 74b　为黄宝初写铜镇拓本

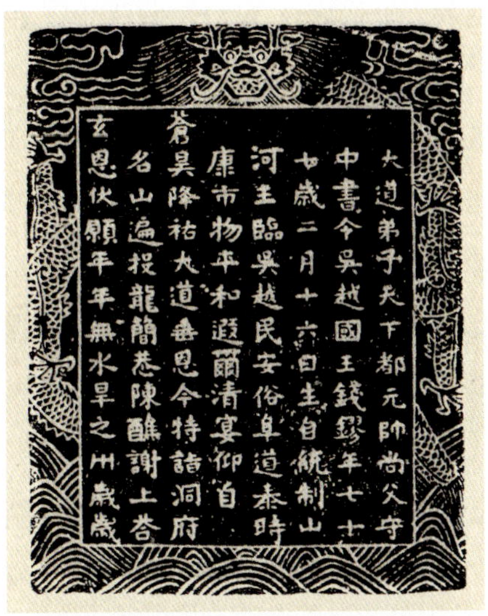
大道弟子天下都元帥尚父守
中書令吳越國王錢鏐年七十
七歲二月十六日生自統制山
河王臨吳越民安俗阜道泰時
康市物平和遐邇清宴仰自
蒼昊降祐大道垂恩今特詣洞府
名山遍投龍簡恭陳醮謝上荅
玄恩伏願年年無水旱之州歲歲

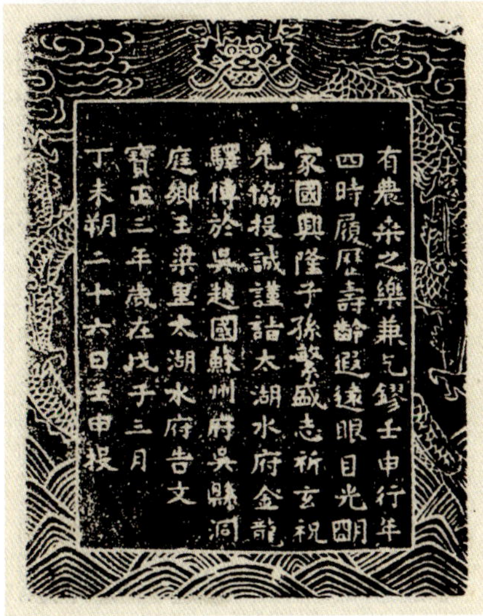
有豐桑之樂兼乞鏐壬申行年
四時履歷壽齡遐遠眼目光明
家國興隆子孫繁盛志祈玄祝
允協投誠謹詣太湖水府金龍
驛傳於吳越國蘇州府吳縣洞
庭鄉王梁里太湖水府告文
寶正三年歲在戊子三月
丁未朔二十六日壬申投

图 75a 吴越宝正三年“投龙玉简”铜盒正反面拓本

吳越投龍玉簡與銀簡先後出太湖中銀簡久傳於藝林此簡則僅鐵橋金
石跋尾中一見其名其墨本則鐵橋亦未見也光緒乙巳予忽遇之吳市亟
以重金易歸遂以玉簡榜吾齋於是斯傳於人間矣

图 75b 罗振玉跋
吴越投龙玉简墨本

胜利后留在贵阳，参与创办贵阳师范学院，并一直工作到退休。又，黄国华之子黄威廉1925年生于南京，毕业于贵州大学，植物学家，贵州师大环境学院退休教授。

此铜盒所临“投龙玉简”，是五代吴越国宝正三年（928）所投，时吴越王钱镠七十七岁。罗振玉《金泥石屑》收此玉简墨本【图75a】并跋语：“吴越投龙玉简与银简先后出太湖中。银简久传于艺林，此简则仅《铁桥金石跋尾》中一见其名。其墨本则铁桥亦未见也。光绪乙巳予忽逢之吴市，亟以兼金易归，以玉简榜吾斋，于是渐传于人间矣。”【图75b】[11]

据罗振玉跋语可知，吴越投龙玉简与银简先后出太湖中，银简流传较广，而玉简仅在严可均《铁桥金石跋尾》中录其名。严可均（1762—1843），字景文，号铁桥，清代文献学家、藏书家，乌程（今浙江吴兴）人。1905年罗振玉在苏州市场遇到玉简，于是高价购藏，并颜其居室为“玉简斋”。考罗氏著述，有《玉简斋丛书》十八种、计五十一卷，1910年刊行。

对照图75a，可知茫父先生所临极忠于原作，行格字数完全一致，惟结尾处因空间不足而省略“丁未朔二十六日”七字。考雪堂《金泥玉屑》最早发行于民国五年（1916），而此铜盒写于1917年，于是知茫父先生所临，正是据罗氏《金泥玉屑》所收玉简墨本及其跋语。

同日，为妹夫熊述之写铜盒两件：

其一，摹写“东俾祭尊”古印并考释之：

龟钮，东俾祭尊。胡石查云：“‘俾’即‘儺’字说，见桂未谷《札朴》。”

前年得《石查印集》有此印。“祭尊”犹“祭酒”也。丁巳冬至，为述之摹之。姚华并记。【图76a】

其二，楷书节录《庄子》句：[12]

孔子适楚，楚狂接舆，游其门曰：“凤兮凤兮，何如德之衰也。

[11] 玉简墨本及跋语皆见罗振玉：《金泥玉屑》，收录于《罗雪堂全集续编十三》，北文华出版公司，1969年，墨本在第5365-5366页，跋语在第5339页。感谢熊长云兄费时翻检并提供图片。

[12] 此铜盒现藏于贵州省博物馆。

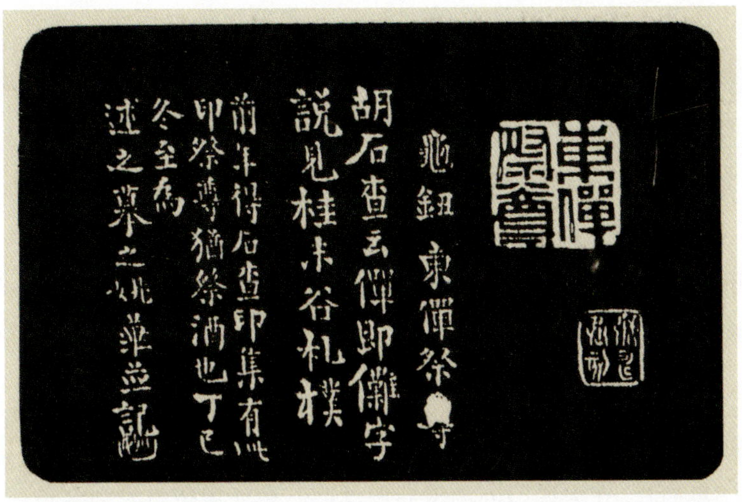

图 76a 为熊述之写铜盒考释“东僤祭尊”古印拓本

图 76b 为熊述之节录《庄子》铜盒拓本

图 76c 为熊述之节录《庄子》铜盒

来世不可待，往世不可追也！天下有道，圣人成焉；天下无道，圣人生焉；方今之时，仅免刑焉。福轻乎羽，莫之知载；祸重乎地，莫之知避。已乎，已乎！临人以德；殆乎，殆乎！画地而趋。迷阳迷阳，无伤吾行！吾行却曲，无伤吾足。山木自寇也；膏火自煎也。桂可食，故伐之；漆可用，故割之。人皆知有用之用，而莫知无用之用也。述之属姚华书铜。【图76b】

按：述之即熊桂笙（1884—1925），字述之，一字继成，熊承之（范舆）胞弟。1907年娶姚华胞妹姚兰（1884—1957），遂成姻亲。宣统元年（1909）自费留学日本东京高等农业学校，攻农学，1911年学成回国，积极参与社会改良，1916年6月30日贵州省省蚕桑总局成立，任局长，后改任贵州省农林学校校长。1918年9月，在大南门外创设启源丝厂。曾任贵州省农会会长。1925年不幸遇刺身亡。与姚兰育有两子四女，皆有所成就，其中长子熊其毅（1910—1985），是著名土壤学家，中国科学院学部委员（院士）。熊寿英（1911—？），熊其穆（字圣敬，1912—1996），熊钟英（1916—1980），熊素英（1920—？），熊俊英（1922—1984）。

是年冬，熊承之以贵州省农林学校校长、蚕桑局局长身份赴日本考察，为贵州网络农桑人才。行前先到北京莲花寺拜会妻兄茫父先生，这批铜盒【图74、图76】应即作于其离京赴东行前。

大约同期，康侯置铜盒，分赠啸雯老哥、梓筠老弟，茫父为写《宋书·颜延之传》摘句，由同古堂张樾丞刻成：

寻尺之身，而以天地为心。数纪之寿，而以金石为量。啸雯老哥清赏，康侯选于都门，樾丞刻。

明白入素，气志如神，虽十旬九饭，不能令饥；业席三属，不能为寒。岂不信然！梓筠老弟清赏，康侯选于都门。【图77】

按：康侯无考，笔者推测是林康侯（1875—1965），名祖缙，字康侯，上海人。清末秀才，光绪二十四年（1898）入上海南洋公学师范班，与吴稚晖、章宗祥等同学。二十八年派往日本考察教育，回国后任南洋公学小学堂长，后改任中学部教员兼学堂总教长。宣统三年（1911）辞去教职，参与创建江苏

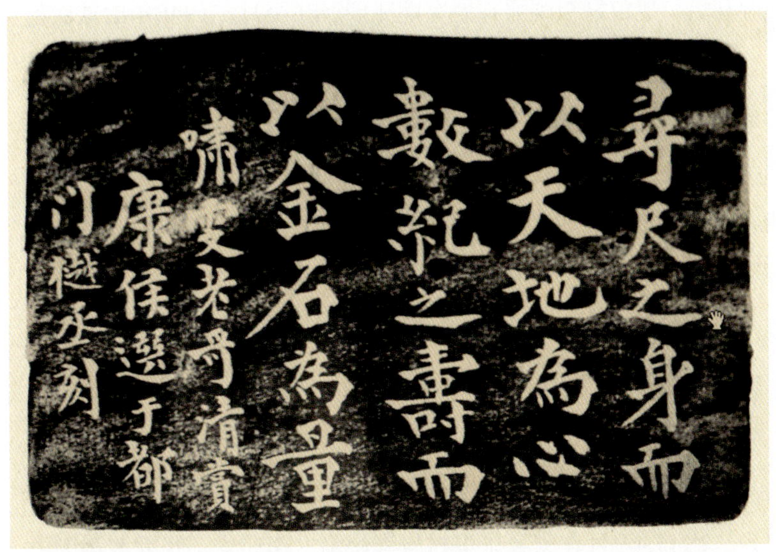

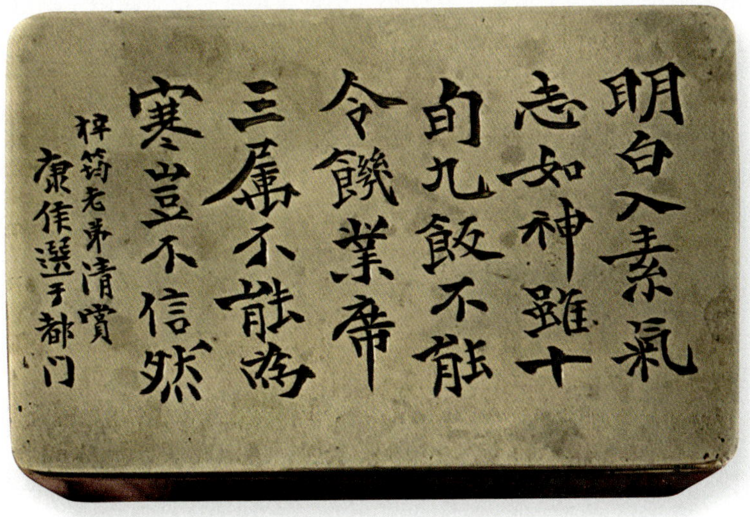

图77 为康侯写铜盒两件（此处实物与拓本各一）

铁路公司，任营业所长。1914年进入金融界，任上海新华银行经理，以经营有方，立足于银行界。历任上海银行公会秘书长、上海总商会主席委员、全国商会联合会主席委员及国民政府财政部次长等职。抗战期间与日伪合作，出任多种伪职。抗战胜利后，以汉奸叛国罪判处有期徒刑2年6个月。1948年出狱后赴香港定居。

一说可能是史康侯（1860—1927），名履晋，字康侯，直隶乐亭人，史梦兰三子。光绪十六年（1890）庚寅科进士，改刑部主事，刑部山西司员外郎，掌辽沈、陕西各道监察御史。民国后，曾署理直隶劝业道、内务司长，后又出任实业司长。

啸雯无考。

梓筠老弟应即段宗林（1880—1982），字梓筠，也用子均，河北高阳人。清光绪三十四年（1908）加入同盟会，秘密参与反清革命活动。1916年任北京大学庶务科长，曾试图以炸弹刺杀袁世凯未果。后因反对军阀割据遭直系军阀通缉，避走家乡。1917年9月在家乡布里村与李煜瀛、李广安、张秀波等创办留法勤工俭学预备学校，后更名留法工艺学校。为扩建校舍，仗义疏财，捐献自家12亩耕地，建窑烧砖。为筹建校经费，曾与校长段宗桐等发售彩票募捐。又于翌年6月，与李煜瀛邀戏曲名家梅兰芳、姜妙香、韩世昌等在北京宣武门外江西会馆义演，募集现洋1500多元。“五四运动”中支持学生，与李大钊等革命先驱交厚。1927年，与李澄寰秘密联络北方军事将领策应北伐革命。1957年受国务院聘请，任中央文史馆馆员。

樾丞即同古堂创办人张福荫（1883—1961），字樾丞，也用樾臣，河北邢台人。幼读私塾，略通文墨。1903年到北京琉璃厂益元斋学徒刻印，1907年出师，先在来薰阁、后到明远阁挂单治印，渐有嘉誉。1909年经宝熙之介，为溥仪制“宣统御笔”“宣统御览之宝”等玺印8枚，生意日隆，民国要员如段祺瑞、朱启钤、吴佩孚、曹汝霖等皆请他治印。治印之余，兼刻铜盒镇纸，1912年自立门户，创设“同古堂”，并与陈师曾、王梦白、齐白石、章浩如等书画家，以及姚茫父、丁佛言、傅增湘、梁启超等文人学者合作，谱写了民国铜刻文房的华丽篇章。新中国成立后，受命制“中华人民共和国中央人民政府之印”，“北京市人民政府之印”亦出自其手。有《士一居印谱》行世。

大约同期，节录《庄子》句书铜盒：

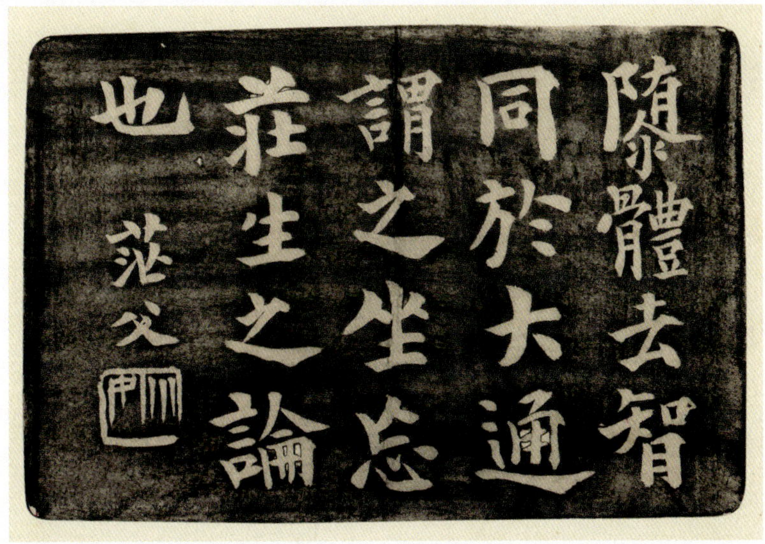

图 78 节录《庄子》铜盒拓本

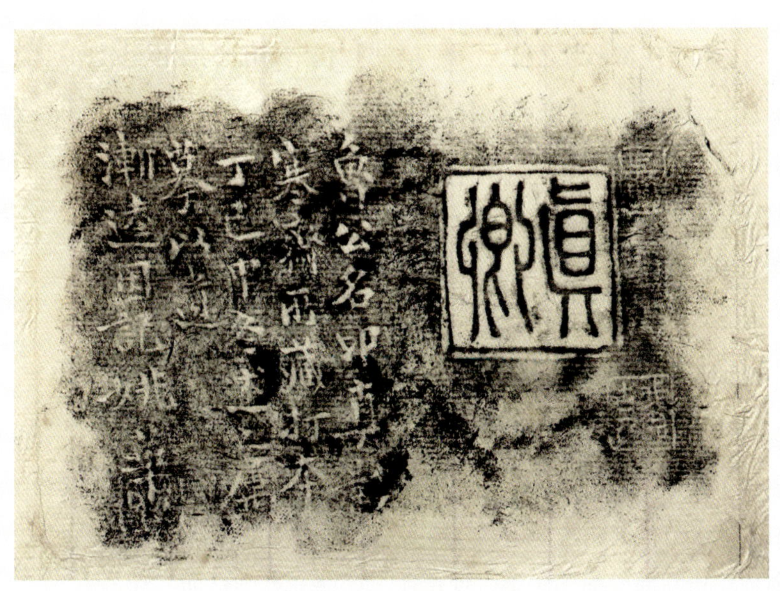

图 79 为渐逵写铜盒拓本

堕体去智，同于大通，谓之坐忘。庄生之论也。茫父。印章：姚。【图78】

仲冬，应妹夫熊述之之请，为渐逵写铜盒，摹颜鲁公名印"真卿"：

鲁公名印真卿，寒斋所藏打本。丁巳仲冬，述之属摹以遗渐逵，因记。姚华。

印章：茫父。我思古人。吴兴。【图79】

按：此盒是茫父先生应妹夫熊述之请而创作。渐逵应该是贵州人赵鉴，字渐逵，生卒不详，1909年毕业于贵州陆军小学堂，与何应钦（1890—1987）同班，同年一同升入武昌陆军第三中学，可知二人年龄大体相仿。辛亥革命时，参加了武昌起义，其后事迹不详。

此拓本为急就而成，仅匆匆拓出文字部分，从痕迹依稀可辨铜盒轮廓。引首"吴兴"印，是茫父先生郡望，其书画作品常钤盖"吴兴"或"吴兴郡"印，写铜作品此为首见。

十二月一日，朔，应董小逸之属，于铜手镇分别摹李清照与颜鲁公名印：

易安。宋绿松印，寒斋有此拓本。小逸属，华。

真卿。鲁公印真影，翁星原打本在《石查印集》中，今藏寒斋。丁巳十二月朔日，茫父。

印章：姚。我思古人。【图80】

按：董小逸即董肇夔（1895—1946），字孝逸，亦用小逸，江苏江都人。能诗，著有《红棉旧馆诗存》，附于其父董玉书《寒松庵诗草》之后。北京大学预科肄业，曾游学日本，归国后任职于中国银行，曾任上海中国银行秘书室主任职，主持编印《中行生活》月刊（1932—1935），颇受好评，这大约是中国企业刊物之滥觞。抗战期间随中国银行迁重庆，任储蓄部副经理。1946年3月19日搭乘中国航空139号飞机自重庆飞上海，在湖北境内不幸失事遇难。其父董玉书（1869—1952），字逸沧，一字拙修，号蜕盦，也作蜕庵、蜕厂。有诗名，曾宦游皖江，居边塞十年。后寓居北京，民国十四年南下，重游菱湖等地。著有《寄天游室诗存》《菱湖图咏》《拙修草堂剩稿》等。

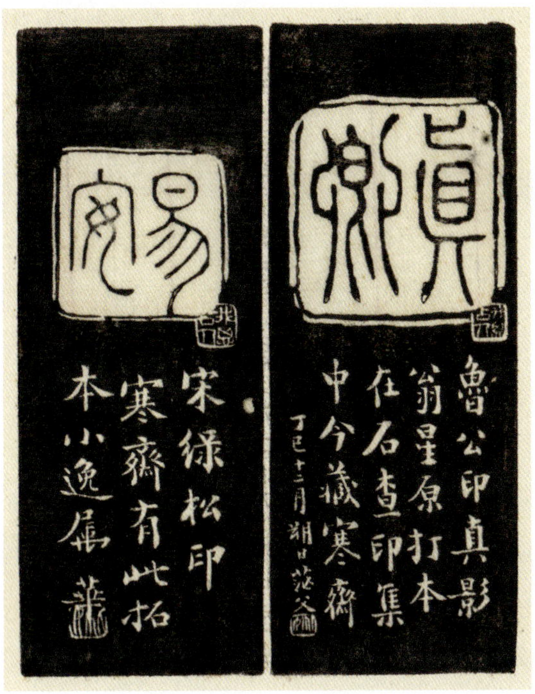

图 80　为董小逸摹古印铜镇拓本

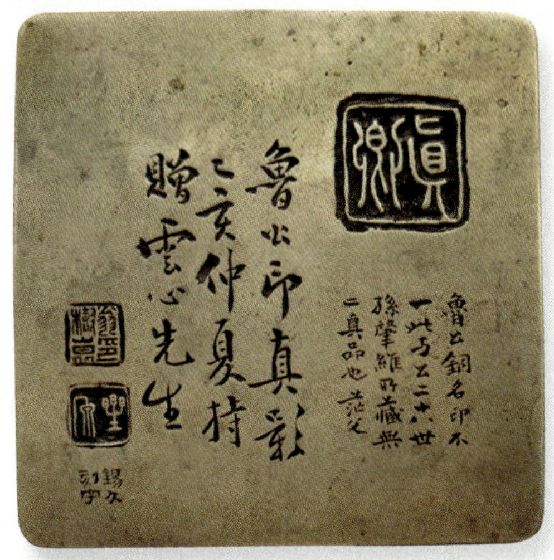

a　b

图 81　摹“真卿”古印铜盒拓本及翻刻的铜盒

又，是年董玉书请人绘《菱湖泛舟图》，遍征题咏，茫父先生为其赋《诉衷情》二首题画，有句："十年九回归梦，输与蜕盦图。"[13]

大约同期，于另一铜盒考释"真卿"印章，并摹翁星原所题文字：

鲁公铜名印不一，此与公二十八世孙肇维所藏无二，真品也。茫父。

鲁公印真影，乙亥仲夏持赠云心先生。

印章：真卿。翁树崑印。星原。【图81a】

按：曾见同样内容铜盒【图81b】，对照可知，应是同时代据拓本翻刻者，几可乱真，惟"星原"小印由阳文翻为阴文，下边多出"锡久刻字"四字。

翁树崑（1785—1815），字星原，顺天大兴人（今北京大兴）。是清代著名收藏家、金石学家翁方纲（1733—1818）之子，集成家学，工书法，精鉴藏。鲁公此印为翁星原旧藏。

冬，于两明斋所制铜盒考释黄小松"古泉"石章，由石父姚锡久刻成[14]：

黄小松先生古泉石章。此为司马小松所用石章，今在同年陈敬民处得见印本，因临此，丁巳冬，茫父。

印章：弗堂。姚。石父刻字。底铭：北京两明斋。白铜。【图82】

按：铜盒上所摹写的是一枚钱币形古泉文石章，为乾嘉时期金石名家黄易（1744—1802，字小松）旧物。茫父先生在同乡同年陈敬民（1877—1919）处见到印本，于是临写于铜盒上。

陈国祥，字敬民，贵州修文县人。幼承家学，苦学不辍，光绪二十七年（1901）中进士，入翰林院为庶吉士。后留学日本，入东京法政大学。三十三年毕业回国，再入翰林院任编修，加侍讲衔。次年任河南法学堂教习，后出任河南谘议局筹办处总办。民国时当选临时参议院议员，与梁启超、汤化龙联合民主党、共和党，组成进步党。1914年，任国会众议院议员、副议长。好金

[13]《弗堂类稿》"词一"，第八页。

[14] 2014年中国嘉德四季第三十七期拍卖会，第4617号拍品。

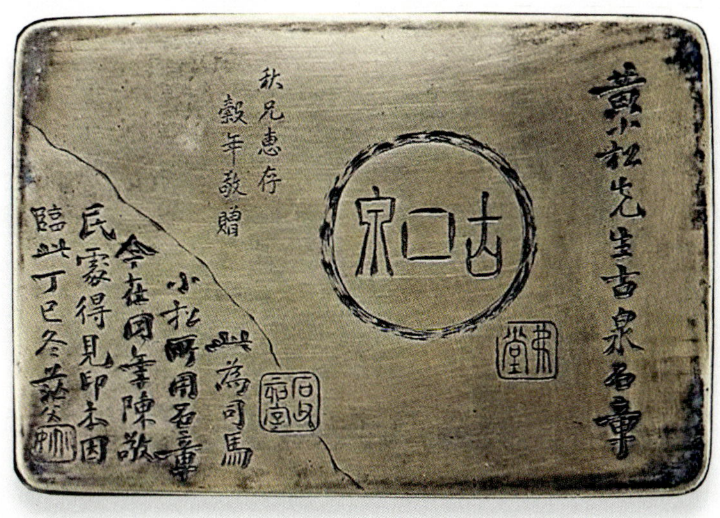

图 82 考释黄小松“古泉”石章铜盒

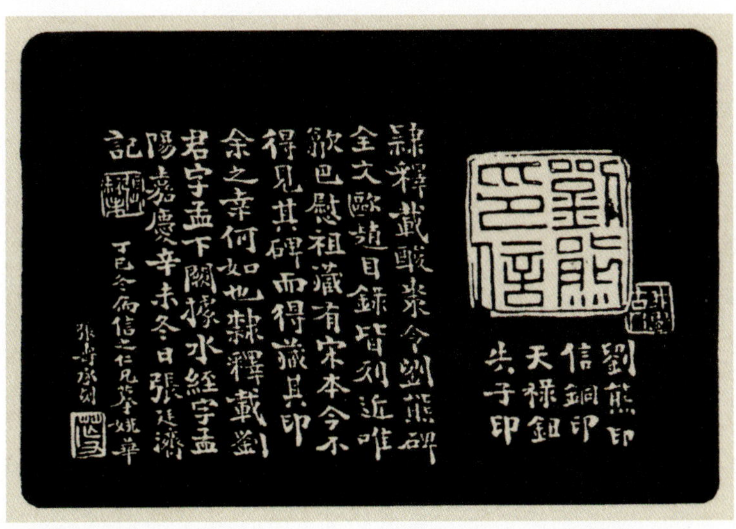

图 83 摹汉“刘熊印信”并录张叔未考释文字铜盒拓本

石，富收藏。1919年病逝于京。

冬，于铜盒为信之仁兄摹汉“刘熊印信”并录张叔未考释文字，由同古堂张寿丞刻成：

刘熊印信，铜印，天禄钮，失子印。

《隶释》载酸枣令刘熊碑全文，欧赵目录皆列，近唯歙巴慰祖藏有宋本，今不得见其碑，而得藏其印，余之幸何如也！《隶释》载“刘君字孟”，下阙，据《水经》字孟阳。嘉庆辛未冬日，张廷济记。印章：张叔未。

丁巳冬，为信之仁兄摹，姚华。张寿丞刻。

印章：我爱古人。茫父。【图83】

按：“信之仁兄”，无考。茫父先生所摹“刘熊印信”是乾嘉学者张廷济旧藏汉印，刘熊曾任酸枣县令，《汉酸枣令刘熊碑》是汉碑名品，原碑损毁严重，仅余残石数块，拓本亦稀见。张廷济在跋语中不禁感叹：“今不得见其碑，而得藏其印，余之幸何如也！”张廷济（1768—1848），清代金石学家、书法家。原名汝林，字顺安，号叔未，晚号眉寿老人，浙江嘉兴新篁人。

除上述有明确年款作品外，笔者得见一些未具年款的作品，根据书法风格判断，以下数件应作于是年。

为柳泉先生楷书恭录陶潜《五柳先生传》全文于铜盒：

陶征士五柳先生传，茫父书。

先生不知何许人也，亦不详其姓字，宅边有五柳树，因以为号焉。闲静少言，不慕荣利。好读书，不求甚解；每有会意，便欣然忘食。性嗜酒，家贫不能常得。亲旧知其如此，或置酒而招之；造饮辄尽，期在必醉。既醉而退，曾不吝情去留。环堵萧然，不蔽风日；短褐穿结，箪瓢屡空，晏如也。常著文章自娱，颇示己志。忘怀得失，以此自终。

赞曰：黔娄有言：“不戚戚于贫贱，不汲汲于富贵。”味其言兹若人之俦乎？酬觞赋诗，以乐其志，无怀氏之民欤？葛天氏之民欤？

图 84　楷书《五柳先生传》铜盒拓本

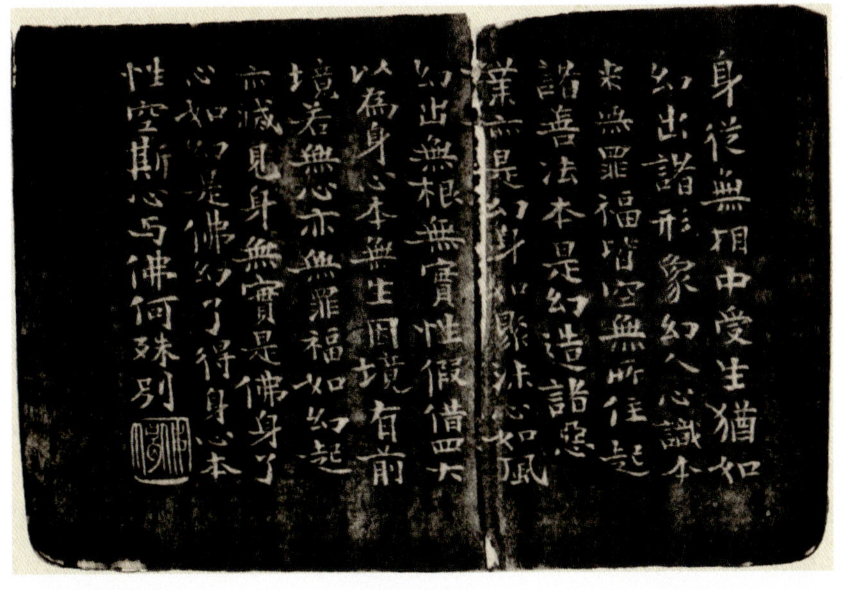

图 85　楷书佛经铜盒拓本

柳泉先生雅属，寿丞刻。【图84】

按："柳泉先生"无考。此件拓本粘于同古堂刻铜拓本集中，其右上角标注"刻工八元"，这是非常难得的信息，可以方便读者理解当时同古堂刻铜作品的定价。须知当时物价水平极低，茫父先生执掌北京女子师范学校，校长的月薪是180元，要养活一大家人，同时还要资助自费留学日本的长子姚鋈。

楷书恭录《毗婆尸佛偈》于铜盒：

身从无相中受生，犹如幻出诸形象。幻人心识本来无，罪福皆空无所住。起诸善法本是幻，造诸恶业亦是幻。身如聚沫心如风，幻出无根无实性，假借四大以为身，心本无生因境有，前境若无心亦无，罪福如幻起亦灭，见身无实是佛身，了心如幻是佛幻，了得身心本性空，斯心与佛何殊别。

印章：佛偈。【图85】

为枏坡仁兄写冬心佛并录《心经》全文于铜盒，由同古堂张寿丞刻成：

般若波罗蜜多心经（文略）。右依唐怀仁集右军书圣教序本照写，秃管中锋，殆堪与冬心佛相称耶。枏坡仁兄雅属，华。

临冬心水墨云山粥饭僧写经砚本，贵筑姚华。

印章：华。姚。冬心佛。【图86a】

约在同期，另写一本冬心佛于铜盒：

临冬心水墨云山粥饭僧写经砚本，贵筑姚华。茫父。

印章：姚。姚华。【图86b】

是年，为姚锡久写楷书铜镇：

我不求道，亦不颠倒；我不礼佛，亦不轻慢；我不长坐，亦不懈怠；我不一食，亦不杂食；我不知足，亦不贪欲；心无所希，名之曰道；言下合无生，同於法界性，若能如是解，通达事理竟。阇夜多尊者说。石父吾兄属，姚华茫父书。【图87】

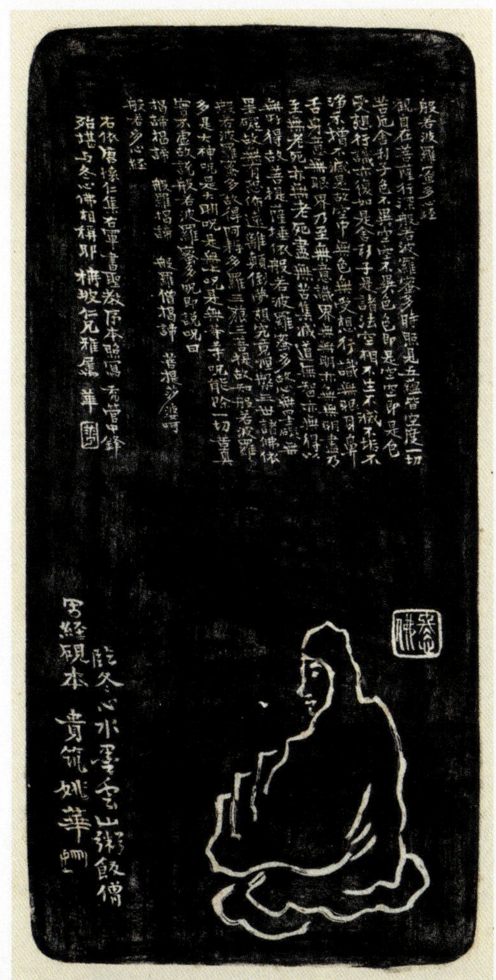

a

b

图 86 写冬心佛铜盒拓本

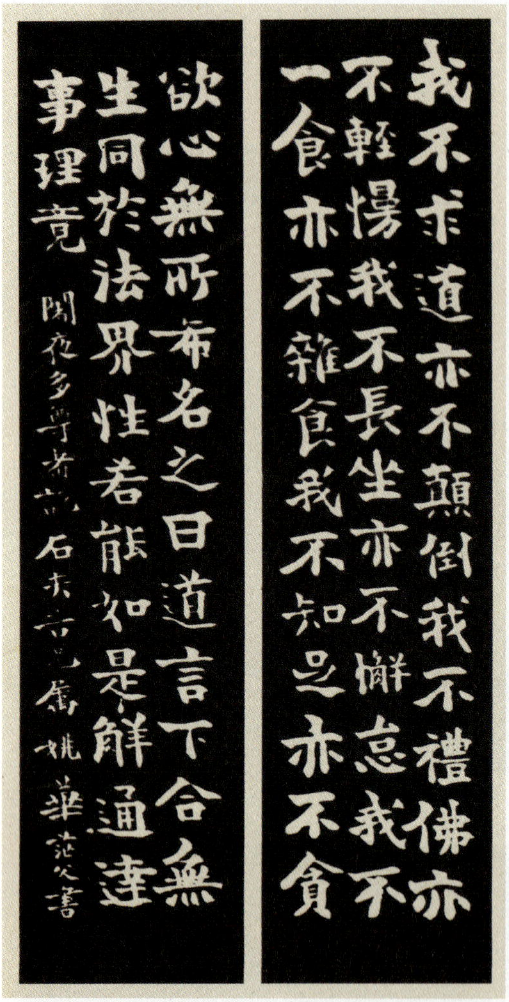

我不求道亦不顛倒我不禮佛亦
不輕慢我不長坐亦不懈怠我不
一食亦不雜食我不知足亦不貪

欲心無所希名之曰道言下合無
生同於法界性若能知是解通達
事理竟

闍夜多尊者云 石友吾兄屬 姚華茫父書

图 87 为姚锡久写楷书铜镇拓本

a b

图 88 摹弗堂藏印并考释铜镇一对拓本

按：石父即姚锡久。

约在是年，达聪置铜镇一对敬献业师，先生为摹弗堂所藏古印二，并录考释文字：

弗堂藏印一，鼻纽斗方。卜凤印，白文二，曰卜凤磬室所藏印鉨，赵凤亦如此。布白结构均佳胜。卜字入印最难结，况与凤为偶耶！此印警动可法。【图88a】

弗堂藏印二，鼻纽方。侯史利印，白文三，曰侯史利。案，印邮有穿带印曰侯史，成其一面，曰臣成。则侯，史姓，而成名也。此侯史利，利其名，侯史覆姓，未详所出。姚华记。

夫子大人文玩，受业达聪制呈。

印章：弗堂。姚。【图88b】

按：达聪应是时在清华学校就读的李先闻（1902—1976），字达聪，祖籍广东梅县，生于四川江津。1915年考入清华学校，1923年毕业，同年留学美国普渡大学园艺系，1926年毕业，旋入康奈尔大学，研究植物遗传学，1929年获博士学位。同年回国，任教于国立中央大学，不久赴日本九州帝国大学研究蚕体细胞遗传。1930年回国，任东北大学生物系教授，后兼任国立北平大学农学院教授，并在国立清华大学兼任蓝球教练，先后在河南大学、武汉大学、四川农业改进所、中央研究院植物研究所等机构任职。1948年当选中央研究院院士，同年底赴台。

大约是年，于铜盒摹古玉刻《行气铭》文字并考释之，由同古堂张寿丞刻成：

行气，安则逼[畜]，逼则神[伸]，伸则下，下则定，定则固，固泽明，明则张，张则退，（退）则天。天几[基]本在上，地几[基]本在下。从则生，逆则死。

此道常语，然虽常语，正可与《中庸·致曲》之说相参也。或以发为剑柄，以文证之非是。此文极清折和婉，三代刻也。

古玉刻。不识其器，新出长安，见之京师古市。玉色黝而润，有灰沁，土锈犹未脱也。估人欲易千金，乃钞其文，归而释之，为伯述。华。

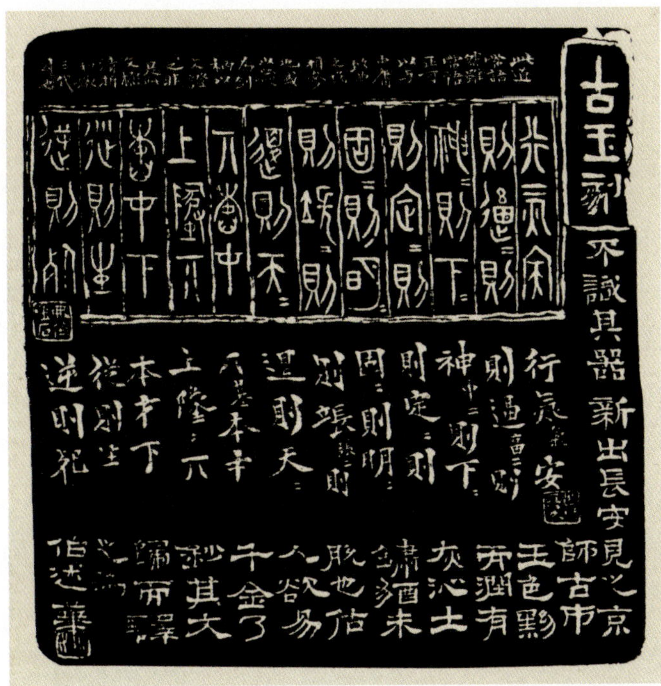

图 89a 摹古玉刻《行气铭》铜盒拓本

图 89b 战国《行气铭》古玉及其铭文拓本

印章：姚。弗堂金石。寿臣刻。【图89a】

按：茫父所摹古玉今藏天津博物馆，定名为《行气铭》【图89b】。据馆藏简介云，此器为杖首，质地为青玉，原藏合肥李木公家，著录于罗振玉《三代吉金文存》，1953年被天津博物馆收藏。该器为十二面棱筒状，中空，内顶部留有钻凿痕迹，器身下部有一穿孔与中空相通，推测为固定之用。该器表面磨制光滑，阴刻篆文，每面三字，计三十六字，另有重文符八个，漏刻重文符一个，故总计四十五字。记述了"行气"的要领，是我国目前所发现最早的有关气功之记录，也是中国古代医学理论较早文献。

伯述很可能是茫父先生的参议院同事何焱森（1868—1947），字伯述，广东三水人，清末附贡生，早年入三水县凤冈书院，从梁士诒（1869—1933，字翼夫，号燕孙。清光绪二十年进士，曾主讲凤冈书院）读。光绪二十九年（1903）考入京师大学堂师范馆学习，与叶恭绰、伦明等同学。三十三年（1907）毕业，授举人及内阁中书。次年以官费游美，入俄勒冈大学习法律。宣統三年入西北大學习教育及经济。民国二年获硕士学位。归国任中美油矿处勘矿主任。1916年出任北京广东学校校长，次年当选民国政府第二届国会参议院议员。著有《中西教育概论》《凤冈读书记》等。

茫父先生与何伯述同在教育系统任职，同在参议院为议员，此铜盒正作于这一时期，或可为二人交游添一物证。

是年，于铜盒临写北齐天保八年九年铜雀台石羍门铭文及翁方纲跋语：

大齐天保八年、九年，造铜雀台石羍之门。百代之后，见此铭者，当复知之。将陈骥、承娄晞，军主董侯，军副程显，幢主孙悦，幢主杨昙。

北齐天保七年，修广三台宫殿，至九年竣，故此刻云"八年、九年"也。后三行人名，犹存古刻先上列、后下列之式，亦考证者所宜知也。北平翁方纲识。

高家丁丑到戊寅，铜雀台造石羍门。千二百年斤石出，拭苔吊古漳河滨。安阳赵令王学使，后先拓共苏斋论。此台虽自建安造，应刘七子无雄文。甸邪孙儿窖铭字，马于石室谣谁闻？此铭乃计有代后，军主幢主名犹存。尔时石书用石墨，书兼隶楷仍隶分。镌镵

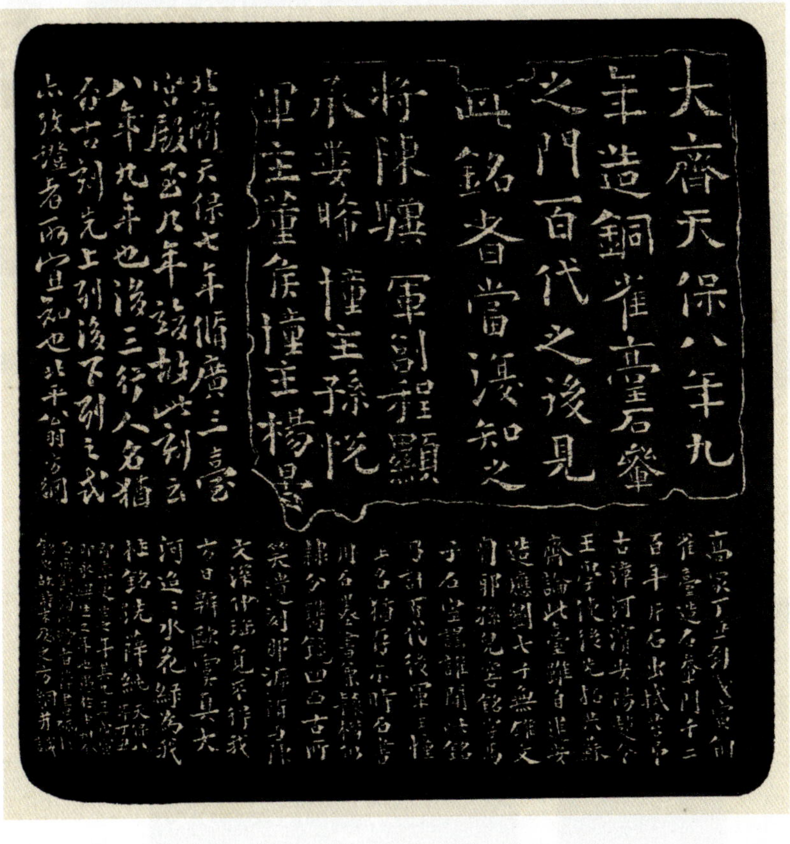

图 90 临北齐铜雀台石叠门铭文及翁方纲跋语铜盒拓本

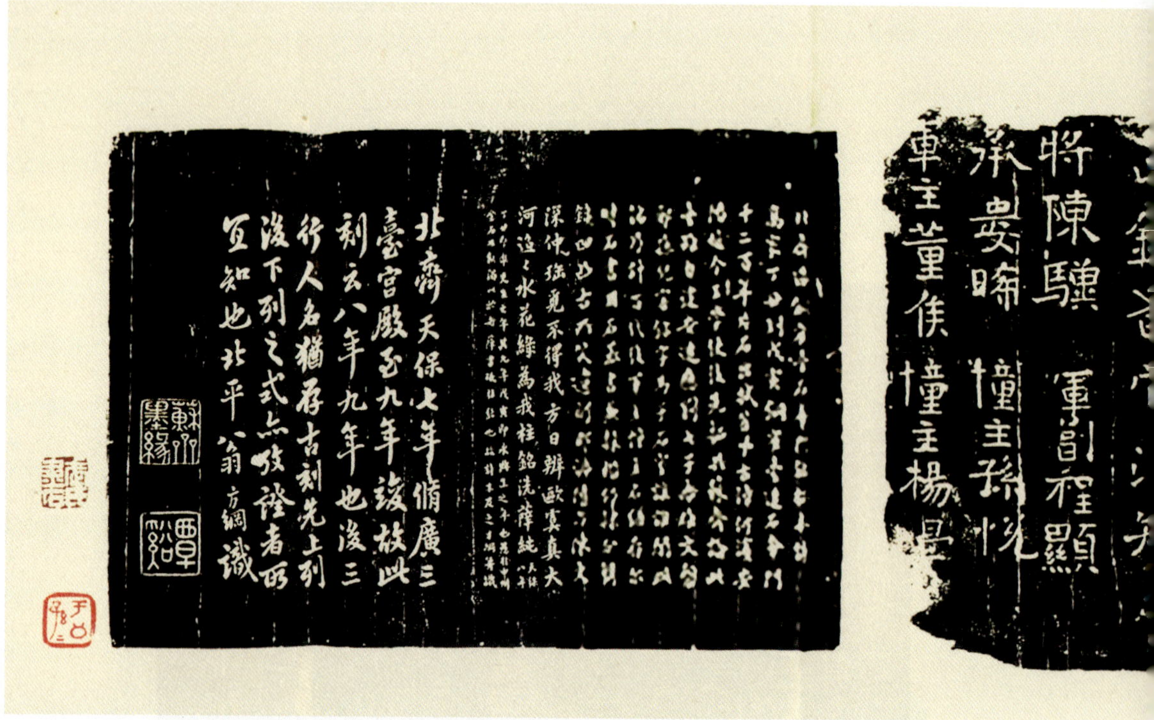

图 91a　翁方纲题跋北齐造石龛门记拓本

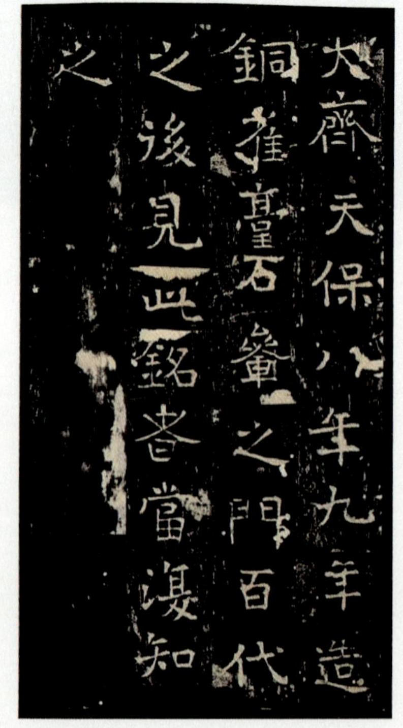

图 91c　北齐造石龛门记剪裱本

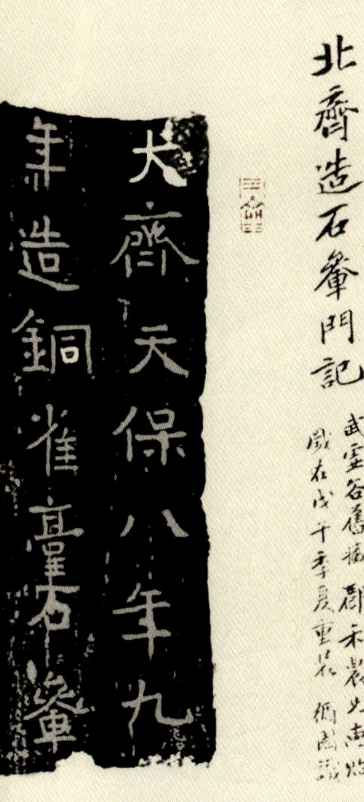

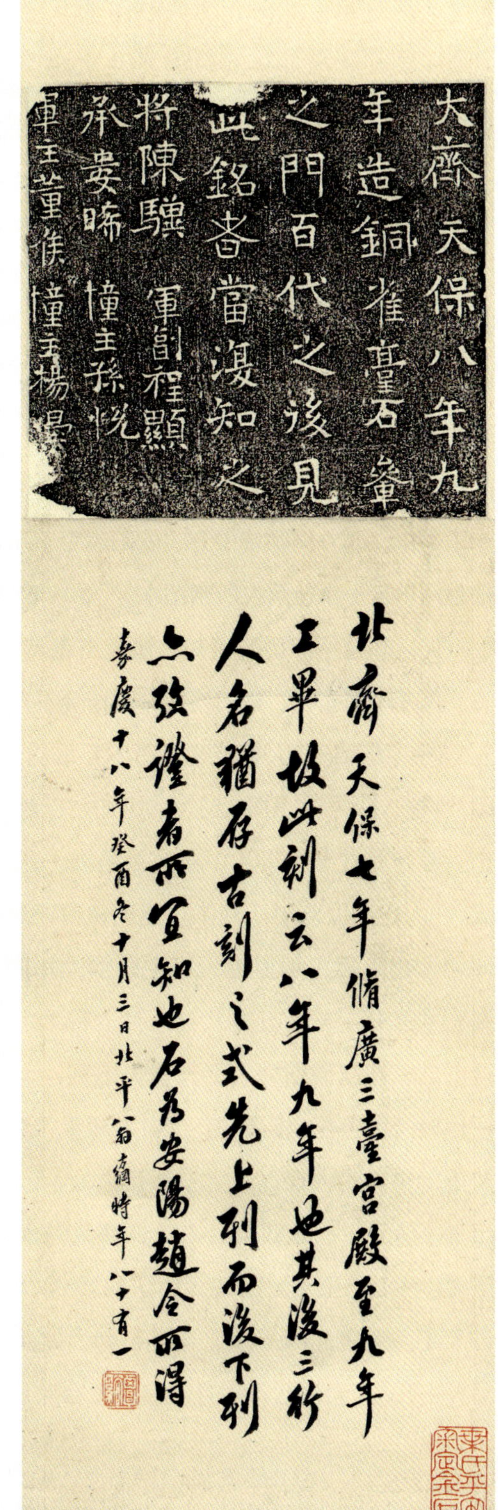

图 91b 翁方纲题跋北齐造石伞门记

凹凸古所笑，遗刻那涯隋与陈。文深仲琺觅不得，我方日辨欧虞真。大河迢迢水花绿，为我柱铭洗薛纯。

天保八年丁丑即率更生之年，其九年戊寅即永兴生之年也。愚于中州金石所饮渴以竚者，薛书砥柱铭也。故诗末及之。方纲并识。【图90】

按：《北齐造石鲞门记》刊刻于北齐天保九年（558）。正书七行，前四行每行七字，后四行为人名，分上下两列。该石书法用笔挺硬瘦劲，金石味十足。因无界格的限制，结字随意，大小错落，更显意趣。石于清代出土，为武虚谷所获，拓本流传极稀，马子云《石刻见闻录》有著录。据罗振玉，此石“乃嘉庆间长宁赵渭川先生希璜令安阳时所得，云出漳河中”。原石已久佚，即使拓本亦不易得。翁方纲题诗中有“安阳赵令王学使，后先拓共苏斋论”，可知他先后得赵渭川与王学使两人所赠拓本。

据《翁方纲年谱》可知，跋文与题诗作于嘉庆四年（1799）。题跋本《北齐天保九年铜雀台石鲞门铭文》原作今不知所终，曾见影本【图91a】。不知茫父先生所据是否原作，抑或也是影本？翁氏对此拓本多次题跋并题诗，去岁西泠印社秋拍曾见一本【图91b】[15]，可知翁氏对此拓本重视有加。

考《翁方纲文集》中亦收录另外一则《跋北齐造铜雀台石鲞门铭》：“文云：‘大齐天保八年、九年，造铜雀台石鲞之门。百代之后，见此铭者，当复知之。将陈骥、承娄晞，军主董侯，军副程显，幢主孙悦，幢主杨昙。’石高五寸三分，横阔五寸八分，凡七行，后三行，行二人，凡六人，分二列三行书之。按汉碑横列人名，皆先上列，而后次列，此刻犹存古式也。予同年卢抱经《钟山札记》亦云：‘古书两重排列者，皆先将上一列顺次排讫，而后及下一重，后人误以一上一下读之，至改两重为一列，失本来次第矣。’《后汉书·马武传》后载云台二十八将，昔人颇多致疑，薛季宣、王伯厚始从而正之。《史记正义》所载《谥法解》，亦本是两重，改为一列，文多间杂，亦当改正。今验此刻，则北齐时石刻尚如此，亦考订者所宜知也。又按《北齐书》，齐文宣天保七年六月，修广三台宫殿，至九年八月始竣，故此刻据实书

[15] 西泠印社2019年秋季拍卖会，古籍善本·金石碑帖专场，第62件拍品，叶志诜旧藏翁方纲、阮元、黄钺等六家题周秦铜戈等金文石刻十条屏之一。

图 92 摹古陶文铜盒拓本

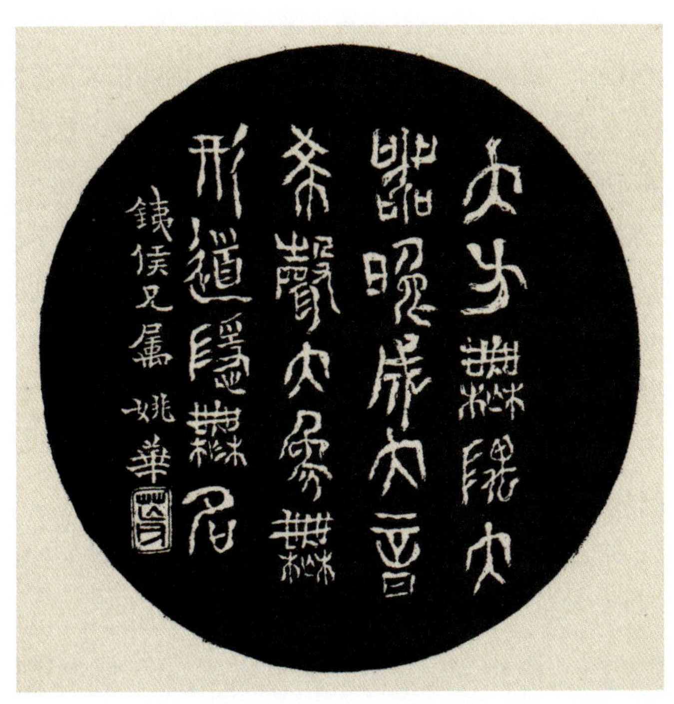

图 93 为铁侯写篆书铜盒拓本

云八年、九年也。”[16]

值得一提的是，翁氏在跋语中特别指出：“后三行人名，犹存古刻先上列、后下列之式，亦考证者所宜知也。”而笔者在检索资料时，正巧见到此刻拓本的剪裱本【图91c】[17]，其所犯错误正如翁氏跋语所指出的：“后人误以一上一下读之，至改两重为一列，失本来次第矣。”剪裱本改两重为一列，把原本先列“将”，次列“军主”“军副”，最后列“幢主”的顺序，错乱为“将”“军副”“幢主”“军主”“幢主”。不仅“军副”跑到“军主”之前，而且“军主”间杂在两个“幢主”之间，其错可知。

约在是年，名传置铜盒赠惕生，先生为之摹古陶文并考释，由姚锡久刻成：

扁少公令取之。此潘文勤公藏陶，为吾友仁和陈叔通太史所得。铭刻六字，扁作□，系《说文》册古文篇□，令作□，复文也。茫父释并书。锡久刻字。

印章：姚。锡久。惕生清玩名传制赠。【图92】

按：从印章“惕生清玩名传制赠”可知，此盒由“名传”定制，赠与“惕生”。名传无考。惕生或许是上海松江人钮永建（1870—1965），字惕生。清末举人，早年与吴稚晖、廉南湖等皆为南菁书院同学，1899年考入日本陆军士官学校，后加入同盟会，追随孙中山革命，成为国民党元老。曾任江苏省政府主席、国民政府考试院副院长等职。1949年赴台。

同时期另有江苏武进人顾实（1878—1956），字惕生，早年亦留学日本习法政，民国时期，先后在东南大学、无锡国专讲修辞，是一位有成就的目录学家、史学家、古文字学家。目前尚无法证实此铜盒曾经的主人是哪一位“惕生”。

是年，为铁侯兄写铜盒，以篆书节录《老子》：

大方无隅，大器晚成，大音希声，大象无形，道隐无名。铁侯兄属，姚华。印章：茫父。【图93】

---

[16] 见翁方纲：《复初斋文集》，丙辰孟夏上海同文图书馆石印本，第21卷，第6页。
[17] 中国嘉德2006春季拍卖会，第2238号拍品。

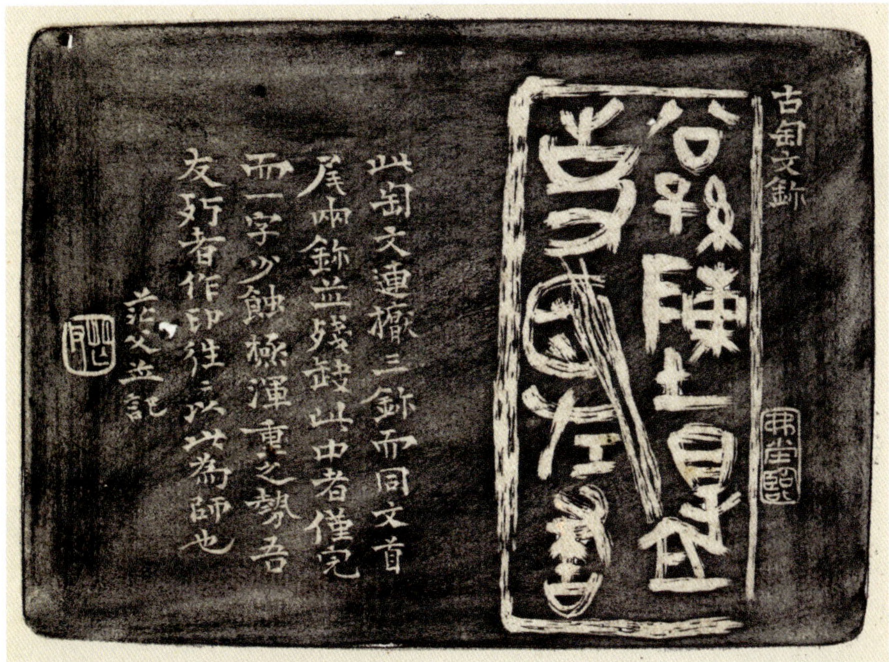

a

b c

图 94 摹古陶文铜盒拓本

d

按：铁侯无考。同时代有陕西人李起颐（1873—1922），字铁侯，陕西佛坪人。赋性聪颖，好读书。19岁中秀才，24岁成贡生。光绪二十五年（1899）到北京，于满族子弟学校任汉学教员；次年逢庚子之乱，遂返乡。善书法，常有慕名求其书字者。

是年，写铜盒，摹古陶文并考释之，目前可见拓本数件：

古匋文玺。此匋文连攊三玺而同文，首尾两玺并残缺，此中者仅完，而一字少蚀，极浑重之势。吾友朽者作印，往往以此为师也。茫父并记。印章：茫父。弗堂临。【图94a】

汉残匋印记，似大富二字，而富作富，复文，取茂密。出署书。印章：茫父。【图94b】

潍县高氏有全瓦，此残甚。此前秦瓦当，自广武将军碑外，可考者仅此而已。茫父。印章：姚。茫父。【图94c】

瓦登，簠斋藏匋。西里匋，成昌阳。此文左行，成昌即郕，□即栖，亦即西也。与它器作□者同，而结构小异。茫父樵，锡久刻。【图94d】

大约是年，为寄蕃写书法铜盒，录司空表圣诗，由同古堂刻成：

雨洗芭蕉叶上诗，独来凭槛晚晴时。故园虽恨风荷腻，新句闲题亦满池。司空表圣《狂题十八首》之一。寄蕃属茫父书，同古堂刻字。【图95】

按：寄蕃无考。有可能是胡祥翰，生卒不详，字寄凡，也用寄蕃，安徽绩溪人，长于上海，是胡适族叔。能诗文，擅掌故，二十世纪二十年代在上海当记者。著有《西湖新志》《金陵胜迹志》《上海小志》等。

是年，于铜盒颖拓三枚古币并一一考释之：

乾封泉宝亦唐泉之罕见，此杨宾谷先生所收。宾谷名寅，苏州人。

三铢，罕品也。博形则罕而奇，铢字在右又奇。下视寻常三铢，直辽东豕耳。

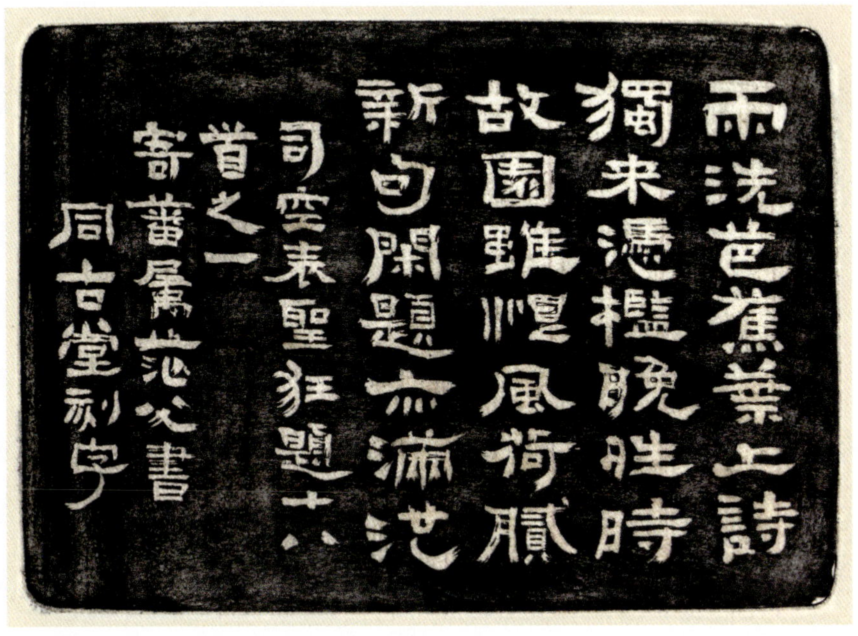

图 95 为寄蕃写司空表圣诗铜盒拓本

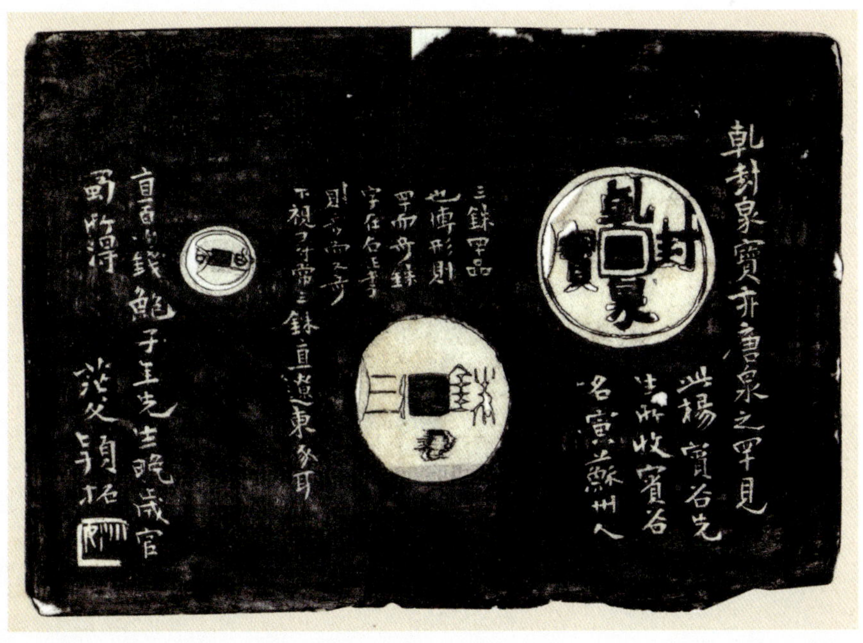

图 96 颖拓考释古泉铜盒拓本

直百小钱，鲍子年先生晚岁官蜀所得。

茫父颖拓。印章：姚。【图96】

按：鲍子年即鲍康（1810—1881），字子年，安徽歙县人。清代著名古泉学家、古钱收藏家。子年对钱币源流、正变、真伪辨别精严。同治十一年（1872）自四川回京，隐居臆园，遂号“臆园野人”。自此开刻《观古阁泉说》，全书以笔记体录其所见、所闻、嗜旧等韵事，颇为古泉学者所重。

民国七年

1918

戊午

四十三岁

三月三日，上巳，摹金石文字写铜盒一组，目前尚存拓本四件：

（金文略）陈逆簠铭七十七字，戊午上巳，茫父。印章：茫父。【图97a】

（金文略）师田父敦，字多残蚀，据阮刻临，茫父。【图97b】

子孙永宝用□□沓作宝敦。沓妊敦铭，戊午上巳茫父。印章：姚。【图97c】

乃丂宝尊彝司土司作。戊午上巳，茫父。印章：姚。【图97d】

大约同期，临写吴式芬旧藏《虞司寇双壶铭文》制铜盒一对：

虞司寇白吹作宝壶，[用]享用孝，用祈眉寿，子孙永宝用之。

虞司寇壶，此吴子苾阁学所藏二器之一也。

印章，弗堂所临。灰影。【图98a】

虞司寇白吹作宝壶，用享用孝，用祈眉寿，子孙永宝用之。

海丰吴子苾双虞壶斋藏二壶，光绪中毁于火，拓本至珍。

印章：弗堂所临。【图98b】

按：这对铜盒无上下款，亦无年款。盒出同古堂，由张寿丞刻成，拓片见于张寿丞刻铜拓片集中。查文献，双虞壶同款同铭，铭文廿四字，结语作“子子孙孙永宝用之”，而茫父所临皆作“子孙永宝用之”，且其中一盒漏掉一个“用”字，不知何故。“灰影”一印，似暗指此二器毁于火灾，即拓本亦难得珍贵。先生据拓本摹其影于铜盒，故称“灰影”。【图99】

吴式芬（1796—1856），字子苾，号诵孙，山东海丰（今无棣县）人。室名陶嘉书屋、双虞壶斋。吴式芬是清代著名的金石学家和考古学家。清道光进士，官至内阁学士，生平专攻训诂之学，长于音韵，精于考订，凡鼎彝、碑碣、汉砖、唐镜之文，皆拓本收录。其所撰《攈古录》（二十卷，共录自商周至元代金石文18128种）和《攈古录金文》（三卷九册，共考释商周至元代有铭文的钟鼎彝器1329件）两部金石学名著，对金石文著录之多和诠释之精均超过前人，为清末以来的金石学家所推崇和引证。吴式芬还是封泥的最早发现者和研究者。他凭借对古代历史和古文字的深邃造诣，断定长期以来被认为是“印范”的钤有印章的土块就是秦汉魏晋时期的封泥，并对其进行收藏和考释。后与另一位封泥的收藏者、同时也是其儿女亲家、山东潍县的陈介祺合撰《封泥考略》十卷，著录了两家所藏的封泥。《封泥考略》一书，是研究封泥最早的一部专著，收录秦汉官私封泥849枚，逐枚考释，对研究秦汉官制、地理以及秦汉篆刻艺术有重要的参考价值。

三月十一日，谷雨，写青铜器铭文铜盒两件。

其一，摹扬鼎铭文及考释文字于铜盒：

己亥，扬见事于彭，车叔商（赏）扬马，用作父庚尊彝，天黾。旧释扬鼎，吉金中不言本器者，皆通曰彝。戊午谷雨，茫父。

印章：姚。弗堂。【图100a】

按：此“扬鼎”原为金兰坡（缀遗）旧藏【图100b】，后售与日本，今藏日本东京国立博物馆。

其二，摹益鼎铭文于铜盒：

衰作父癸宝鼎。益鼎，戊午谷雨，茫父。

印章：姚。吉金文字。【图101a、b】

按：此“益鼎”铜盒上摹金文六字，首字难识，茫父以楷书注“益鼎”二字，不知所据为何？陈介祺《簠斋吉金录》卷一中收录一鼎，其铭文凡六字，曰：“衰作父癸宝鼎。”首字陈篮斋先生释作“衰”，有一定道理。也有学者认为此字或可释作“冉”。由铭文内容与字体断之为西周早期之器。

簠斋旧藏西周中期青铜衰鼎现身于西泠印社2017年春季拍卖会（图录号873）【图101c、d】，拍品说明对此器有细致描述，有助于我们了解这件西周青铜器的特征：“此件方唇口，上有对称立耳，斜壁鼓腹，最大径低垂，弧底，下承三柱足。柱足外侧圆，内侧平，为西周垂腹鼎特征。除颈下一条弦纹外，通体无纹饰。在经历了商末周初繁复纹饰后，西周中期青铜器装饰趋向简化，开始注重铭文的铸刻。器内壁有铭文‘衰作父癸宝鼎’，属繁式祭辞，其中的‘衰’是器主铭，‘父癸’是被祭祀的对象，这一体例流行于西周早期到西周中期。对比上海博物馆藏‘十五年趞曹鼎’器型，结合铭文书写结构，可断定此件当为西周中期偏早阶段。原配红木底座及盖，盖钮镶嵌白玉。玉作留皮，巧色雕灵芝一株，下有双狮嬉戏。鼎内贴附旧签条，墨书

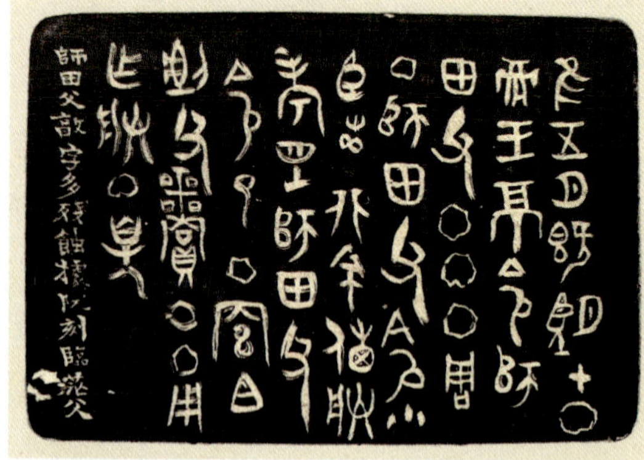

a　b

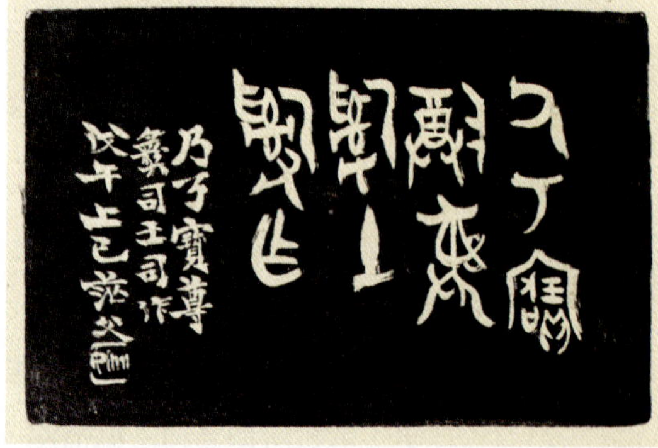

c　d

图 97　摹金石文字写铜盒四件拓本

a b

图 98 临《虞司寇双壶铭文》铜盒拓本

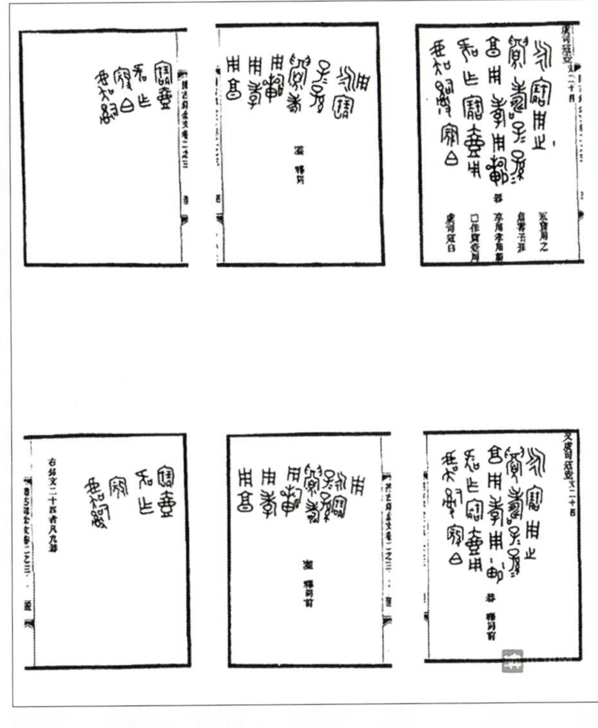

图 99 虞司寇壶全形拓及铭文著录

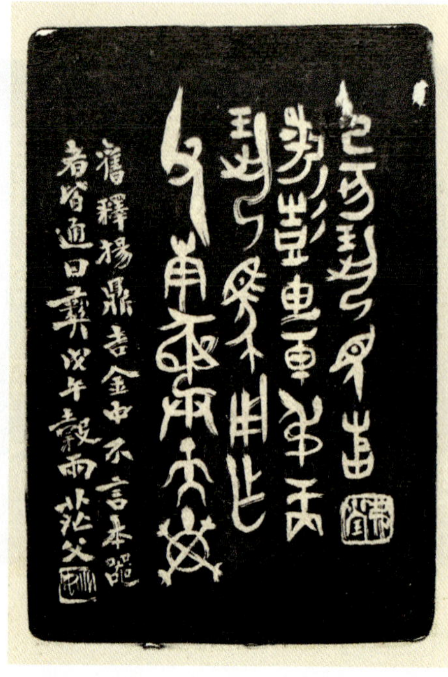

a

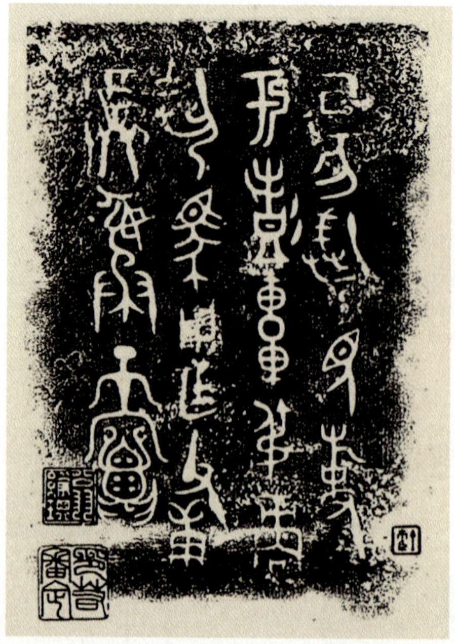

b

图 100　写扬鼎铭文铜盒拓本及原器铭文拓本

a

b

c

d

图 101 写益鼎铭文铜盒及其拓本和原器及其铭文拓本

写‘周衰鼎’。”[1]

簠斋即陈介祺（1813—1884），字寿卿，号簠斋，晚号海滨病史、齐东陶父。山东潍县（今潍坊）人，清代著名金石学家、金石收藏家。道光二十五年（1845）进士，官至翰林院编修。嗜古，好收藏，著有《簠斋传古别录》《簠斋藏古目》《簠斋藏古册目并题记》《簠斋藏镜全目钞本》《簠斋吉金录》《十钟山房印举》《簠斋藏古玉印谱》《封泥考略》等。

大约同期，写师遽方尊盖铭文于铜盒：

隹正月既生霸丁酉，王在周康寝，乡醴。师遽蔑历替。王乎宰利，赐师遽瑁圭一，瑗章四。师遽拜稽首敢对扬天子不显休。用乍文且也公宝䵼彝。用匃万年亡（无）疆，百世孙子永宝。

师遽方尊盖，茫父橅，锡久刻。

印章：姚。【图102a】

按：释文参照了陈梦家、唐兰两家意见。师遽方尊，今称师遽方彝。此器为潘祖荫旧藏，吴大澂误以为方尊，估计茫父先生未见其器，据拓本称其为“方尊”【图102b】。对照茫父摹本与铭文拓本，可知茫父所临忠实原拓，复经铜师刻成，正所谓“今器款识”了。师遽方彝今藏上海博物馆，为1961年丁燮柔女士捐赠。

同期，摹铸子簠铭文于铜盒：

铸子簠，青州孙模山孝廉所藏

铸子叔黑臣，肇作宝簠，其万年眉寿，永宝用。

茫父橅，石父刻。【图103a】

按：铸子簠全称“铸子叔黑臣簠”，清光绪初出土于山东桓台县（今淄博），为青州孙模山所藏，其铭文凡四行共十七字【图103b】。郭沫若《两周金文辞大系图录考释》及文物出版社《商周青铜器铭文选》皆有收录。比较茫父先生所

[1] 西泠印社 2017 年春季拍卖会，第 873 号拍品。器高 21.3 厘米，带盖座通高 32.0 厘米。

a

b

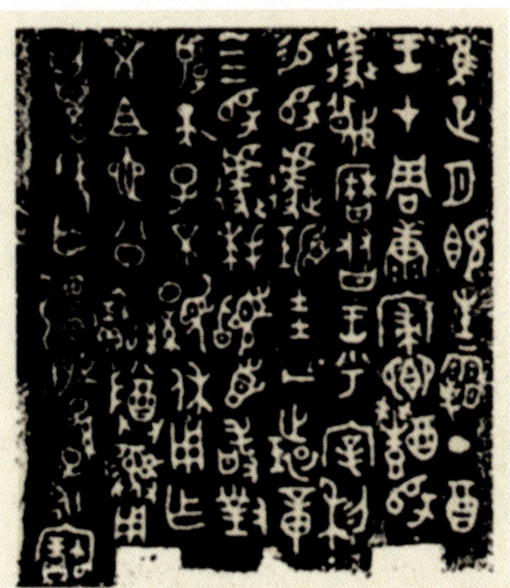

图 102 摹师遽方尊盖铭文铜盒拓本及原器铭文拓本

摹铜盒与铭文原拓本，可知摹本基本忠实于原拓，仅将四行调整为五行。曾见此铜盒翻刻本【图103c】，对比《莲花盦写铜》收录旧拓【图103a】可知其伪，翻刻铜盒点画刻板生硬，四周留白较多，整饬但不生动。

孙模山即孙文楷（？—1912），字模山，模卿，山东益都人。同治癸酉（1873）举人。好收藏，潜心著述，尤精金石之学，与潍县陈介祺、荣成孙葆田、胶州法小山等过从。壬子二月，清帝逊位后不久仰药自尽。著有《适野集》《一笑集》《老学斋文集》二卷，《今吾吟草》四卷，《稽庵古印笺》四卷，及《古钱谱》《古泉鉴》（稿本）等。《清史稿》有传。

三月十三日，及门弟子罗半山（则逖）为生父罗灿五七十寿乞序于先生，因作《罗灿五太翁七十寿序》并制为铜屏[2]：

罗灿五太翁七十寿序

及门罗半山则逖，宰隆化五年，政平讼理，士民仰德，追念本源，诵歌义方。尊甫灿五太翁，以七十之年家居娱老，左孺右稚，徜徉甚乐。献岁三月，有生之辰，长君璞山国本方率诸孙趋庭奉觞；半山守官，远隔数千里，南望肃拜。县人感戴贤明，争相尽礼以为太翁寿。于是炼冶铜华，刻辞纪事。而李生东莱、关生丰年者，慕予所为文，自隆化以启来，乞为一言。予与太翁有潘杨之好，翁籍安顺而予会城，齿又甚杀，无以识翁少年行事。予年甫冠，为贵筑诸生，谒前辈谭君，坐有硕而颀伟、貌而闳声者，可四十余岁，言笑高朗，屋瓦若震，心实仪之。已而来访，具言于予妇为诸兄属，遂相见纵论久之，即太翁也。已以年资论贡，璞山昆季亦已并为诸生。予尝与妇言，而兄论议宏达，声出若洪钟，气衷于中，怀鬯于表，此寿人也。自予识翁以来，更十有八年，再见京师，发皤皤然，顾言论意态，不差往日。山居多暇，相与道诗书故事，意肃于秋，神和于春，吟诗成帙，老而好古，其殆商山郿野之伦欤？翁尝自述壮盛之年，久佐军幕，往往活人。及晚岁，遁迹不与人事。既值国变，乡邑沸腾，翁以旧德坐镇雅俗，使井里晏安，所全甚众。予友蹇季常念益更以翁事语予，以为老成系仰其益如此叹美者数。若翁

[2]《罗灿五太翁七十寿序》见《弗堂类稿》“序记”，第七页。

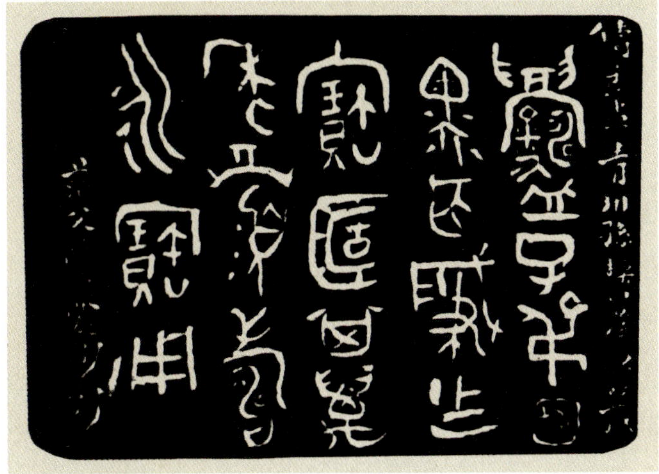

a b

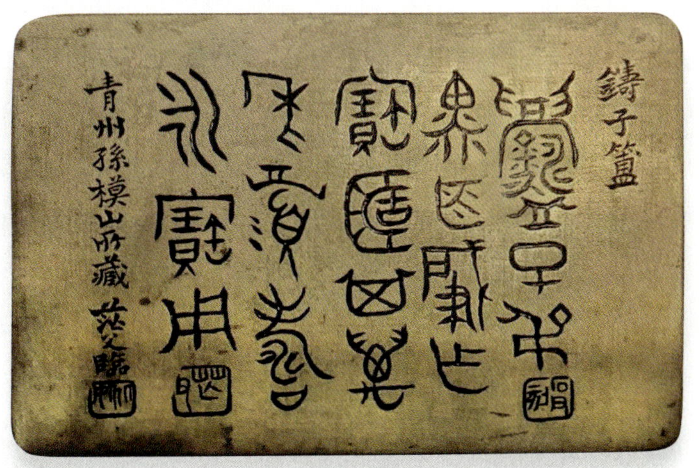

c

图 103 摹铸子簠铭文铜盒拓本、原器铭文拓本及翻刻版摹铸子簠铭文铜盒

之寿，岂惟资禀胜人，抑其德性积蓄使然耳。翁归里又六年，时得消息，益复老壮，此又耄耋之征。半山式禀明德，政由家学，宜其被泽百里，造福万家，获舆情之爱，博堂上之欢，颂声既作，将越万里而达黔疆，翁之乐宜复有加。惜予远阻山河，不及聆其言笑而亲酌大斗，仅闻于半山而为之辞焉。微李生、关生之请，其乌能已。惟藉于是以明贤宰之治本，揄扬太翁之潜德，使知隆化之人不为谀诵也，则其意或益厚尔。

按：此寿屏原物下落不明，亦未见过拓本。但从寿序文中所云“于是炼冶铜华，刻辞纪事”，可知必是刻于铜屏之上，故录存于此，以备来者考证。同日，应隆化李东莱、关丰年之请，为罗灿五七十寿作浅绛山水立轴，山峦叠出，高峰入云，颇有贵州山水气势。款识：“戊午三月十有三日，灿五大兄先生七十悬弧今辰，嗣君半山作宰隆化，称觞官舍，县人来莲花山中乞文，既为之序，因复写此为寿。贵筑姚华重光甫。”[3]

五月五日，端午，与陈师曾合写铜屏，师曾写佛像，先生以小楷恭录《心经》。款识：“心僧黄哲商供奉。朽者画象，茫者写经。戊午端阳。”【图104】

写罢意犹未尽，又摹师曾本另写一小铜屏及一小铜盒，二者尺寸相类，铜屏由张寿丞刻成，款识：“朽者写佛为茫者所见，更缩而作之。戊午端阳日，寿承刻。”【图105】铜盒则由姚锡久刻成，款识：“朽者写佛为茫者所见，更缩而作之。”【图106】

按：比较图105和图106，可见张寿丞与姚锡久所刻铜盒各有千秋，寿丞所刻刀法爽利，字口圆润光洁，纤毫毕现；锡久所刻则苍古厚拙，更凸显金石味道。图105铜屏实物尚存，可惜藏家秘不示人，没有得到实物照片。其他两件作品原物已不知所终，本书图162铜盒与图106拓本近似，书法亦得茫父神韵。

五月，董小逸请张寿丞制铜印二，一白文：董氏小逸；一朱文：肇夔。复请

[3] 见《姚茫父书画集》第7页，入选郑振铎编《中国近百年绘画展览选集》，尺寸：纵133厘米，横64厘米。

茫父先生为其作题记：

戊午夏五，小逸属寿丞刻印。莲华山中，茫父题记。【图107】

中伏，楷书节录《道德经》铜盒，由同古堂刻成[4]：

古之善为士者，微妙玄通，深不可识。夫惟不可识，故强为之容。豫兮若冬涉川，犹兮若畏四邻，俨兮其若客，涣兮若冰之将释，敦兮其若朴，旷兮其若谷，浑兮其若浊。孰能浊以止静之徐清？孰能安以久动之徐生？保此道者不欲盈，夫惟不盈，故能敝不新成。

戊午中伏书《道德经》，莲花山中茫父。

印章：吴兴。姚。莲华。【图108】

按：引首“吴兴”印，此为茫父先生郡望；“莲华”即“莲花”，则是“莲花盦”的简省，此用法在茫父先生书画作品中不多见。

八月十五日，中秋，应璞岑之请写《高士图》铜盒，由姚锡久刻成后赠与任康先生：

《高士传·韩康卖药记》，璞岑持赠任康先生。茫父作画，锡久刻，戊午中秋也。

印章：姚。佛手仙心。药笼。【图109】

按：璞岑即钟丰玉（1880—1962），字璞岑，号及翁，杭州人。日本成城学校毕业。留日时创办《浙江潮》，回国后创办《杭州白话报》。后任上海《申报》主笔，创办《神州日报》。又曾任武昌电灯公司经理及北京电车公司顾问等职。建国后，为杭州市政协委员、文史馆馆员。任康先生无考。

八月，宗宅三先生四十寿，常昭先生为撰《宅三二弟四十揽揆赠言》近八百言，请茫父先生以细笔录于铜屏，由同古堂张樾丞刻成，字小如米，极尽精微：

宅三二弟四十揽揆赠言：

[4] 拓本见北平市政府秘书处：《旧都文物略》，北平故宫印刷厂，1935年。

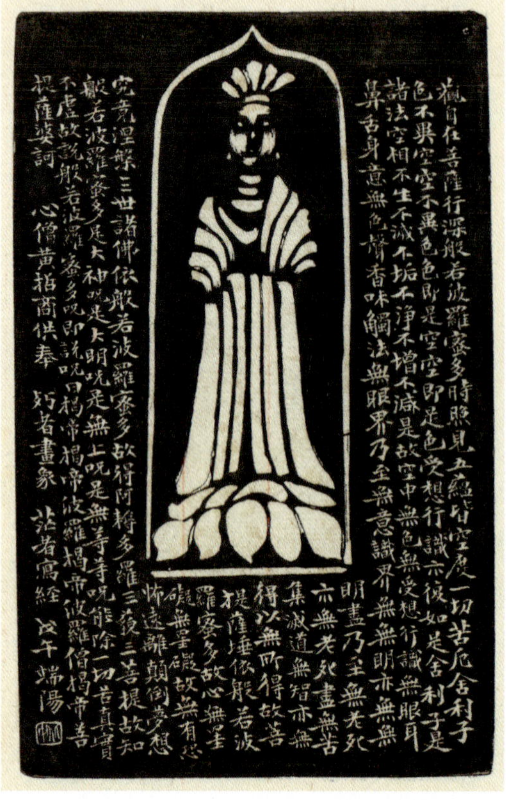

图 104　与陈师曾合写铜屏拓本

图 106　摹陈师曾写佛姚锡久刻铜盒拓本

a　b

图 105　临陈师曾写佛张寿丞刻铜屏及拓本

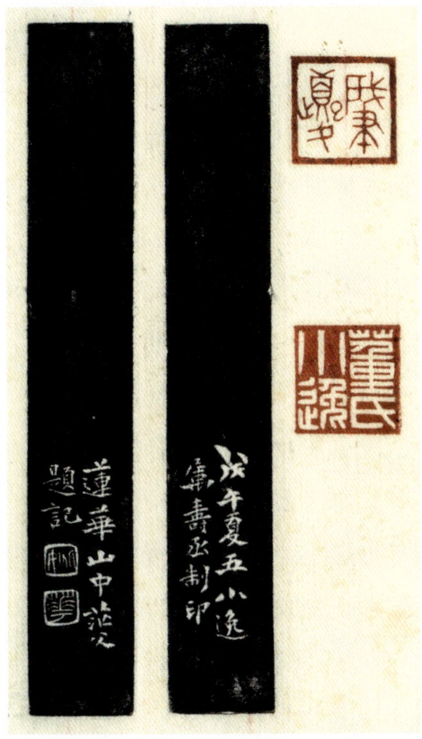

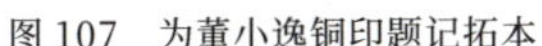

图 107 为董小逸铜印题记拓本

图 109 写《高士图》铜盒拓本

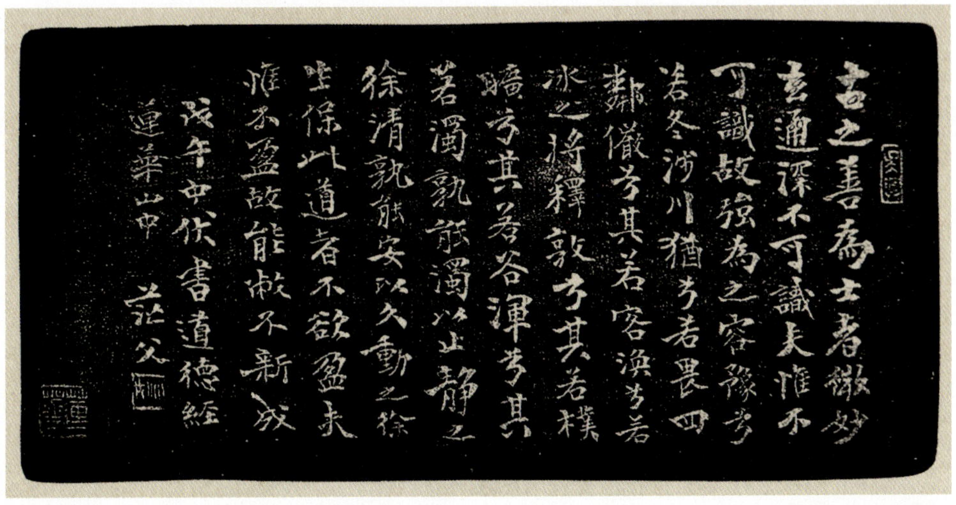

图 108 节录《道德经》铜盒拓本

余长于宗宅三君者，且十有一年。顾少壮时，亦复倜傥自喜，思以肝胆见人。曾不欲矻矻以儒暮。二十年前识宅三，其时天下方有事，而吾蜀僻处西垂，民气尚静，宅三正年少英锐，勇于见义，膺政乡里间，遇事则果敢自任，不以难葸，不以险畏，乡之人咸称道之。余一见而相悦，以为际运乘会若宅三者，殆非乡里间人也。既而改革论入，民权自治之义浸淫日盛，阘茸者方喑而噤，宅三慨然有建树之志。部署保甲丁壮，隐厚民力，不以啬夫游徼循禁盗贼为职竟。清末辛亥，川铁争起，以代表赴保路会议。归益愤慨，清政颛制，逆拂民意，中怦怦愤不自禁。会武昌变告，宅三益愤然曰："川争启之，而川民不能首难之，耻矣！"遂号召乡里子弟协会盐防驻军，倡义响应，疾入县，迫令从而拥之。时重庆党人运动尚未敢遽揭橥也。宅三向不属党籍，而顾不计利害，卒发若是，非资气敢任见义勇为者，曷克臻此？然宅三固只见为义，而不识其利者也。无何清室解枋，川蜀两军政府峙立，乘时见志之士雾涌云集，宅三始见所谓贤豪儁杰者，其举动作用往往非肊计所期。忽又废然曰："世莫测也，我本乡里间人耳，畴以事不获也，起而附义。今大事定矣，种种建设计画，非吾所知宜任，退居乡里间待治足矣。"以此遂溷迹于车牛盐筴中，不复思有以自见。然其英锐果敢之气，则仍微触而仍不可自掩也。曩岁客渝，值川黔两军争捷巷哄，全城鼠伏莫敢动。宅三裂幅帛揭商民代表，冒弹刃往来两闬，陈说主客大义，卒赖调解。比渝中相知人士谈及宅三当日情事，犹啧啧惊佩不置，而岂竟为乡里间人已哉。戊午八月，宅三甫四十初度，亲识旧故将制锦而觞之，属余一言以为寿。余曰："寿言非古也，矧年比强，仕不在养老授杖之列，胡寿为？独念宅三资禀英异，迈毅天赋，而又少不事诗书而无束缚朽腐之气，向以勠于公义，闇于私利，故以不获所怀而遁晦。今其精干之色尚奕奕未易，倘斯世不滔滔日敝，使宅三复出而任事，克尽其勇往担荷之器，不致如余之愤世嫉俗而颓然馁弃也，则天下事尚可为也。宁不跂欤。"兄常昭撰，信都张荫刻。

印章：茳父书。【图110】

图110　楷书《宅三二第四十揽揆赠言》铜屏拓本

按：常昭与宗宅三皆无考。从这篇寿文可知皆为蜀人。推算宅三生于1879年，而常昭年长11岁，则生于1868年。铜屏尺寸很小，寿文约八百言，字小如蚁，却一笔不苟，点画精神，足窥茫父先生微书之功夫。

铜师张荫，即同古堂创办人张樾丞。

八月，陈师曾写梅花铜盒，茫父先生题诗：

（师曾题）戊午八月，师曾画。

（茫父题）艺事如今见梅迟（陈彦侯晚号），千篇梅苑绘新诗（师曾近得楝亭刻本也）。何人秀句能相竞，寒碧荒荒石帚词。见师曾写梅漫题，戊午九日，茫父。

印章：陈。姚。【图111a】

按："九日"即九月九日重阳节。典出杜甫《九日》诗。师曾画作于八月，茫父题跋在九月。

约在同期，陈师曾写松林茅庵铜盒，茫父先生有题记：

（师曾题）林木萧疏，山石清瘦，安得有此境，一息尘劳。放浪中年意不谐，闭门诗画胜长斋。神皋满目摇风雨，稳结茅庵何处佳。朽道人前年旧作，荏苒岁月，茅庵尚无立足地，惟于画中寄之耳。印章：朽。

（茫父题）尧承属师曾画，茫父题记。【图111b】

按：尧承即黄元操（生平参见图68为尧承写都门感事诗铜盒拓本按语）。《铁笔铜墨》认为"尧承"是张樾丞，可能是因"尧承"与"樾丞"发音接近所作推测。张樾丞是同古堂主人，与陈师曾稔熟，此盒果为陈师曾写给张樾丞，题款中不会只字未提。而黄尧承是姚茫父故人，陈师曾未必相识，按常理推测，尧承通过茫父先生请陈师曾写此铜盒，因此茫父补题"尧承属师曾画，茫父题记"，即在情理之中了。

九月九日，重阳为雅堂录黄再同《赋保定钱范》诗于铜盒，由同古堂张寿丞刻成：

汉代官仪存少府，陈庭鼓铸辨男钱。残专（砖）曾恤蒲州冷，母笵同增竹垞笺。东夏蝉冠期一统，左丞龟鼎失三传。攫来漫比南宫研，笑我真因狂药颠。

黄再同《赋保定泉笵》诗，为雅堂书。戊午九日，菉猗室华。印章：姚。【图112】

按："九日"即九月九日重阳节。雅堂无考。有可能是连横（1878—1936）字武公，号雅堂，又号剑花，台湾台南人，祖籍福建龙溪（今龙海）。其哲嗣为连震东，孙即连战。1895年清政府割让台湾，一度来内地避祸。1902年到厦门主持《鹭江报》，后返台历主《台南新报》《台湾新闻》汉文部。1914年任北京清史馆名誉协修。1933年定居上海，直到去世。生前遍游中国，擅诗文。著有《台湾通史》《台湾诗乘》《剑花室诗集》《雅堂文集》等。

黄再同即黄国瑾（1849—1890），字再同，号公瑕，贵州贵筑人。黄彭年（子寿）子。光绪二年（1876）进士，入翰林院，官太史，曾主讲天津问津学院。性嗜学，工诗文，精考证，擅书画，贵州省博物馆藏其《墨兰图轴》。著有《夏小正集解》《段氏说文假借释例》《训真书屋集》等。

十一月十日，戴义自贵州来京，置铜盒一组，请先生作书、写佛，由姚锡久刻成，分赠贵州省军政要人刘显世、熊铁崖与卢寿慈[5]：

滔滔如春，旷旷如夏，湫漻如秋，典凝如冬，因形而与之化，随时而与之移。淮南子。茫父书，锡久刻。如周督军钧座，戴义谨呈。【图113a】

有心于平不如无心之不平。马总意林录文子。戊午中冬，茫父书，锡久刻。铁崖四哥，戴义制呈。【图113b】

惟七年十一月十日，茫者写佛一堪（龛），愿世界十方咸同斯福。寿慈先生伟鉴，戴义谨赠。姚锡久刻。【图113c】

按：戴义无考，从此三件铜盒所赠对象之称谓"如周督军""铁崖四哥""寿慈先生"等，可以推知其为贵州省军政界人士。刘显世、熊范舆都是茫

[5] 见邓见宽：《莲花盦写铜》，贵州民族出版社，2002年，第72、78页。

a

b

图 111　题陈师曾写铜盒两件拓本

图 112　为雅堂书铜盒拓本

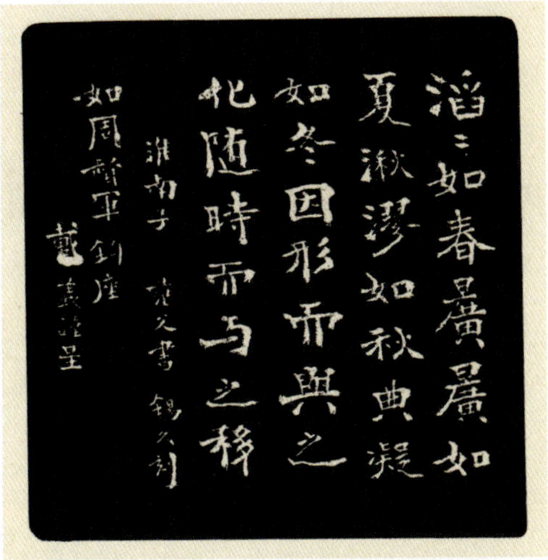

a

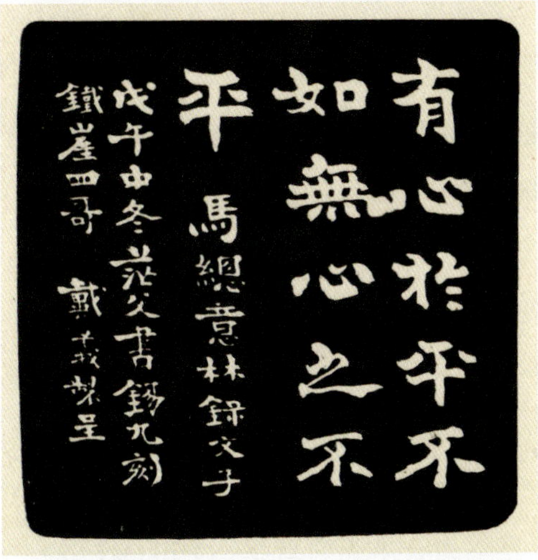

b

c

图 113　为戴义写铜盒一组拓本

父先生的同年、知交。

如周督军，即刘显世（1870—1927），字如周，亦作如舟，别号经硕，贵州兴义人。清末任清军管带。早年曾参加镇压广西会党起义。辛亥革命后曾一度赞成共和，但随即拥戴袁世凯称帝，后又转而反袁，民国成立后，任贵州护军使，1916年1月27日宣布贵州独立，自任都督、督军兼省长。后因军阀派系之争1925年1月隐退。1927年10月14日病逝。

铁崖四哥，即熊范舆（1878—1920），字铁崖。生平参见本书图65考释秦瓦量诏铜盒拓本按语。

寿慈先生，即卢焘（1882—1949），名启熹、字亮畴，号寿慈，广西思恩人。1904年加入同盟会，追随孙中山参加民主革命，曾任黔军旅长、司令、贵州省省长等职，在反袁护法等斗争中作出过重大贡献。他爱国爱民，一生为国家民族、为人民群众、为社会进步做了许多好事，被人们誉称为“活菩萨”“和平使者”，是著名的爱国民主人士。他在政治上与蒋介石泾渭分明，始终不为蒋介石所利用，在贵州解放前夕被国民党杀害。

十一月二十日，写佛铜盒一组，由姚锡久刻成：

惟七年戊午十有一月二十日，茫者写佛一龛，愿十方三界咸同斯福。锡久刻。【图114a】

茫者写佛，愿一切众生咸同斯福。锡久刻。【图114b】

茫者写佛，愿一切众生咸同斯福。【图114c】

十一月，置铜盒一对，临写广州药洲九曜石题刻文字，由姚锡久刻成：

灵曜。鹏书。九曜石，此在拜石右上第一段。吴鹏，秀水人。嘉靖中督粤学，疏甃、起桥，故时胜概，复者什九。戊午中冬，茫父并记。印章：姚。【图115a】

李之纪仲明、吴荀翼道、张升卿公诩、蒋之奇颖叔，元祐二年三月十六日会于药洲，观九曜石。九曜石，此在拜石右下之第四段。戊午十一月，茫父拟，锡久刻字。印章：茫父。姚。【图115b】

按：九曜石在广州，为五代南汉皇家园圃遗迹。南汉主刘龑割据岭南时，广筑离宫别院，又开凿西湖，长五百余丈，置名石九座，曰：“九耀石。”据

a b

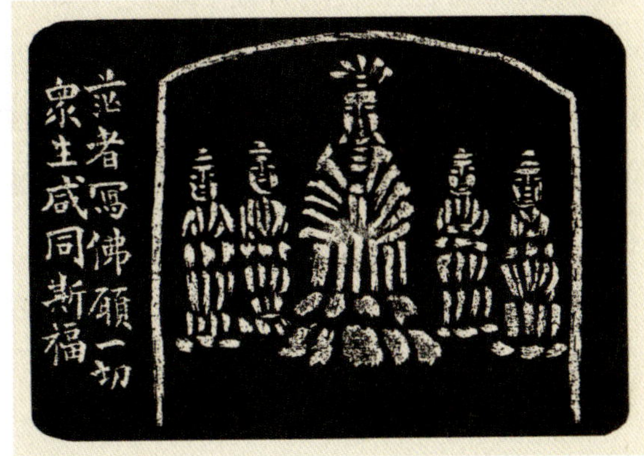

c

图 114 写佛铜盒一组拓本

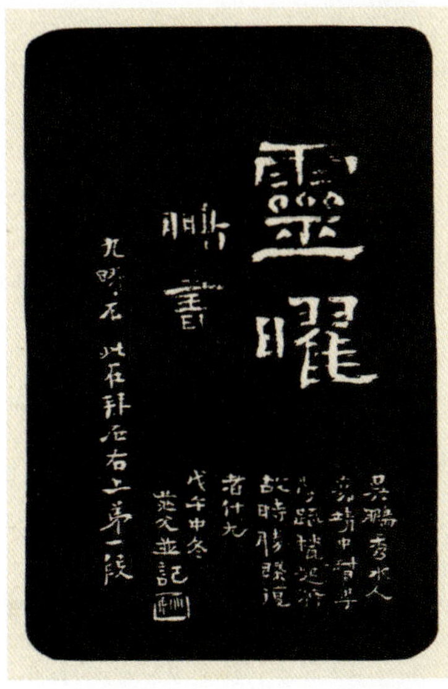

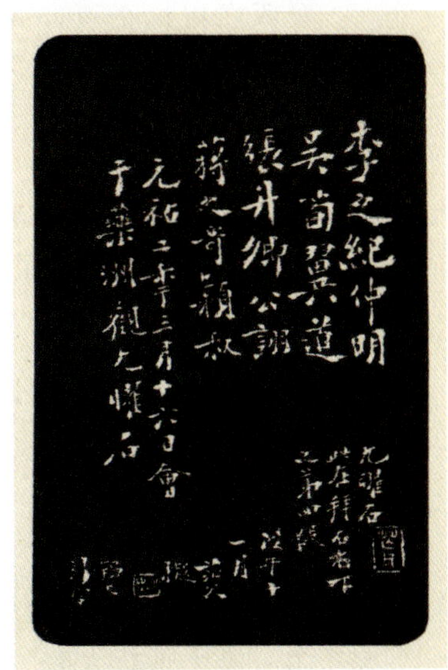

a b

图 115 临九曜石题刻文字铜盒一对拓本

《南海百咏》载：此地乃刘龚“聚方士习丹鼎之地”，故又名药洲，明代“药洲春晓”为羊城八景之一。《广东新语》载：九曜石“高八九尺或丈余，嵌岩峙兀，翠润玲珑，望之若崩云。既堕复屹，上多宋人铭刻。”现仅存6座遗石。1988年开始维修整理药洲遗址，将景石提升，并向西拓展恢复一部份湖面，1989年公布为广东省文物保护单位，尚存园林面积千余余平方米，但园林意境无复旧观。

九曜石中，米芾题“药洲”石最为珍贵。翁方纲自乾隆二十九年（1764）任广东学政，历三任八年，经数年搜寻，终于重新发现米芾题“药洲”残石，石在布政使署，几经交涉，未能将石交回学使署，翁氏乃手摹勒石西斋，并作《翁方纲摹米芾题药洲石记》刻于其上。碑高1.38米、宽0.76米，上摹“药洲，米黻元章题，时仲、公诩、积中同游，元祐丙寅春初八日题”24字，下刻翁方纲题记：“二段共一石，石高三尺许，在布政司廨后堂东竹丛中，予访之四年余不获，至戊子（1768）九月，始披竹见之。乾隆己丑三十四年春，方纲手摹勒石，置西斋东壁。”翁氏对九曜石一再题咏，先后作《九曜石歌》《后九曜石歌》《九曜石补记》《题仙掌石并序》等，皆辑入其所著《粤东金石略》中，留下一段文坛佳话。

考茫父毕生未涉足岭南，无缘见九曜石真容。这两件作品当摹自拓本。

十一月，于铜盒摹古印并录考释文字，由姚锡久刻成：

颜威之印，金印，瓦钮。顏即颜之别体，变彡为主，汉印往往如此作。戊午冬月，茫父写于莲花山中。印章：姚。茫父。石父刻。【图116a】

约在同期，于铜盒摹古印、古文字并考释之，由姚锡久刻成，目前可见两件：

守身如玉。金印，瓦钮。此乃汉印，其文曰“守身如玉”也。黄小松先生曾以之入《印举》中者。今橅之以奉竹亭姐丈清玩，季恺敬赠。石夫刻。印章：茫父。【图116b】

商双册父乙卣。孙持戈、孙形册册父乙。此匋斋所藏，山斋有此拓本，摹于莲花古寺。茫父记。印章：姚。茫父。石父刻。匋斋。

右下角补刻：昌文世兄雅玩，蒯晋德赠。印章：德。【图116c】

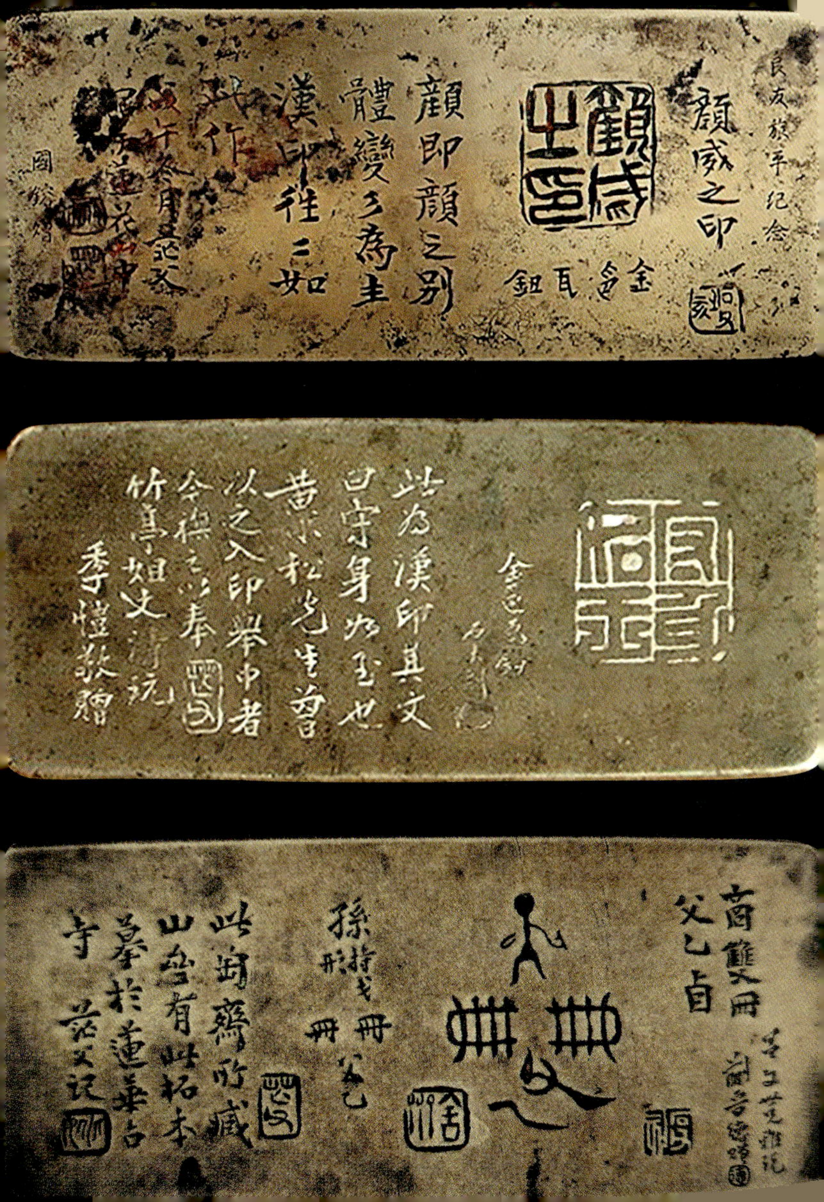

良友旅平纪念

顔戚之印

金龟瓦钮

顔即顔之别

體變多為主

漢印稚二如

此為漢印其文

曰守身如玉世

黄小松先生曾

以之入印举中者

今橅之以奉

竹亭姐文清玩

季愷敬贈

商龔冊

父乙卣

孫持戈册

形 册 父乙

此卣齋所藏

山谷有此拓本

摹於蓮華台

寺 芸父記

按：图116a铜盒长10.9厘米，宽4.6厘米，高2.7厘米，底铭“北京两明斋自造”。图116b释文中竹亭、季恺，无考。图116c释文中赠盒人蒯晋德（1890—？），卒年不详，字旭人，江苏人，长期旅居北京，著名律师，曾任北京律师公会理事，与江庸、姚茫父、沈钧儒等皆有交游。曾任北京法政同志研究会创办《法政学报》编辑；主持《微言》杂志；1916年在《大公论》创刊号发表《共和国家之国粹》；1917年至1918年间，先后在《丁巳》月刊和《微言》杂志发表《守节与改嫁》《俄国之将来与大亚细亚主义发挥之分歧点》《日本参战目的论汇》《战争与民主》等文章，其《非国教论》刊于《丁巳》月刊1917年第2期，明确反对康有为等上书国会要求在宪法中定孔教为国教，指出：“吾国向无所谓国教”，认为“尊孔为一问题，奉为国教为一问题，本有画然之界限，而不容相混”。

约在同期，写铜盒，摹古印并考释之，由姚锡久刻成，目前可见拓本数件：

颜威之印。顔即颜之别体，变“彡”为“主”，汉印往往如此作。

王罢军印。罢军复名特罕见。茫父。印章：姚。锡久刻。【图117a】

汉钩印赵王孙。赵魏斋先生晋常压此印，山斋藏《胡石查印集》收之。茫父。印章：姚。锡久刻。【图117b】

中冬，摹甲骨文拓本于铜盒，由姚锡久刻成：

（甲骨文略）簠斋龟甲文字墨本。

戊午中冬月，茫父橅。印章：姚。石父刻。【图118】

按：簠斋陈介祺（1813—1884）殁于光绪十年，彼时甲骨尚未被发现。此处“簠斋”或是“簠室”之讹。簠室是王襄之号，王襄（1876—1965），字纶阁，号簠室，祖籍浙江绍兴，世居天津。中国现代金石学家、甲骨学家。长期从事金石学、甲骨学研究，为中国的金石、甲骨学研究，特别是殷墟甲骨文的发现与保护做出了巨大贡献。1949年后，曾任天津市文史研究馆馆长、中国科学院历史研究所《甲骨文合集》编辑委员会委员、天津市政协委员。

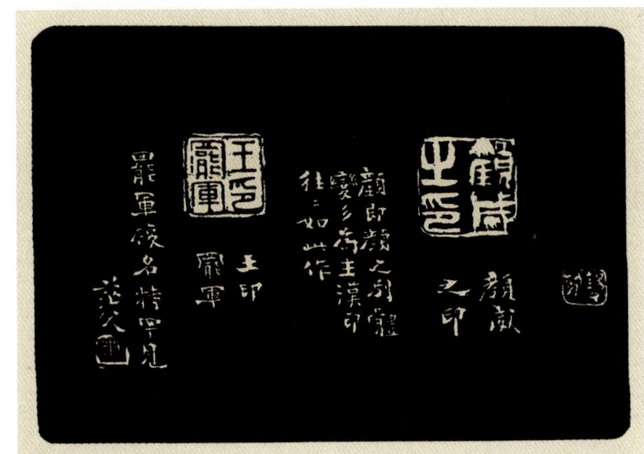

a

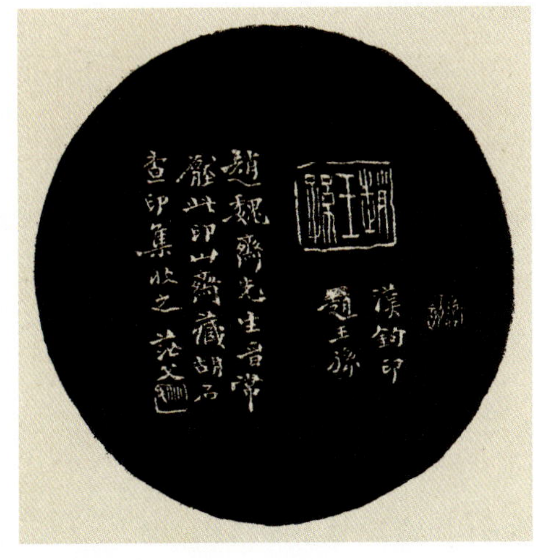

b

图 117　摹古印铜盒两件拓本

图 118　摹簠斋旧藏甲骨文拓本铜盒

此盒摹甲骨文拓本，是茫父书法中罕见题材。

岁暮，以颖拓法摹古陶文、印文于铜盒，由姚锡久刻成，今可见其中拓本三件：

此张培澍研樵所藏，文曰“东蔓园里公孙骀”此陶印记分明，里贯姓名毕具也。此可以得读陶之例矣。戊午岁暮，茫父并记。印章：乐陶斋藏陶器。锡久刻。【图119a】

骀印，瓦登。簠斋藏陶，从墨本橅此。此骀疑与蒟同，即匒也。盖峙匒之器与印记。一字侔大可喜。茫父记。印章：茫父。三代古陶轩。姚锡久刻。【图119b】

（古印文字待考。）弗堂摹。印章：芒父。石父刻。【图119c】

按：茫父先生重视小学，于古器物文字多有用心，此类铜盒亦是例证。考释簠斋骀印瓦登铜盒有翻刻本存世【图120】。对比原盒拓本，可知翻刻本以原盒为底本，应该是利用拓本翻刻者，原盒信息几乎原样保留下来。区别在于，翻刻本添加了两方印记：“民国八年孟冬月”与“叔和自制于都门”；又有壬戌年所添上下款：壬戌孟冬，西屏自置于都门。添刻的内容明显破坏了原有的格局，使得盒面显得零乱而别扭。此外，所有印记篆法皆不如原盒，书法亦有不到位处。综合铜盒本身，可以确认这是民国同时期所翻刻者，亦有一定收藏价值。

十二月十六日（1919年1月17日），为绍兴姚锡久刻铜集拓题词：

古肆流衍，家以资生，比栉枝骈，寖失其法。开国以来，张寿丞、孙华堂异军突起，不如寅生之起自士林，然其刻实有胜于前人。张、孙皆不能书，往往乞余。而绍兴姚锡久世擅此业，与余有素，又数劝奖之。已而锡久以所刻进，则不异张、孙之伎，一时鼎足，岂不可憙也欤！锡久为之几一年，拓其所成者集为此册，并乞赠言。如锡久之精进不已，将来何可限量？惟同时三人，独锡久娴书法，则不可不更于此求之，则或将为锡久之所独擅也耶。因书其首而归之，复积岁月，且以为锡久课其进退也。惟八年一月十有七日，莲

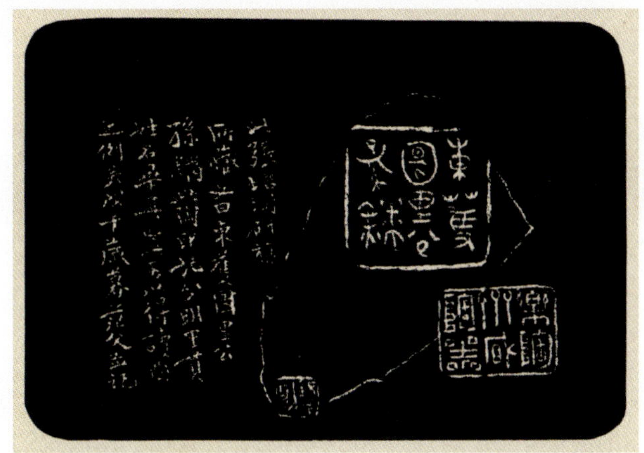

a

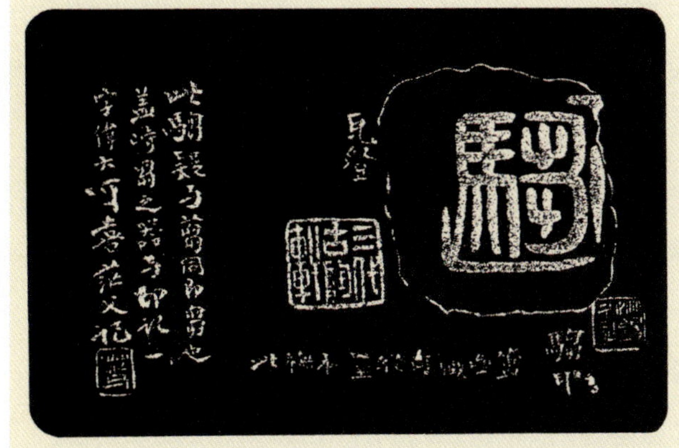

b

c

图 119　摹古陶文、印文铜盒三件拓本

花山中，茫父华。[6]【图121】

按：姚华手书题词收入《姚茫父书法集》及《莲花盦写铜》书中，释文有误，已做更正。

十二月三十日，除夕，写菊花铜盒，并题“寒花晚节”，由姚锡久刻成。【图122】

大约同期，另有一组花卉铜盒，皆由姚锡久刻成：

此是陶公旧酒尊，千年化墨有霜魂。晚风坐对疏花寂，时觉秋声一打门。茫父写为师缘先生。石夫刻。印章：姚。石父。茫父词画。【图123a】

其余几件文字极简，释文从略。【图123b-d】

岁暮，置铜镇，颖写古印并录考释文字：

汉官印“部曲督印”。

“仲印罢军”铜制印。

汉印有铸有凿，凿印急就，多荒率而特增意趣。此印凿铜而似刓玉，极可味也。是印均为窸斋所藏，今读印本，故摹其原样耳。戊午岁暮雪窗，茫父写，姚石父刻。

印章：姚华。石父。【图124a、b】

印文曰“天赐长年”。

此为乾隆甲子春奉为埜臣先生九十大寿之庆。丁敬顿首。

龙泓老人刻印，极刚健缈娜之致。以柔翰拟之。茫父橅并录原记。

印章：姚。茫父。【图124c】

大约是年，觉盦置铜盒赠铁髯，先生为写陆士衡连珠一首：

[6] 据《姚茫父书法集》第61页手稿释读，已更正《莲花盦写铜》误释。孙华堂有可能就是孙不疑，在同古堂制铜为业。

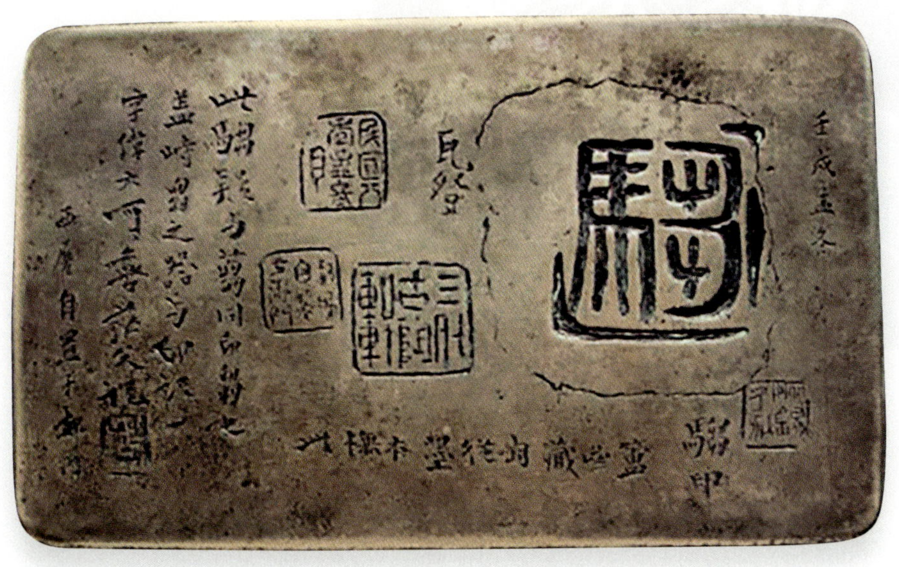

图 120 翻刻版茫父考释驺印瓦登铜盒

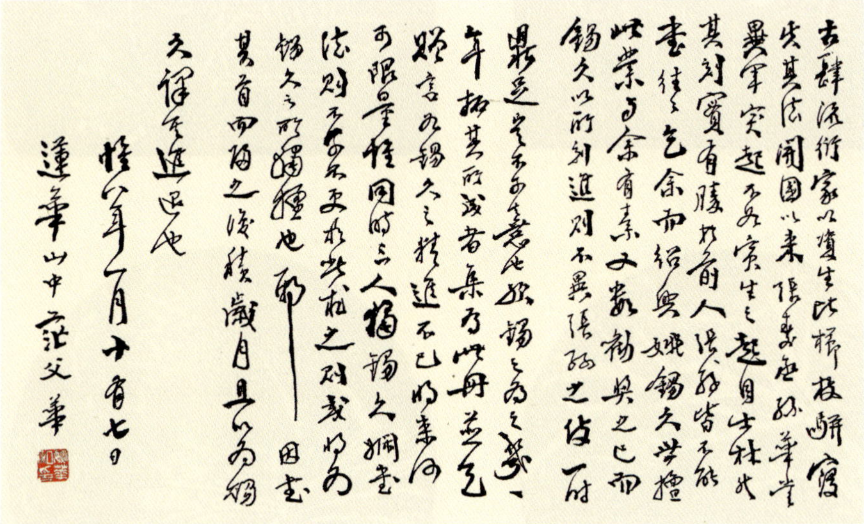

图 121 题姚锡久刻铜集拓

图 122　写菊花铜盒拓本

a　b

c　d

图 123　写花卉铜盒一组拓本

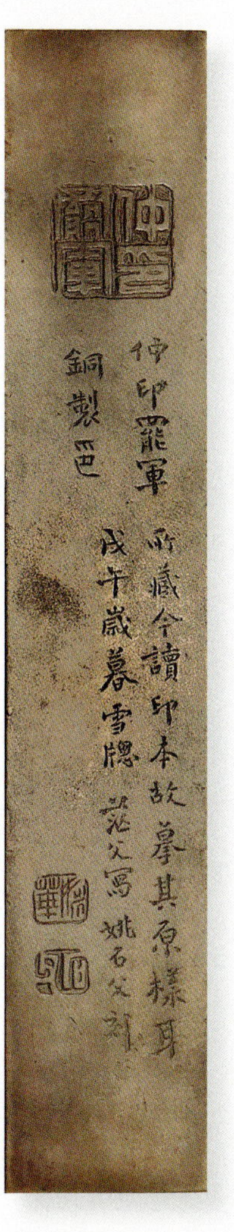
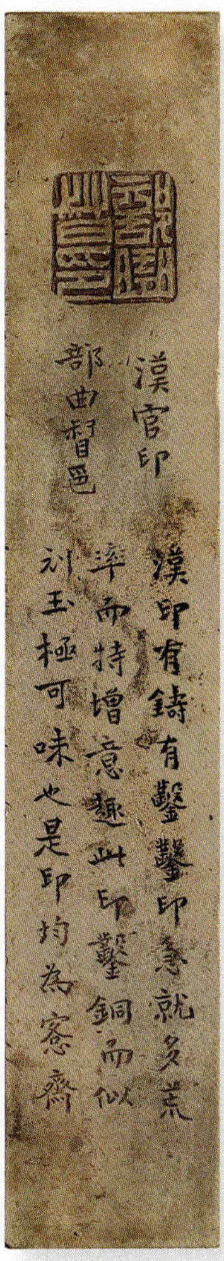
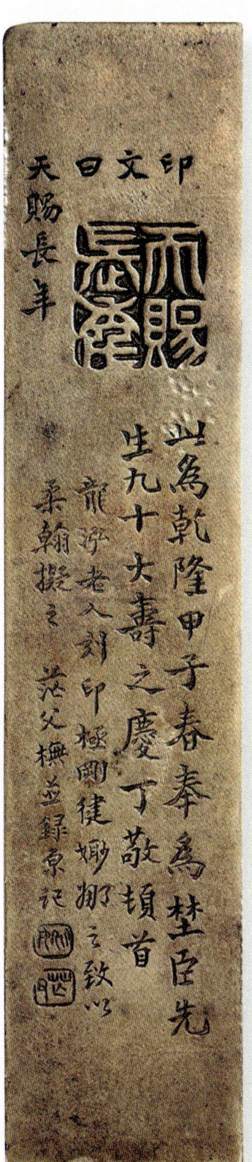

a b c

图 124 考释古印铜镇一组

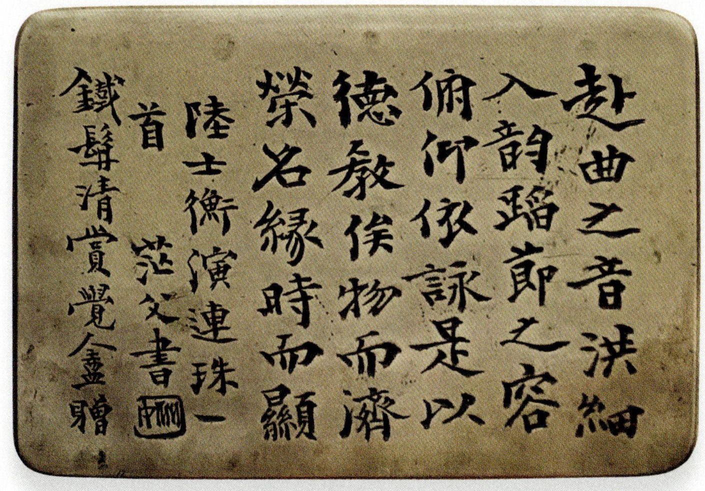

图 125 写陆士衡连珠铜盒

赴曲之音，洪细入韵；蹈节之容，俯仰依咏。是以德教俟物而济，荣名缘时而显。陆士衡连珠一首，茫父书。铁髯清赏，觉盦赠。

印章：姚。【图125】

按："铁髯"无考。觉盦，可能是姚梓芳（1871—1952）字君悫，号觉庵，晚号秋园老人。广东揭阳人。晚清光绪举人，京师大学堂文科第一届毕业生。曾任暹罗华侨宣慰使。能文，学桐城派，林琴南曾谓其文"叙事明达，赞论雅有雄浑之气"。著有《觉庵丛稿》《秋园文钞》等。姚氏与梁启超同为南海康有为弟子，与曾刚甫、叶恭绰、罗瘿公等友善，在京为官数年，与茫父先生多有交集。

民国八年

1919

己未

四十四岁

正月，于铜盒摹写秀水文后山所藏汉洗铭文拓本并录张廷济跋语，由姚锡久刻成：

邓中孺五斤五两，紫。

汉洗，秀水文后山舍藏器。嘉庆丙子五月廿六日寄此本，来信云“形类乐仲文近铝”，盖指其所藏元延三斗铝也。廷济记。

己未正月，茫父橅，锡久刻。印章：后山。【图126a】

按：文后山即文鼎（1766—1852），字学匡，号后山，浙江秀水人。清代书画家、篆刻家。所居曰“停云旧筑”。咸丰初征举孝廉方正，力辞不就。能诗，工书画，精鉴别，家藏金石、书画多上品，如商仲彝、周象觯、汉元延铝、禊帖五字不损本、原拓东汉《娄寿碑》等，皆海内独绝。小楷雅秀，清蒋宝龄《墨林今话》曰：“学匡小楷，谨守衡山（文徵明）家法。”篆刻工秀似得文彭遗意。精刻竹，凡扇边及秘阁，皆自为书画，刻山水不让周其岩。亦画云山松石，岩峦郁茂，不失家法。著有《五字不损本室诗稿》。

从茫父所录张廷济跋语可知，文后山藏此汉洗，嘉庆丙子（1816）尝寄拓本与廷济，信中说此洗“形类乐仲文近铝”，“乐仲”无考，“铝”为古铜器，传世甚少，文鼎旧藏“元延三斗铝”名重海内，得苏斋翁方纲题后而名遂大显，拓本经张廷济题跋后编入《清仪阁金石文字拓片》。原器后经李嘉福归画家吴待秋，吴之“抱铝斋”即因此铝得名。今可见吴待秋题跋汉元延三斗铝全形拓【图126b】，对照其铭文字体，与此汉洗文字确实类似。

大约同期，摹写“汉刻四器”铭文于铜盒，由同古堂张寿丞刻成：

大和三年二月廿三日，中尚方造铜慰人慰斗，重四十四斤十二两，弟百六，太和铜斗。

西卿二斗鼎盖，重三斤四两，第二，西卿鼎盖。

承安宫铜鼎，容一斗，重十四斤，甘露二年，安长垂福、掾禄、守令史宣、工世造，第五，承安宫鼎。

南皮侯家鼎，容一斗，重十斤三两，第二。南皮侯家鼎。

汉刻四器，茫父临，寿丞刻字。印章：姚，茫父，张。【图127】

按：此盒摹古器铭文四则，茫父统称之“汉刻四器”，实则“大和三年”即

图 126a 摹文后山旧藏汉洗铭文铜盒拓本

图 126b 汉元延三斗铜全形拓

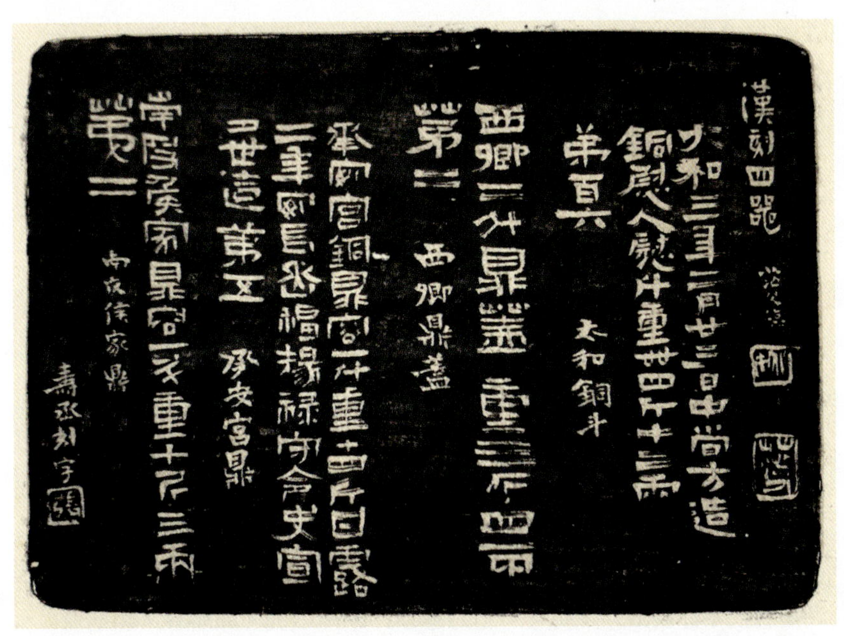

图 127 摹“汉刻四器”铭文铜盒拓本

“太和三年”，已入三国曹魏矣。

大约同期，为寄凫四兄写铜镇，录簠斋陈介祺跋太保簋文字：

太保四耳毁，无方坐，耳出器口如□刻，效父器二耳。此出任城土中，藏钟氏衍培，入州志，今归南海李山农。

此与盂鼎一人书，余谓是史佚作，而此尤胜。文古而敬，是召公自作，可补古《尚书》。

簠斋题跋。寄凫四兄雅属，姚华。印章：茫父。【图128a】

按：“寄凫四兄”无考。此为失群铜镇，文字位置偏下，天头扩大。推测其右边一半应是摹写此器铭文，因此尝试以原器铭文复原了右半【图128b】，有待他日实物重见之检验。在《茫父颖拓》第31页有一件团扇【图128c】，其内容正与此铜镇相合，可相互参照。

“毁”同“簋”，容庚《金文編》：“簋，从皀从殳……《周礼·舍人》郑注：‘圆曰簋。’簋证之古器，其形正圆，与郑说合。”四耳毁即四耳簋，在“簋”这一类器物形制中比较少见。据簠斋跋语可知，此四耳簋在任城（今山东济宁）出土，先由乡人钟衍培（养田）所藏，后归南海李宗岱（山农）。今已在美国弗利尔博物馆矣。此太保簋为“梁山七器”之一，传道光或咸丰年间山东省寿张县梁山下出土。器通高23.5厘米，口径37.5厘米。侈口沿外折，深腹微鼓，高圈足沿下折成边圈，四个兽首耳，兽角宽大高出器口，鼻上卷，下有长方形垂珥。俯视兽面纹，兽面的双目为器耳相隔，圈足饰夔纹。是西周早期与召公有关的重器。

“梁山七器”指清咸丰年间（一说道光年间）山东寿张县梁山出土的七件青铜器，包括：小臣艅犀尊（今在旧金山亚洲艺术博物馆）、太保簋（今在弗利尔博物馆）、太史友甗（今在日本泉屋博古馆）、太保方鼎二（一在天津博物馆，另一件据传在瑞典斯德哥尔摩远东艺术博物馆）、伯宪盉（不知所踪）、伯宪鼎（今在日本白鹤美术馆）。

正月廿三日，与老友周大烈相约离京南游，抵上海、游太湖、到杭州，邓尉山探梅、西湖揽胜，不亦快哉，二月十一日方返京。期间填词《曲游春·和草窗

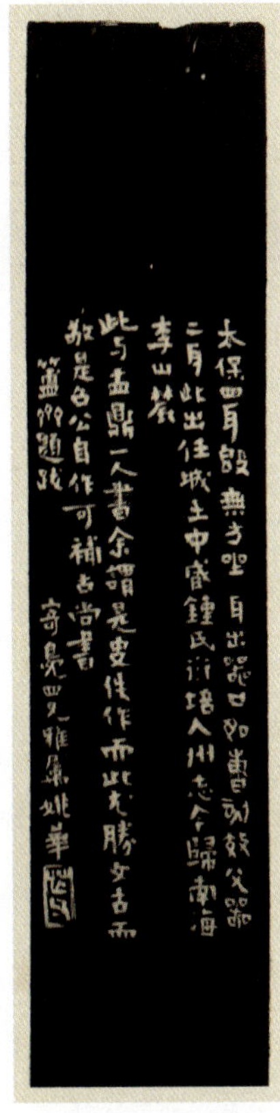

图 128a　为寄凫四兄写铜镇拓本
（失群，仅存其左半）

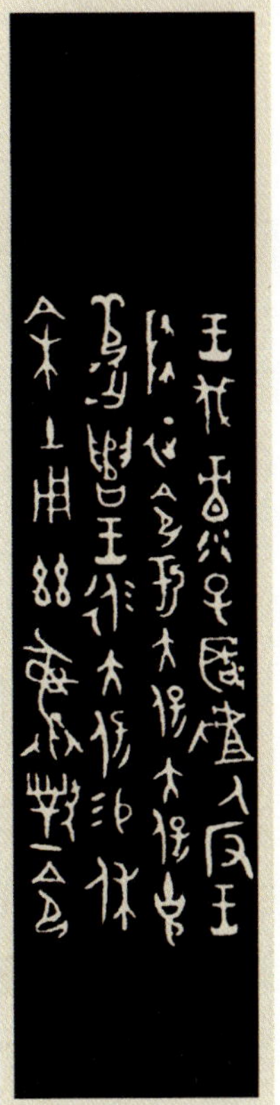

图 128b　太保簋铭文拓本

图 128c　茫父颖拓太保簋铭文拓本及考释文字

咏西湖晚梅》，[1]归后写梅花多幅，今犹可见铜盒和拓本各一【图129】。[2]拓本释文如下：

曲游春·和草窗咏西湖晚梅

问讯东风乍，看柳黄初吐，游丝难织。误搁梅期，只花余偷过，万红尘隙。一树寒香隔。料鹤冢、甚时邀笛。正对楼、唤出孤山，留得半湖春色。

雨歇。湖天弄碧。奈游侣偏迟，芳草金勒。才喜朝暾，又轻阴送冷，雨峰仍羃。烟水疑寒食。怕落蕊、苔深人寂。趁晚来、称月量诗，满船载得。

己未二月，茫父填词并画。

按：茫父先生自1907年归自日本，寓居北京宣南莲花古寺，此番南游是13年中首次远行。正月廿三日与老友周大烈相约离京，廿五日抵沪，廿八日与陈叔通会合，同往太湖之滨邓尉山探梅。二月二日返沪，三日到杭州，访茭芦湾，登山、游湖，访古揽胜，十一日返回京，历时18天。归来多次写西湖赏梅图并录所填《曲游春·和草窗咏西湖晚梅》词。这方铜盒及另外一盒之拓本，亦是实证。足见茫父先生此番南游西湖印象之深刻。

草窗，即宋代词人周密（1232—约1298），字公谨，号草窗，济南人，与吴文英（梦窗）齐名，并称“二窗”。且能诗，能书画。著有《草窗词》，编有《绝妙好词》。

三月，业师严修与夫人六十双寿，作《范孙夫子暨德配李夫人六十双寿序》并以工楷书制成铜刻八屏：

范孙夫子暨德配李夫人六十双寿序

盖闻温阳火烈，不燔伏壁遗经；大业尘昏，宁辍汾阴讲席。运穷朱噣，名山传玉海之编；歌阕白翎，一老振金华之绪。由来贞元递嬗，必有闳硕挺生，于以扶学术之衰，即用干元苞之运。至于澄心浴素，咀道含真；综

[1] 词见《弗堂类稿》“词一”，第八页。事见：姚鋆《莲花盦年谱》抄稿本，第38页。按：年谱此条收在戊午，即1918年，而先生南游实在1919年春。

[2] 今存铜盒见《民国刻铜文房珍赏》，第66页，《铁笔铜墨》，第54页。今存拓本现藏加州伯克利大学图书馆，原盒未见，图片由台湾历史博物馆蔡耀庆研究员提供。

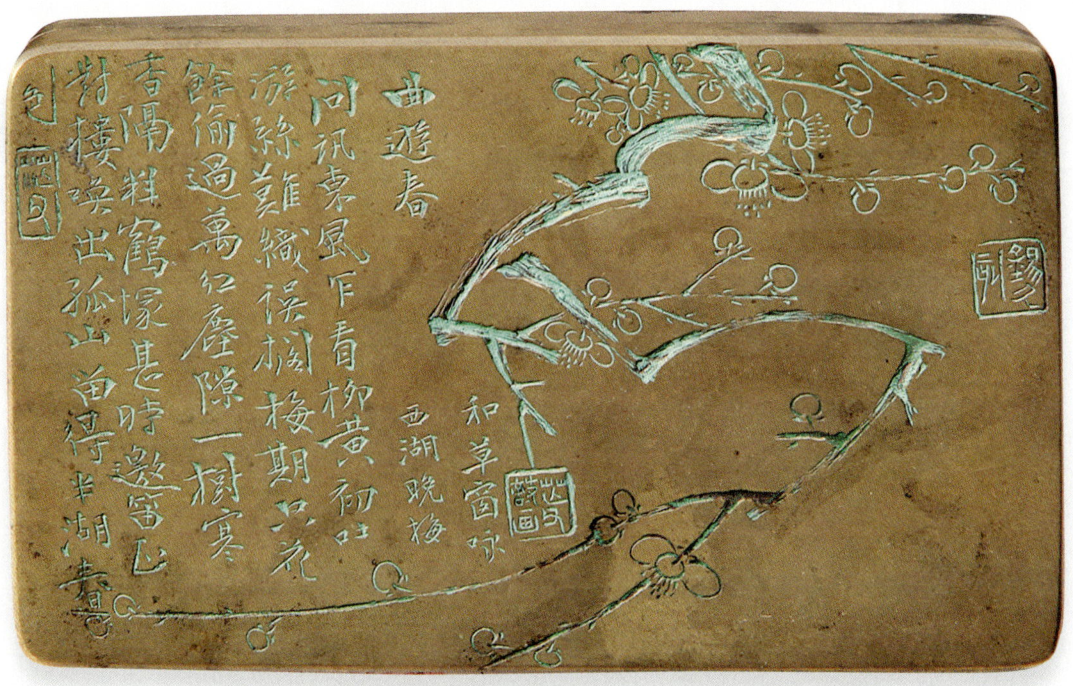

图 129 写《曲游春 · 和草窗咏西湖晚梅》词意铜盒及拓本各一件

崖略于九流，穷秘纬于三古。斯人不出，风采推甪里东园；吾道未穷，天下仰泰山北斗。如我范孙夫子，洵为摽季所希，足与曩贤抗迹矣。

夫子德星降祉，奎宿前身；高琳是浮磬之精，任昉应县铃之瑞。龙文虎脊，升腾斯异其风云；虯锷蛟镡，辟灌岂迟以岁月。词头草罢，争传鸑鷟文章；旌节花开，照遍牂牁郡县。名闻辰扆，张柬之遂换绯衣；祚厄卯金，管幼安常披皂帽。综古事今，情为一贯，其学跂张茂先；分经义治事为两斋，其教宗胡安定；在嘉祐主变法，在熙宁主守文，其识议类苏仲和（疑为“和仲”之误）；讲学之日多，立朝之日少，其出处近朱文公。显世等班列游杨，荷裁成之独早；汗流籍湜，叹盛美之难名。窃维徐邈处世，亦介亦通；刘峻自陈，曰节曰亮。爰本斯旨，以窥夫子之大略焉。

当光绪中叶，视学吾黔，其时旧蔀犹封，新机未沦，中朝贵近诧文靖、抑条陈，海内士夫譬颜介、憎夷语。夫子澄观世变，洞烛先几，知闭关而治之成规，不可以例寰海交通之近局。其设经世学堂也，柔史刚经，抽五十八签之旧籍；东鞮西象，奋百二十国之宝书；一时冠衿济济，絃诵琅琅，佥谓昌吾黔文教者，近则程春海，远则洪北江，以昔眎今，允无多让。迨其将去，则有请开经济特科一疏。朝阳闻凤鸣之瑞，盈廷腾鹗荐之章；擢秀翘材，舞骖随靳；会景风之升上，宜文露之涵濡。垂钩大马，待引耆年；改制公羊，能平驳议。何至如濠叟寓言，等蛙虫之难语；始尤戒高昌陋学，恐驴马之俱非：此夫子之通也。

当其苴兰旋旆，梨树忧边；愤切时艰，才婴物忌。门下平章，屡却昌黎之判；山中宰相，早挂神武之冠。言返初服，益盛门徒。纵横图史，忘得失于鸡虫；跌宕公卿，少往还之羔雁。经订礼堂，士增横舍；三辅甄育，一手规恢。然杨龟山自化乡间，不愿列蔡京刘牍；桓文林常携厨传，并无须王朗餐钱：此夫子之介也。

辛亥以来，厌闻世事。葆光朝服，拜南岳之荒祠；皋羽悲歌，击西台之如意。风高沛国，蒸尝循汉腊之常；门闭南阳，纁帛却国师之聘。然元瑜遁世，犹虞魏武之焚山；威彦逃名，乃避地皇而浮海。蛮烟蜑雨，浛翁山汗漫之游；天风海涛，洒舜水淋浪之泪：此夫子之节也。

且夫西第始成，藉扶风之雅望；南园初作，资务观之高名。盖下士㧑谦，本史书故实；而与人为善，亦君子盛心。故光宣之间，徂徕作颂，方陈脱距之词；秋壑垂行，独有留台之请。毋使商鞅出境，公叔痤自有深谋；能饯临贺于郊，徐栎阳不嫌为累。暨乎吴曦末路，夸月里之垂鞭；刘豫暮年，盼镜中之生角。许昌名士，争樵劝进之笺；中壘后人，且造贞符之谶。惟叔皮先见，知蹇人不可上天；笑碧眼谀词，诱吉利使之踞火。于是屡陈忠告，再进危言。孙伯符境上传书，冀公路潜消异志；荀文若席前苦口，欲征西终保令名：此夫子之亮也。

荀卿之言曰美意延年，马迁之言曰修道养寿。宜乎气海常温，瑞衿独鬯。师母李夫人，诗礼高门，珩璜令范；德曜相庄之庑下，樊英舍拜于床前。今年四月二日，为夫子六十双寿之辰。冀缺高风，我负子戴；芝田佳偶，吸露飡霞。故乡本近桐庐，曾感羊裘于白水；多士同摩燕关，久縻骏骨以黄金。坐明道之春风，应共悟满窗生意，数义熙之甲子，侻容和止酒新诗。

受业：刘显世，任可澄，张协陆，陈廷策，陈廷棻，熊范舆，何麟书，李琳，吕声文，陈国祥，刘显治，唐尔镛，唐桂馨，卢德璚，徐承锦，孙世杰，黄禄贞，万钧，董正，徐钟藩，胡嗣瑗，姚华，同顿首拜祝。

岁在屠维协洽病月吉日。【图130a】

按：严修（1860—1929），字范孙，号梦扶，别号偍屚生。原籍浙江慈溪，世业盐商。幼年饱读经籍，1883年中进士。历任翰林院编修、国史馆协修、会典馆详校官、贵州学政、学部侍郎，掌管全国的教育。在任贵州学政期间，积极推进教育改革，易学古书院为经世学堂，培养了一大批优秀人才。从此铜屏共同署名者可窥其概。他倡导新式教育，曾以奏请光绪帝开设“经济特科”借以改革科举制度而传名于世。

光绪二十年（1894）冬，严修到任贵州学政，将贵阳南书院改办为经世学堂，亦称学古书院，延聘贵州名儒雷廷珍为堂长。严修亲手拟订《学古书院肄业条约》，共列十一条章程，对学校管理，学生学习生活，日常行为等规定较为详细，是一个较为完备的学校规章制度，也是贵州第一个近代教育的学校章程。在传统经学、史学之外，开设算学、格致等新学科，为贵州省培养了一大批优秀人才。此寿屏所列署名者22人，即其中佼佼者。

此铜屏未署铜师姓名，幸有姚府珍藏拓本，每开皆有“姚石父印”，可知铜师乃姚锡久。此诚二姚合作刻铜文房之重器。可惜实物已失群，现仅存其三、四。【图130b】

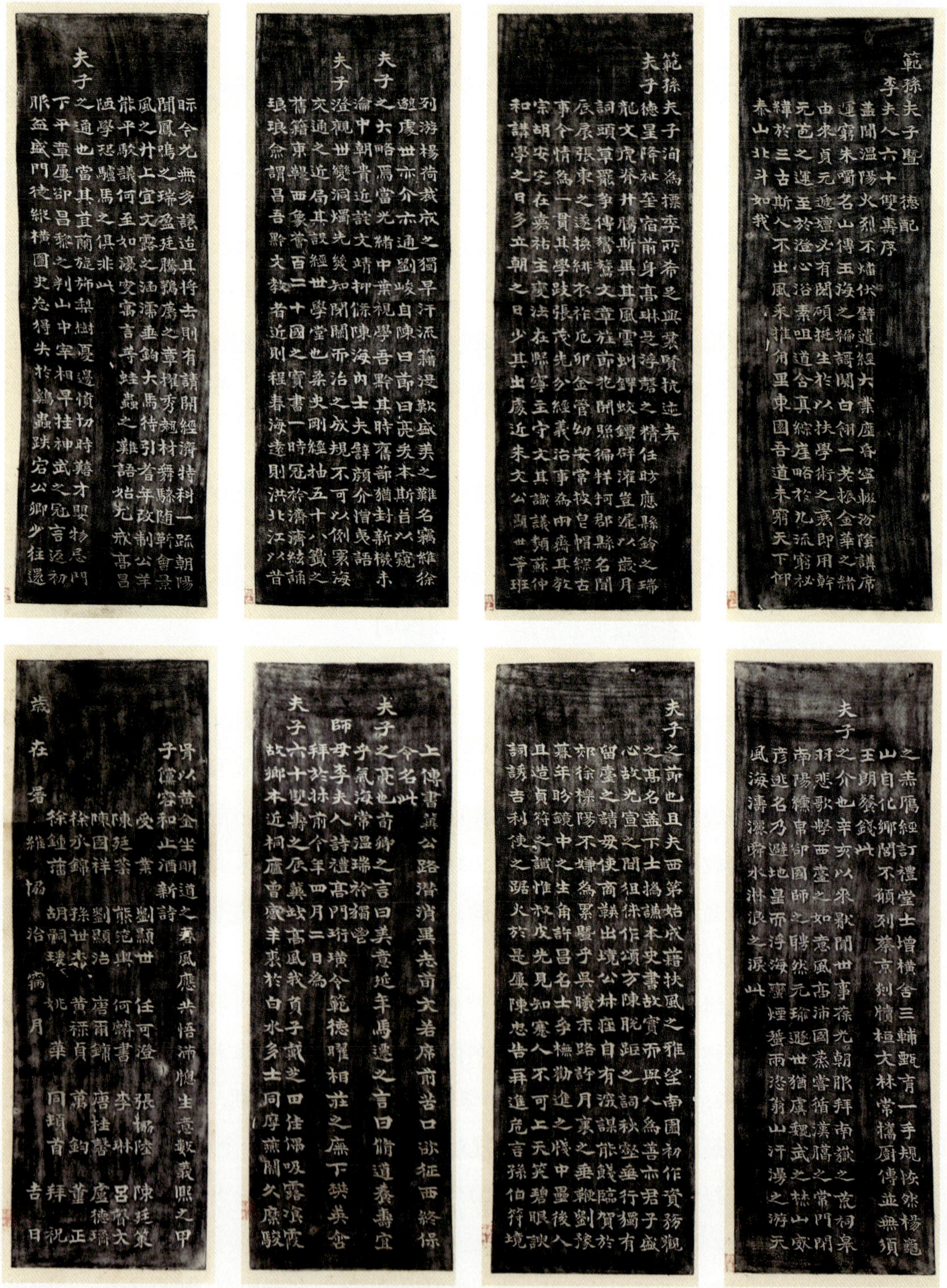

图 130a　写《范孙夫子暨德配李夫人六十双寿序》八铜屏拓本

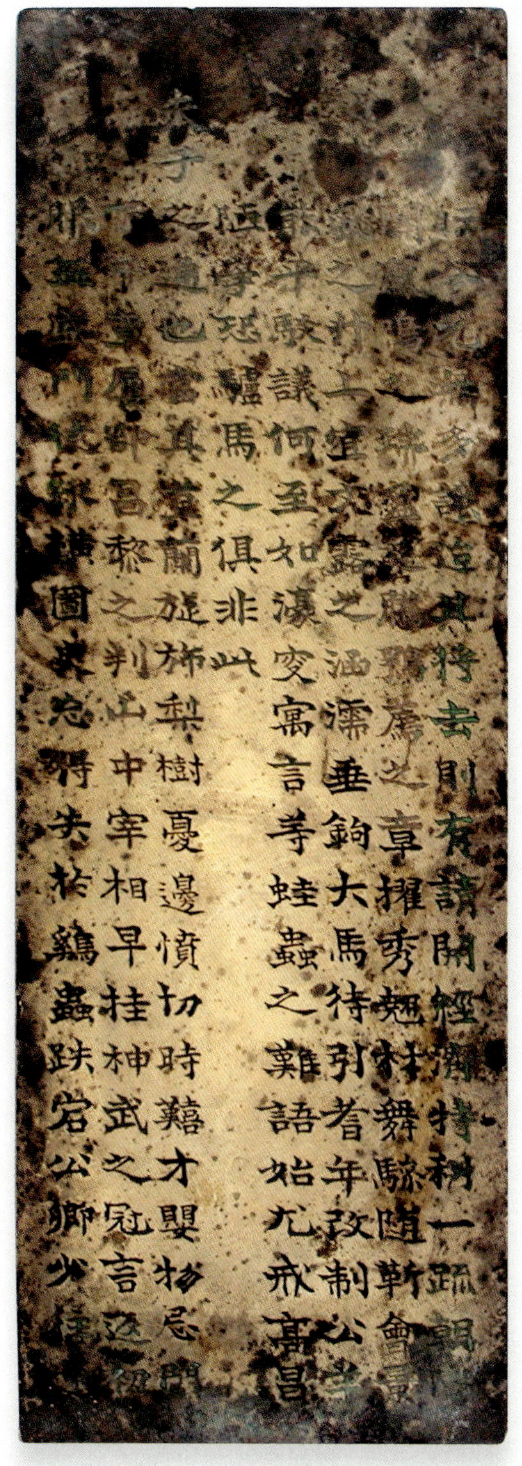

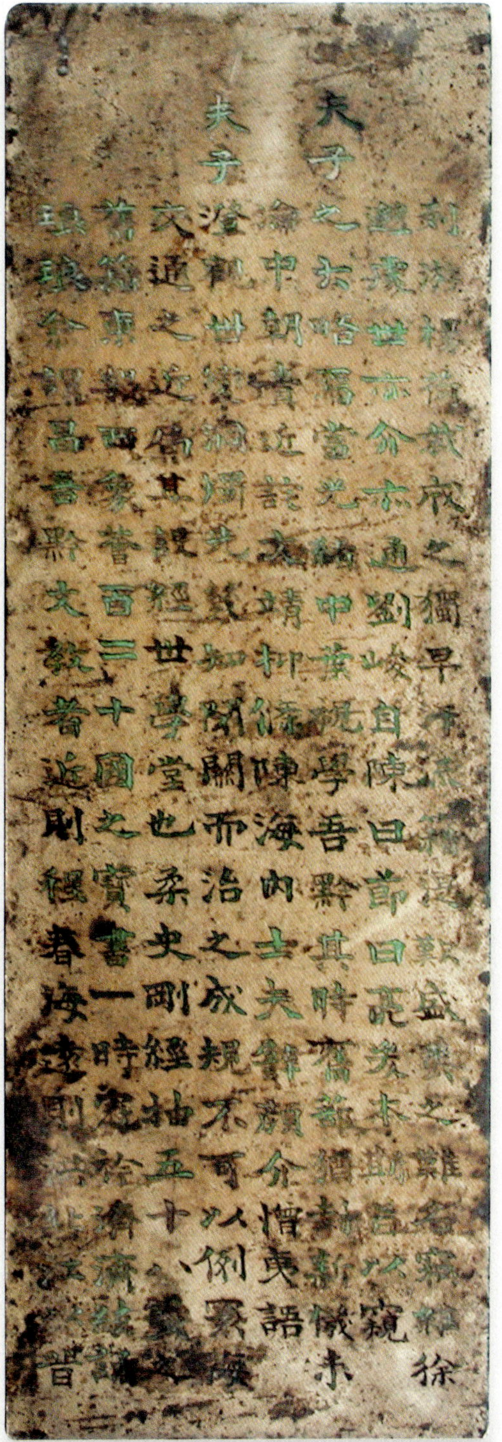

图 130b 《范孙夫子暨德配李夫人六十双寿序》八铜屏残存之三、四屏

三月，以颖拓法摹“始建国天凤四年”砖拓并录考释文字于铜盒，由姚锡久刻成：

始建国天凤四年保□□。

此专[砖]形特小，疑不类。惟残器多难□□□不能遽定也。己未三月，莲花山中橅，茫父。锡久刻。【图131a】

按：茫父先生认为此砖形制过小，怀疑不是砖，但因此物残损过多而不能确定。据文献可知，此器完整文字为“始建国天凤四年保城都司空”。“始建国天凤”是西汉王莽新朝的第二个年号，天凤四年时在公元17年。陈直先生云：“至于都司空署，所造瓦文更多。例如‘都司空瓦当’‘都建平三年’‘居摄二年都司空’‘始建国四年保城都司空’‘始建国天凤四年保城都司空’各瓦片，皆为都司空令各官署所造。”[3]由此可知，此器为瓦而非砖，则茫父先生据残器之推测不无道理。

大约同期，以颖拓法摹“太康六年”砖拓并考释：

晋太康甎[砖]文曰：“太康六年乙□岁七□制”。【图131b】

春，摹张士保所绘佛造像于铜盒，今存墨本两件：

山斋供奉佛像，是张菊如士保所写。己未清明，对临一过，茫父记。印章：姚。茫父。【图132a】

唵喇吽叭哪唎哪叭，吾奉如来佛祖，唵唵何敢冲关，嘛呢叭迷吽，何敢来斗。

己未春，再梦道人因公晋京，作以备用。张寿丞刻于澄云阁。【图132b】

按：对照可知，此两件佛造像均源自茫父先生所藏张士保绘本。张士保（1805—1878），字鞠如，一作菊如。山东掖县（今莱州）人。清代画家、学者。道光十二年（1832）选为副贡生。同治初年，山东巡抚丁宝桢在济南历下李清照故居设尚志堂，遍请“齐鲁穷经之士”来济讲学，他“巍然居首”。光绪

[3] 陈直：《文史考古论丛》，天津古籍出版社，1988年，第387页。

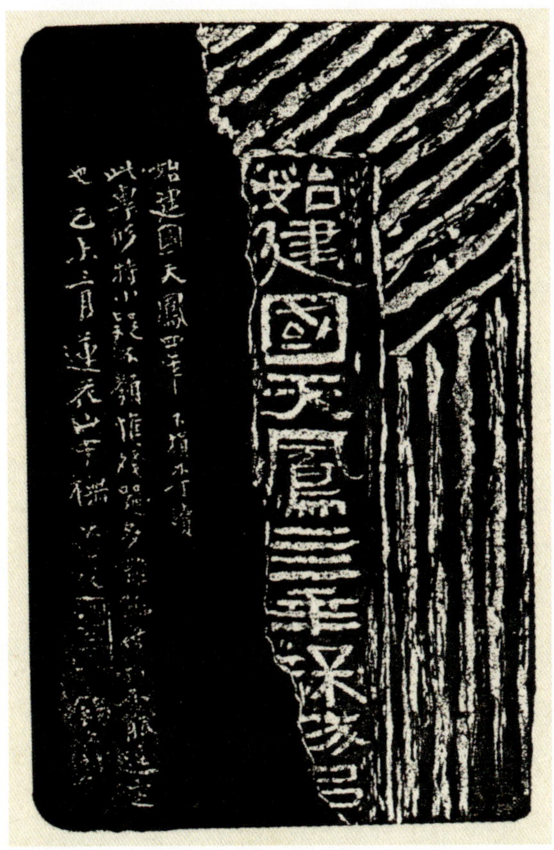

图 131a　摹天凤四年砖文铜盒拓本

图 131b　摹太康六年砖文铜镇拓本

四年（1878），被选任临淄教谕，卒于任上。

“再梦道人”无考，因公晋京不知何事。此盒茫父先生未署款，仅有铜师之款：“张寿丞刻于澄云阁”，这是非常少见的。澄云阁在琉璃厂西街，开业于光绪二十八年（1902），主要经营书画、法帖、杂项，比同古堂历史悠久，此盒证明张寿丞在同古堂刻铜之余，也为别的商家操刀。

茫父先生所藏张士保绘本已不知所终，有趣的是，曾见到茫父摹本两轴，一绢本，一纸本，皆设色，分别作于1924年【图132c】和1928年【图132d】，[4]可一窥张士保原作面目，亦可与此铜盒对照。

五月九日，为滋蘐学长五秩寿庆写铜镇纪念：

岁次己未端阳后四日，滋蘐学长五秩大庆纪念。【图133】

按：“滋蘐学长”即黄德章（1869—1923），字滋萱，一作子宣，四川新繁人。光绪二十三年（1897）拔贡，分省试用直隶州州判。京师大学堂仕学馆肄业，日本京都帝国大学法科毕业。法政科进士，廷试一等，授翰林院编修。历官法部宪政筹备处行走，法官考试、游学考试、京师法律学堂毕业考试襄校官，法政学堂、财政学堂教习，法部总务处筹办员，大理院推事，约法会议议员，京师地方审判厅厅长，江西高等检察厅检察长等职。为官清正，刚直不阿，为人称颂一时。

七月，临匋斋旧藏北魏靳江造像于铜盒，由姚锡久刻成：

北魏靳江造像。此匋斋藏品，题记在背，是景明年号，字多漫漶。己未七月，芒父临。锡久刻。【图134】

闰七月廿一日，为曼公写铜盒，作布袋和尚像并录查士标题词及布袋和尚偈语，由张寿丞刻成：

行也布袋，坐也布袋，放下布袋，何等自在。梅壑查士标题。

[4] 两件作品分别见于北京翰海2014秋季拍卖会，第3161号拍品，设色绢本，尺寸：87厘米×32厘米；中国嘉德1998秋季拍卖会，第0505号拍品，设色纸本，尺寸：68厘米×34厘米。

a b

图 132a/b 摹张士保绘佛造像铜盒两件拓本

c d

图 132c/d 姚华临张士保绘佛造像两件

印章：查士标印。

壬辰初秋，弟子吕学书。印章：吕学。

弥勒真弥勒，分身百千亿。时时示时人，时人自不识。梁贞明三年三月，天林寺布袋和尚偈。己未闰七月二十有一日，为曼公作，茫父。印章：姚。老芒。寿臣刻。【图135】

按：“曼公”无考。有可能吴曼公（1895—1979），原名观海，字颂芃，号飞雨词人、圣沦居士，斋号珠字堂、仰喜楼、花曼寿庵等，江苏武进人。出身世家，父吴稚英、舅父庄蕴宽，皆晚清政治人物。受家庭熏陶，与长兄吴瀛（1891—1959，字景洲）皆好文物鉴藏。毕业于上海中国公学，后赴北京，得萨镇冰赏识，担任秘书多年。卢沟桥事变后南归上海隐居不出。1951年任上海文物保管委员会特约编撰。富收藏，精鉴赏，对碑拓、书画、篆刻、青铜器等皆有较深造诣。擅长填词，著有《曼公随录》《珠字堂杂钞》等。

“吕学书”，“书”字应是“画”字之误刻。从题跋文字可知，茫父所写布袋和尚本自查士标弟子吕学之画作，并有查士标题跋。吕学，生卒不详，清初画家，师从查士标。《中国历代画家简明图表》称：“字时敏，一作时毓，号海岳，一作海山，浙江乌程（今湖州）人。工人物，善写照，兼工山水。画佛像、天尊、驼马等，名盛一时。”查士标（1615—1698），字二瞻，号梅壑散人、懒老。安徽休宁人，流寓江苏扬州。秀才，家富收藏，与孙逸、汪之瑞、弘仁等书画家合称“新安四家”。山水初学渐江、倪瓒，云山烟树，简淡松秀，气韵荒寒，后服膺米芾、吴镇、董其昌，风神萧散，秀润高华而有爽朗出尘之致。性闲散疏懒，一生沉迷于诗性生活之中，多在新安、镇江、扬州之间，与王翚、恽南田、笪重光、石涛、龚贤等名士游。有《种书堂遗稿》等存世。

茫父所写佛造像类作品，大都本自金冬心、罗两峰等扬州画派作品，或直接取法自历代造像拓本。此作风格诚少见，所据原作不知所终。

八月十五，中秋，写菊铜盒：

己未中秋，茫父写意。印章：茫父。【图136】

八月，以清置铜盒一组分赠亲友，请先生书就，由同古堂张寿丞刻成。

其一，录蜀相刘文静语：

图 133 为滋蕿学长五秩寿庆写铜镇拓本

图 134 临北魏造像铜盒拓本

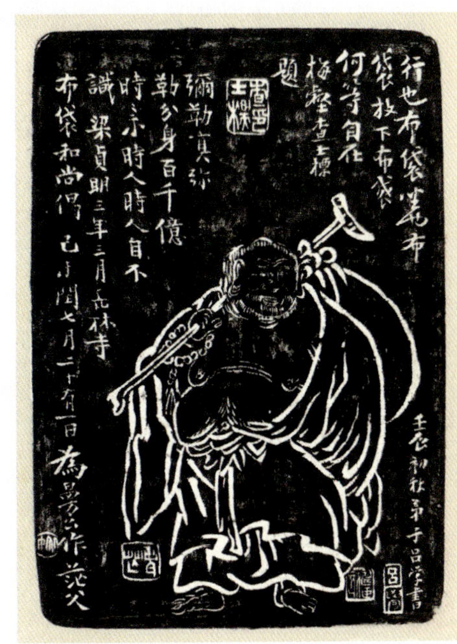

图 135 为曼公写布袋和尚像铜盒拓本

图 136 写菊铜盒拓本

乌得五丁壮士，挽回天河，洗涤天下之甲兵，车书一同，凶器长不用，此蜀相刘文静语，杜甫《洗兵马》用为结句。印章：茫父。

幼泉参谋长，以清制呈，张寿丞刻。【图137a】

其二，录《神农本草经》句：

磁石引针，琥珀拾芥，漆得蟹而散，麻得漆而涌；桂得葱而软，树得桂而枯。戎盐累卵，獭胆分杯。物之性有离合关感如此。茫父。

荣廷姻兄雅玩，以清制于京师，张寿丞刻。【图137b】

其三，录《真诰》句：

眼者，身之镜；耳者，体之牖。视多则镜昏，听众则牖闭。真诰。茫父。印章：茫父。

敬之先生清玩，以清制赠，张寿丞刻。【图137c】

其四，录张平子《思玄赋》句：

天长地久岁不留，俟河之清只怀忧。愿得远渡以自娱，上下无常穷六区。超踰腾跃绝世俗，飘遥神举逞所欲。张平子《思玄赋》。以清制呈如周督军。

己未八月，茫父书。印章：茫父。【图137d】

按：铜盒制于是年八月，其书法风格正是茫父刚刚完成转型时的典型面貌，可与该年六月所写楷书扇面相对照【图137e】。

“以清”无考。从这批作品的受赠人推测，“以清”应该是贵州军政界人士，且与广西都督陆荣廷有姻亲。

幼泉参谋长应是韩建铎（1880—？），原名国饶，字幼泉，后改名建铎，河南光州府人。1903年毕业于日本陆军士官学校第五期。曾任清政府陆军处陆军部参谋。后随蔡锷赴云南，先后任云南陆军第十九镇第三十七协司令部正参谋官、云南军政府军务总长、军务部部长、云南陆军第一师师长等职。1912年奉命赴北京述职，授陆军少将加中将衔。1916年入黔，任贵州督军（刘显世）公署参谋长。1921年任云南讲武学堂第十五期堂长。后在北京逝世。

荣廷姻兄即陆荣廷（1859—1928），本名亚宋，字干卿，广西武鸣人。

a　b

c　d

图 137a-d　为以清写铜盒一组拓本

图 137e　姚华己未六月楷书陶渊明诗扇面

曾任广西都督、两广巡阅使。入民国后，支持共和，在“反袁护国”运动中发挥重要作用，是旧桂系军阀代表人物。

敬之则是何应钦（1890—1987），字敬之，贵州兴义人。参见王文华赠何应钦铜盒按语【图25b】。

如周督军即刘显世（1870—1927）。参见戴义赠刘显世铜盒按语【图113a】。

初冬，为仪卿仁兄写铜镇录韩愈诗：

断送一生惟有酒，寻思百计不如闲。莫忧世事兼身事，须着人间比梦间。昌黎集《遣兴》一首。己未初冬，为仪卿仁兄书，茫父。【图138a】

按：“仪卿仁兄”无考。

大约同期，为咸夷兄写铜镇，节录《颜氏家训》，从内容推测，很可能就是单尺：

墨翟之徒，世谓热腹；杨朱之侣，世谓冷肠。

颜氏家训，咸夷兄属，茫父。印章：姚华。【图138b】

按：“咸夷兄”无考。推测可能是黄镠，字咸夷，生卒不详，湖南湘潭人。能诗文，南社社员。据陶菊隐回忆，民国初黄咸夷担任程潜湘军第四师的机要秘书，奉命接办《湖南新报》，任总经理，聘陶菊隐为总编辑。作为南社湘集社员，与柳亚子、王闿运等皆有交游。

大约同期，写铜镇考释古印：

弗堂所藏玺印。丁充宗印。弗堂有石曰“郗盖族”铭，正堪俪此。茫父。

印章：印。丁充宗印。【图139】

按：茫父先生重视古器物之收藏，其目的在于学问。“郗盖族”即《郗盖族墓志铭》，出土于山东福山，为端方所藏，身后散出，1917年入藏莲花龕。在当年写给长子姚鋈的信中，曾经提及：“……莲花龕藏石共五方，一《司马景

图 138a 录韩昌黎《遣兴》诗铜镇拓本

图 138b 节录《颜氏家训》铜镇拓本

和妻志》（三百三十元）、二《吴高黎志》（三百元、三《郄盖族铭》（一百二十元）、四《八十人造像》（二百五十元）、五《孙业造像》（八十元）。一、二、四为有名之石，一名尤大，而四较生，若大名而生，则更为可贵者也。二砖五石为吾家珍品，惟金品甚少，只一弓形鼎、二汉镜为可玩（一青盖镜，二杜氏镜已损），当徐求一二大品，则聊可以已耳。碑拓《广武将军碑》《小字麻姑坛记》皆稀品。书画无可言者。书则《张子寿集》为胜，是元椠板也。明板尚有十数佳刻，精本亦尚不少，惟非绝胜者耳。吾是读书之人，非藏书之人，故藏本少，而读本多。石墨亦然，品多而寻常，但极便用功。”[5]

是年，考释汉杨宗印于铜盒，并录王懿荣题记文字：

汉杨宗印并王文敏公题记，山斋藏《石查印辑》。

汉益州牧，字德仲，临江人，见《华阳国志》。有墓阙在夹江县，见洪氏《隶释》，牧误作大守。刘氏《三巴孴古志》是正之。其石之阴有宋杨仲修柏梁体诗一，甚可观。

癸酉秋，陕估苏亿年介鲍子年文[丈]以此印来求售，以白金十七铢得之，拓呈石查三丈社长，附装杨宗墓阙墨本，不让桂赤[未]谷先生所藏孔褒印也。懿荣附记。茫父姚华樵记。

印章：莲花盦。【图140】

按：此铜盒中，鲍子年丈的“丈”字被铜师误刻为“文”，桂未谷则误为桂赤谷，以至于难以索解。类似情形偶有发生，一如抄书者囫囵吞枣之误抄耳。

是年，得匋斋、簠斋旧藏造像拓本数桢，乃置铜盒，以颖拓法一一摹写其上，由姚锡久刻成。《莲花盦写铜》收录五件，释文如下：

隋成胡二人造像。开皇五年，《匋斋吉金录》著录之品。茫父临，锡久刻。【图141a】

齐天保王邹十四人造像。甲申三月二十日丙戌收。簠斋原题。天保十年臈月八日，十四人造石佛一区[躯]。（余略）。印章：簠斋精搨。茫父摹。锡久刻。【图141b】

[5] 姚华：《如晤如语：茫父家书》，上海书画出版社，2018年，第102-103页。

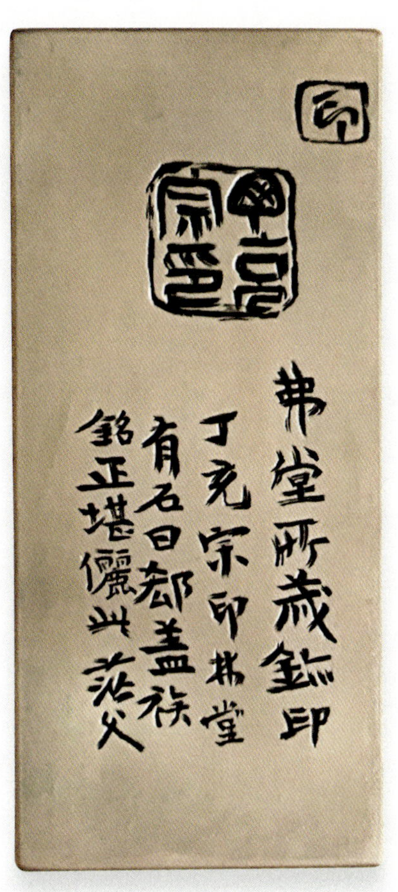

图 139 考释丁充宗印铜镇

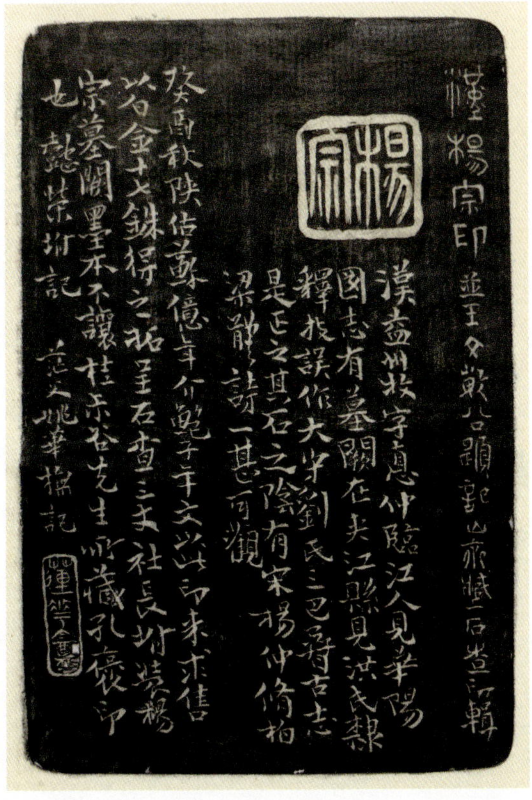

图 140 考释杨宗印铜盒拓本

北魏左善造像。延兴六年月二日，左善敬造弥勒仏[佛]一区[躯]。造像之极简率古拙者也。匋斋藏品，茫父对临。印章：锡久刻。【图141c】

天统三年七月十五日造像。簠斋清供，茫父橅。印章：锡久刻。【图141d】

隋张富造像。匋斋藏品，芒父依录对临，锡久刻。【图141e】

大约是年，为香盦写异形铜盒，作花卉图。【图142】

按：香盦无考。此盒为异形，在茫父写铜作品中比较少见，甚至可以说此类双菱形铜盒，此拓本为目前仅见。

大约同期，写异形铜手镇，摹匋斋旧藏古币并录考释文字，姚锡久刻成：

古币。此匋斋所藏小币之极精者，其文左字残，不能知，右是“阳”字，与安阳类同。茫父记。

印章：姚。茫父。石父刻。匋斋。【图143】

约在是年，置铜盒，以小行楷节录周朗《报羊希书》文字：

凡士之置身有三耳：一则云户岫寝，栾危桂荣，秣芝浮霜，剪松沈雪，怜肌蓄髓，实气爱魂，非但土石侯卿，腐鸩梁锦，实乃竚意天后，睨目羽人。次则刳心扫智，剖命驱生，横议于云台之下，切辞于宣室之上，衍王德而批民患，进贞白而酖奸情，委玉入而齐声礼，揭金出而烹勍寇，使车轨一风，甸道共德，令功日济而已无迹，道日富而君难名，致诸侯敛手，天子改观。其末则餍饴而出，望旃而入，结冤两宫之下，鼓袖六王之间，俯眉胁肩，言天下之道德，瞋目扼腕，陈纵横于四海，理有泰则止而进，调觉迕则反而还，闲居违官，交造顿罢，捐慕遗爱，夷毁销誉，呼噏以补其气，缮嚼以辅其生。凡此三者，皆志士仁人之所行，非吾之所能也。茫父。【图144】

按：铜盒文字出自南朝宋人周朗《报羊希书》。周朗（424—460），字义

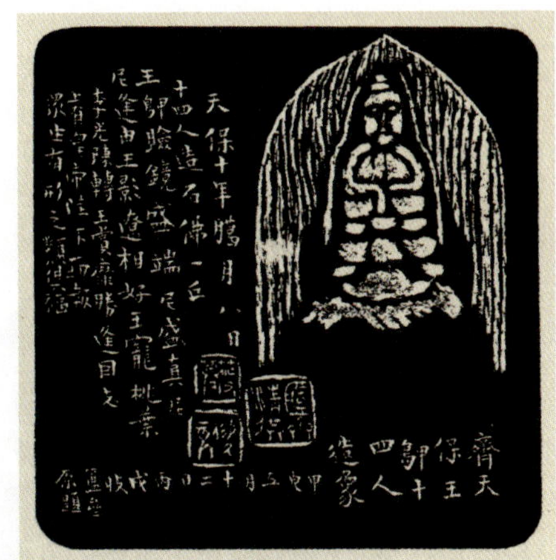

a b

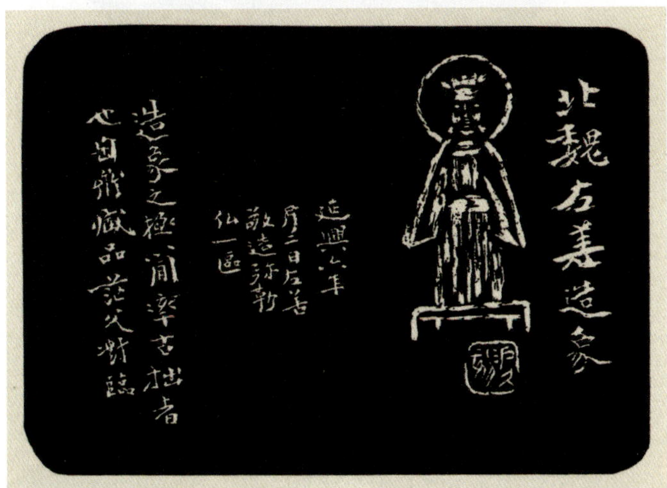

c

d e

图 141 颖拓造像铜盒一组拓本

图 142　为香盦写异形铜盒拓本

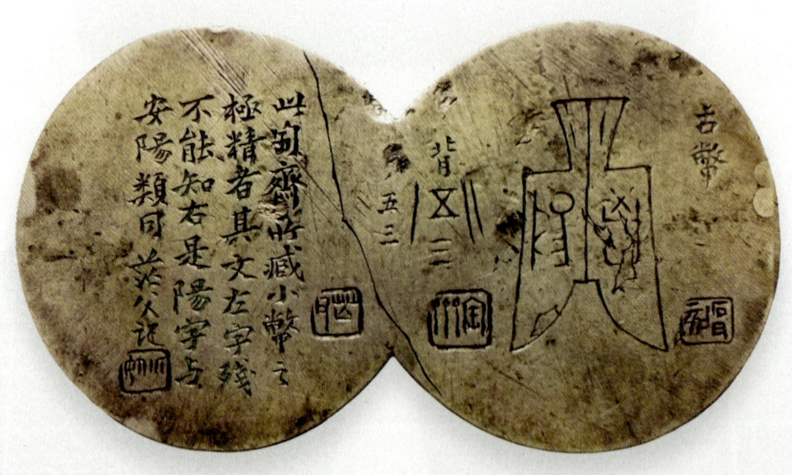

图 143　摹古币异形铜镇

图 144　节录周朗《报羊希书》铜盒拓本

利，汝南安成（今河南汝南）人。羊希，字泰闻，太山南城（今江苏、山东交界一带）人。元嘉末年（约450），宋江夏王刘义恭出镇彭城，羊希从行，致书周朗以劝其为王师北伐出谋献策，周朗因以《报羊希书》作答，信中表达了希望南北统一的心迹。

茫父先生在铜盒上节录其文，并无上款，推测有置于座右之意，必有所寄托。民国初年，军阀割据，北方政权先后经历袁世凯称帝与张勋拥戴溥仪复辟两场闹剧，授南方国民党势力以口实，1917年，孙中山在广州发起反对张勋复辟的“护法运动”，成立广州军政府，并组织南下的国会议员召开了国会非常会议，“非常国会”推举孙中山为海陆军大元帅，组建粤军，陈炯明为总司令，形成南北政府对峙的局面。1919年2月21日，“南北和会”在上海租界开幕，双方代表各持己见，会议开开停停，无果而终。先生早年亦“慨然有志于天下事”，联想到历史上的南北分裂，能无感慨？此铜盒节录周朗《报羊希书》，或许正寄托了希望南北统一的心迹。

大约是年，为仲鹏写朱彝尊《蕃锦词稿》之《鹧鸪天》一首：

与客提壶上翠微，蓟庭萧瑟故人稀。扁舟不独如张翰，先达谁当荐陆机。相劝酒，远将归，重嗟筋力故山违，那堪回首长洲苑，惟有年年秋雁飞。

近得竹垞《蕃锦词稿》，为仲鹏书《鹧鸪天》一首，茫父。

印章：姚。【图145】

按：仲鹏无考。朱彝尊（1629—1709），字锡鬯，号竹垞，浙江秀水人。清初词人、学者、藏书家。博通经史，曾参与纂修《明史》。其词风格清丽，开创“浙西词派”。精于金石，购藏古籍图书不遗余力，为清初著名藏书家之一，著有《曝书亭集》《日下旧闻》等。《蕃锦词》是朱彝尊集唐人诗句所成词，共二卷，收录在《曝书亭词集》，别出新意，殊有妙思。茫父文中云：“近得竹垞《蕃锦词稿》”，其所得或为未刊之稿本。

是年，作《铜写格歌》[6]：

[6]《弗堂类稿》“诗甲一”，第十四页。

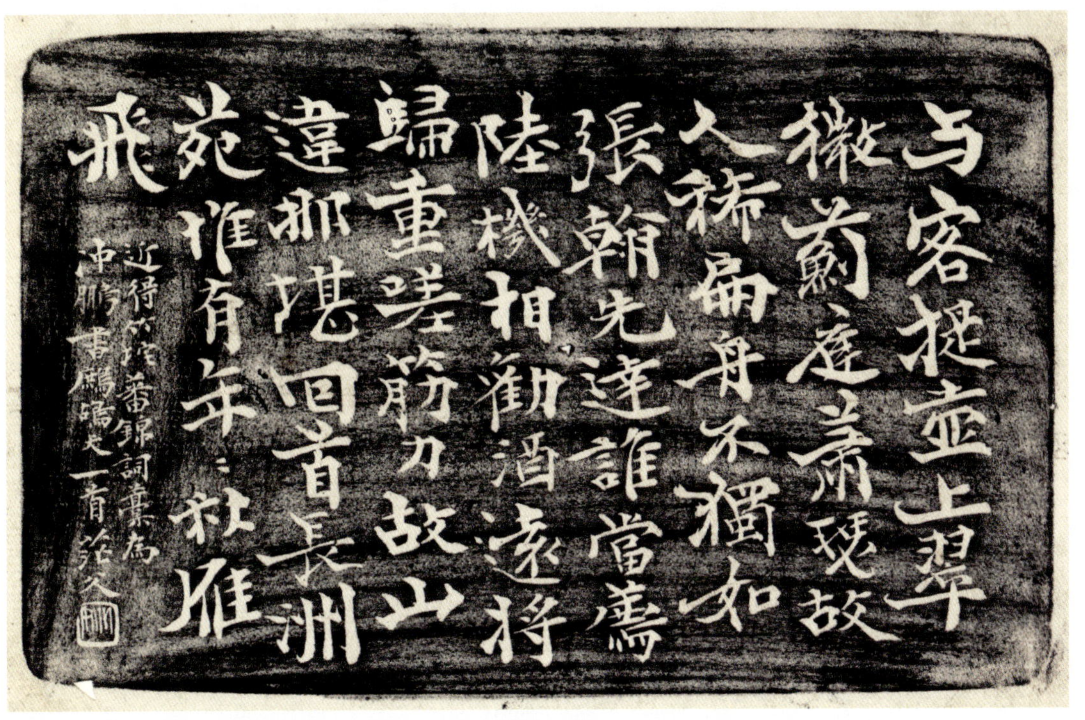

图 145 为仲鹏写朱彝尊《鹧鸪天》铜盒拓本

甚矣吾哀知老至，筋骨可珍力可食。取不伤廉与伤惠，君平伯休有成例。吾亦充隐且煮字，有墨如海笔如戏。手之所能务快意，书既可人画亦尔。今之吉金备众体，古云署书毋乃是。于古万有今无二，时人那得知吾技。吾力烂贱不自贵，但以币将便可试。黄金卖赋成何世，姓名埋藏譬如死。终南之雄吾其鬼，颠倒头衔谥进士。如畏其丑须早避，不则肯来请视此。

按：过去书画家皆有润格，茫父先生这首《铜写格歌》，是他自订的写铜润格，从中传递出的信息很多，一是作者不以文人鬻书而感到羞愧，而是理直气壮地说“筋骨可珍力可食”，自食其力是值得骄傲的。二是作者自称其铜上作品为“写铜”，无论书画皆曰“写”。三是从侧面也能说明茫父先生写铜，但是并不刻铜（这一点以讹传讹久矣）。此诗道尽诗人不得不悬润卖字的无奈和自食其力、不随流俗的傲骨。

《铜写格歌》作于1919年，从目前所存茫父写铜作品实物或拓本可知，在此之前茫父写铜作品基本上是自己赠送亲友、或应亲友之请所作，其署款大都为“双款”或“三款”，即书画作者茫父、受赠人某、铜师某；偶有“四款”者，则包括了求茫父书画的定制者。从前述近三百件作品即不难想见，当时茫父既要忙于学术与生计，又要应酬广大亲友的求索，不得已作此润格。此前写铜作品，多为定制“礼品”；而此后的作品，单款者渐多，可能就是应店家之请制成售卖的商品了。

民国九年

1920

庚申

四十五岁

正月，写北魏左善造象铜墨盒，由姚锡久刻成。款识：“造象之极简率古拙者也。匋斋藏品，茫父对临。”旁有小字两行：“民国九年岁次庚申正月，宣永光自置于京师。”从风格看此两行小字应为后加，非茫父手笔。可知此盒实际当写于庚申正月之前。[1]【图146】

按：图146所示铜盒与图141c所示铜盒拓本几乎一模一样，但是仔细比对仍可发现极细微差别。笔者推测，应该是姚锡久据拓本翻刻者，从目前所见资料来看，这种情况并非孤例，毕竟茫父亲笔写铜作品在当时就极受追捧，而画稿难得，据拓本翻刻就成了一些店家或铜师牟利的手段。翻刻到如此水平者，已可等同于真迹矣。

图147所示铜盒则明显是翻刻图141b所示，刻工水平与原作差别显著，可知铜师并非一人，笔者推测，这件翻刻铜盒应是后来的普通铜师所为，与姚锡久无涉。

宣永光（？—1960），生年不详。河北滦县人。学名金寿。光绪二十四年入本县教会学校成美学馆习英语与科学。民国元年改称永光。朋辈屡以老宣呼之，因以为号。著名专栏作家，喜作隽永短语，发奇谈怪论，有“春秋魔笔、疯妄鬼才”之称。著有《妄谈疯话》《百弊放言》《宗吾臆谈》等，是继鲁迅之后中国著名的杂文作家之一，1960年在北京去世。

二月七日，摹写永平三年佛造像于铜盒，由姚锡久刻成：

永平三年九月五日，比丘僧保为父母造佛一区[躯]。
时庚午清明前十日，莲花山中临，芒父并记。印章：姚华。
此器曾为簠斋藏，今在山斋处。字题在背。又记。印章：茫父。
浙绍姚石父刻。印章：石父。【图148】

按：此盒署款“庚午清明前十日”，从书法风格判断，此处“庚午”（1930）应是“戊午”（1918）或“庚申”（1920）之误。因茫父先生于丙寅夏季中风病臂，此后书法苍茫多姿，但已不复此前之整饬精微。

[1]《民国刻铜文房珍赏》，第42页。

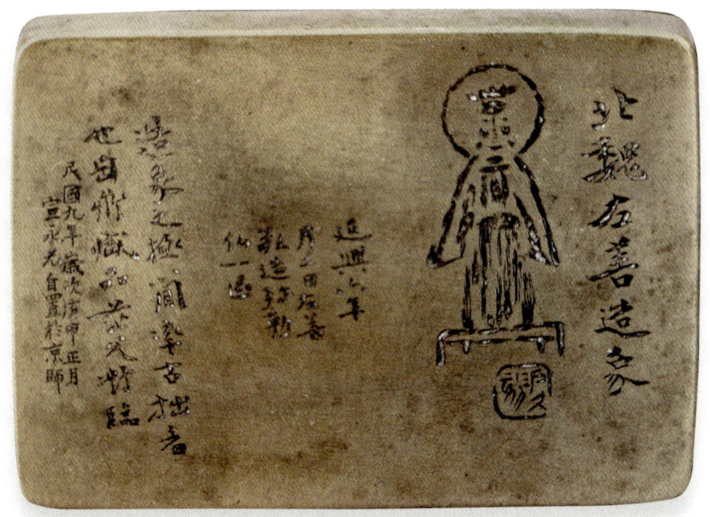

图 146 写北魏左善造象铜墨盒

图 147 翻刻己未所写天宝十年造象铜墨盒

图 148 摹永平三年佛造像铜盒拓本

二月，为姻亲文访苏写释印铜盒，考释“文天祥印”和“文翁”二印出处。此盒由姚锡久刻成，底铭“北京琉璃厂砚华”，尺寸9.3厘米×6.3厘米[2]：

文天祥印。文翁，水晶印。二印收明僧自彦图书。庚申清明，访苏属，茫父摹。

印章：姚。石父刻。【图149】

按：访苏即文宗淑（1893—1952），字访苏，贵州贵阳人。是民国时期的一名外交官。文明钦（1841—1916）次子。幼年与长兄文宗沛（雨生）一道随茫父先生读书。后来文宗沛娶了茫父先生长女姚銮，遂与姚家结为姻亲。文宗淑娶万勉之五妹万佩兰，生五女二男，其中小女儿就是著名翻译家文洁若女士。访苏上款的茫父书画作品较多见，可知他与茫父先生走动较勤。既是学生，有沾姻亲，关系不同一般。

三月三日，上巳，写明代诗人高启《过北塘道中》诗意铜盒：

渺渺一径两陂间，杨柳初发水潺湲。惊鱼忽散人影近，啼鸟时来春意闲。高青邱过北塘道中诗，庚申上巳，茫父写意。印章：茫父。【图150】

同日，为经甫仁兄写铜镇：

每抚琴操令万山皆响；聊欲弦歌作三径之资。

经甫仁兄雅属。同里杨和甫读史集联，《南史》宗少文、陶潜传语。庚申上巳，莲花盦书并记，贵州姚华茫父。印章：姚华。【图151】

按：这件铜镇上所书大字对联及小字边款皆精彩，茫父先生已成功将汉隶与北碑的厚重方硬融进唐楷之中，再以行书笔意写出，雄浑而生动。

上款“经甫仁兄”很可能是贵州同乡符诗镕（1878—1938）字经甫，贵州大定城关人。曾参加清末科举，取为秀才、廪生。光绪三十一年（1905）考取公费赴日本留学，毕业于日本东京高等师范学校。1908年在日本加入同盟会。1912年归国后，历任贵州省教育司司长、云南宜良县县长、云南省政府参议、蔡锷护国军司令部少校秘书、贵州省政府顾问等职。1919年选为国会议员，到

[2] 周继烈：《铜匣古韵：墨盒收藏》，浙江大学出版社，2004年，第80页。

图 149 为文访苏摹双印铜盒

图 150 写明高启《过北塘道中》诗意铜盒拓本

北京任职，与茫父先生多有交集，此铜镇大约就制于此时。

六月，为友梅同年写铜屏，以蝇头小楷抄录近作五言古体《感兴》诗十一首、《续感兴》二首：

蝇来嘬我躯，蚊来吮我血，瞬息生以万，扑杀不可绝。念彼造物意，未欲遂殄灭。同此一气成，宜无尔我别。胡为具庖厨，口腹恣饕餮。

万物幸相杀，两间乃并育。何哉不生诀，竟欲生是独。有生如无死，百年满坑谷。窃喜神仙妄，短折更刑戮。煦煦仁者愚，引愿同其福。

万有数不齐，一切出天则。毫发事整理，或可矜人力。未信手足劳，能移造化职。夸父古勇士，所惜不度德。天人其际微，弗容知与识。

人与万物齿，自大亦已妄。惟此化育心，参两事无量。儒兼墨差等，异同各有尚。性灵天所发，相因理非创。会归才一途，言者竟得丧。

一身百千我，万孽缘此起。防民礼乐作，小康岂获已。唐虞号无为，自然淳风美。一从耆欲开，难将清静理。太平与乱世，由来东流水。

形质无生灭，气化成去来。世情多恐怖，相惊以轮回。阴阳总万生，有息均胚胎。地轴时有穷，天空长无涯。耿耿列星辰，一气孰安排。

太空洞无物，大道为之填。窈冥不可测，悟时已忘言。一画强立名，费隐犹相权。从此丛诸妄，所见随方圆。公孙辨非马，难为晓者传。

女娲抟黄土，精粗别智愚。荒唐皇古事，词诞理非诬。大地有积垢，幻作昂身躯。一朝血肉溃，乃复归其途。不见处裤虫，蠢尔出沾濡。

求生良为苦，求死岂云甘。死生并自然，人力胡可参！委心任天运，去住一无贪。力作报所食，但如箔上蚕。至公从人择，不遑大小惭。

理学采二氏，其说成宋人。晚近途益辟，广博杂新陈。重译多名理，悲乐辄殊因。崇实意或碍，往往蔽其群。吾道超人表，高视若苍旻。

修士坐成殭，惟有呼吸存。役形令如舍，所游恣其魂。泊然见太初，庶乎全我真。全真亦无用，如何只谋身。人生重功利，此意谁与论。

许由不可见，及闻洗耳图。吾欲补佚亡，写之防百夫。百夫热肠人，犹复笑其迂。岂识高士心，轩冕若泥途。可怜北海滨，归来胡为乎。

前史事多创，不容后人师。伊周与舜禹，再来徒虎皮。世情好缘饰，新陈各藩篱。色取而行违，所言公非私。树义岂无本，已为豪[杰]嗤。

庚申六月感兴之作，书乞友梅老同年吟坛教正。京师莲花盦姚华茫父。

印章：姚。茫父。信天翁。【图152】

按：友梅同年，指杜严（1875—1938），字友梅，河南博爱人。清光绪三十年（1904）甲辰科一甲十一名中进士，入翰林院庶吉士，后留学日本法政大学。回国后，受职翰林院编修，京师豫学堂监督。派赴河南筹备咨议局。宣统元年（1909年）当选河南省咨议局议长，后历任河南省民政长、都督府秘书、众议院议员等职。致力于实业救国，对近代河南民族资本主义工业发展作出重要贡献。

杜严与茫父先生同年中进士，又同留学日本法政大学。是年五月二十九日（阳历在7月14日），直系曹锟、吴佩孚与皖系段祺瑞为争夺北京政府统治权，在京津地区开火，爆发直皖战争。双方交火持续五日，最终以皖军溃败告终。战争期间，京城受困，邦畿不靖，茫父先生闭居城南莲花寺中，赋《感兴》诗十一首，后又续作八首。[3]此铜屏所录即是《感兴》11首及《续感兴》2首。个别字词与《弗堂类稿》及《姚华诗选》所收版本有别，可供研究茫父诗学者参考。

此铜屏上用“信天翁”一印，目前仅见此例。茫父书画作品中常常钤“信天好古”白文印，是1917年自刻自用之作，他在当年五月写给长子姚鋈的信中云：“近刻一印，曰‘信天好古’，谓吾事事信天，于好古亦然，今益征天之可信矣。”[4]可知“信天翁”与“信天好古”皆茫父自况。

七月七日，为老友刘显用写铜镇，节录张之洞《连珠诗》句：

百山学山不至于山，百川学海（乃）至于海。安坐终无成，精进效可待。十驾弩及骐，壹心螾胜蟹。尹需受秋驾，梦魂通真宰。吕蒙一武夫，三日面日[目]改。从来半途废，皆坐不知悔。望道登天难，得道瓦砾在。吾闻卫武公，好学耄不懈。

张孝达《连珠诗》。如晋老兄雅属。庚申七夕。姚华茫父书。印章：芒父。【图153】

按：如晋老兄即刘显用（1875—？），字如晋，贵州兴义人。笔山书院创办人刘官礼侄，茫父先生经世学堂时期的同学刘显世、刘显治的同宗兄弟，此

[3]《姚华诗选》，第二至第五页。

[4]姚华：《如晤如语：茫父家书》，上海书画出版社，2018年，第90页。

图 151　为经甫仁兄写铜镇拓本

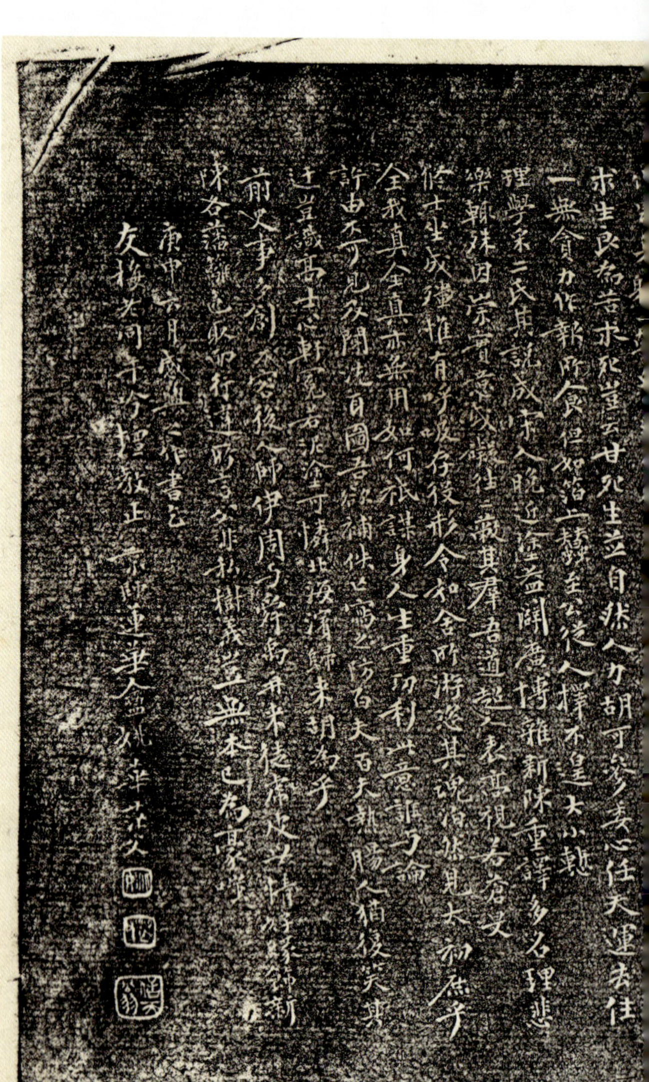

图 152　写《感兴》诗铜屏拓本

图 153 为刘显用节录张之洞《连珠诗》句铜镇

数人皆雷廷珍弟子。光绪二十八年（1902）茫父应邀赴兴义执掌笔山书院，从此定交。写此铜镇在1920年，相交已近二十年。

此铜镇上“三日面目改”被铜师误刻成“三日面日改”，这类误刻虽非孤例，但是在茫父写铜作品中亦属少见。

七月十五日，中元，黎泽为刘显世定制铜盒，请先生作书，因录近作《续感兴》五言古体诗一首：

许由不可见，及闻洗耳图。吾欲补佚亡，写之防百夫。百夫热肠人，犹复笑其迂。岂识高士心，轩冕视泥途。可怜北海滨，归来胡为乎。感兴一首，

如周老同年督军教，姚华书寄，庚申中元黎泽制呈。【图154】

按：如周同年督军即刘显世（1870—1927），字如周，亦作如舟，别号经硕，贵州兴义人。时任贵州省督军，是茫父先生经世学堂的同学。详情可参见前文。

同期，陈鼎新、黎泽为燕生五哥新居落成置贺礼，请先生为写元好问《幽兰》诗制铜屏：

仙人来从舜九疑，辛夷为车桂作旗。疏麻导前杜若随，披猖芙蓉散江篱。南山之阳草木腓，涧冈重复人迹希。苍厓出泉悬素霓，翛然独立风吹衣。问何为来有所期，岁云暮矣胡不归？钧天帝居清且夷，瑶林玉树生光辉。自弃中野谁当知，霰雪惨惨清入肌。寸根如山不可移，双麋不返夷叔饥。饮食芳菲尚庶几，西山高高空蕨薇。露槃无人荐湘累，山鬼切切云间悲。空山月出夜景微，时有彩凤来双栖。

元遗山《幽兰》诗，茫茫父书。

燕生五哥华构志庆，陈鼎新、黎泽。印章：姚华。【图155】

按：“燕生五哥”，无考，陈鼎新、黎泽事迹亦不彰。从零星资料可知，皆为贵州军政届人士。

八月二十七日，萍芳女史乔秀江置铜盒，赠瑞唐先生。茫父先生以飞白体书“静淡”二字，并作五言题辞。由同古堂张寿丞刻成：

静淡。静若风中山，澹若井中水。瞬息万象生，澄观只如此。

图 154 写《续感兴》诗铜盒拓本

图 155 写元好问《幽兰》诗铜屏拓本

致远与明志，发挥得其理。无用以为用，孰能辨终始。茫父题辞。

瑞唐先生雅玩，萍芳女史乔秀江敬赠。张寿臣刻。

印章：庚申孔子生日。茫父飞白。秀江。【图156】

按：飞白书是一种书写方法比较特殊的字体，据说出自汉代蔡邕，因笔画中丝丝露白，似枯笔做成，故称飞白书。茫父先生于各种书体皆有尝试，尤其擅长细笔双钩，但是飞白体书法作品却十分罕见，这件铜盒可称“孤品”，对于研究茫父书法有特殊意义。

“萍芳女史乔秀江”，无考。而瑞唐先生，笔者揣测有可能是凌叔华（1900—1990）原名瑞棠，笔名瑞唐、素心、叔华等。原籍广东番禺，1900年生于北京。父亲凌福彭（1856—1931）为清末翰林，曾任兵部主事、天津知府等。工于词章书画，结交姚茫父、陈衡恪、辜鸿铭、齐白石、陈半丁等文艺俊彦。息隐京华后，以书画自怡。凌叔华自幼聪慧，耳濡目染，于诗词书画皆有所悟，中学时代即发表诗文。1920年考入燕京大学，更崭露文学与艺术才干。1926年嫁给陈西滢（1896—1970）。

十月，于铜盒临“罗两峰跋金冬心制粥饭僧写经砚拓”，并录原题：

水墨云山粥饭僧写经研，杭人金农敬写。

冬心先生七十写经砚，乾隆丙子冬日罗聘敬题。

庚申十月，姚华橅。

印章：寿。门。冬心。两峰。茫父。公受。【图157】

按：金农嗜砚成癖，与砚为友，蓄天下名砚逾百，有“百二砚田富翁”印章，留下许多佳话。茫父先生此作，是临写金农所制“粥饭僧写经研”拓本，原拓有罗聘题跋，故一并橅于铜盒。罗聘（1733—1799），亦“扬州八怪”之一，字遯夫，号两峰，又号衣云、花之寺僧、金牛山人等。祖籍安徽歙县，其先辈迁居扬州。为金农入室弟子，布衣，好游历。人物、佛像、山水、花果、梅、兰、竹等，无所不工，笔调奇创，超逸不群，别具一格。

金农此砚不知今在何处，茫父先生这一临本，成为此砚别具一格的写照，有助于我们了解金农、罗聘的艺术交游。

图 156 飞白体书“静淡”铜盒拓本

图 157 临罗聘题金冬心写经砚拓铜盒拓本

冬日，颖拓“晋丞邑男铜虎符”于铜盒：

晋铜虎符。晋丞邑男铜虎符第一，吴平斋藏器，见《两罍轩彝器图识》。茫父樵，庚申冬日，舟虚制于都门。印章：姚。【图158】

按：《两罍轩彝器图识》应为清代收藏家吴云所著的《两罍轩彝器图释》。吴平斋即吴云（1811—1883），字少甫，号平斋、榆庭、愉庭、抱罍子，晚号退楼主人。浙江归安（今湖州）人，一作安徽歙县人。斋堂号有两罍轩、二百兰亭斋、敦罍斋、金石寿世之居等。吴云少从张廷济、徐渭仁等游，留意金石之学。所藏彝器百余，皆图其形式，释其文字，成《两罍轩彝器图释》十二卷。卷一、二为商器，卷三至八为周器，卷九为秦、汉器，卷十、十一为汉器，卷十二为魏、晋、唐、孟蜀、吴越器。因吴云所藏有齐侯两罍，故以两罍轩名其书。先有同治十一年（1872）自刻本，继有文瑞楼石印本，不知茫父先生所据是何版本。笔者检王静安先生《东山杂记》中曾引述此器，云：“嘉善谢氏藏晋丞邑男虎符脊文云：‘晋与丞邑男为铜虎符第一。’筋文云：‘丞邑男左一。’”并以其与另两符“脊文所记数字与筋文所记者无不相同”，从而提出：“则上郡符脊文作第一而筋文左作左二、右作右三者恐不足信。汉阳叶氏藏晋始平虎符脊文作第二十而筋文作左二亦为可疑。二符未见原器及拓本无由断定其真伪。如系真品则仅一郡国之符多至数十为可异耳。”

大约同期，置铜盒颖拓“刘宋桂阳王虎符”，由姚锡久刻成：

刘宋桂阳王虎符。汉风雨楼藏器，今在匋斋。茫茫父。

浙绍姚石夫刻铜字。

印章：姚。姚石父刻。【图159】

按：此盒无年款，据风格推测置于此。其右侧上方所刻“汉弟清玩，兄文涛持赠”非茫父手笔，应是店家应顾客要求所补刻之赠款。

是年，应姚锡久之属，为书近作《续感兴》五言古体诗一首于铜盒：

太空洞无物，大道为之填。窈冥不可测，悟时已忘言。一画强立名，费隐犹相权。从此丛诸妄，所见随方圆。公孙辨非马，难为晓者传。感兴。

石夫属书，姚华。印章：茫父。【图160】

图 158 颖拓“晋丞邑男铜虎符”铜盒拓本

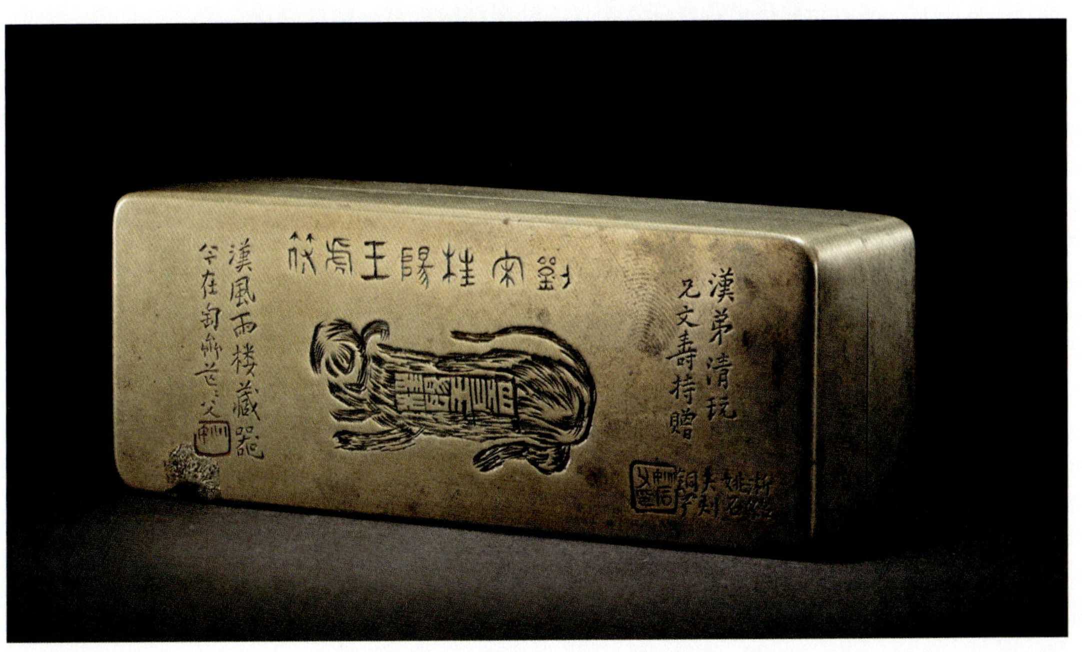

图 159 颖拓“刘宋桂阳王虎符”铜盒

是年，为张毅白赠李实忱铜盒写佛造像一尊：

庚申，茫者写佛，一心供养，愿天下十方咸同斯福。

身从无相中受生，犹如幻出诸形象。幻人心识本来无，罪福皆空无所（住）。起诸善法本是幻，造诸恶业亦是幻。身如聚沫心如风，幻出无根无实性。假借四大以为身，心本无生因境有。前境若无心亦无，罪福如幻起亦灭。见身无实是佛身，了心如幻是佛幻。了得身心本性空，斯心与佛何殊别。

茫者写佛以造像为师，冬心、两峰诸家外别寻渊源，便如老莲之法汉列。

实忱二兄，毅白赠。

印章：庚申。佛偈。芒父写佛。[5]【图161】

同时为刘炤赠李实忱铜盒写佛造像一尊并录《心经》全文，款识："实忱二兄，弟炤赠。""茫者写经。"印章：刘，姚。[6]【图162】

按：张毅白，生卒不详，东莞人，诗人，南社社员。刘炤，1923年3月，北洋政府授陆军少将。李实忱（1869—1952）名廷玉，字实忱，天津人。北洋将弁学堂毕业。清末先后任京畿督练处谘议、陆军部检查官、南京兵备处总办兼警察总办。辛亥革命后，协助张勋、铁良固守南京。1913年，随北洋陆军第六师师长李纯赴江西镇压二次革命，任九江镇守使，升中将。后襄办江西军务、任赣南镇守使等职。

大约是年，陆鸿飞为业师贯诚夫子制铜盒，先生为写放翁诗句：

桐阴清润雨余余天，檐铎摇风破昼眠。梦到画堂人不见，一双轻燕蹴筝弦。制呈贯诚夫子，鸿飞陆洲。印章：茫父书。【图163】

按：陆洲，字鸿飞，生平无考。贯诚夫子可能是易汉新，字贯诚，号伏园，湖南湘乡人。清末附贡生。提倡新学，从事教育终身。著有《明伦通义》一册、《克己通议》一册、《成德通义》一册、《达材通义》一册、《时义》五卷、《伏园集》四卷。

[5]《民国刻铜文房珍赏》，第45页。
[6]《民国刻铜文房珍赏》，第46页。

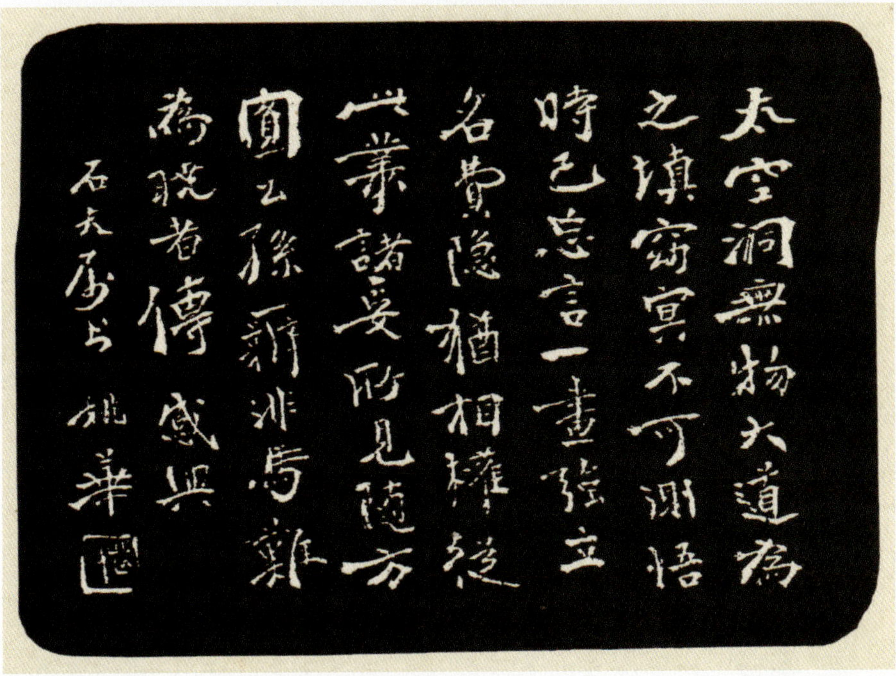

图 160 为姚锡久书《续感兴》诗铜盒拓本

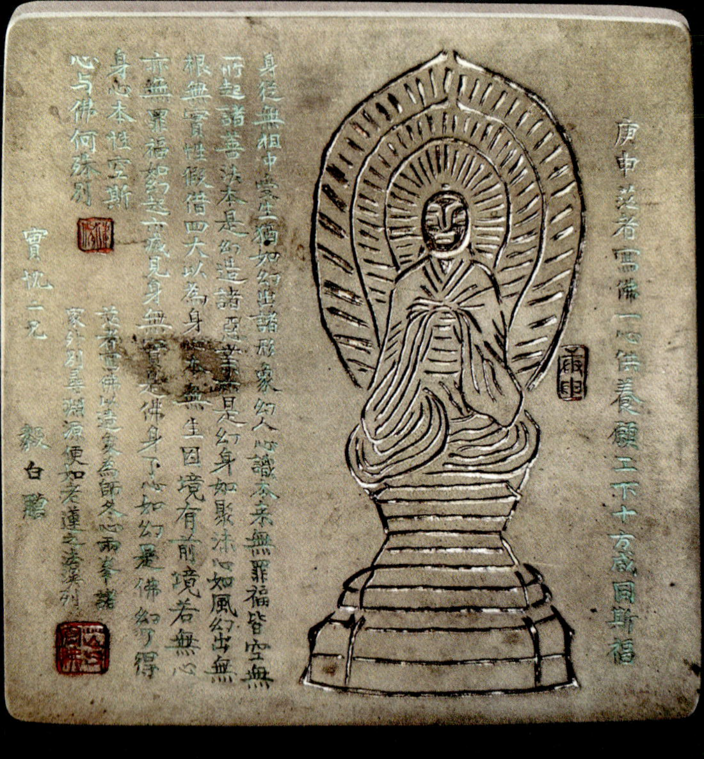

图 161　为张毅白写佛造像铜盒

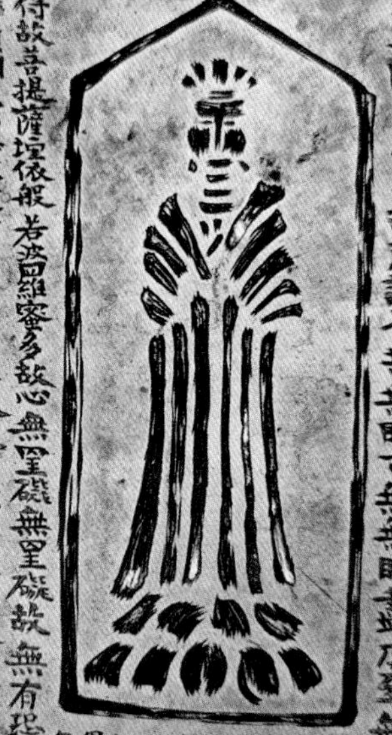

图 162　为刘焰写佛造像铜盒

桐陰清潤雨
餘天簷鐸搖
風破晝眠夢
到畫堂人不
見一雙輕燕
蹴箏弦 献呈
貫誠夫子 鴻飛陸洲

民国十年

1921

辛酉

四十六岁

二月十二日，春分，写周邦彦《瑞鹤仙》词意山水并录全词于铜屏：

瑞鹤仙　片玉词。

悄郊原带郭，行路永，客去车尘漠漠。斜阳映山落，敛余红、犹恋孤城阑角。凌波步弱，过短亭、何用素约。有流莺劝我，重解绣鞍，缓引春酌。

不记归时早暮，上马谁扶，醒眠朱阁。惊飙动幕，扶残醉，绕红药。叹西园、已是花深无地，东风何事又恶？任流光过却，犹喜洞天自乐。

辛酉春分，茫父。印章：姚。【图164】

同日，写楷书铜镇，由姚锡久刻成，目前仅见单只：

伏羲减瑟，文王足琴。辛酉春分，茫父书，石父刻。

印章：姚。石父。【图165】

大约同期，有一方达夫赠止善女士山水铜盒：

止善女士哂存，达夫敬赠。茫父写。

印章：茫父。达夫。【图166】

按：达夫可能是北京高等师范学校的学生陈兼善（1898—1988），字达夫，浙江诸暨人。1917年毕业于杭州省立第一师范，金石书法得李叔同指导。1921年毕业于北京高等师范学校博物部，师事翁文灏、丁文江等名教授。此间茫父、师曾皆在该校执教，与爱好金石书法的陈达夫一定有颇多交集。陈毕业后曾任上海中国公学校务主任、上虞春晖中学校长、广东中山大学教授等职。1928年参加对西沙群岛气象、地质、海洋及生物调查，开始对鱼类学的研究。1931年赴法国、英国从事鱼类学研究。后成为我国著名的动物学家，鱼类学家，教育家，是中国鱼类学的奠基人之一。

三月三日，上巳，楷书《文中子·问易篇》廿八字铜盒：

人心惟危，道心惟微，言道之难进也。故君子思过而预防之，所以有诫也。

《文中子·问易篇》。茫父书，慧敏制，辛酉上巳。

图 164 写周邦彦《瑞鹤仙》词意铜屏拓本

图 166 写山水铜盒拓本

印章：姚。【图167】

大约同期，另写铜盒两件。

其一，节录汉扬雄《法言·吾子》句：

诗人之赋丽以则，辞人之赋丽以淫。如孔氏之门用赋，则贾谊升堂、相如入室矣。扬子。茫父。

印章：茫父。【图168a】

其二，节录《汉书·五行志》句：

貌言视听，以心为主；雨旱寒奥，以风为本。四者皆失，则区霿无识。

茫父。印章：姚。【图168b】

按：检《汉书·五行志》原文为："貌言视听，以心为主，四者皆失，则区霿无识，故其咎霿也。雨旱寒奥，亦以风为本，四气皆乱，故其罚常风也。"茫父节录时，不知何故文字顺序略有错讹。

大约同期，于铜盒写"如山如河"印章：

《诗经·君子偕老篇》句，如山如河。茫父。

印章：如山如河。姚。茫父。弗堂。【图169】

四月十六日，既望，为性直二兄写铜盒，临《遣作姞彝吉金》文字：

隹[唯]十又[有]三月辛卯，王在斥，易[锡]遣采，曰戎止，易[锡]贝五朋，遣对王休，用乍[作]姞宝彝。

性直二兄属临，辛酉四月既望，遣作姞彝。吉金"丨"皆为"十"，"十"为"甲"，"十"为"七"，"十"为"在"，其别甚。茫父。

印章：姚。【图170a】

按："性直二兄"，无考。茫父释此器主人为"遣"，今作"趞"。释文参考上海古籍出版社2016版唐兰先生著《西周青铜器铭文分代史徵（上）》第305页同铭之尊与卣【图170b】。

图 165 楷书铜镇

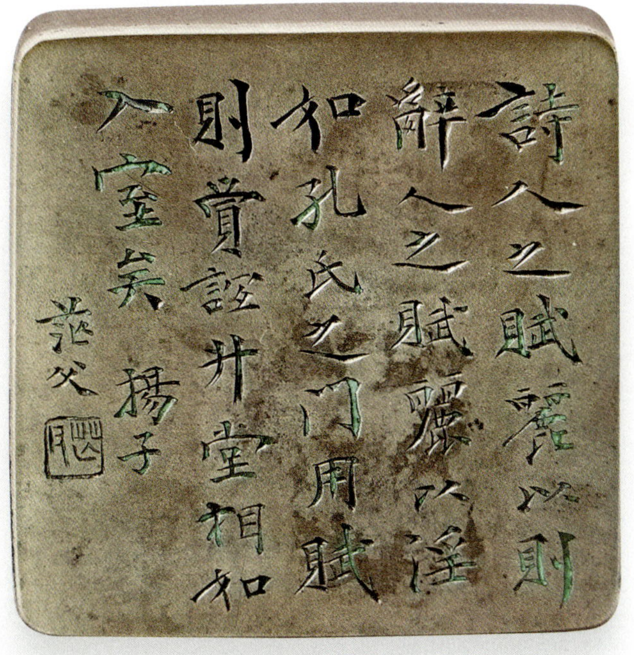

图 168a 节录汉扬雄《法言 · 吾子》句铜盒

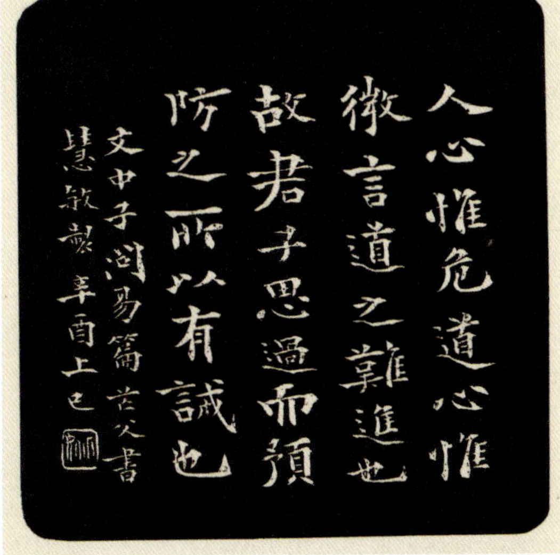

图 167 楷书《文中子 · 问易篇》句铜盒拓本

图 168b 节录《汉书 · 五行志》句铜盒拓本

四月廿九日，晦，于铜盒写佛并录梁简文皇帝释迦文佛像铭：

梁简文皇帝释迦文佛像铭。

至矣调御，行备智周。满月为面，青莲在眸。心珠可莹，智流方溥。永变身田，长无沙卤。《艺文类聚》七十七行二条令合录之。

辛酉四月晦日，茫者敬写。印章：茫父。【图171】

五月，置铜盒一组，考释古玺文字：

墨字鉨，极古劲之致。辛酉五月，莲花盦樵并记。印章：古玺。墨。姚。茫父。【图172a】

萝字或释蘿，即羅之假借也。茫父。印章：古玺。蘿。姚。茫父。【图172b】

此工师之印，印字几不可识，工有微损。茫父。印章：姚。茫父。印。【图172c】

梧阳都左司马六字鉨。梧字不见字书，疑即梧之借字也。莲花盦记。印章：古玺。茫父。弗堂摹印。【图172d】

约在同期，作考释古文字铜盒数种，由姚锡久刻成，今可见其中四件：

萝。《周秦古玺集成》收之。印家皆以为蘿字，即羅之复文也。茫父记。印章：姚。茫父。石父刻。【图173a】

大泉五百。匋斋收藏。此专[砖]“大泉五日”泉文，“日”字疑是“百”字耳。茫父。印章：姚。茫父。端。匋斋。石父刻。【图173b】

神农氏币。此泉数字环绕无端，惟“金”可识，余未可定。茫父。印章：姚。茫父。石父刻。【图173c】

海上嘉月鉨。八砖吟馆《刻烛集》卷朱茮堂咏秦海上嘉月玺题注：印作曲矩形，白文旋转五字。案：《史记·陈涉世家》有陵入秦嘉，注以为泗水国凌县，孝凌在今安东间，地滨海，故曰海上月。《说文》云：“阙也”。“鉨”即“玺”字。茫父写。印章：姚。姚茫父印。石父。【图173d】

按：“两姚”合作写铜文房实物存世不多，本书在遴选时颇费迟疑，因为姚锡久兼善书法，且受茫父指授较多，一些作品有可能是他据茫父真迹所摹写翻

图 169 写“如山如河”印章铜盒拓本

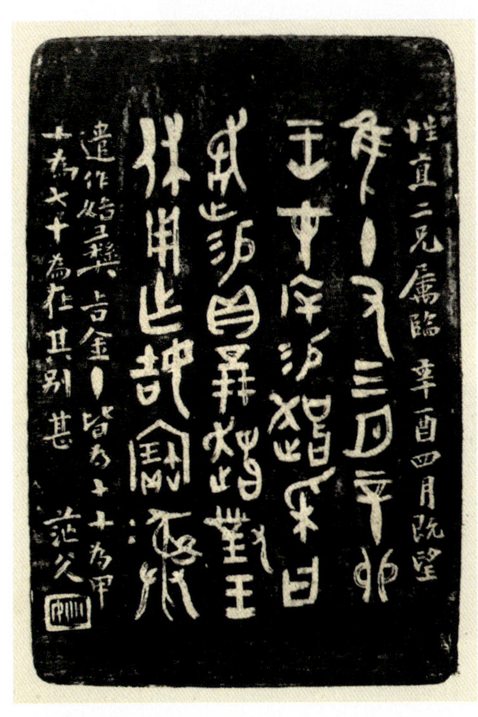

a b

图 170 临金文铜盒拓本及原器铭拓本

图 171　写佛像铜盒拓本

a　b

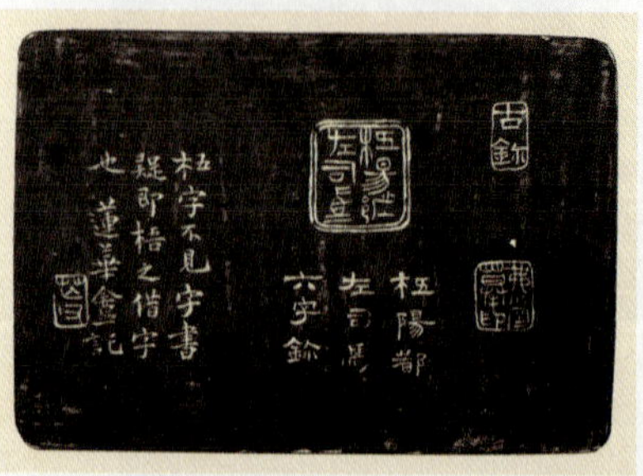

c　d

图 172　考释古玺印章铜盒一组拓本

a

b

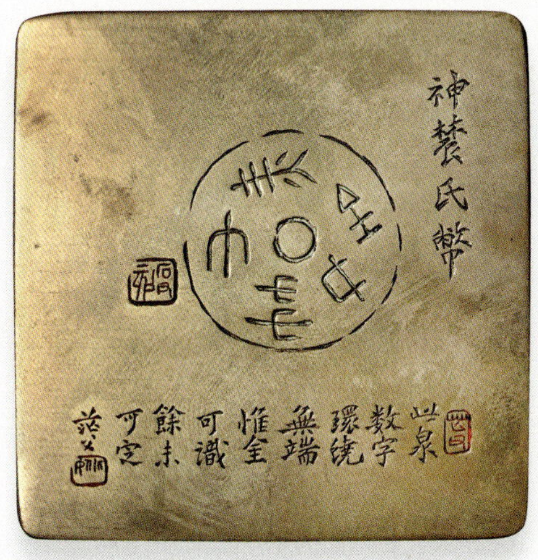

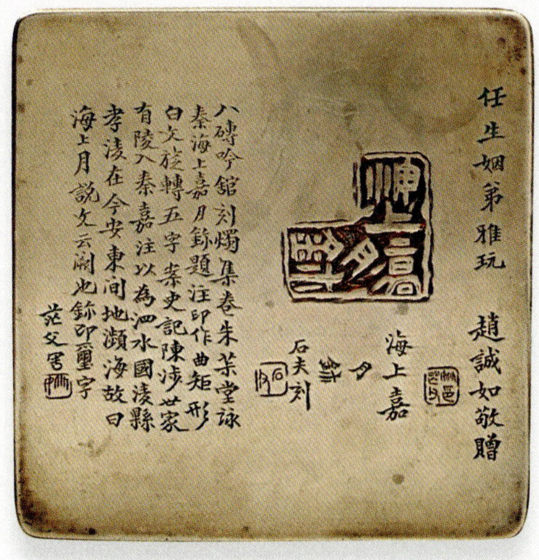

c d

图 173 考释古文字铜盒四件

刻，或者据真品拓本进行翻刻。这类作品如没有真品或旧拓以供比对，是极难分辨的，往往视为真迹。图173所示4件实物，其中图173c所示的文字较多，仔细分辨应可看出其书法、刻工与a、b两盒略有差距。

夏月，赋词调寄《石湖仙·和石帚寿石湖居士韵》为复光老伯暨德配单老伯母七秩双寿制铜屏：

复光老伯暨德配单老伯母七秩双寿

航回珠浦。喜量海斟江，春在宽处。谁问白头鸳，侣应从、罗天访去。仙根蟠错。听补华、雅调高古。

菖蒲驻颜信美，定书屏、仍铭俪句。宝墨斋题，绕屋蓬瀛烟雨。旧典新谟，德门齐庆，绮琴双柱。槐影满，灵光赋重文府。

右调《石湖仙》和石帚《寿石湖居士》韵。印章：姚。茫父词。

世愚侄王萃昌、宋观光、施泽溥、张志嘉、郝殿卿、刘绍先、杨明理、李元良、陆名传、恩麟、夏椿年，同顿首拜祝。

维十年岁在辛酉夏月吉日。印章：姚。茫父词。【图174】

按：这是一件标准的铜寿屏，茫父词收入《弗堂词》时题作《石湖仙石帚韵寿鲁国李老夫妇七十》，可知寿主复光老伯姓李，山东人，生于1852年，生平无考。与词集所收对照可知个别字句有所改易，且铜屏所录，在“仙根蟠错”之后夺失“更庇荫、万人歌舞、偕与”九字。

拜寿者11人，皆子侄辈，其中多为营口一带政商界要人，如：王萃昌（1883—？），直隶大城县人。光绪三十三年（1907）考入北洋学堂，次年毕业。宣统间曾外放浙江效力官报局核对、劝业道董委。民国三年任营口地方审判庭书记官。施泽溥为营口总商会副会长。张志嘉为营口地方审判厅推事长（厅长）。

最显赫者当推恩麟（1882—？），字锡三，法库县人，满族。1912年奉天（今沈阳）法政专门学校毕业。民国时历任开鲁、兴城、沈阳县知事，沈阳、洮南税捐局长。伪满时期历任奉天市政公署财政处长、秘书长、热河省公署理事官、实业厅长、民政厅长等职。是伪满高级官吏。1937年7月辞任，入实业界，成为伪满糖业大买办。1945年抗日战争结束后参与组织辽宁省维持会等活动。

由以上考证可以推知，复光先生籍贯山东，生活在辽宁，很可能是营口司

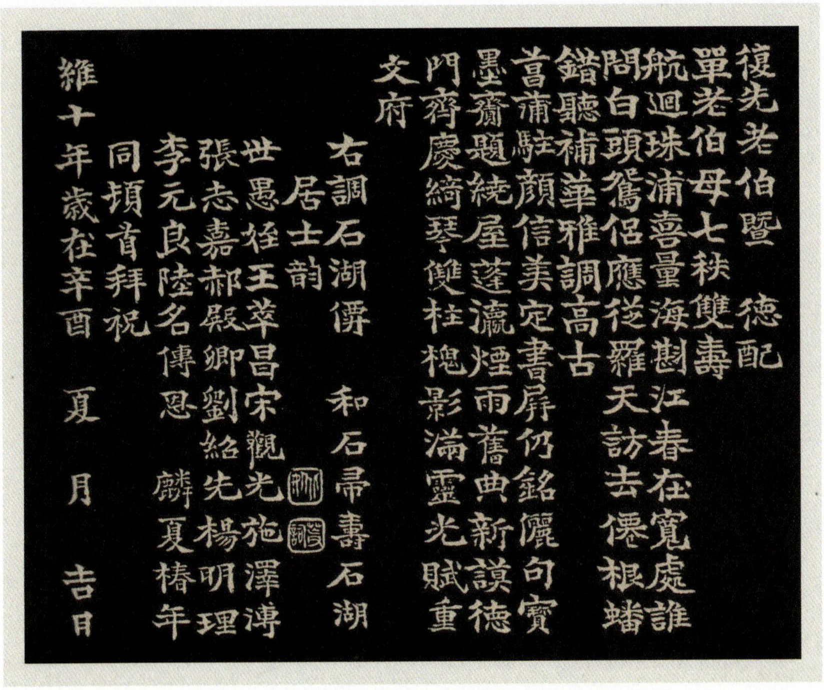

復光老伯暨 德配
單老伯母七秩雙壽
航迴珠浦喜量海尌江春在寬處誰
問白頭雙侶應從羅天訪去僊根蟠
錯聽補華雅調高古
菖蒲駐顏信美定書屏仍銘儷句實
墨齋題繞屋蓬瀛煙雨舊典新謨德
門齊慶綺琴雙柱槐影滿靈光賦重
文府
右調石湖僊 和石帚壽石湖
居士韻
世愚姪王莘昌宋觀光施澤溥
張志嘉郝殿卿劉紹先楊明理
李元良陸名傳恩 麟夏椿年
同頓首拜祝
維十年歲在辛酉 夏 月 吉日

图 174 为复光老伯夫妇书寿词铜屏拓本

法界前辈。此件铜屏茫父先生以工楷书就，不同于一般的日常书写，显得尤为端庄肃穆，是中国古代“铭书”传统的余绪。

十月十八日，小雪，于铜盒写灯并录庾信《灯赋》全文[1]：

九龙将暝，三爵行栖。琼钩半上，若木全低。窗藏明于粉壁，柳助暗于兰闺。翡翠珠被，流苏羽帐。舒屈膝之屏风，卷芙蓉之行障。卷衣秦后之床，送枕荆台之上。乃有百枝同树，四照连盘。香添然蜜，气杂烧兰。烬长宵久，光青夜寒。秀华掩映，蚖膏照灼。动鳞甲于鲸鱼，焰光芒于鸣鹤。蛾飘则碎花乱下，风起则流星细落。况复上兰深夜，中山醑清。楚妃留客，韩娥合声。低歌著节，《游弦》绝鸣。辉辉朱烬，焰焰红荣。乍九光而连采，或双花而并明。寄言苏季子，应知余照情。

庾子山灯赋，辛酉小雪，茫父。印章：登。三更灯火。

孟繁厅长清赏，壬戌仲春，寿慈敬赠。【图175】

按：寿慈即卢焘（1882—1949），可参见图108戴义为寿慈所制铜盒。孟繁厅长或指严家炽（1885—1952），字孟繁，江苏吴县人。曾任江西省九江知府、广东省广州知府。辛亥革命后，历任广东财政司长，广东、湖南、江苏等省财政厅长，热河官产总处副处长等职。1921年时任南京财政厅厅长。

同日，为伯彝写无量寿佛造像铜盒：

无量寿佛。辛卯小雪，茫者写为伯彝供养。印章：茫父。【图176】

按：从风格判断，此盒年款辛卯（1891）应是辛酉（1921）之误。伯彝无考，不排除施绍常（1873—？），字伯彝，浙江吴兴（今湖州）人。晚清举人。历任驻荷兰、意大利、德国使馆参赞。1914年任国民政府外交部参事，1915年为驻马尼拉总领事，1917年回国后仍任前职。同年10月后，历任吉林滨江道尹、黑龙江黑河道尹、外交部特派黑龙江交涉员、外交部政务司司长等职。1926年任驻

[1] 上海怀莲斋朱氏珍藏。

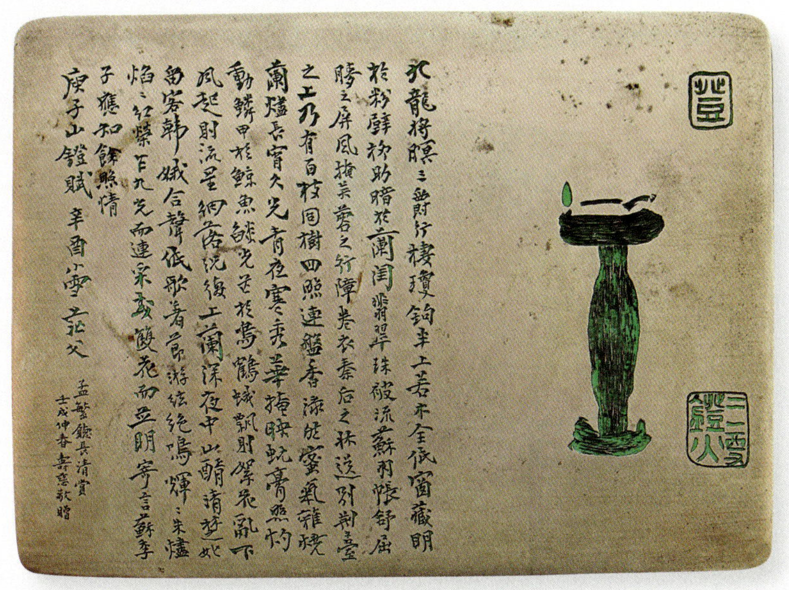

图 175 写灯并录庾信《灯赋》铜盒

图 176 写无量寿佛铜盒拓本

秘鲁公使，1929年任国民政府外交部条约委员会顾问。著有《中俄条约注解》。

廿三日，写山水铜盒并赋七绝一首题画：

晓风残月无人处，惟有词心独往来。一本倪迂今许续，柳边始识乐章才。

辛酉小雪后五日，茫父诗画。

印章：画中有诗。【图177】

按：这首诗是茫父先生为何秋江所作的题画诗，原题《题画赠何稚苓、秋江父子》，是两首绝句之一。何氏父子与茫父、师曾皆稔熟，何秋江供职于财政部，拜在陈师曾门下习画，其妇又是师曾继室汪夫人的侄女，姑侄皆能画，关系非同一般。茫父另有一诗题为《师曾继室汪夫人梅花遗墨何秋江为妇乞诗》，云："莱妇鸿妻已志铭，麝煤鼠尾压丹青。陇头千树开成墓，纸上一枝唤欲灵。铁留倚声歌白石，金泥合印拓黄庭。君家犹有扬州笔，传与闺房作典型（师曾旧题一词，下攟春绮、衡恪二印，是夫妇合璧也。秋江，丹徒人，妇为汪夫人姪，均能画）"。可为一证。[2]

大约同期，写山水铜盒二。

其一，写山水并题自作五言律诗：

风过树才定，星多月更明。曾因悲宋玉，复与赋秋声。时向西南望，不堪风雨惊。古今共摇落，此意续难成。茫父诗画。

印章：茫父图。【图178a】

其二，写宋吕渭老《南歌子》词意山水铜盒：

策杖穿荒圃，登临笑晚风。无穷秋色蔽晴空。遥见夕阳江上、卷飞蓬。雁过菰蒲远，山遥梦寐通。一林枫叶堕愁红。归去暮烟深处、听疏钟。圣求《南歌子》词。茫父写意。

印章：茫父。莲花龛。【图178b】

[2] 诗见邓见宽编：《姚茫父画论》，贵州人民出版社，1996年，第397页。

图 177 写山水铜盒拓本

图 178a　自作山水诗意铜盒拓本

图 178b　写宋吕渭老《南歌子》词意山水铜盒拓本

民国十一年

1922

壬戌

四十七岁

正月献岁，写佛造像铜盒一对，并节录《大智度经》：

大智度经六十五。

须菩提所说般若波罗蜜，毕竟空义，无有定相，不可取，不可传释得悟；不得言‘有’，不得言‘无’，不得言‘有无’，不得言‘非有非无’，‘非有非无’亦无，一切心行处灭，言语道断故。是故，诸天子抱疑述闷，须菩提答诸天子汝所不解者法，自应尒是。法无所一说，乃至不说一字可著可取；无字无语，是诸佛道。何以故？是名字皆空，虚诳无实，如破色名字中说。用名字则有语言；若无名字，则无语言。诸天子作是念，若无说，若无听，今日和合集会，为何所作？须菩提欲解此义，故以喻明之。

壬戌献岁，莲花盦写佛一躯。印章：茫者。姚。【图179a】

大智度经。须菩提知诸天子心于深般若中迷没不能自出，是故说般若波罗蜜今是五众，非深非妙，乃至一切种智非深非妙。诸天子尔时深知须菩提口虽说色，心所说乃至阿耨多罗三藐三菩提亦如是。须菩提知诸天子心，答言：如是！如是！非我独尔，佛得菩提时亦无说，寂灭相实无说者、听者。是故须陀洹果，乃至佛道，皆因无为法而有，离是忍则无须陀洹。

印章：姚。茫。莲盦。【图179b】

按：两盒作于壬戌正月，有为新年祈福献岁之意。其中菩提树下造像一盒有“莲盦”一印，是“莲花盦”的省称，此印文为首见。此盒布局丰满，底部留白题字，细密充盈，与造像相得益彰。《民国刻铜文房珍赏》中收录此盒的翻刻本，区别在于没有下方的长篇题字，刀工迟滞，与原盒差距明显。

正月，写元代词人赵师侠《菩萨蛮》词意山水铜盒，由同古堂张寿丞刻成：

小春爱日融融暖，危亭望处晴岚满。江静绿回环，横陈无际山。清霜欺远树，黄叶风扶去。试探岭头梅，点红开未开。

坦庵《菩萨蛮》词，壬戌献岁，茫父写意。

印章：茫。父。【图180】

按：赵师侠，生卒年不详，字介之，号坦庵。宋太祖子燕王赵德昭七世孙，

a

b

图 179 壬戌献岁写佛并录《大智度经》铜盒一对拓本

居江西新淦（今江西新干）。淳熙二年（1175）进士。

三月，书《堕镜》诗五言古体长调，分别为友人制铜镇一对与铜屏一件：

铜镇：一轮刚满月，堕入沉潭心。天风动长夜，碎作千波金。风过波仍合，水定月复圆。有质理多危，无形道常坚。不见天上月，终自有盈亏。何况手中镜，一失不可规。念彼聚铜日，知谁破镜人。感彼千年镜，抚兹百岁身。镜破存其意，身灭垂其声。奇士易粉身，由来重完名。名亦有时尽，竟[意]亦有时忘。比似沉潭月，晨风两茫茫。[1]

堕镜诗，写为钝公制赠道湘。茫父。印章：姚。【图181】

铜屏：一轮刚满月，堕入空潭心。天风动长夜，散作千波金。风过波仍合，水定月复圆。有质理多危，无形道常坚。不见夫[天]上月，终亦有盈亏。何况手中镜，一失不可规。念昔聚铜日，知谁堕镜人。感尔千年镜，抚兹百岁身。镜破存其意，身灭垂其声。奇士易粉身，由来重完名。意亦有时尽，名亦有时忘。比似空潭月，晨光两茫茫。

堕镜诗，写似彦深仁兄，华。印章：姚。【图182】

按：两件作品录同一首诗，字句略有异同，且分别刻错一字。

是年三月，茫父先生于“近畿兵后得汉镜二，极古致，漆光如新，希品也。足自寿”[2]。十三日，失手打破古镜一，不胜惋惜，因赋《堕镜》五古长调以抒痛意。铜镇与铜屏约略作于此时，所录诗句略有异同，且均与《弗堂类稿》所收定稿有异，因并录于此，以供参阅。好友陈师曾最懂先生碎镜之痛，亦赋诗二首以为宽解，题为《茫父失手堕古铜镜，破而惜之，调以此诗》，留下一段佳话。其一，楼台折碎梦窗词，想见芙蓉秋水姿。当日惊鸿曾照影，分明谁与辨

[1] 诗收入《弗堂类稿》“诗甲二”，第十一页。与铜镇上所刻版本相比，收入《弗堂类稿》时改易多处，可见茫父先生之推敲与改易过程。兹录于此供参考：一轮刚满月，堕入空潭心。天风动长夜，碎作千波金。风过波仍合，水定月复圆。有质理多危，无形道常坚。不信天上月，终古有盈亏，何况手中镜，一失不可规。念彼聚铜日，焉知堕镜人，感尔千年镜，抚兹百步身。镜破存其意，身灭垂其声，奇士能粉身，由来重完名。名亦有时尽，意亦有时忘，比似空潭月，晨风两茫茫。

[2] 《弗堂类稿》“诗甲二”，第十一页，见《生日自述》诗注。

图 180 写元赵师侠《菩萨蛮》词意铜盒拓本

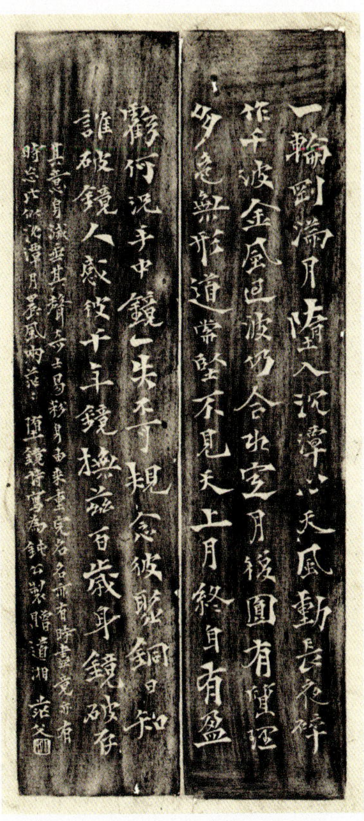

图 181 书《堕镜》诗铜镇拓本

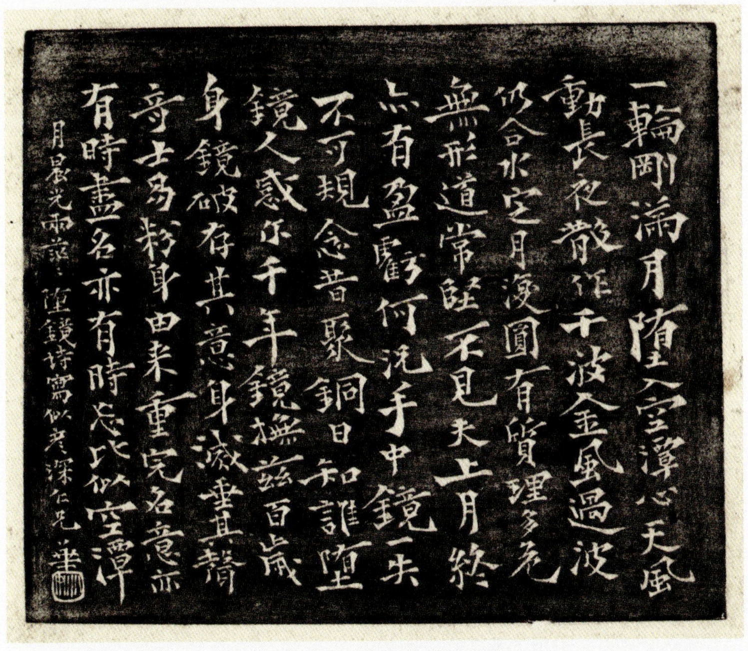

图 182 书《堕镜》诗铜屏拓本

妍媸。其二，应知朗月不孤圆，堕甑尘空一鞭然。犹未忘情怜故剑，争如窗下抱残篇。[3]

钝公应是吴曾善（1890—1966），字慈堪，号小钝、钝公，江苏元和人。近代书法家。书法家吴郁生（1854—1940）侄，书法得其薪传，风格极似。早年毕业于上海法政学堂，先后在苏沪两地任司法行政官、律师，曾任吴县律师公会会长，兼任东吴大学法学教授。1954年任上海市文史馆馆员，从事古籍整理文字改革工作。

道湘有可能是夏道湘（1900—？），卒年不详，安徽和县人。早年留学日本习蚕桑，1919年受聘为安徽省立第二甲种农业学校教员，1927年受聘到浙江蚕桑学校任教。曾执教浙江大学、中央大学。曾任浙江省蚕桑统制会秘书、国民政府实业部技正等职，曾在孔祥熙、宋子文等控制的企业任职。姐夫是孔祥熙秘书鲁佩璋（1890—？）。主持编辑《蚕桑新刊》。

“彦深仁兄”，无考。

六月廿五日，写宋代诗人曾觌（1109—1180）《清平乐》词意山水铜盒：

松姿不老，独立蓬莱杪。风卷流苏香雾晓，又是江梅开了。

海野词《清平乐》前阕。壬戌六月二十五日，茫父写。【图183】

七月十六日，是苏东坡作《赤壁赋》后第十四个壬戌，李释戡招友好同泛通州潞河，以拟赤壁之游，并属先生绘图记之，先生因步东坡《大江东去》词韵，复校片玉、白石、梦窗诸家，制为《念奴娇》词[4]。同日，写《潞河秋泛图》铜盒并录新制《念奴娇》词并序：

壬戌七月既望，潞河秋泛，拟赤壁之游作图纪事，用东坡大江东词韵制为此阕，复校白石、梦窗诸家正之。

乱蝉衰草（东坡鹧鸪天黄州词也），对斜阳堪忆，黄州风物。公瑾江山前后赋，又道东坡赤壁。人去难寻，月明谁共，酒熨胸中雪。清游能效，几家诗句称杰。公后八百余年，凭君问水。趁仙舟先发（是日李释堪为主人，甫临，而郭啸农已俟于舟，次樊山翁来至，遂

[3]《姚华评介·贵阳文史资料选辑第十八辑》，第16页。

[4]《弗堂类稿》“词一”，第十八页。

图 183 写宋曾觌《清平乐》词意山水铜盒拓本

图 184 写《潞河秋泛图》山水铜盒拓本

先发一舟，余与师曾、揆东诸君在焉）。万里风烟天未隔，凉袂秋光明灭。明闸澌清，暗鸿饥晚，今古愁量发。留云图梦，有人珍重年月（余与师曾皆与东坡同生丙子，尤重斯游）。

茫父甫草。印章：茫父。潞河秋泛。【图184】

按：潞河古称潞水，是京杭大运河北段的旧称。潞河泛舟是旧京生要郊游活动之一，其地主要指通惠河二闸一带，京谚称："劳您驾，道您乏，赶明儿请您逛二闸。""二闸"即庆丰闸，是通惠河上第二道闸口，故俗称二闸。出东便门，乘船沿通惠河东一，两岸花草鲜美，落英缤纷，水天茫茫，宛若江南，素有燕京秦淮之誉。《清代北京竹枝词》云："乘舟二闸欲幽探，食小鱼汤味亦甘，最是往东楼上好，桅樯烟雨似江南。"

1922年这次潞河泛舟有特别的意义，因为这一年是"壬戌"，而北宋大文豪苏东坡《赤壁赋》开篇即云："壬戌之秋，七月既望"，相去正好十四个甲子、840年。这件刻铜作品实物已不知所终，拓本为我们记录了这一场为纪念苏东坡《赤壁赋》后第十四个壬戌而举行的文人雅集。茫父词中出现了李释戡、郭啸农、樊樊山、陈师曾、罗揆东诸君，从同行者留下的诗文可知，这次聚会由李释戡发起，共十九人参与其盛，陈师曾留下七古长调《东坡赤壁游后第十四壬戌，李释戡约潞河秋泛，会者十九人，长歌记之》，提及京剧名伶梅兰芳、姚玉芙在其列。茫父另有《赤壁赋后十四壬戌，要同师曾、半丁、翼牟、宗孟作图赋诗，皆与东坡同生丙子者》长诗纪游，可知对这一次潞河秋泛记忆深刻，极为看重。此铜盒亦是一件物证。从落款"茫父甫草"可知此盒十分应景，应该作于当日。

九月，为葵园先生所置铜盒写葵：

壬戌九月，茫父为葵园写葵。

印章：茫父。葵园。【图185a】

另见一件为葵园主人所写《葵园图》铜盒拓本，从书风判断大体是同期作品：

葵园主人属作园图，以意构此，知不能状，聊存其趣耳。茫父记。

印章：茫父。张寿丞刻。【图185b】

图 185a 为葵园主人写葵铜盒

图 185b 为葵园主人写《葵园图》铜盒拓本

按：葵园主人无考。曾见齐白石写给淳菁阁主人张研农一函，提及："前来墨盒嘱画葵园风景，余不知葵园为何园，更画随意山水，何如？"推测茫父先生此作亦应淳菁阁之请所写。白石故交有湖南同乡王先谦（1842—1917），字益吾，号葵园，人称葵园先生。与白石的老师王闿运齐名，世称湖南"名儒二王"。但是王先谦已于1917年病故，此铜盒之葵园主人显然另有其人。

岁暮，写《梅石图》铜盒，由张寿丞刻成：

苔枝缀玉。壬戌岁暮，茫父写梅。

印章：茫父。张寿丞刻。【图186】

是年，写东坡诗意图铜盒，由同古堂张寿丞刻成：

七千里外二毛人，十八滩头一叶身。山忆喜欢劳远梦，地名惶恐泣孤臣。长风送客添帆腹，积雨浮舟减石鳞。便合与官充水手，此生何止略知津。

东坡诗，茫父画。印章：茫父。壬戌。【图187】

大约是年，写松枝铜盒，极尽简洁空灵之趣，落款：芒父写。【图188】

大约是年，好友陈师曾为《益世报》主编潘云超先生写松荫幽居图铜盒，茫父先生为题跋语。[5]由同古堂张寿丞刻成：

蕴巢先生雅赏。师曾衡恪书。

吾友河南李槃云："师曾画多用隶法，惜其少兼使转。"虽然，章草亦何尝以使转为奇绝？于此正见师曾画品矣！茫父题。

印章：歾。茫父。寿丞刻。【图189】

按：李槃（1877—1946），字古民，河南光州人，清光绪末年留学日本法政大学。归国后，宣统年间被推为河南省咨议局常驻议员。辛亥革命时，李槃支持河南独立，被推为河南省代表赴沪、汉联络革命军，密商共和事。民国初

[5] 此作未见原拓，图片出自周继烈：《铜匣古韵：墨盒收藏》，浙江大学出版社，2004年，第73页。

图 186　写《梅石图》铜盒拓本

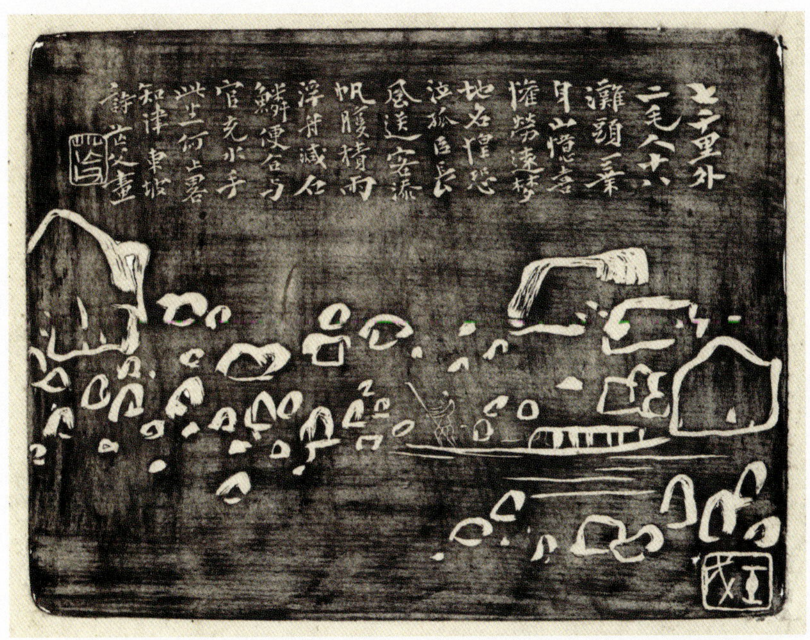

图 187　写东坡诗意图铜盒拓本

年，被选为国会临时参议院河南省议员，茫父与李檠同期留学日本法政大学，归国后，分别为贵州省与河南省咨议局议员，入民国后，又同为国会临时参议院议员，1913年，二人又同被选为宪法起草委员会候补委员。曾任奉天最高法院推事。1932年“满洲国”成立后，任最高检察厅厅长。从跋语可知茫父、师曾与李檠三人关系密切。

此盒受赠人蕴巢先生，即《益世报》主编潘云超（1882—？），原名智远，一作知远，别号蕴巢，顺天府通州（今北京市通州区）人。曾任顺天中学（今北京四中）国文教员，作家冯至（1905—1993）的老师，后出任《益世报》主编等。1919年5月4日，“五四运动”爆发，23日《益世报》刊载兼职编辑、北大学生成舍我（1898—1991）《安福与强盗》一文，痛斥北洋政府卖国行径，致报馆被查封，潘云超受牵下狱。京师警察厅以“违法出版法、公然侮辱官员、煽惑军警妨害治安等”多条罪名，将其移送京师地方警察厅，6月21日，京师地方审判厅判决有期徒刑一年。茫父先生有一首诗，题为《潘云超狱中诗卷》，应是1919年看过潘云超狱中所作诗卷后有感而发：“频年得句邻荒率，喜读君诗意转强。著论终闻许公治，上书何必似邹阳。几回对吏仍孤愤，一例反骚孰狷狂。奇祸成名今自昔，未须天问与商量。”诗中比较隐晦地表达了自己对潘云超无端罹祸的同情和对北洋政府镇压学生运动的不满。[6]

[6]《弗堂类稿》“诗甲一”，第十六页。

图 188　写松枝铜盒

图 189　跋陈师曾为蕴巢先生写铜盒拓本

民国十二年

1923

癸亥

四十八岁

正月二十四日，写寒梅铜盒：

癸亥正月廿四日写，是日九九毕，寒尽矣！菉猗室并记，茫父。

印章：茫父。【图190】

大约同期，分别写梅花铜盒与铜镇（失群）并录陈简斋《梅花》诗。

铜盒：

客行满山雪，香处是梅花。丁宁明月夜，认取影横斜。

晓天青脉脉，玉面立疏篱。山中尔许树，独自费人诗。陈简斋诗，茫父画。

印章：茫父画梅。癸亥。【图191a】

铜镇：

明窗净棐几，玉立耿无邻。红绿两重衿，殷勤满面春。曾为庾岭客，本是洛阳人。老我何颜貌，东风处处新。陈简斋五言，莲花盦茫父。印章：茫父。【图191b】

按：从构图与风格，可以看出图191a所示铜盒与图190所示拓本有异曲同工之妙，但是与图191b所示铜镇仔细比对，不难看出刀工之高下，藏家不可不辨。铜镇虽然失群，幸运地保存了有落款的单支，书法与刻工均堪称一流，无疑是茫父亲笔。

正月，写山水铜盒两件，由同古堂张寿丞刻成：

癸亥正月，茫父。开谟制，同古堂刻。印章：茫父。【图192a】

独坐幽篁里，弹琴复长啸。深林人不知，明月来相照。王右丞竹里馆诗意。癸亥正月下浣，茫父写于菉猗室。印章：茫父。【图192b】

二月五日，春分，与陈师曾合写《双清》铜镇：

双清。癸亥春分，师曾、茫父合作。

印章：师曾。茫父。【图193】

按：茫父与师曾是民国初年北京画坛公认的领袖人物，素有“姚陈”之称。

图 190 癸亥正月写寒梅铜盒拓本

图 191a 写陈简斋《梅花》诗意铜盒

图 191b 写陈简斋《梅花》诗意铜镇

a

b

图 192　癸亥正月写山水铜盒两件拓本

图 193　与陈师曾合写《双清》铜镇

二人因艺术观念相契，重新发掘和倡导“文人画”的价值，将艺术与生活相结合，推动了铜刻文房和书画笺纸的发展。二人合作的写铜作品却不是很多，目前所见为数不多的数件，如图43所示铜屏，一书一画，分置铜屏两面；图104所示铜屏，师曾写佛，茫父录心经；再比如图111和图189所示作品，则是茫父在师曾完成的作品上补题文字。像这件铜镇这样明确说明是二人合作创作者，非常少见，因此这件铜镇也就显得尤为重要。

二月十二日，花朝，于法源寺观所藏宋元佛像，于铜镇临写一躯并记：

茫父写佛，癸亥花朝。

释迦文佛诞后二千九百五十年，于法源寺观所藏宋元佛像，临此。茫父再记。【图194】

三月六日，谷雨，于铜盒颖拓宋词人易安居士印并考释，由同古堂张寿丞刻成：

宋词人易安居士印。易安印仅见此，文苑珍秘也。绿松一寸，不减秦红汉白。

绿松。是磁印，非绿松也。履卿赠。

旧拓本有此题记，不知何人之笔，因并摹之。履卿亦未详。芒父。

前人云“男中李后主，女中李易安”，二李与词坛千古矣。传此印与漱玉词并称可乎？癸亥谷雨再记。

印章：弗堂所摹。茫父。张。寿丞。【图195】

三月，写六佛同龛铜盒，十月赠李藻孙[1]：

六佛同龛。癸亥三月，茫者处心写像，愿人间有缘一心供养。

癸亥双十节，布宪礼成，藻孙奉佛祈福。芒父记。

钤印：弗堂、芒父。【图196a】

按：藻孙即李耀忠（1882—？），字藻荪，也作藻孙，贵州人，李端棻（1833—1907）之子，梁启超之内侄。早年留学日本，毕业于早稻田大学政治

[1] 周继烈编：《民国刻铜文房珍赏》，第48页。

图 194 写佛像铜镇拓本

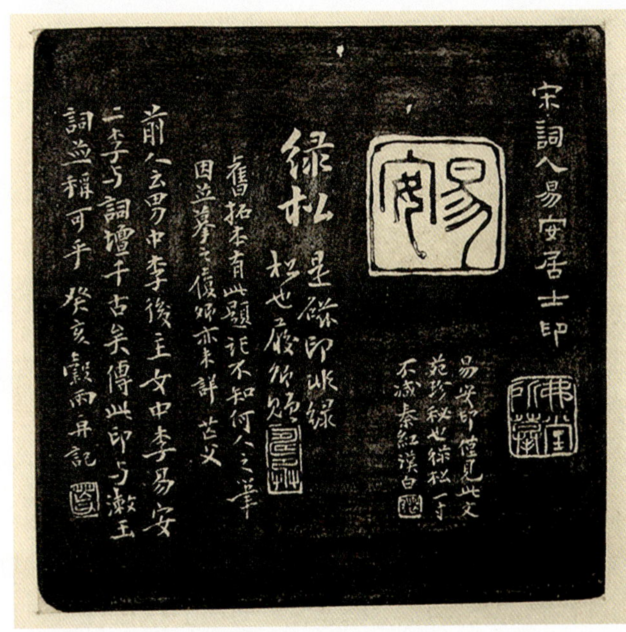

图 195 颖拓李清照“易安”印铜盒拓本

经济系。后经梁启超介绍，任黄埔军校国文教官，北伐后担任平汉铁路秘书长、贵州盐物署秘书等职。曾任民国政府参议院贵州省参议员，与蹇季常、姚茫父、梁启超等多交游，与梁思成、徐志摩等亦友善，《梁任公年谱长编》《爱眉小札》等书中多有提及，惜事迹不彰。

六佛同龛铜盒是收藏圈的大名誉品。此图案当时还被制成笺纸，茫父先生写信、作诗每每用之【图196b】。有趣的是，这套笺纸一共有四种款式，另外三种亦为佛像，很显然均来自写铜作品的拓本，其中图196c所示源自图148，图196d所示则源自图161，有兴趣的读者可自行比较。图196e所示想必也有铜刻作品原型，期待有机会一窥真容。[2]

关于由铜刻文房与笺纸，鲁迅、郑振铎等人曾有论及：1933年，鲁迅在《〈北平笺谱〉序》中写道："及中华民国立，义宁陈君师曾入北京，初为镌铜者作墨合、镇纸画稿，俾其雕镂；既成拓墨，雅趣盎然。不久复廓其技于笺纸，才华蓬勃，笔简意饶，且又顾及刻工省其奏刀之困，而诗笺乃开一新境。"[3]同年，郑振铎在《访笺杂记》中写道："吴待秋、金拱北诸氏所作和姚茫父氏的唐画壁笺、西域古迹笺等，也都使我喜欢。……清道人、姚茫父、王梦白诸人的罗汉笺、古佛笺等，都还不坏，古色斑斓的彝器笺，也静雅足备一格。"[4]

孟春，写山居图铜盒两件，由同古堂张寿丞刻成：

山居图。癸亥孟春，莲花庵写意，茫父。

印章：芒父。【图197a】

松竹草堂。癸亥二月，茫父写意。

印章：芒父。【图197b】

按：茫父先生寓居莲花寺，名其正殿为"莲花盦"，作品署款每用之。"庵"与"盦"相通，但先生自己罕用"莲花庵"，铜盒上此为仅见。

四月八日，佛诞日，于铜盒上写佛像，由同古堂张寿丞刻成：

---

[2] 四帧茫父书札原作皆为重华轩所藏。

[3] 鲁迅：《北平笺谱》序，载《鲁迅文集全编》，国际文化出版公司，1995年，第1926页。

[4] 郑振铎：《访笺杂记》，载《文房漫录》，生活·读书·新知三联书店，2013年，第57页。

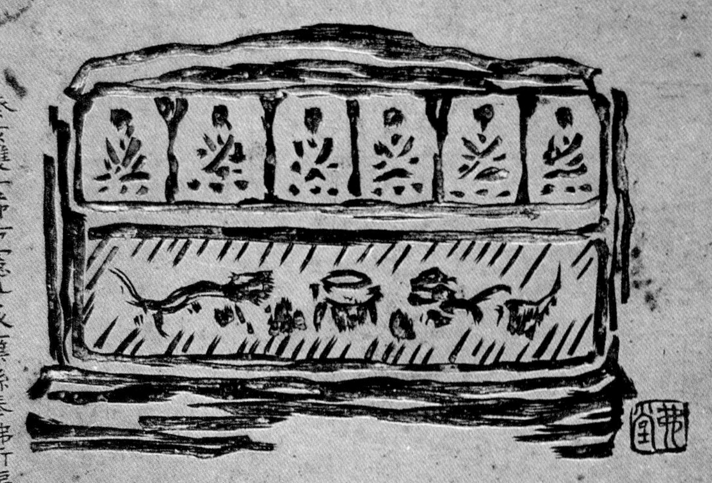
六佛同
龕癸亥
三月
慈眷褱
心寫像
願人間
有緣一
心供養
癸亥雙十節布憲礼成藻孫奉佛祈福慈父記

釋戡中秋南海泛月诗来,原韵與之

卧游供我诗如画,玄髻宜君月似秋。天盛露华寒欲滴,水薰夜气静生幽。望衰但舞遥[illegible]风,前人语转魂。来客枝杖成三影,聊逐吟篇共一游。

蓮龕居士草

幽居秋书和釋戡韵

無端鬓白數寒更,静觉风生叶有声。病似惜秋诗思寒,老成倦客世缘轻。眼花书蠹翻经业,月黑人親照夜燐。不作幽居清吏适,晚吟寂坐耐孤清。

b c

伯群先生台鉴:日前行节过此,得快谈为慰。松寿日津来,手一函,欣悉调护之暇,特有翰迹,盼得之,甚为欣羡。见两种资料,前承手致,刻亦奉上。

姚華 上 十二月十五

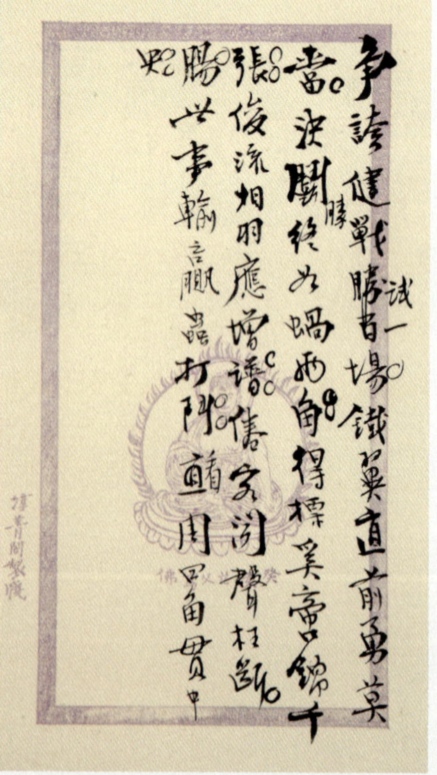
爭誇健戰勝一場,鐵漢直前勇莫當。決鬭終如蝸兩角,得標争奪錦千張。俊流相羽應增譜,傳家閒聲柱品觴。世事輸贏打閒誰,週而復始田甸貫中

d e

图 196b-e　淳菁阁为姚华所制佛造像笺纸

a

b

图 197　写山居图铜盒两件拓本

瞻妙相，见真谛。庆福缘，益智慧。为文章，利万世。癸亥四月八日。

印章：弗堂。芒父。【图198】

四月十六日，写山水铜盒：

癸亥四月既望，莲花盦晚窗写，茫父。

印章：茫父。【图199】

四月，写香草铜盒及铜镇：

铜盒：王摩诘贮兰用黄磁斗，养以绮石，累年弥盛。出《汗漫录》，癸亥四月，茫父写于菉猗室。印章：姚芒。香草。【图200a】

铜镇：兰生霁后日，花发夜来风。茫父写。印章：芒父。【图200b】

八月十五日，中秋，为刻铜名家姚锡久作《杖藜扶我过桥东》[5]，题：癸亥中秋莲花盦写为石父仁兄雅属，姚华茫父。钤印：姚华。【图201】同日，写陶渊明《杂诗》铜盒：

日月不肯迟，四时相催迫。寒风拂枯条，落叶掩长陌。弱质与运颓，玄鬓早已白。素标插人头，前途渐就窄。家为逆旅舍，我如当去客。去去欲何之？南山有旧宅。

渊明杂诗，癸亥中秋，茫父。印章：茫父。【图202】

按：此铜盒最左侧有一行文字“雅轩师叔雅玩，剑平敬赠”，已非茫父手笔，应是店家应客户要求所补刻者。

八月，京剧演员程砚秋购得茫父书《长恨歌》铜墨盒，持来莲花盦求茫父题跋。因作《旧书〈长恨歌〉于墨盒子，刻成，玉霜得之，属题尾》绝句：“白

[5]　作品现藏上海朵云轩，尺寸：81 厘米 ×51 厘米。按：此作品著录于刘大为主编：《百年中国画作品集 1901-2000（上）》，人民美术出版社，2001 年，第 18 页；贾德江主编：《中国现代山水画全集（上）》，河北教育出版社，2002 年，第 27 页。可视为茫父山水画之代表作。

图 198 癸亥佛诞日写佛像铜盒拓本

图 199 癸亥四月既望写山水铜盒

a b

图 200 写香草铜盒及铜镇拓本

图 201 为姚锡久写山水立轴

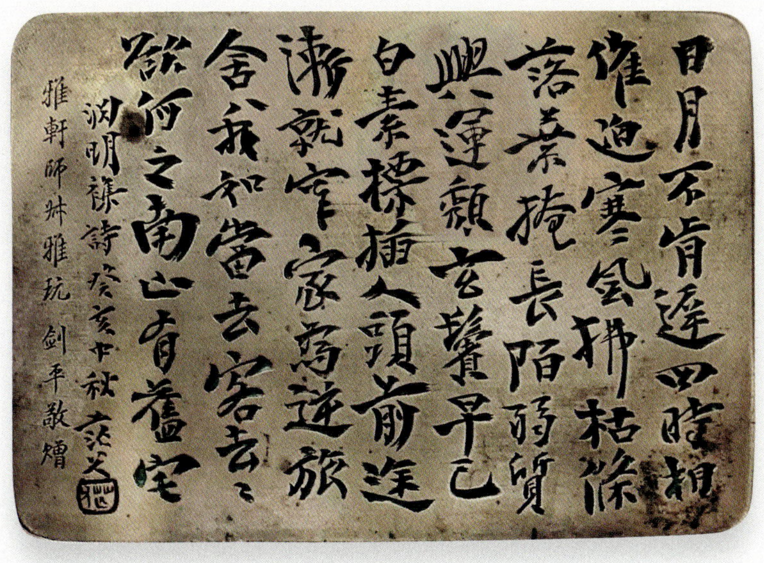

图 202 写陶渊明《杂诗》铜盒

傅诗篇喻老妪，姚茫细字比蝇头。金壶写成教储墨，记取鹊桥一段秋。”[6]

按：《长恨歌》是唐代诗人白居易的一首长篇叙事诗，全诗通篇840言，可知此铜盒必是以细笔小字书就，可惜已无缘得睹真容，读者不妨从本书【图16】1915年为黎伯颜小楷录曹子建《洛神赋并序》铜屏拓本加以想象。

程砚秋（1904—1958），原名承麟，满族正黄旗索绰罗氏。北京人，后改汉姓程，初名菊侬，后改艳秋，字玉霜。1932年起更名砚秋，改字御霜。著名京剧表演艺术家，著名京剧旦角，著名京剧艺术大师，著名京剧演员，四大名旦之一，程派艺术的创始人。

茫父《弗堂类稿》有《赣馆观艳秋思凡，即事柬掞东》诗，时在1919年。可知二人最迟在是年已相识。茫父对北京梨园界有广泛影响，与罗瘿公、梅兰芳、程砚秋等皆多往来，此不赘述。

九月一日（10月10日），双十节，为抟沙写梅花铜镇并录晏殊《瑞鹧鸪》词，以纪念民国宪法颁布，由同古堂张寿丞刻成：

江南残腊欲归时。有梅红亚雪中枝。一夜前村、间破瑶英折，端的千花冷未知。丹青改样匀朱粉，雕梁欲画犹疑。何妨与向冬深，密种秦人路，夹仙溪。不待夭桃客自迷。珠玉词《瑞鹧鸪》。

癸亥双十节，布宪礼成。抟沙属写梅为纪。茫父。

印章：姚。茫父。癸亥。梅花知己。寿臣刻。【图203】

按：抟沙即王敬芳（1876—1933），字抟沙，河南巩县（今巩义市）人。光绪二十八年（1902）乡试中举，三十年（1905）东渡日本习新学，识陈天华、秋瑾等进步人士，加入同盟会。1905年日本文部省挑起取缔中国留学生事件，陈天华蹈海就义，抟沙愤然回国，被推为归沪留学生代表，与姚宏业、黄兆祥、张邦杰、秋瑾等筹办“中国公学”，并任斋务长。民国二年，被选为国会议员，蹴居北京，后被推为中国公学校长。民国四年组建中原煤矿公司，次年，捐资在家乡创办“抟沙小学”。是河南近代高等教育和实业的积极推动者，曾任中州大学（河南大学前身）校董、文科教授等职。

[6]《姚华诗选》，第126页。

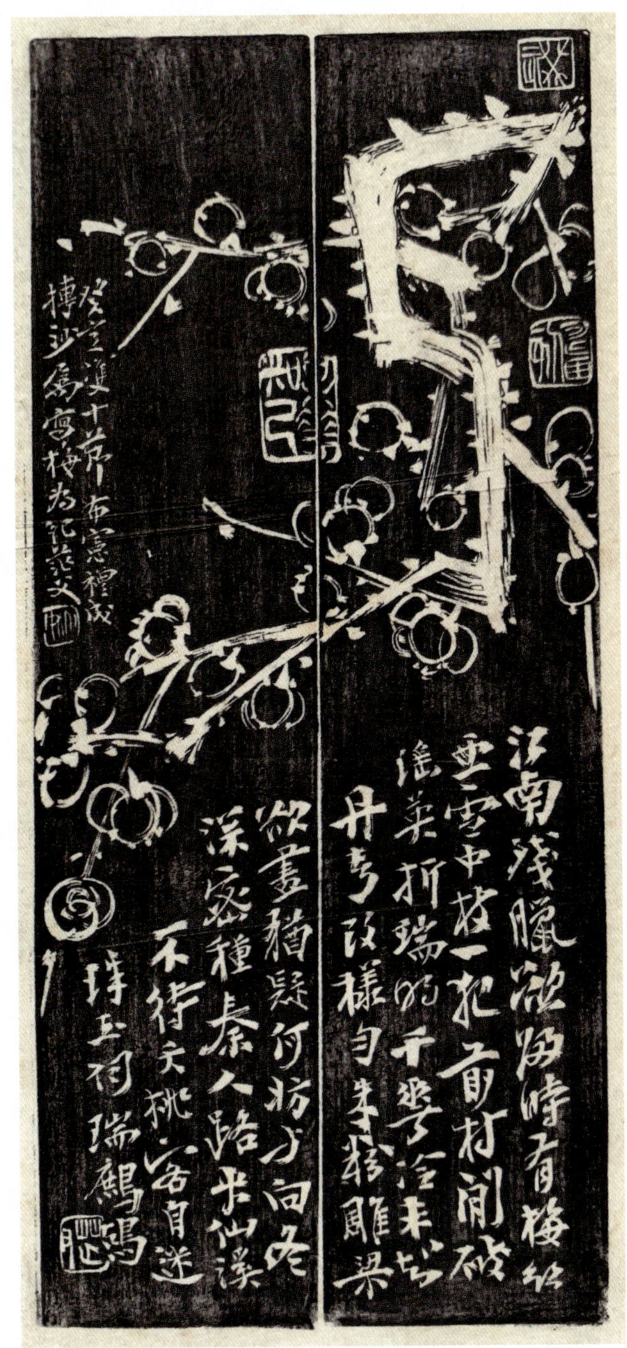

图 203 癸亥双十节写梅花铜镇拓本

王敬芳追随梁启超，是进步党成员，1913年以众议院议员身份参与民国宪法起草委员会。茫父先生作为国会参议院议员，1917年增补为宪法起草委员会委员[7]。二人在日本留学期间应该已相识，又同在国会数年，茫父先生参与政治，虽然没有加入任何党派，但是他的好友多为进步党党员，其政治倾向应该与梁启超、蹇季常等相契。1922年梁任公迁松坡图书馆至北海快雪堂以纪念蔡锷将军，姚、王二人同任干事。1923年双十节，中华民国第一部宪法历时十年终于颁布，虽然是由贿选上台的大总统曹锟颁布，但参与其事数年的茫父先生仍感心慰，有诗《宪成》纪事："十年草创喜成功，定国文章众志同。鸿业由来须润色，贤才后起任为工。蛙天霸气应先慑，尘史名心亦自雄。漫笑痴儿了公事，已能开径慰途穷。"[8]感慨成果得之不易，虽仍须润色，但已堪震慑威权霸气。

考虑到其时正是贿选上台的大总统曹锟当政，对于布宪事，时人多有不同看法。《余绍宋日记》是日所记即颇可玩味："早起，阅报知曹锟于今日来京做大总统。猪团发表《宪法》，此《宪法》者，即民国五年、六年所制定者。自去岁诸猪仔重来，凡开会七十七次，流会至四十三次。所争持者为国权、教育、生计三章，今所发表乃于此三章均未规定。如此草率将事，其效可知矣。哀哉！"[9]

大约同期，另写一对梅花铜镇，并录杨补之《柳梢青》梅词二首。由同古堂张寿丞刻成：

傲雪凌霜。平欺寒力，搀借春光。步绕西湖，兴余东阁，可奈诗肠。娟娟月转回廊。诮无处、安排暗香。一夜相思，几枝疏影，落在寒窗。

雪艳烟轻，入[又]要春色，来到芳樽。却忆年时，月移清影，人立黄昏。一番幽思谁论。但永夜、空迷梦魂。绕遍江南，缭墙深苑，水郭山村。

《柳梢青》梅词二首。尽因写杨补之逃禅词，莲花盦茫父。

不见补之之梅，犹获见补之之词，因词补梅，不自愧其妄也。茫父并记。

[7]《如晤如语：茫父家书》第69页信中写道："现时宪法起草委员会尚有事（顷得通知补宪法起草委员）。"

[8]《姚华诗选》，第129页。

[9] 余绍宋撰：《余绍宋日记》第三册，北京图书馆出版社，2003年，第507页。

印章：姚。茫父。茫父。梅花喜神。寿臣刻。【图204a】

按：曾见茫父先生写杨补之《御街行》词意立轴【图204b】，梅花姿态正可与此铜镇对照，画中题诗释文：

平生厌见花时节。惟只爱、梅花发。破寒迎腊吐幽姿，占断一番清绝。照溪印月，带烟和雨，傍竹仍藏雪。松煤淡出宜孤洁。最嫌把、铅华说暗香销尽欲飘零，须得笛声呜咽。这些风味，自家领略，莫与傍人说。杨补之《御街行》词，茫父补梅。【图204b】

九月二十三日，写《南浦·春帆》词意铜盒，并录辛酉旧作《南浦·春帆，和碧山春水韵》以及当年陈师曾步韵唱和之作。由同古堂张寿丞刻成：

《南浦·春帆》，和碧山《春水》韵

迥野一帆悬，趁绿芜渐成，风絮兜满。皱叠几湘裙，轻舠快、寒淞贴天堪剪。疾光如水，涨痕应见春深浅。雾樯雨叶知去住，相续前程锦片。安流放舸无踪，更约束乡心，朋鸥侣燕。斜影断云明，残阳外、惊转鬟眉青遍。玄真宅小，照波时送流红怨。访仙何地归无恙，疑似灵槎来远。

辛酉四月望前二日作，癸亥九月二十有三日书，茫父。印章：芒父。

《南浦·春帆》，同茫父和碧山《春水》韵

千里碧无尘，看飞来一叶，风正张满。墨淡染平沙，青山外、遮断晚烟如剪。客程何许，嫩绿低亚春痕浅。可怜梦里留恨处，又隔潮头雨片。澄波纵眼苍茫，甚入峡啼猿，窥人乳燕。孤影太昑㟏，高楼上、应误乱云寻遍。垂杨别浦，艳情重赋江南怨。着花岸芷迷归路，依旧水遥山远。殁。印章：师曾。【图205】

按：《南浦·春帆》是茫父先生1921年四月所作词，先后收录在《弗堂类稿》和《弗堂词·菉猗曲》中。其中“安流放舸无踪，更约束乡心，朋鸥侣燕”一句，可知有乡思寄托期间。“碧山”是南宋词人王沂孙，字圣与，号碧山，浙江会稽人。有《花外集》，存词五十余首。茫父词作和碧山《南浦·春山》，好友陈师曾见后步韵同和，茫父则再作《南浦·师曾同赋前题，叠韵答之》：“春雨如空冥，看拍天去遥，沿路花满。泾溅缆痕新，裁缝就、吴娘乍停刀剪。

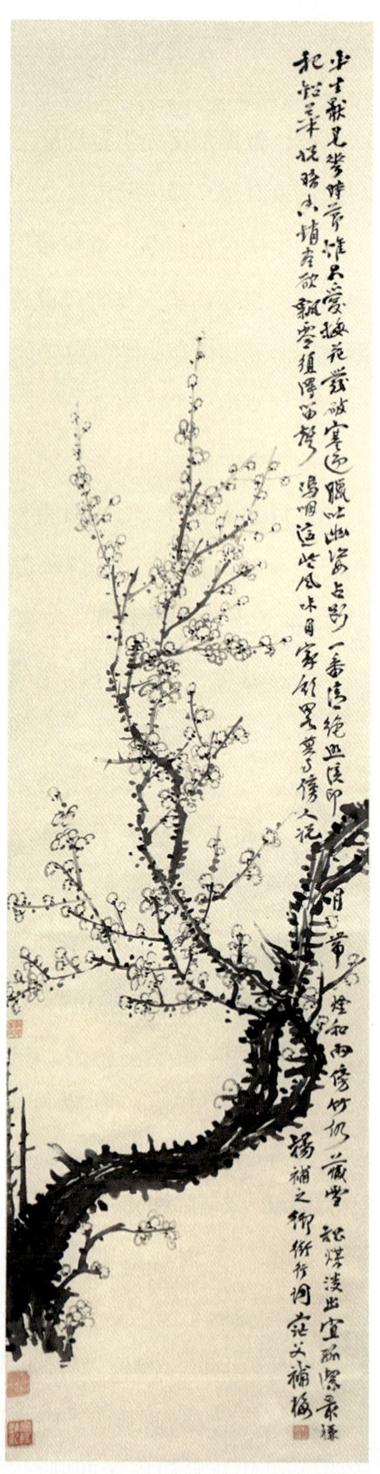

a　b

图 204　写梅花铜镇一对拓本及姚华同题材画轴

图 205 写《南浦·春帆》词意铜盒拓本

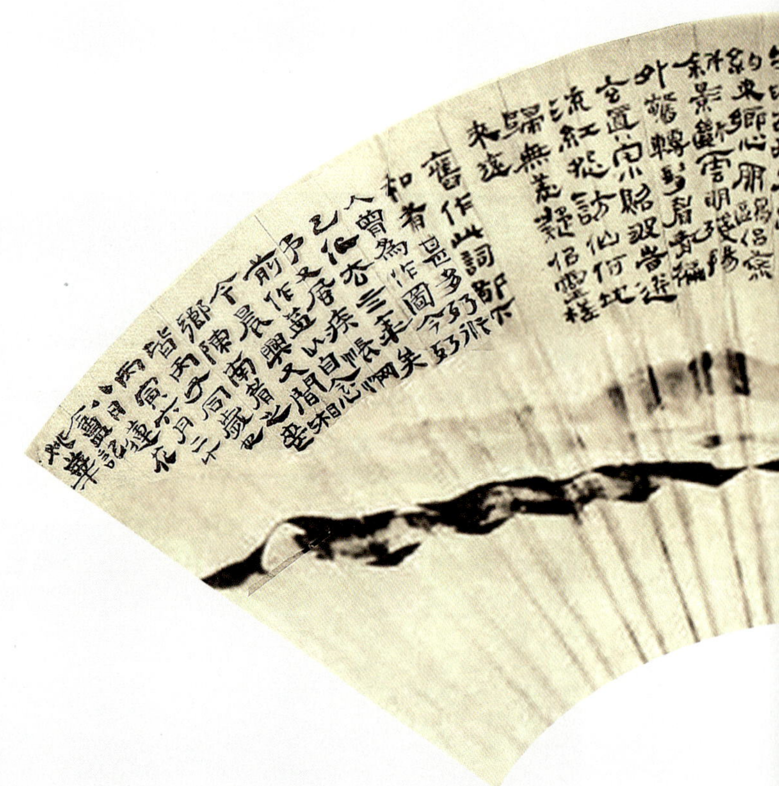

图 206　姚华写《南浦·春帆》词意图并录唱和词句二幅

a

b

别情多少，皱来颦样窥眉浅。荇乡水足风更劲，寻得仙桃舞片。单衣试酒光阴，又蜀魄要猿，湘魂委燕。萧鼓换朱旗，腾龙去、千舻渡头摇遍。梦回春去，澧兰沅芷犹教怨。几时闲卸和鸥卧，前浦无人波远。"

茫父此作当年唱和者众，好友陈师曾不仅有和，而且还特为茫父写《南浦·春帆》词意图，可惜今已不知所终。1926年茫父病臂后，曾恣意写扇十余件，其中一扇亦写此《南浦·春帆》词意并录旧作【图206a】，其款识云："旧作此词，都下和者甚多。朽道人曾为作图，今朽已化去四年矣。予又风疾，怅惘前作，益以自念。今晨兴又闻湘乡陈南眉之丧，皆丙子同岁也。丙寅六月二十八日，莲花盦记，姚华。"[10]

目前尚可见同题手卷【图206b】[11]，是茫父为新月社老板黄子美所绘，后归王伯群。数年前在上海朵云轩拍卖时，笔者有幸上手拜观。画面构图与此铜盒相类，除茫父与师曾唱和之作外，别录罗复堪、姚鋈之唱和，可惜字太小，图片又不够清晰，茫父次子姚鋈之作遗憾不能录出。兹录罗复堪和韵："断岸绿黏天，正微云半遮，浓涨新满。别浦望归人，凝思处、平芜苏波如剪。倚楼萦目，掩灯深坐眉颦浅。映空一叶烟际渺，休误残霞几片。瑶情分付春阳，賸觅树栖鸦，营巢语燕。愁绪逐风来，南浮客、应自晚潮听遍。杨丝漫绾，最难禁得西船怨。旧时芳竹游窗路，莫遣江程天远。"

茫父另有《南浦·叠前韵答复堪和作并学其意》："抖擞疾风前，便一声去休，襟泪凄满。隔溆数危樯，层楼望、离愁暗萦难剪。刻心搏影，往来遮睡凌斟浅。梦魂未怯东去浪，飞越沤花羽片。情知镜里征途，尚接叶裁鳞，通波叙燕。寒港压疏篷，和烟重、星火坠欢侵遍。翻云掠雨，赚将朝暮成秋怨。了时除却千山路，偏又青骢嘶远。"[12]

大约在同期，写另一山水铜盒，从刻工看，应该也是同古堂张寿丞所刻，十分洗练精彩。仅署款"茫"，印章：芒芒。【图207】

[10] 款识据作品释读。图见姚华：《茫父风画集》，民国十五年珂罗版。

[11] 词见《弗堂类稿》"词一"，第十三页。图为王伯群旧藏，见上海朵云轩2013春季艺术品拍卖会，第584号拍品，以27.6万元成交。按：从题画词可见首句为"迥野一帆悬"，《弗堂类稿》将"迥野"误作"迴野"，《弗堂词·菉猗曲》遂误作"回野"。

[12] 词见《弗堂类稿》"词一"，第十四页。

十月十四日（11月21日），好友任可澄应国会议员吴作棻之请，为其母范夫人撰八十寿序，茫父先生以工楷书之于十二铜屏（约72厘米×30厘米），并于另面写《贞松耐岁寒》图，由同古堂张樾丞亲自操刀刻成：

吴母范夫人八十寿序

夫健顺殊赋，而男女之形成；内外正位，而夫妇之名立。夫妇男女其得天虽异，而为人之理则一。凡以各尽其能、蕲进家庭社会之福利而已。神州学术之初，根柢于阴阳盛衰之说，而务为扶抑之畸论。于是女权浸衰，恒为弱者、被保护者，终身囿于家庭，若无补于社会。虽然，群盲不能离娄，群怯不能乌获，社会者，家庭之积也，积无数蕉萃零落之家庭，恶在有健全之社会。且夫家庭之事亦难言矣。幸而家有严君，既富且寿，为子女者，有所芘以成人，若是者十不一二。不幸而叹式微、悲失怙，茕茕无告，以致失学，由是而沦于卑贱，伤于比匪者，曷可胜道。其间有贤母焉，困而能亨，母而兼父，俾其子贤而有立，岂繄家庭之福祉，社会实蒙其庥。保乂之称，贤知之诵，自古有之。若吴母范夫人亦其人矣！遵义吴君南屏少孤，奉母范夫人教，学行称于时。今年母夫人寿八十，吴君诣余，再拜而请曰："作棻获交先生十余年矣，作棻有母甚贤，先生知之。作棻为官吏议员近十年，贫犹昔，无以将母，庶几得先生一言以寿吾母乎？忆昔吾父没，适黔连岁歉，吾母十指力贫，教养棻辈以迄毕婚嫁，其间停贮苦辛，不能一一数也。作棻以议员奔走南北，于役不时，家人辈或至涕泣，母恒夷然，戒毋以为念。作棻间自外归，购奉良好衣物，母辄斥罢之，布衣茹素，数十年如一日。吾母虽贫乎，然性好施。吾家世乡居，近乡数十里所识，穷乏缓急，率恃吾母。比年苦兵匪，村镇相望残破，而吾家独完，意非吾母好施，无以得此。作棻尝知关岭县事，奉板舆署中，母辄戒以谳狱勿滥，遇讯供或疏。公退，不惮往复以尽其情伪。虑狱之虐囚，率自具囚粮，令亲知以时振散，又不时劳苦之。故吾母慈惠之声，勿间于上下也。作棻之孤露颛愚，得有今日，皆吾母之赐。吾母今年八十，矍铄犹昔，亦天之所以报吾母。作棻不文，无以述德，故愿得先生一言，以为光宠。"余曰："母诚贤矣，然皆庸行，抑非今世重，其康强逢吉，亦事理之常，无可称羡。顾吾见今世昌言女学，今后之家庭所为谋生计，教子女略能分任，无复俯仰依人，此固（嚮）者之所难也。然人智日增，则天机日浅，吾犹虑其视家人生产若不屑屑事，夫妇子女间汎汎然若浮萍而适相值，求其荆布安其常，杵臼躬其变，碻乎不拔，于蒙难坚贞之会者盖有甚难，此非家庭之幸，抑亦社会之薄也。故范夫人之志节与其食报，事至寻常，要今为人妇为人母者不得不知此。吴君之言质而信，匆竢于文，遂以为世告，亦使吴君持归，（以）代跻堂之祝，而慰倚阁之望也。”任可澄拜撰，姚华拜书。（周）恭寿，桂诗成，杨国栋，徐成锦，覃梦松，洪乃昭，邢端，曾昭（斌），万钧，蹇念益，吴基，杜成镕，牟琳，符诗镕，孙世杰，温文灿，双清，符诗楷，蹇先骢，黎渊，刘尚衡，黄元操，任文华，胡庆雯，黄元操，黎迈，张金鉴，黄禄贞，张联奎，李耀忠，陈征祥，胡绍铨，胡宗虞，蹇先榘，陈世昌，罗承侨，丁乃昌，朱学曾，朱劼，袁承廉，熊夔，万勖忠，李立成，袁永熙，梅镇涵，刘鑅，卢德璠，韩伯秋，汪泰阶，黄家琨同拜祝。中华民国十有二年十一月二十有一日。张荫镌字。

另面则绘苍松并题：“贞松耐岁寒，茫父写。”

印章：癸亥。姚。华。千秋愿。【图208】

按：吴作棻（1880—1924），名文芳，字南屏，贵州遵义人。毕业于贵州师范学校和法官养成所。历任遵义劝学、两等小学校长，和贵阳商业养成所、时敏、乐群、广益等校教员，《贵州公报》《锋报》总编辑，省议会议员，洪江军事会议代表，关岭县知事等职。辛亥革命后，任贵州护国军东路司令部秘书长兼咨议官。1913年选任中华民国国会首届参议院议员。1924年病逝于北京。1925年归葬故里遵义县团溪镇汪家寨。

此寿屏十二条，尺幅硕大，通长72厘米，高30厘米，书、画皆精彩。收入《莲花盦写铜》时被分置在第23页和第71页，印刷尺寸差别较大，以至于多不识此为同一套铜屏的正反两面。《寿序》由任可澄撰文，茫父先生书写，同古堂创办人张樾丞亲自操刀，可知其郑重。共同拜祝署名者，多为贵州籍人士，其中不乏前清进士、翰林，民国国会参、众两院议员等军政要人。兹仅举数例：

周恭寿（1876—1952），字铭久。祖籍贵州麻江，生于四川成都。早年就读于贵州经世学堂。1901年中举人。1904年任贵州大学堂教员。1905年带队赴日本考察教育。1910年当选贵州咨议局副议长。民国后历任贵州遵义县长、四川川西道道尹。1917年当选国会议员。曾任贵州省教育厅长、贵州大学校长等职。

桂诗成（1878—1968），字百铸、伯助，贵州贵阳人。早年就读贵州经世学堂，光绪二十九年（1903）中举。历任教育部佥事、贵州省省长公署教育科长，独山、息烽、定番等县县长职。能释文，擅书画，新中国成立后曾任贵州省人民代表、省美术家协会主席、文史馆副馆长等职。

邢端（1883—1959），字冕之，号蛰人，贵州贵阳人。光绪三十年（1904）甲辰科进士。官派日本留学，毕业于大阪高等工业预备学校及东京政法大学。归国后，官翰林院检讨、直隶高等工业学堂监督、工商部佥事、矿政司司长等职。新中国成立后，任政协委员、北京市人民代表、中央文史馆馆员。

曾昭斌（1885—1951），贵州平坝人。早年就读优级师范，毕业于昆明中英矿科大学。辛亥革命后，先后任黎元洪、段祺瑞总统府顾问，孙中山临时总统府咨议等职。1916年当选国会众议院议员。

十月，老友任可澄志清置铜镇，请先生为书画，因写菊花图并录旧作《菊品八箴》五言古体诗[13]：

菊箴八首

东风生野蒿，几刈几回长。花农利俗好，断续成反掌。英英霜前枝，遂杂萧艾养。得气岂不王，薰犹非其党。世情晚益伪，何能眩真赏？箴接梗第一。

物生有定分，予角则夺齿。如何东篱花，翘翘逾恒轨。一怒不中节，放恣无所止。过盛转支蔓，扶持趣益死。信知蕴藉难，请式尺与咫。箴巍柯第二。

孤云难为依，孤鸿难为偶。文章喜交错，易简予所否。此花何幽独，落落亦无有。同是孑遗身，欲插几回首。岂知携幼人，乃在绝游后。箴孤花第三。

八簋譬肥甘，六骓喻整暇。进退贯成旅，行列簇相亚。野性胡为驯，林泉滋变化。长安士孔多，征来贬声价。臻臻商山老，原许人间假。箴骈枝第四。

[13]《姚华诗选》，第102-104页。按：《弗堂类稿》“诗甲二”，第九页，题记未收。拓本分别收录在《莲花盦写铜》第22页和66页。

图 207　写山水铜盒拓本

吳母范夫人八十壽序
夫健順殊賦而男女之形成由外正位而夫婦之名立夫婦
男女其得天雖異而為人之理則一凡以各盡其能勤進家
庭社會之福利而已神州學術之初根柢於陰陽盛衰之說
而務為扶抑之畸論於是女權浸衰亟為務者被保護者終
身困於家庭若無補於社會雖然聾盲不能離棄痿枯不能
為損社會者家庭之積也積無數萎華叢落之家庭焉在有
健全之社會且夫家庭之事亦難言矣幸而家有嚴君既富
且壽為子女者有所式以成人若是者什不一二不幸而鰥
式微悲失怙煢煢無告以致失學由是而淪於卑賤傷於非
匪若曷可勝道其間有賢母焉困而能亨母而兼父俾其子
賢而有立豈繄家庭之福社會實蒙其庥保乂之稱賢知之
論自古有之吾吳母范夫人亦其人矣遵義吳君南屏少孤
奉母范夫人教學行稱於時今年母夫人壽八十吳君詣余
再拜而請曰作棻獲交先生十餘年矣作棻有母甚賢先生
知之作棻為官吏議員近十年貧猶昔無以將母庶幾得先
生一言以壽吾母乎憶昔吾父沒適黔連歲歉吾母十指力
食教養棻華以迄畢婚嫁其間傳貽苦辛不能一一數也作
棻以議員奔走南北于役不時家人輩或至涕泣母亟斐然
戒毋以為念作棻閒自外歸購奉良好衣物母輒斥罷之布
衣茹素數十年如一日吾母雖貧乎然性好施吾家世鄉居
近鄉數十里所識窮乏緩急率恃吾母比年苦兵匪村鎮相
望殘破而吾家獨完意非吾母好施無以得此作棻嘗知閩
贛縣事奉板輿署中母輒戒以讞獄勿濫還訊供或疏公退
不憚往復以盡其情偽讞獄之虐因率自具囚糧令親知以
時賑散又不時勞苦之故吾母慈惠之聲勿聞於上下也作
棻之孫露額愚得有今日皆吾母之賜吾母今年八十矍鑠
猶昔亦天之所以報吾母作棻不文無以述德故願得先生
一言以為光寵余曰母誠賢矣然皆庸行抑非今世重其康
強逢吉亦事理之常無可稱美顧吾見今世昌言女學令後
之家庭所為謀生計教子女略能分任無復倚仰依人此固
[illegible]者之所難也然人智日增則天機日淺吾猶慮其視家人
生產若不屑屑事夫婦子女間汎汎然若浮萍而適相值求
其制布安其常於目於其變礪乎不拔於蒙難堅貞之會者
蓋有甚難[illegible]非家庭之幸抑亦社會之憂也故范夫人之志
節與其食報事至尋常要今之為人婦為人母者不得不知
此吳君之言質而信勿媸於文遂以為世告亦使吳君持歸
[illegible]伏觴堂之祝而慰倚閭之望也任可澄拜撰姚　華拜書
[illegible]參壽桂詩成楊國棟徐承錦豐夢松洪乃昭邢　端曾昭
[illegible]萬　鈞蹇念益吳　基杜成鎔牟　琳符詩鎔孫世杰溫
[illegible]燮世　清符詩榕蹇先驄黎　淵劉尚衡黃元操任文華
胡慶雯黃元操黎　邁張金鑑黃祥貞趙　楨張聯奎李燁
思陳徵祥胡紹銓胡宗虞蹇先渠陳世昌羅承儋丁乃昌朱
學曾朱　劬袁永廉熊　燮萬勵忠李立成袁永熙梅鎮涵
劉　鉞盧德璠韓伯秋汪泰階黃家璟同拜祝
中華民國十有二年十一月二十有一日　張　蔭鏞字

图 208　为吴母范夫人八十寿写铜屏正反面拓本

霜花清且癯，骨立见嶙峋。不与肉食谋，相称贞居贫。时俗骛纷华，赏秋仍当春。栽培自因笃，酴郁肥失真。可惜淡中姿，长愧湘江筠。箴肥艳第五

黄花古所云，故训非一篇。草衣只如此，望之意若仙。仙人多狡狯，有时作芳妍。胡为春女容，妖艳斗新鲜。谅哉恶紫心，益滋予性颛。箴冶色第六。

三闾好奇服，风雅故相师。别裁薄伪体，险怪杂倾诐。长吉死千年，于此见其仪。花品诚足贵，偏胜亦奚为？捧心匪云美，寄语东家施。箴谲品第七。

葵能卫其足，物志亦可嘉。菊花比佳士，枝叶宜风华。一旦培养失，憔悴成咨嗟。夷于争道夫，赤踝徒查牙。相鼠讥无仪，怀瑜惜微瑕。箴露根第八。

京师人士，故好艺花，于菊尤甚。比年以来，社园、城南园往往征品选胜，余屡与其事，辄推为总持，第其甲乙，因有所触，成此八箴。是辛酉十月脱稿，藏之箧笥，珍以敝帚，不欲一眎人也。癸亥十月，悦性斋主人制铜为镇，属以细字精书之，且征拙著，遂以乞教。菉猗室倚檠，姚华茫父。印章：姚。华。茫父。【图209a】

按：笔者碰巧珍藏茫父先生《菊箴》诗手稿【图209b】，从书风推断应在1921年前后。而此铜镇上所录跋语云："京师人士，故好艺花，于菊尤甚。比年以来，社园、城南园往往征品选胜，余屡与其事，辄推为总持，第其甲乙，因有所触，成此八箴。是辛酉十月脱稿，藏之箧笥，珍以敝帚，不欲一眎人也。"正好可以印证这一判断。仔细对照诗稿、铜镇拓本与《弗堂类稿》所收录定稿之版本，个别字句略有异同，对于研究茫父先生诗学应有所裨益。

悦性斋主人即任可澄（1878—1945），字志清，贵州安顺人。茫父先生经世学堂时期的同学，清光绪二十九年（1903）乡试中举。早年从事教育工作，后为贵州宪政预备会首领。1912年任贵州军政府参赞、审计处处长。1913年为袁世凯约法会议议员。1914年出任云南巡按使。在云南参与策划反对袁世凯复辟帝制的护国运动。1916年任云南省长，1921年调任贵州省长。后又任善后会议议员、临时参议员、教育总长等职。1937年至1940年任国民党监察院云贵监察使。曾主持编纂《贵州通志》一百卷及《黔南丛书》等。著述有《悦性斋文稿》八卷、《悦

性斋诗稿》四卷、《悦性斋骈体文》二卷、《藏山草堂倚声》二卷、《悦性斋笔记》四卷、《悦性斋题跋》一卷、《语妙录》一卷、《黔事零拾》一卷、《藏山草堂集联》一卷、《藏山草堂联稿》一卷，均为未刊稿本，现藏于中国第二历史档案馆中。

十月，写优波毱多尊者铜盒，由张寿丞刻成：

优波毱多尊者。

尊者姓首陀，十七出家，二十证果，周平王三十一年逝。偈云：心自本来心，本心非有法。有法有本心，非心非本法。

癸亥十月，茫父写，寿承刻。

质甫仁仲文玩。如兄殷同保赠。印章：同保。【图210a】

按：质甫应是舒清阿（1877—1928），字质甫，湖北荆州驻防旗人，汉军正白旗。1899年获官费保送日本留学，1901年毕业于日本陆军士官学校第二期。1902年赴北京参与清廷典试，考中恩科举人，先后任湖北参谋营务处军谋学咨议官、湖南新军第一标标统、江南陆军讲武堂总办、北洋陆军步队正参领、清陆军第一协第一标标统、北洋督练公所总参议、陆军协都统、副都统、陆军部正参议官等职。1912年1月署帮办湖北防务，6月任北京政府总统府军事顾问，陆军部军事顾问，1912年晋升陆军中将。曾与冯耿光、伍光建等去欧美九国考察军事。

殷同保，生卒不详，陆军军官，1916年中尉加上尉衔，1920年上校衔，1923年晋升为陆军少将军衔。曾任直隶第四路步队帮带，1918年以陆军参谋职参与督办朝阳土匪案受政府嘉奖，获七等文虎章；1922年获大总统嘉奖三等嘉禾章。

观此拓本，书画无疑皆茫父风格，惟小字点画稍嫌疲软，初以为仅刻工问题，后顺藤摸瓜得见此拓原器，始悟此实为翻刻者。铜盒据旧本翻成，得其形似而失其刀法，再拓为墨本，则难分辨矣。若非得见原器，且识刀工之优劣，亦不敢遽定。后之藏家于此类作品不可不审慎再四。

大约同期，写树下说法铜盒：

坐双树下而说法。茫者写。印章：茫。【图210b】

十一月十日，上海《申报》当日第八版发表“梅讯”，署名“东阁”，介绍梅兰芳到沪讯息，其中提及梅携带茫父先生铜盒：

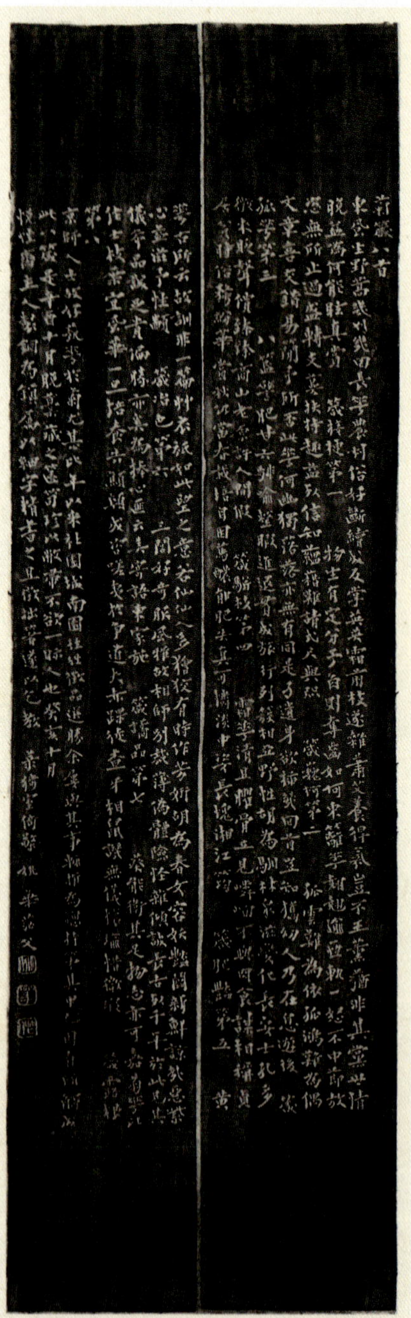

图 209a　写菊花图并录《菊品八箴》诗铜镇正反面拓本

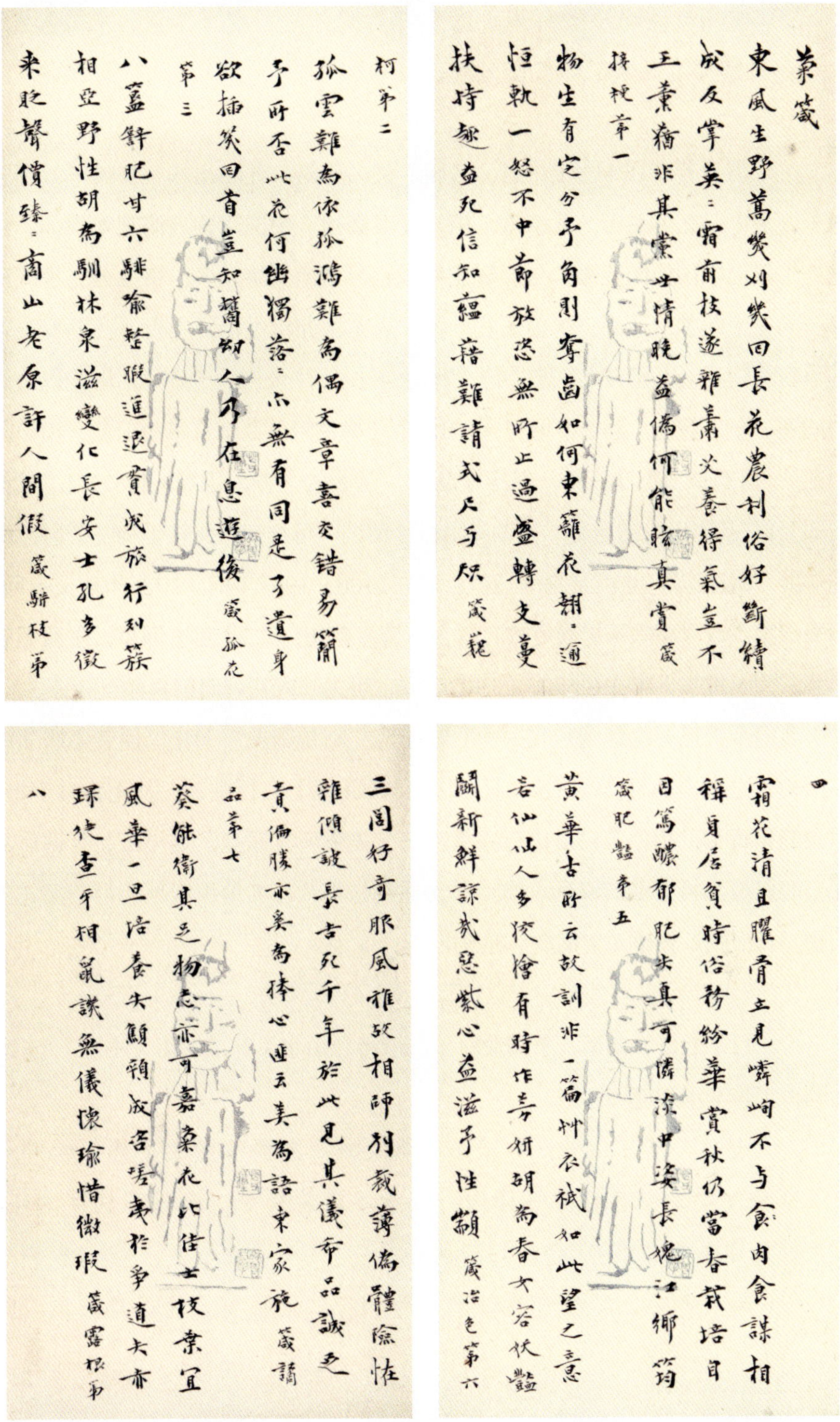

图 209b 1921 年作《菊箴》八首诗手稿

畹所常用之墨盒，携之南来者为姚茫父所临晋造像，刻镂至精。姚固京师名画家，亦缀玉轩之上宾也。

按：梅兰芳（1894—1961），名澜，又名鹤鸣，乳名裙姊，字畹华，别署缀玉轩主人，艺名兰芳。北京人，祖籍江苏泰州。中国京剧表演艺术大师。茫父先生深谙中国传统戏剧，与当时北京戏剧界名流交游颇多，梅兰芳、程砚秋等皆向先生问学、习画，执弟子礼。茫父先生《弗堂类稿》中有《花朝罗掞东约集新明院观〈上元夫人〉剧》诗，其尾句注云："余与兰芳素稔，国变以来遂尔阔别，今日重逢，翻如乍见。"可知先生与梅兰芳早在辛亥革命前便已相识且相熟。[14]另有诗《浣华三十，其弟子艳秋、碧云为之寿，因赠》【图211】，其首句即云："昔年识汝初逾纪，转轴光阴已壮龄。"[15]可推知茫父认识梅兰芳时，梅的年龄"初逾纪"，也就是刚满12岁，时在1906、1907年间。1926年茫父中风，梅来探视，成《喜缀玉见候道故》六言短诗，有句："二十年来旧事，尔我相看泪倾。"[16]上推二十年亦在1906、1907年间，可为二人初识时间再添一旁证。

我们今天已无缘拜观茫父为梅兰芳所写"临晋造像"铜盒，读者不妨从本书所辑录之同类题材作品【图134、图141、图210等】自行脑补。从上海《申报》这条简讯可知，梅兰芳日常出行亦携带茫父先生所写铜盒，足见茫父写铜作品在当时已成为社会名流喜爱之物。前文述及是年八月名角程砚秋购得茫父先生旧作《长恨歌》长篇文字铜盒，亦是明证。

十一月十七日，冬至，于铜盒写《杜甫诗意山水》并录杜甫《小至》七律，由同古堂张寿丞刻成[17]**：**

天时人事日相催，冬至阳生春又来。刺绣五纹添弱线，吹葭六管动飞灰。岸容待腊将舒柳，山意冲寒欲放梅。云物不殊乡国异，教儿且覆掌中杯。

癸亥冬至，写杜子美诗意，为□安仁兄雅属。莲花盦茫父。张

[14] 诗见《弗堂类稿》，"诗甲一"，第十九页。

[15] 诗见《姚华诗选》，第130页；诗稿为重华轩珍藏；正式作品见《梅兰芳藏名家书法》，第153页。

[16]《弗堂类稿》"诗甲二"，第四十三、四十四页。

[17]《民国刻铜文房珍赏》，第50页。

图 210a 写优波毱多尊者铜盒拓本

图 210b 写树下说法铜盒拓本

寿承刻。

印章：茫父。寿丞。【图212a】

按：茫父先生此盒所录杜诗《小至》与通行版本略有异。

约同期，另写宋词人周紫芝《清平乐》词意山水铜盒：

芦洲晚净。雨罢江如镜。属玉双飞栖不定。数点晚来烟艇。梦回满眼凄凉。一成无奈思量。舟在绿杨堤下，蝉嘶欲尽斜阳。

竹坡词，茫父画。印章：茫父。【图212b】

孟冬，写金冬心佛像铜盒，由同古堂张寿丞刻成：

癸亥孟冬，仿金冬心，茫父。寿丞刻。

印章：茫父。癸亥。寿臣。【图213】

岁阑，为亡友陈师曾遗作《石帚词意图册》逐一填词并题画。后又陆续依师曾画稿写铜盒若干，今仍可见其中三件拓本【图214a/b、图227】和实物二件【图214c/ d】：

拓本一：板桥前去。记是经行处。叶上新霜红一树。惜取秋光小住。老来冷落诗肠。生疏水色山光。杖屦无须检点，高斋一榻疏狂。清平乐，茫父。印章：茫父词画。鉴秋文房。【图214a】

按：鉴秋无考，因同时代字鉴秋或名鉴秋者众，比如王镜清（1892—？），字鉴秋，浙江嵊县（今嵊州市）人。鲁迅在绍兴府中学堂任教时的学生。1913年考入北京大学预科，与鲁迅往还较多。

张彝鼎（1902—1992），字鉴秋，山西灵石人，1928年清华学校毕业，后留学美国，获芝加哥大学文学硕士、哥伦比亚大学法学博士学位。回国后，曾任南昌行营党政军调查设计委员会委员、蒋介石侍从室秘书、中央政治大学教授。1949年去台湾。

孙九录（1898—？），字鉴秋，江苏无锡人。北京大学政治系毕业，任《时事新报》驻京特派员，创办世界通讯社，加入孙中山改组后的国民党。因反对曹锟贿选受到通缉，1927年因与李大钊过从甚密曾被捕。出狱后脱离国民党，

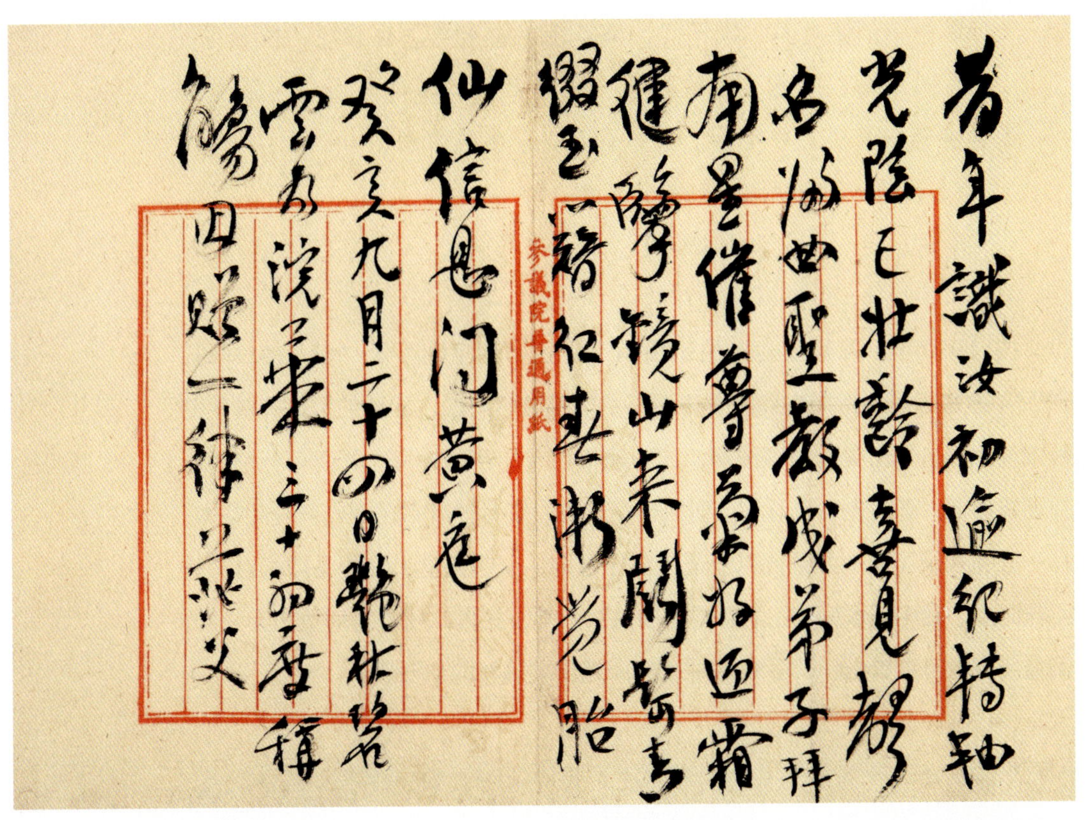

图 211　茫父为梅兰芳三十岁所作诗稿

改业律师。1949年后任上海市人民政府参事，1958年被聘为上海文史馆馆员。

拓本二：冷红叶叶下塘秋，长与行云共一舟。白石词，师曾稿，茫父写。印章：茫父。【图214b】

拓本三：见甲子二月临陈师曾《石帚词意册》铜盒拓本。

原盒一：慵对客，缓开门，梅花闲伴老来身。白石词，茫父写。

乡国牵情，草堂人老吟清昼。放梅舒柳。墙外寒山瘦。孤赏难酬，冷落阳春奏。中年后。斛愁余斗。分付花前酒。

《点绛唇·和海野韵》，茫父填词。

印章：姚。茫父。【图214c】

按：1917年，陈师曾为孙伯恒绘制了《白石词意图》十二帧【图215a】，1923年师曾因回乡侍奉生病的继母而不幸染疾遽然病逝。后孙伯恒请师曾生前好友周大烈、姚茫父题跋该图册，二人痛惜亡友，精心为每一开册页分别创作并题跋诗词，茫父先生且对临一册以自存其稿，笔者曾有幸在姚府拜观此临本，每一开均抄录了周大烈题诗以及茫父自作题词。这些铜盒上的作品即源自师曾所作画本，其中拓本一和三所写均是册页第三叶；拓本二所写是册页第十一叶；铜盒所写是册页第十叶。可参见图215b所选茫父临写的二开册页。

原盒二：燕燕飞来，问春何在？惟有池塘自碧。白石词，茫父写。

印章：茫父，莲花盦。【图214d】

按：此盒有赠款两行："丙寅秋，土肥原兄清玩，润宇。"从书法风格判断，应是铜师应"润宇"之请所后添。土肥原有可能就是日本战犯土肥原贤二（1883—1948），长期在中国从事特务活动，战后接受国际法庭审判，被定为甲级战犯，1948年执行死刑。润宇应是孙润宇（1879—1960），字子涵，江苏吴县人。1908年毕业于北洋大学堂，后赴日本法政大学学习。历任民国政府众议院议员、安福国会众议员、北洋政府国务院法制局局长兼国务院秘书长等职。日寇侵占华北后，参加天津治安维持会，任伪天津市政府秘书长，伪河北省公署总务厅厅长、秘书长。与土肥原多有交集。

是年，为少南摹褚遂良临本《兰亭序》于铜盒，由同古堂张寿丞刻成：

《兰亭序》（释文略）。臣遂良临。

天圣丙寅年正月二十五日重装，米芾平生真赏。

绍兴八年十二月十二日，臣米友仁审定恭题。

姚华临为少南文玩，寿丞刻。印章：莲花盦。癸亥。【图216】

是年，吴锡永为姻丈菘圃先生置铜盒，茫父先生为写《南乡子》词意山水图：

万绿一山松。白甲苍髯道是龙。俯瞰沧波欲化去，山翁。留在云屏画幛中。高卧养春慵。世事何心不碍蓬。亦有谢公舟与楫，无功。任尔扬帆鼓浪风。

菘圃老姻丈清玩。吴锡永谨赠，张寿丞刻。茫父画并填《南乡子》。

印章：锡永。寿丞。茫父词画。【图217】

按："菘圃老姻丈"，无考。吴锡永（1881—？），字仲言，浙江乌程人。早年入南洋武备学堂，1898年选派赴日习军事科。1902年毕业回国，历任两江标统、广东武备学堂教习、等职。陆军协都统衔。民国后退出军界，任财政部秘书，山东卷烟特税局局长。抗日战争爆发后投降日伪，任伪财政部秘书长、经济总署署长。

是年，为寿泉仁兄写罗两峰本《枯木禅》图铜盒：

枯木禅。两峰山人本，茫茫父写，寿泉仁兄雅属，张寿丞刻。

印章：寿丞。【图218】

按：寿泉无考。从风格判断，此件铜盒应在癸亥。笔者曾见数本《枯木禅》图，大体在壬戌、癸亥间，如壬戌四月所写罗两峰本《枯木禅》图，为好友李释堪祝寿，款识："枯木禅。罗两峰有此作，小变之。壬戌四月写为释戡十三兄寿。姚华。"钤印：姚华（白）、老茫（朱）、画又次之（白）。[18]【图219】

又如，癸亥中秋所写罗两峰本《枯木禅》图，款识："曾见罗两峰本，忆而作此。癸亥中秋，姚华写于莲花盦。"钤印：姚华（白）、老茫（朱）、山鬼吹灯

[18] 重华轩藏品，尺寸：159.5厘米×40.5厘米。

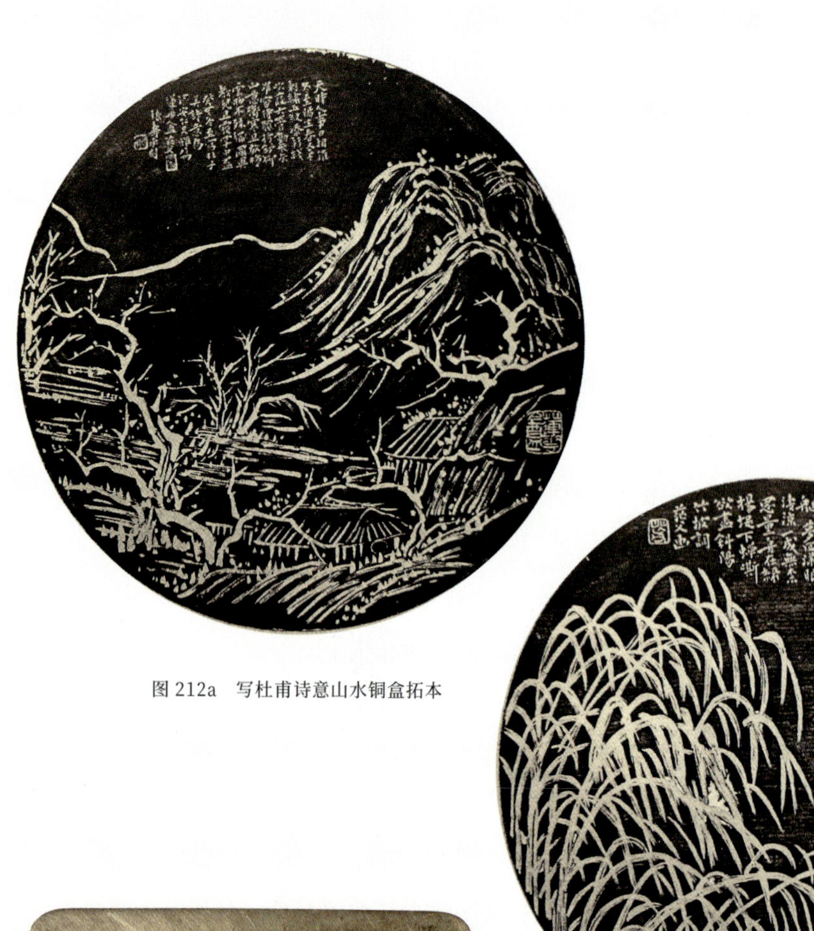

图 212a　写杜甫诗意山水铜盒拓本

图 212b　写宋周紫芝《清平乐》词意铜盒拓本

图 213　写金冬心佛像铜盒

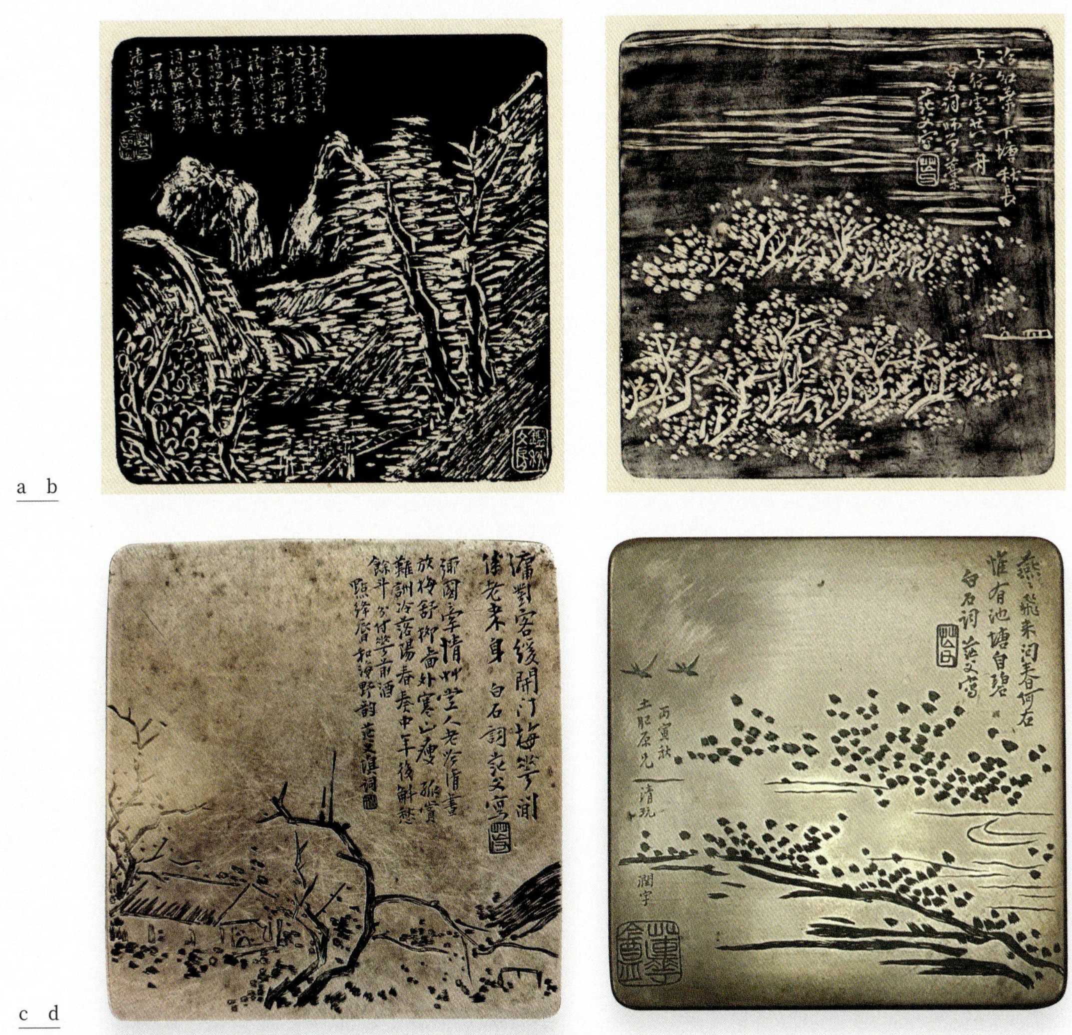

a b

c d

图 214 临陈师曾《石帚词意图册》铜盒拓本及实物

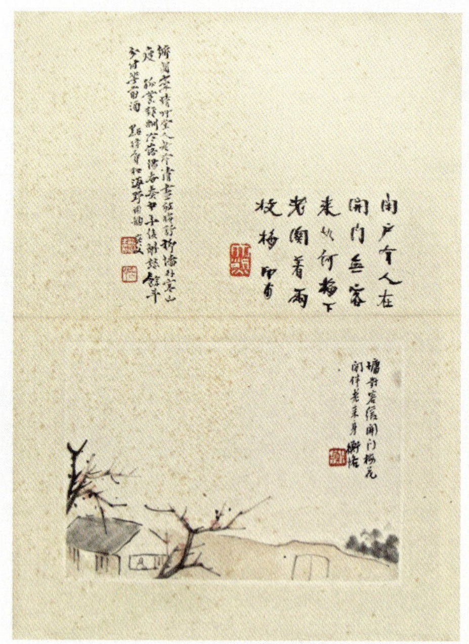
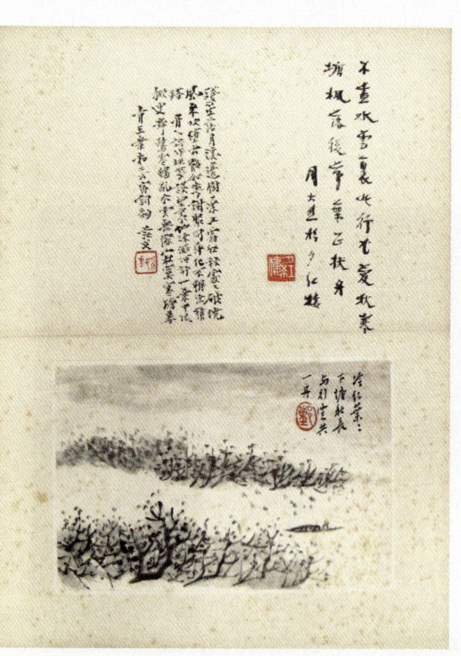

图 215a　陈师曾写姜白石词意册（十二开选二）

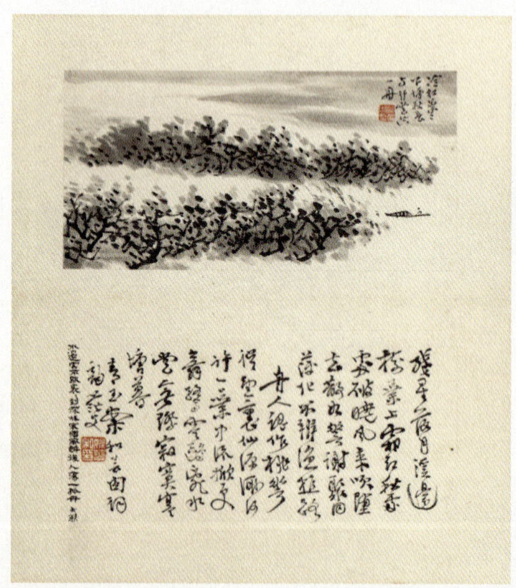

图 215b　茫父临陈师曾写姜白石词意册（十二开选二）

图 216 摹褚遂良临本《兰亭序》铜盒拓本

图 217 写《南乡子》词意铜盒拓本

笑破月（朱）。[19]【图220】

约在是年，杭州姚作霖为七弟姚羲民置铜盒，茫父先生写清供图，由同古堂刻成：

七弟雅玩，作霖。印章：茫父。【图221a】

按：此盒无年款，从茫父书法风格判断，当在癸亥前后。底铭为同古堂，从刀法看应出自铜师张寿丞之手。藏家直接得之于姚羲民后人，白铜精制，清雅可人。姚羲民即姚亮（1900—1983），字羲民，杭州人，自号儋麋居士，出生于书香世家，好读书，喜收藏，爱兰花。姚作霖是其长兄，生平不详，曾任上海中华书局董事，与金石书画、图书出版及学术界多有交集。推定此盒制于癸亥，尚有一旁证，即同在癸亥，北京写铜名家章浩如曾有题赠姚作霖的墨盒，【图221b】说明姚作霖是年应到过北京，并与琉璃厂书画刻铜圈有所接触。

约在是年，写秋景铜盒两件：

秋朝，芒。印章：姚。【图222a】

灯光照夜明无寐，花影窥窗淡有情。满地霜浓钟欲晓，寂然万籁待鸡声。茫父。印章茫父。茫父诗画。寿臣刻。【图222b】

按：图223b所写秋窗月夜图铜盒可与1923年所写同题水墨作品【图222c】对照，此幅落款处茫父写道：“芒父旧稿，因爱其意趣，年辄一作也。”可知题画诗“灯光照夜明无寐，花影窥窗淡有情。满地霜浓钟欲晓，寂然万籁待鸡声”是茫父自己比较偏爱的旧作，同类画幅“年辄一作”，目前可见另外两本【图222d】（约1922）、【图222e】（1926），可作为此题的注脚。

约在是年，写花卉铜盒一组：

秋丛绕舍似陶家，绕遍篱边日易斜。不是花中偏爱菊，此花开后更无花。元微之诗，芒父画。印章：茫父。惜花。【图223a】

昔人菊喜瘦，今人菊喜肥。我生性喜菊，肥瘦无是非。丰啬量其

[19] 重华轩藏品。

图 218 写罗两峰本《枯木禅》图铜盒拓本

图 219 壬戌四月写罗两峰本《枯木禅》图

图 220 癸亥中秋写罗两峰本《枯木禅》图

图 221a 写清供图铜盒

b c

图 222 写秋景铜盒两件拓本及姚华写秋窗月夜图三本

图 221b　章浩如为姚作霖所写铜盒

a

d　e

入，年年买秋归。幸及办千钱，犹堪绚荆扉。对此慰幽独，相将惜芳菲。姚华写菊并书旧稿《对菊书怀》之作。印章：茫父。【图223b】

梅花发。寒梢挂着瑶台月。瑶台月。和羹心事，履霜时节。断桥流水声呜咽。行人立马空愁绝。空愁绝。为谁凝伫，为谁攀折。于湖《忆秦娥》，茫父。印章：茫父。【图223c】

十里江南罨画溪，往来行舸意全迷。春到雨前分一本，花开犹作絮云栖。茫父诗画。印章：姚。芒。【图223d】

大约是年，以姜白石《暗香》词句写梅花铜盒，请张寿臣刻成：

千树压西湖寒碧。茫父。

印章：茫父，梅花知己，张寿臣刻。【图224】

按：此盒去年现于欧洲拍场，为国人拍得，成交价3.8万英镑，算上佣金，价值不菲，甚至超过三代吉金。

大约是年，吴泽湘置铜盒，先生以小篆为录谢逸《卜算子》词：

烟雨幂横塘，绀色涵清浅。谁把并州快剪刀，剪取吴江半。隐几岸乌纱，细葛含风软。不见柴桑避俗翁，心共孤云远。溪堂词，茫父。

庆伯姻兄文玩，吴泽湘敬赠。

印章：茫父。吴。【图225】

按：吴泽湘（1897—1973），字醴泉，四川成都人。早年就学于清华学校，后留学伦敦大学。回国后，1921年至1927年任国务院经济讨论处编纂、股长、副组长，同时兼任国立北京师范大学校讲师、北京交通大学、中国大学教授。1929年任陆海空军总司令外交处秘书。1932年任外交部条约委员会委员。抗战时曾任川康外交特派员。1940年出任重庆市秘书长，1942年派任外交部驻新疆特派员。1945年任驻智利公使，1947年升任大使。后去台湾。

从吴泽湘的年龄判断，他在清华学校读书时茫父已辞去教职，但很可能茫父先生长子姚鋈仍在校读书。1921年起他在北京国民政府任职，时茫父先生是国会参议院贵州省议员，且二人均在北京高等师范学校（1923年更名为国立北京师范大学校）兼课，人生履历有交集。

a　b

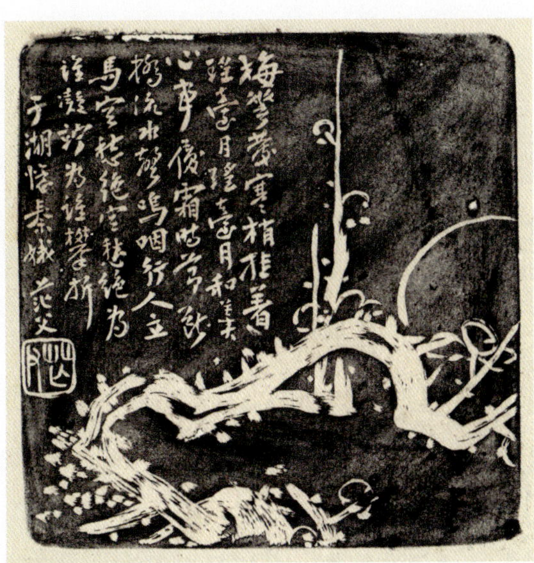

c　d

图 223　写花卉铜盒一组拓本

图 224　茫父写姜白石《暗香》词意铜盒

图 225　篆书写谢逸《卜算子》词铜盒

民国十三年

1924

甲子

四十九岁

正月十五，上元节，写佛像铜盒：

莲花盦写佛。甲子上元，以漱金旧煤为感也，造像以祈文福。茫者。

印章：茫父。甲子。【图226】

按：“漱金旧煤”即旧制漱金墨，是明、清两代较名贵之墨，所谓“漱金”者，即在墨的表面施以金粉。

二月，应筱洲贤弟之属写姜白石《约略横溪人不度》词意铜盒，并录自作《清平乐》词：

约略横溪人不度。白石词句。甲子二月，筱洲贤弟属，茫父写意。

《清平乐·和散花庵韵》。板桥前去。记是经行处。叶上霜新红一树。惜取秋光小住。老来冷落诗肠。生疏水色山光。杖屐无须检点，山斋一榻疏狂。

茫父并题。印章：茫父。菉猗填词。【图227】

按：“筱洲贤弟”，无考。此铜盒写姜白石《清平乐》句“约略横溪人不度”词意，前已述及，陈师曾在1917年为孙伯恒绘制了《姜白石词意图》12帧，1923年师曾殁后，孙氏尝请茫父与周大烈题跋该册。茫父先生曾对临一册以自存其稿，对比同题画稿，虽然铜盒为竖式，而画稿为横式，但主要景物如小桥与丛树则无疑有因袭关系。

三月二日，清明，写宋人裘元量《清明》诗意铜盒：

恰则梅边春意萌，困人天气又清明。炉熏茗盌北窗下，坐[卧]听绵蛮黄鸟声。竹斋诗，茫父写，甲子清明也。

印章：茫父，春如人意。【图228a】

三月三日，上巳，写宋人裘元量《武阳渡诗意图》铜盒并录原诗[1]：

一舟小如叶，横在波涛中。纷纷川上人，欲渡愁北风。有帆天际来，渐近葭苇丛。寄声与问讯，恐是陶朱公。

[1] 天津藏家藏品，见《民国刻铜文房珍赏》，第56页。

图 226 写佛像铜盒拓本

图227 写姜白石《约略横溪人不度》词意铜盒拓本及画稿

图 228a　写宋袁元量《清明》诗意铜盒

宋裘元量先生《竹斋集·武阳渡》五言。甲子上巳，茫父。【图228b】

按：这件铜盒亦是铜刻文房收藏界之大名品，构图饱满而又疏阔，题字小如米粒，刻工一丝不苟，堪称茫父写铜代表作。

春，写泰山南天门铜盒，由同古堂张寿丞刻成：

南天门。茫父写。甲子春登泰山纪念。人哥督办大人清赏，邹洸敬赠。【图229a】

按：茫父在1919年有泰山之游。前文提及笔者曾见《汪孟舒岱游纪胜图册》（1934年珂罗版印刷），其扉页有张一麐题记："民国八年孔子生日，余以公府名义往曲阜，遂遍游泰山岱庙。庄君思椷、周君印昆、姚君茫父、蒋君赤南、汪君孟舒同游。孟舒工绘山水，归而图之，成十四幅，此游之胜，将赖君之画以传。越三年题记，一麐。"时在1922年。可知三年前1919年的八月二十七日孔子生日，张一麐曾受政府委派携姚茫父、周大烈等前往曲阜祭孔，随后有泰山访古之行。

茫父先生在当年九月六日曾作书谕子姚鋈，告知此行大略，云："登泰山绝顶，访经石峪北齐人书《金刚经》，作图以回。"又云："岱庙拓得李斯泰山刻石残字，并以寄尔夫妇，此秦篆之仅存者也。吾作《岱顶观日图》，为半山得去，再作当寄尔夫妇也。"[2]

《汪孟舒岱游纪胜图册》十四开，是汪孟舒陪同张一麐、姚茫父等祭孔、游岱归来所作，每图皆有姚茫父与萧龙友题诗，时在1924年。其中茫父题第一图《泰山道中》云："一谒岱宗意不凡，胸中时觉象岩岩。纵然记忆泛将写，到底笔繁愧未芟。孟舒仁兄忆回昔游，手写泰山画册，装成征题，余欲画而不能成，诗亦草草。姚华。"题第八图《登盘路至南天门》【图229b】云："翘首天门雾海中，迷离秦帝更唐宗。一条盘路如堪喻，定是山腰挂玉虹。和仲仁韵书南天门，华。"正堪与茫父此《泰山南天门》铜盒对照来看。

铜盒上所谓"甲子春登泰山纪念"，应指邹洸与人哥督办大人登泰山纪念。人哥督办待考。邹洸（1874—？）字越森，四川巫溪县人。东三省法政学堂别

[2] 《茫父家训》稿本第四册，第九通。

图 229a　写泰山南天门铜盒拓本

图 229b　汪孟舒写泰山南天门图

科毕业，民国初曾任职黑龙江省教育司，1922年任庆城县知事，1934年出任云阳县县长，不久发生地下党武装起义（皓日事变），次年辞职，后在杨森的二十一军政务处任职。

仲春，应时任贵州省主席吴忠信之请，为汪精卫写梅花铜盒，署款茫父并系一绝[3]**：**

玉骨冰肌迥不群，雪晴月白最精神。一枝照影临清浅，阅尽千花万卉春。精卫先生雅玩。甲子仲春，忠信敬赠。

按：此段记载见于1941年《政治月刊（上海）》，实物不知所踪。吴忠信（1884—1959），字礼卿，一字守坚，号恕庵，安徽合肥人。中华民国军事将领、政治人物，曾任国民政府蒙藏委员会委员长、安徽、贵州、新疆等省政府主席、总统府秘书长等职。1959年在台北病逝，享年76岁。

四月八日，佛诞日，于铜盒写八祖佛陀难提尊者并录赞词：

西方第八祖佛陀难提尊者。甲子四月八日，茫者写于莲花盦。

论即非义，一语便了。廓彻灵源，撒却珍宝。甘露门开，三更日杲。今之古之，清光皎皎。【图230】

大约同期，写无量寿佛铜盒：

无量寿佛。莲花盦写，茫父。印章：茫父，寿丞刻。【图231】

四月十八日，小满，为次女姚鋆写香草铜盒一对：

其臭如兰。甲子小满，茫茫父。印章：茫父。元檗。【图232a】

楚芳。甲子四月，茫茫父写。印章：姚。元檗。【图232b】

按：姚鋆（1903—1924）字圆檗，也用元檗，茫父次女。7岁随祖父姚源清来京，早年拜在王梦白门下习画，篆隶绘画皆有根基，1923年中学毕业后考入北京国立美术专门学校，课业优秀，时与父谈艺为乐，胜于兄长，深得茫父

[3] 临春：《汪主席梅花墨盒》，见《政治月刊（上海）》1941年第1卷第2期，第7页。

欢心与器重。擅颖拓，尝以颖拓法缩写昭陵六骏拓本，经旬而成，茫父许为石墨杰构，并作长调题之。茫父赞其“资禀清明，学十余年，考必甲等，娴书画，能文，有父风”“暇则与父谈艺为乐，过于诸儿。作篆及古今隶，已植骨干，特未遒耳，画有笔概”。可惜天不假年，甲子十月廿九日（1924年11月25日）病逝于莲花盦，距茫父写此铜盒仅六月余，其殁对先生打击之沉重可想而知。遗稿数十篇，茫父为亲手整理，不知现存何处。茫父忍痛撰碑文并篆额：“美术专门学校一年生姚鋆之墓碑”，有拓本存世。碑文收录于《弗堂类稿》。

四月，写菊花芳草铜盒，名之为“屈原陶潜合传”：

屈原陶潜合传。甲子四月，茫茫父写于莲花盦。印章：茫父。【图233】

按：屈原喜兰，陶潜爱菊，将菊与兰图于一盒，故称“屈原陶潜合传”。

八月十五，中秋，写双钩兰花铜盒并录唐李农夫《幽兰赋》：

李农夫《幽兰赋》。兰之漪漪，窅窅其香。遁世无闷，抱道深藏。不以无人而遂废其芳。磅礴冰霜之际，虚徐萧艾之场。揭之扬之，于古有光。不采而佩，于兰无伤。岂膏黍之为用也，必焚必割。珠犀之毕通也，必剖必绝。虽佩玉而垂绅，亦吐哺而握发。甲子中秋，莲花盦笔，茫茫父。印章：芒父。甲子。远伯墨藏。【图234a】

越四年之丁卯十月，将此盒赠与远伯先生，因于铜盒两侧再补题记：

此甲子所写，丙寅夏间病废以来，不能精细矣。远伯先生欲得拙作小书，愧无以应。潜盦寻获旧作，因记其略云。丁卯十月，茫父。

按：图234b、c所示是茫父同时期（1924）所写纸本双钩兰花，可与此铜盒拓本对照欣赏。

远伯即张志潭（1884—1936），字远伯，直隶（今河北）丰润人。出身望族，书香门第，系安徽芜湖道尹张佩绪之子，张佩纶之侄。清末举人，曾在北洋政府任职。1917年任内务部次长，同年段祺瑞执政时，任国务院秘书长，不

图 230　甲子佛诞日写八祖佛像铜盒拓本

图 231　写无量寿佛铜盒拓本

a

b

图 232 为次女姚鋆写香草铜盒一对拓本

图 233　写菊花芳草铜盒拓本

a

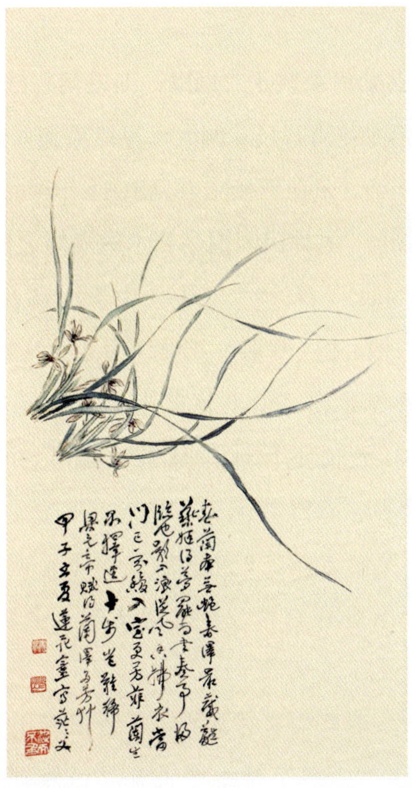

b c

图 234 写双钩兰花铜盒拓本及同时期绘画

久充任段祺瑞督办参战事务处机要处处长，1919年1月任陆军次长，1920年8月至1921年5月任内务总长;1921年5月至12月任交通总长。1927年引退，寓居天津。酷爱书法，潜心绘事，书法颇有逸致，绘画擅长花卉，曾经为天津著名饭店“登瀛楼”题写匾额；与华世奎等名家来往甚密。

潜盦即杨昭儁（1881—1947年后），卒年不详。字奉贻，号潜庵、潜盦，晚号潜叟、潜居士，室名净乐宧，亦作瀞乐宧，湖南湘潭人。与齐白石同为湘绮楼弟子。幼承庭训，习篆隶，览群书，精金石书画，广收藏，所藏图籍多经批校。有《净乐宧题跋稿》《净乐宧刻印留痕》存世。入民国后久居北京，曾任总统府秘书，与姚茫父、陈师曾等京城文化界人士友善，与同乡齐白石过从甚密。

从茫父1927年补题文字可知，远伯先生欲得茫父细笔小字墨盒，而茫父因去岁病臂，不复能作，于是好友杨潜盦觅得先生甲子年旧作双钩兰花铜盒，上有《幽兰赋》蝇头细字，因于侧壁补题跋语，略述因由，并补写“远伯墨藏”一印，刻后赠与远伯。铜盒虽小，却见证了姚茫父、张远伯与杨潜盦一段交游雅事。

九月，梁任公启超先生为长女梁思顺置十二铜屏，细笔精心抄写古诗词十二首，复请茫父先生精绘十二月令花卉，尺寸阔大，写绘精美，刻工一流，为铜刻文房留下一件精品、一段佳话。云在堂杨未君兄2018年得此拓本，已有长文考释，诚如杨兄所言，此铜屏“堪称民国铜刻艺术的巅峰之作”。兹按十二月花期，将此十二帧排序为《水仙》《春兰》《辛夷》《山茶》《蔷薇》《荷花》《海棠》《凤仙》《黄菊》《苍松》《古柏》和《寒梅》，分录其款识释文如下:

水仙：天仙不行地，且借水为名。（诗出宋杨万里《水仙花》:韵绝香乃绝，花清月未清。天仙不行地，且借水为名。开处谁为伴？萧然不可亲。雪宫孤弄影，水殿四无人。）

春兰：苗分郑七穆，秀发谢诸郎。（诗出宋王十朋《种兰有感》:芝友产岩壑，无人花自芳。苗分郑七穆，秀发谢诸郎。世竞怜春色，人谁赏国香。自全幽静操，不采亦何伤。）

辛夷：试问春风何处好，辛夷如雪柘冈西。（诗出宋王安石《乌塘》:乌塘渺渺绿平堤，堤上行人各有携。试问春风何处好，辛夷如雪柘冈西。）

山茶：叶硬经霜绿，花肥映雪红。（诗出宋张舜民字芸叟。）

蔷薇：浅红疑中酒，微靥似窥人。（诗出明潘之恒句，见《御定佩文斋广群芳谱卷四十一》。）

荷花：玉井谩传青壁外，雪肤如在射山前。（诗见南宋周必大《白莲》：污沟浊水叶田田，又见新栽京府莲。玉井谩传青壁外，雪肤如在射山前。泛红入幕王家俗，种白开池陆子贤。不用若耶溪畔女，兰桡夜采月娟娟。）

海棠：是花偏灼灼，开处几丛丛。（诗出明王士骐《题秋海棠》：是花偏灼灼，开处几丛丛。弱质不禁露，幽怀欲诉风。空庭聊取媚，傍石若为容。黄菊纷相应，餐英未许同。）

凤仙：飞花只合秦楼去，莫与金钗压翠蝉。（诗出南宋诗僧居简《凤儿花》：弄玉何年堕翠钿，托根便作九包妍。飞花只合秦楼去，莫与金钗压鬓蝉。）

黄菊：寒菊有至性，孤芳犯寒威。（诗出北宋王安石《黄菊有至性》，首字笔误为寒，原诗为：团团城上日，秋至少光辉。积阴欲滔天，况乃草木微。黄菊有至性，孤芳犯寒威。采采霜露间，亦足慰朝饥。）

苍松：若遇风雷须守护，恐生头角便飞腾。（诗出宋文同《怪松》：怪松屡见无如此，每度来观说向僧。若遇风雷宜守护，恐生头角便飞腾。秋声绕殿随斋磬，夜影侵廊对佛灯。韦偃毕宏今不在，欲求人画有谁能。）

古柏：苦心岂免容蝼蚁，香叶终经宿鸾凤。（句见唐杜甫《古柏行》：孔明庙前有老柏，柯如青铜根如石。霜皮溜雨四十围，黛色参天二千尺。君臣已与时际会，树木犹为人爱惜。云来气接巫峡长，月出寒通雪山白。忆昨路绕锦亭东，先主武侯同閟宫。崔嵬枝干郊原古，窈窕丹青户牖空。落落盘踞虽得地，冥冥孤高多烈风。扶持自是神明力，正直原因造化工。大厦如倾要梁栋，万牛回首丘山重。不露文章世已惊，未辞翦伐谁能送？苦心岂免容蝼蚁，香叶终经宿鸾凤。志士幽人莫怨嗟：古来材大难为用。）

寒梅：浅寒篱落清霜后，疏影池塘淡月中。（诗出南宋陆游《梅花诗》：浅寒篱落清霜后，疏影池塘淡月中。北客同春俱税驾，南枝

与我两飘蓬。从来遇酒千钟少，此外评花四海空。惟恨广平风味减，坐看徐庾擅江东。）【图235】

按：这套铜屏尺幅巨大，单支尺寸6厘米×30厘米，写刻十分精心。梁启超楷书小字精绝、一笔不苟；姚茫父十二月令花卉件件佳构、酣畅淋漓，堪称民国刻铜艺术的“鸿篇巨制”。此铜屏因何而生？根据梁任公在铜屏所写：“娴儿归自海外，侍其母疾。遭丧后，相对凄然。余日以书课自遣。辄为写此。甲子九月，任公。”可知其大略。1924年春，任公发妻李蕙仙病危，梁思顺自海外归来，侍奉左右。李于1924年9月13日病逝。任公每日以书课自遣，特别写了这件铜屏，并请好友茫父先生绘画，由同古堂制成，以嘉奖女儿之孝行。

作品无铜师署款，《铜匣古韵》提及：“张樾丞与梁启超、姚华联手制作十二铜屏风，梁书姚画张刻，一时传为惊世之作。该铜屏拓片现藏于中国历史博物馆。”可知是同古堂老板张樾丞亲自操刀，从中亦可窥张氏刻铜技艺之高超。

另有山水铜盒一组，没有明确年款，从风格判断，大致在甲子、乙丑间，兹录存于此备考：

茫父，印章：姚。【图236a】

白头萧散满霜风，小阁藤床寄病容。报道先生春睡美，道人轻打五更钟。东坡诗，茫父画。印章：茫父。【图236b】

应念岭海经年，孤光自照，肝胆皆冰雪。短发萧骚襟袖冷，稳泛沧浪空阔。尽挹西江，细倾北斗，万象为宾客。茫父写。印章：茫父。洞庭秋月。【图236c】

大约是年，写铜盒，临《孔谦碣》，由古匋刊：

（碑文略）孔谦碣在曲阜孔子庙。茫父。【图237a】

按：《孔谦碣》又称《孔德让碑》【图237b】，立于汉永兴二年（154），原石今在山东曲阜孔庙左庑。石高83厘米，宽52厘米，厚22.5厘米，石灰岩质。圆首，有穿，无额无题。隶书八行，行十字，字多漫漶不可辨识。《隶续》云：“《孔谦碣》甚小，一穿微偏左，有晕一重，起于穿中，复有两晕在右，其一甚

图235a　与梁任公合写十二月令花卉铜屏拓本

图 235b　与梁任公合写十二月令花卉同铜屏之箱函题刻拓本

图 235c 与梁任公合写十二月令花卉铜屏函匣题刻拓本

a

b

c

图 236 写山水铜盒一组拓本

短，与他碑小异，故称碣。”孔谦，字德让，孔子二十世孙，都尉君之子。

茫父先生尝于1919年孔子生日（农历八月廿七日）随张一麐、周大烈等受政府委派趋曲阜祭孔，当曾亲睹此石。同行者汪孟舒曾有《泰山游记》，开篇即云：“孔子降生二千四百七十年己未八月廿七日圣诞，余随张仲仁世丈参与曲阜祀孔礼毕，是为民国八年阳历十月二十号，下午至衍圣公府晚餐后，俱作泰山之游，同往者为张一麐仲仁世丈、赵炳麟竺垣年伯、姚华茫父、周大烈印昆、蒋希召叔南诸先生。”[4]

此盒铜师署款“古匋刊”三字在盒的侧面，这样署款或许是为了保证盒面图文的完整性。“古匋”无考。

大约是年，文源为惟一、淑则结婚纪念定制铜盒，先生节录《诗经·毛氏传》樛木篇：

惟一、淑则结婚纪念：南有樛木，葛藟累之。乐只君子，福履绥之。

文源敬赠。

南南土也，木下曲曰樛。南土之葛藟茂盛。诗毛氏传。姚华。**【图238】**

按：惟一、淑则无考，铜盒无年款，从书风判断应在丙寅、丁卯间，因涉及具体人物之婚姻，不敢妄自猜测，暂置于是年，以待方家教正。

大约是年，为赖健君写铜盒，录朱熹《兰涧》五言绝句：

光风浮碧涧，兰杜日猗猗。竟岁无人采，含薰只自知。

赖健君属，茫父书。印章：茫父。**【图239】**

按：赖健君，生卒年不详，四川人，早年在北京求学，后长期在重庆发展，曾任刘湘二十一军政闻编审委员会委员，其舅父为川军名将、二十八军参谋长邓锡侯（1889—1964），因此获任二十八军少校秘书长。1930年在刘湘、邓锡侯等人支持和资助下，接手《重庆晚报》，任社长兼发行人。后任重庆《商务

[4] 《泰山游记》见《汪孟舒岱游纪胜图册》，1934年珂罗版印刷。

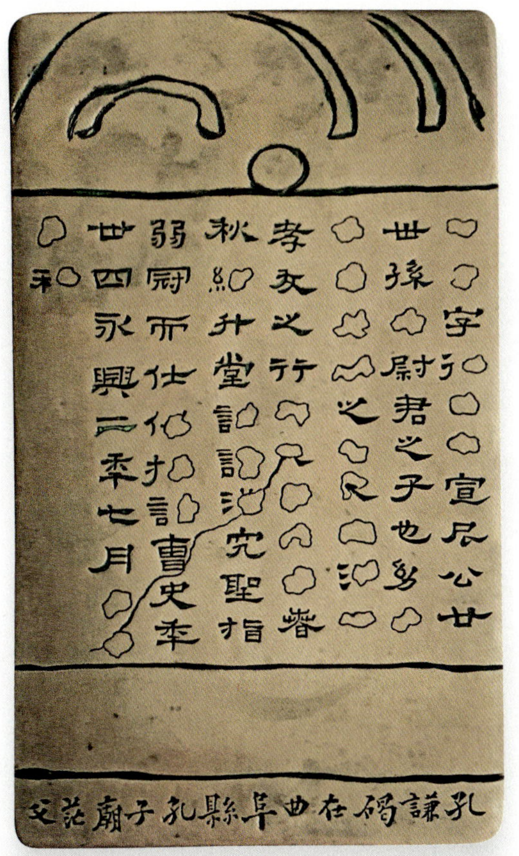

a b

图 237 临《孔谦碣》铜盒及原石拓本

日报》总编辑（约1937年）。抗战胜利后，曾作为重庆市第二区参议员候选人。据报导他是“重庆国泰大戏院的经理，当时曾于戏院大门外左边广告墙上请艺术师设计了一幅大广告，上左角贴着一个他的画像，下面用艺术字写着十大主张，主张下面就用红字写着‘赞成我的请投我一票’，每日观众上千”。1946年参与筹款创办私立重庆朝阳学院，后更名为正阳法商学院，赖健君曾任总务长。同时他也是国民党中统特务，担任重庆反共组织戡乱建国委员会主任。

约在是年，写楷书铜盒：

学者心之白日。茫茫父。印章：芒芒。【图240】

按：此盒无底铭，无上款，印章“芒芒”在写铜作品中亦少见。盒面仅“学者心之白日”六个大字，语出汉儒徐幹《中论·治学》篇：“学也者，所以疏神达思、怡情理性，圣人之上务也。民之初载，其蒙未知，譬如宝在于玄室，有所求而不见，白日照焉，则群物斯辩矣。学者，心之白日也。”

图 238 为惟一、淑则结婚纪念写铜盒拓本

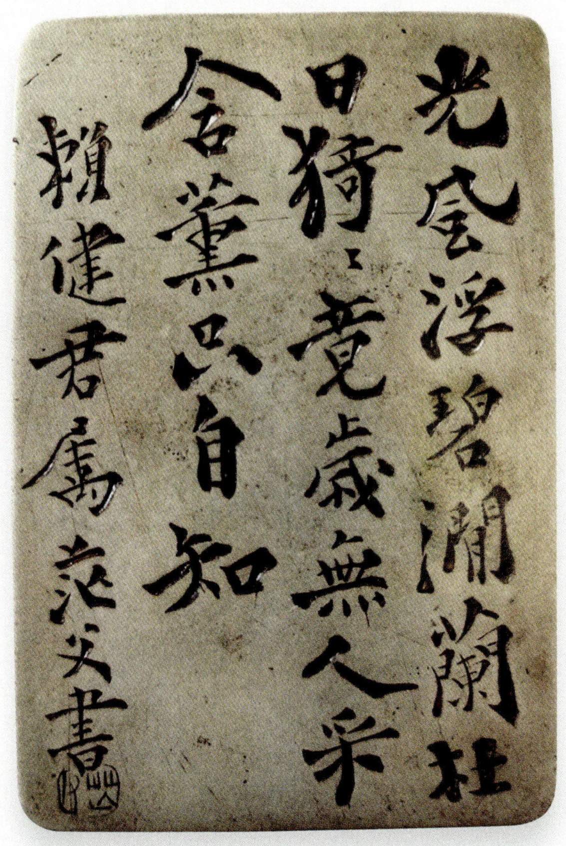

图 239 为赖健君写朱熹《兰涧》诗铜盒

學者心之白日

民国十四年

1925

乙丑

五十岁

二月廿七日，春分，为子美仁兄写山居图制铜盒：

山居图。乙丑春分，子美仁兄属写，茫父。

印章：茫父。【图241】

按：子美先生当指黄子美，生卒不详，上海松江人。银行家，早年毕业于浙江省立甲种商业学校，长期在银行业供职。曾任中国银行总稽核，1920年代表中国银行考察欧洲银行业。1930年曾陪同梅兰芳访美，是梅党健将。他是新月社的主要出资人，同时又是《晨报》的幕后老板，曾任上海懋业银行行长，与梁任公、蹇季常、姚茫父、陈师曾、王梦白、徐志摩、梅兰芳等人均稔熟，和画家凌霄凤宴池先生是连襟。1949年后赴台。

此盒画面繁密，树木苍润，刻工极尽能事，手段老辣，削铜如泥，酣畅痛快。

二月，写山水铜盒一对：

江帆风势美。乙丑二月，茫父写意。友渔大叔鉴赏，侄衍仁赠。印章：茫父。衍仁。【图242a】

夕阳新雁。乙丑二月，茫父写。印章：芒。【图242b】

按："友渔"无考，同时代同名者较多，无从辨析。衍仁有可能是黄芝冈(1895—1971)，原名德修，字衍仁，湖南长沙人。著名作家、戏剧家，曾执教于南京国立戏剧专科学校。著有《中国的水神》《汤显祖编年评传》等。

三月，写秋海棠铜盒，并录《瓶史》句：

秋海棠娇，然有酸态，郑康成、崔秀才之侍儿也。出《瓶史》。乙丑三月，莲花盦写，茫父。印章：茫父。乙丑。莲花盦。【图243】

按:《瓶史》是明代文学家、小品文大家、公安"三袁"之一的袁宏道代表作之一。以倡导"性灵说"著称的袁宏道，著《瓶史》一册两卷，含正文十二篇，小引一篇，从鉴赏角度论述了花瓶、瓶花及其插法。上卷为瓶花之宜、之忌、之法；下卷分花目、品第、器具、择水、宜称、屏俗、花祟、洗沐、使令、好事、清赏、监戒等。该书在日本获得很高的评价，并且形成所谓"袁派"插花。

图 241 写山居图铜盒拓本

图 242 写山水铜盒一对拓本

“秋海棠娇，然有酸态，郑康成、崔秀才之侍儿也。”出自《瓶史·使令篇》，据说郑康成的侍儿能用古文与博学主人说话，以人比花，令人会心。

中春，写菊石图铜盒：

乙丑中春，茫父写。印章：茫父。【图244】

四月三日，写菊花铜盒：

有菊即重阳。乙丑四月三日，茫父写意。印章：茫父。【图245】

按：此盒为海上报人严独鹤旧藏，现仍珍藏于严氏后人之手。有赠款两行：“独鹤先生储墨，徐碧云谨赠。”从书法风格判断，应是铜师应客户之请所后添。

严独鹤（1889—1968），名桢，字子材，桐乡乌镇人。“独鹤”是他早年丧偶后所取笔名。他自1914年起主持上海《新闻报》副刊笔政长达三十余年，编有《快活林》《新园林》，以"独鹤"之名撰文万余篇，针砭时弊，获读者赞赏。抗战时期拒绝出任汪伪政府伪职，表现出民族气节。著有《人海梦》长篇小说、《严独鹤小说集》及电影剧本数部。

四月，写薛涛诗意铜盒：

霜规不让黄金色，圆质仍含御史香。何处同声情最异，临川太守谢家郎。

薛涛《酬郭简州寄柑子》七言。乙丑四月，茫父写意。印章：茫父。【图246a】

四月，写《双钩兰花》铜盒并录陶渊明《饮酒二十首》之十七：

幽兰生前庭，含薰待清风。清风脱然至，见别萧艾中。行行失故路，任道或能通。觉悟当念迁，鸟尽废良弓。

乙丑四月，莲花盦写陶诗，茫父。印章：茫父。

筱庄亲家雅玩，丙寅除夕姚华奉赠。印章：姚华。【图246b】

按：次年除夕，茫父将此铜盒加刻两行小字，以馈亲家陈筱庄。

图 243　写秋海棠图铜盒拓本

图 244　写菊石图铜盒拓本

图 245　写菊花铜盒

图 246a　写薛涛诗意铜盒拓本

图 246b　写《双钩兰花》铜盒拓本

a

b

图 247 写山水铜盒一对拓本

四月，写山水铜盒一对，并分录陶渊明《饮酒二十首》之十四、十五：

故人赏我趣，挈壶相与至。班荆坐松下，数斟已复醉。父老杂乱言，觞酌失行次。不觉知有我，焉知物为贵？悠悠迷所留，酒中有深味。茫父写陶。印章：茫父。【图247a】

贫居乏人工，灌木荒余宅。班班有翔鸟，寂寂无行迹。宇宙一何悠，人生少至百。岁月相催逼，鬓边早已白。若不委穷达，素抱深可惜。乙丑四月，茫父写陶诗。印章：茫父。【图247b】

同期，写铜镇一对，录陶渊明《饮酒二十首》之十三：

有客常同止，取舍邈异境。一士常独醉，一夫终年醒。醒醉还相笑，发言各不领。规规一何愚，兀傲差若颖。寄言酣中客，日没烛可炳。茫父记。印章：茫。父。【图248】

按：此铜镇无年款，但据其书风及所录陶渊明《饮酒二十首》之十三，推测与是年四月所写陶渊明《饮酒》诗意铜盒同期。

四月，写《嗜酒爱修竹图》铜镇，并录清诗人余集《沁园春》词：

嗜酒爱修竹图。汪槐堂有此图，余秋室《酒边琴外词》有《沁园春》，云：鸾鹤神仙，风月湖山，灵光殿岿。看一尊在手，红添玉颊，万竿绕屋，绿上荷衣。骚仆编排，酪奴勾管，消受春风万首诗。如翁者，洵醇宜人饮，虚亦吾师。经时杖履轻违。空乌帽黄尘雪爪泥。况长安市上，酒珍赵璧；黄金台畔，竹比琼枝。畴似先生，萧然冷坐，翠影玲珑入酒杯。披清照，早怯将俗累，雪尽尘缁。

近收得稿，因词拟图。乙丑四月，莲花盦漫兴。茫父。印章：茫父。莲花盦。【图249】

按：汪槐堂即汪沆（1704—1784），字师李，一字西颢，号艮园，又号槐塘。钱塘（今浙江杭州）人。诸生。早岁能诗，与杭世骏齐名。为学极博。乾隆初，举博学鸿词，报罢后寄居天津查氏水西庄，南北称诗者奉为坛坫。大学士史贻直将以经学荐，以母老辞。好为有用之学，于农田、水利、边防、军政，靡不条贯。有《湛华轩杂录》《读书日札》《新安纪程》《全闽采风录》

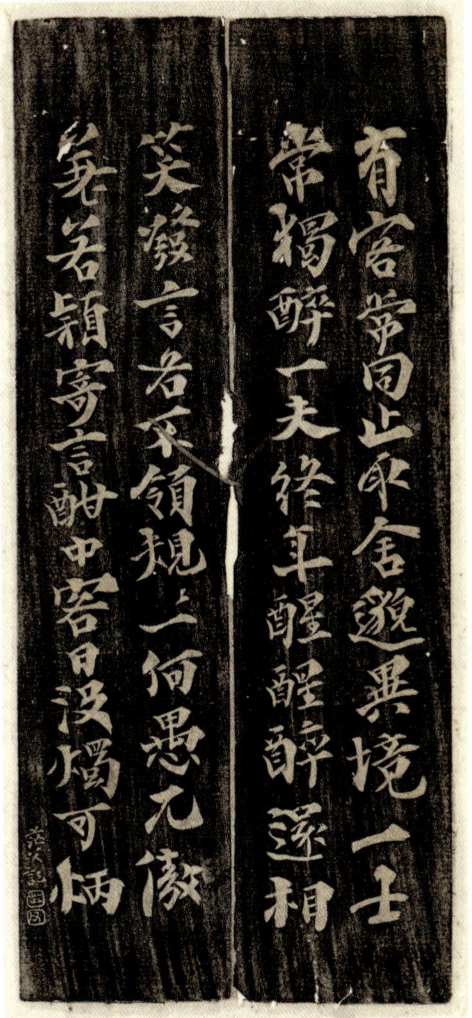

图 248 写陶渊明饮酒诗铜镇一对拓本

图 249 写《嗜酒爱修竹图》铜镇（失群）

《蒙古氏族略》《汪氏文献录》《槐堂诗文集》等。

余秋室（1738—1823），名集，字蓉裳，号秋室，浙江仁和（今杭州）人。清代画家。乾隆三十一年进士，授翰林院编修，累官至侍读学士。《酒边琴外词》钞本一卷，傅增湘（1872—1949）先生曾辑入《藏园群书经眼录》，定为“清余秋室手写本，黑格，边栏外有‘东啸轩钞本’‘花可可斋钞本’款字，似为秋室自撰词也。钤有‘集’‘秋室手钞’‘只可自怡悦’‘书生考古’各印。”此书为李盛铎（1859—1934）旧藏，一说是宋人向子諲（1085—1152，字伯恭）词集。从铜镇长题文字可知，茫父先生是年得到余秋室钞本《酒边琴外词》，因其中《沁园春》咏汪槐堂《嗜酒爱修竹图》，于是创作了这件铜镇作品。

四月，写《枯木禅》铜盒：

枯木禅。乙丑四月，茫父。印章：莲花盦。【图250】

闰四月，写杜甫诗意铜盒：

行到水穷处，坐看云起时。乙丑闰月，茫茫父画。印章：茫父。【图251】

闰四月，为维汉兄写梅石图铜盒：

乙丑闰月，维汉兄属，茫茫父写。印章：茫父。乙丑。莲花盦。【图252】

五月五日，端阳，写铜盒考释印章，由姚锡久刻成：

龙泓老人刻印极刚健，今命石夫抚刻以步后尘，山斋记。

姜琴字书庭印。余作印不喜用，冬心屡索不得。今见《小松印集》有此篆，不得已篆此报之。

乙丑端午摹于莲花山中，茫父。印章：姚。姚石父刻。【图253】

按：此盒实物尚称精美，也是铜刻文房收藏界的名品，但是对比书法风格，与茫父同期作品不同，文句亦有欠通处，如“命石夫撫刻”，“命”字极突兀，遍读茫父书札文稿，似无此例，即便对自己的子侄、弟子，茫父用语一向讲求

图 250 写《枯木禅》铜盒拓本

图 251 写杜甫诗意铜盒拓本

图 252 写梅石图铜盒拓本

妥帖；“撫”字也存疑，因茫父喜用“橅”代“摹”，从未见其用“撫”字。“姚石父刻”一印亦不佳，恐怕既非茫父亲笔，亦非石父操刀。

“余作印不喜用，冬心屡索不得。今见《小松印集》有此篆，不得已篆此报之。”这段文字如何断句、如何理解，亦颇多争议，此“余”者何人？有人理解为是茫父自道，那就通篇不知所指了。笔者以为，此“余”为丁敬，这段话应该是丁敬所制“姜琴字书庭印”的跋语，即边款。摹写此印，同时抄录边跋，这倒是茫父惯常做法（已见多方释印、颖拓佛像铜盒上均有抄录原题、原跋之例）。“余”既然是丁敬自道，文辞刻在印石边上，意思也就贯通了，兹试解之：姜琴字书庭应是丁敬好友，丁为其治印，姜不喜用，希望丁为其求金冬心刻印，但是冬心的印“屡索不得”，正好丁敬看到黄小松印集中有这样风格的白文印章，于是不得已借鉴之，刻了这方印以交差。

如此解释固然通畅，但是仍存疑点：一是黄小松（1744—1802）晚丁敬（1695—1765）49年生，虽同为西泠八家中人，但毕竟隔代，是否会有丁敬借鉴小松印章的可能，姑且存疑。二是冬心即金农（1687—1763）乃清代书画家，扬州八怪之一，与丁敬友善，所用印章多出自丁手，人尽知其工于书画，未知其亦擅制印。则“冬心屡索不得”亦姑且存疑。三是请友人翻遍八册《龙泓山人印谱》，未查到此印。综上分析，此盒臆造的成分较大，鉴藏者不可不察。

约同期，另见一摹龙泓印章铜盒拓本，收录在《莲花盦写铜》中：

龙泓印刻，茫父橅。

天赐长年。乾隆壬子春，奉为埜臣先生九十大寿之庆。丁敬顿首。

管臣夫子姨丈荣寿，受业姨侄绍堃恭祝。

印章：茫父。绍堃。【图254】

按：绍堃无考。管臣夫子可能是聂其炜（1883—1968），字管臣，湖南衡山人。聂缉椝第四子。清末留学日本法政大学。曾任中国银行协理、中孚银行行长、上海中央银行稽核处副处长。著有《佩韦室诗草》《虫天阁残稿》等。

六月十四日，写山水铜盒一对，由同古堂张寿丞刻成：

山居图，乙丑六月十有十四日，茫父写。印章：茫父。乙丑。【图255a】

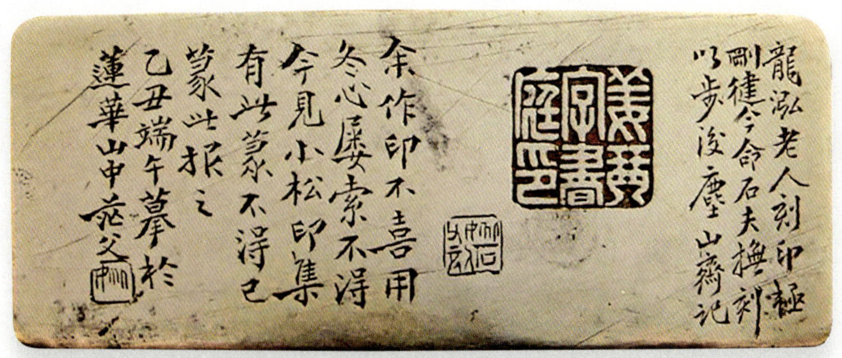

图 253　摹丁敬印章铜盒

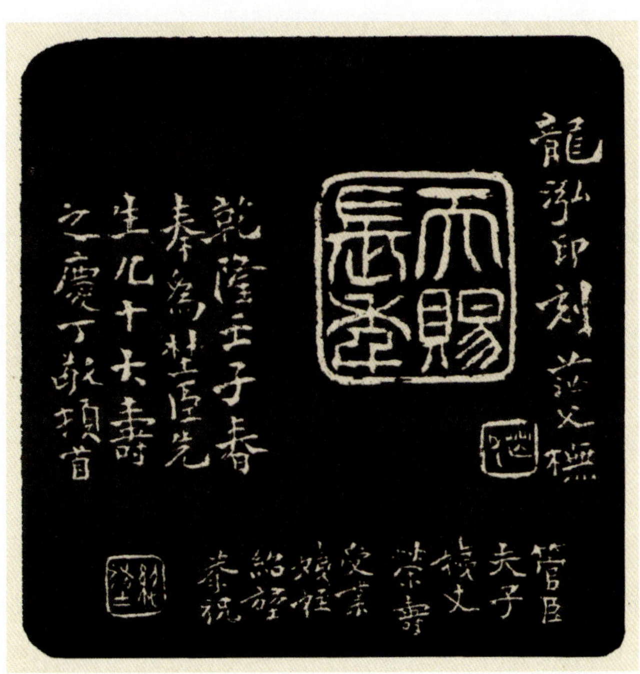

图 254　摹龙泓印章铜盒拓本

（东坡《赤壁怀古》词略。）东坡赤壁怀古大江东去词，乙丑六月十有十四日，积雨初霁，凉意欲秋，菉猗室写为潜示，茫父。印章：茫父。赤壁。寿丞。【图255b】

六月，写山水铜盒：

德有邻。乙丑六月，茫父写。印章：茫父。【图256】

六月，于铜盒摹汉官印"别部千石"并录考释文字：

汉官印，别部千石，左行，铜印，桥纽。

《百官志》：军司马比千石，又别营领属，为别部司马。此别部千石，盖亦别部司马之比欤？

乙丑六月，宿雨出霁，茫父摹。印章：茫父。弗堂所藏。【图257】

按：此盒右侧另有两行小篆，文曰：允文表侄清玩，王国桢持赠。已非茫父手笔。检《弗堂类稿》有诗咏此印，云："比千石者军司马，领属曾闻别部名。兵既随宜官亦尔，直称千石自为营。"可作为此盒之注脚。

夏，以隶书写铜镇一对：

弹棋发八势，下笔累千言。《绵桐馆集》句，乙丑夏，茫父书。【图258】

夏，写茶花铜屏：

茫父画。乙丑夏，□□持赠。印章：茫父。【图259】

约在同期，写茶花铜盒，释文略。【图260】

七月十五，中元节，开莲置铜盒，先生为录陈简斋《夏至日与太学同舍会葆真》二首，其一：

明波影千柳，绀屋朝万荷。物新感节移，意定觉景多。游鱼聚亭影，镜面散微涡。江湖岂在远，所欠雨一蓑。忽看带箭禽，三叹无奈何。

图 255　写山水铜盒一对拓本

图 256　写山水铜盒拓本

图 257　考释“别部千石”印铜盒

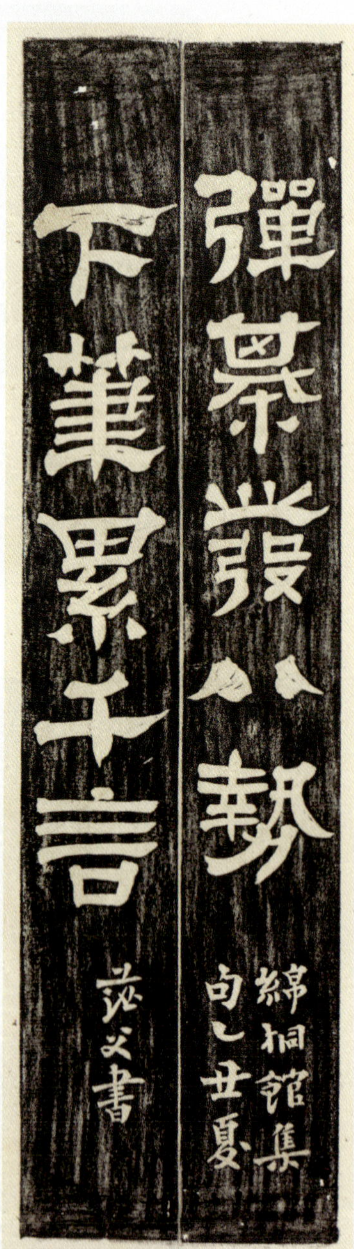

图 258　隶书铜镇一对拓本

图 259　写茶花铜屏拓本

图 260　写茶花铜盒拓本

陈简斋诗，乙丑中元，茫父书。开莲自制。【图261】

同期另书铜盒一对，分录陈简斋《书怀示友》诗十首其一及《雨中再赋海山楼诗》：

仲舒老一经，策世非所长。瓦鼎荐蔬食，但取充饥肠。伟哉贾生书，开阖有耿光。既珍亦可饱，举俗不见尝。茫父。印章：茫父。【图262a】

百尺阑干横海立，一生襟抱与山开。岸边天影随潮入，楼上春容带雨来。慷慨赋诗还自恨，徘徊舒啸却生哀。灭胡猛士今安有，非复当年单父台。茫父为，印章：茫父。【图262b】

按：此三件录陈简斋诗铜盒，从拓本规格及书风可知是同期作品。其中一件有明确的买家：开莲自制，说明是名“开莲”者自用之盒。另外两件，一件仅属穷款茫父二字【图262a】，另一件则署款“茫父为”三字【图262b】，须知此三字偏于右侧，为左侧留出空间，显然是为了补名款方便。“为”字在此不是“作为”的“为”，而是“为了”的“为”，其意自明。推测可能都是应同古堂店家之求所写，以俟购买者提出补题上款要求。

大约同期，另写陈简斋诗铜镇一对，其一录《罗江二绝》一首，另一录《寄大光》：

山翁见客亦欣然，好语重重意不传。行过竹篱逢细雨，眼明双鹭立青田。

芭蕉急雨三更闹，客子殊方五月寒。近得会稽消息否，稍传荆渚路歧宽。【图263】

大约同期，写铜镇并录元代散曲《中吕·喜春来》句，惜失群：

海棠雨过红初淡，杨柳无风睡正酣。杏烧红，桃剪锦，草掺篮。三月三，和气盛东南。【图264】

是年，为竹轩写王安石诗意铜盒，释文：

黄花寂寞弄秋晖。荆公句，茫父写。竹轩墨池。

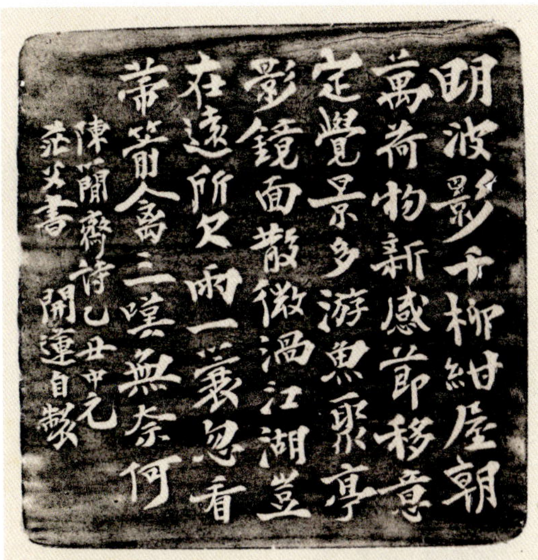

图 261 写陈简斋诗铜盒拓本

a

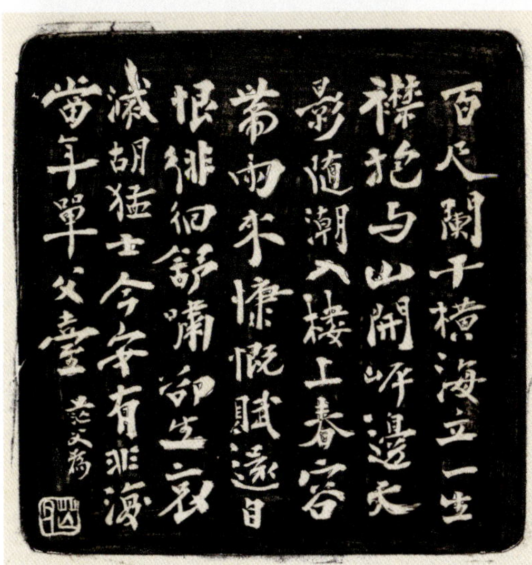

b

图 262 写陈简斋诗铜盒一对拓本

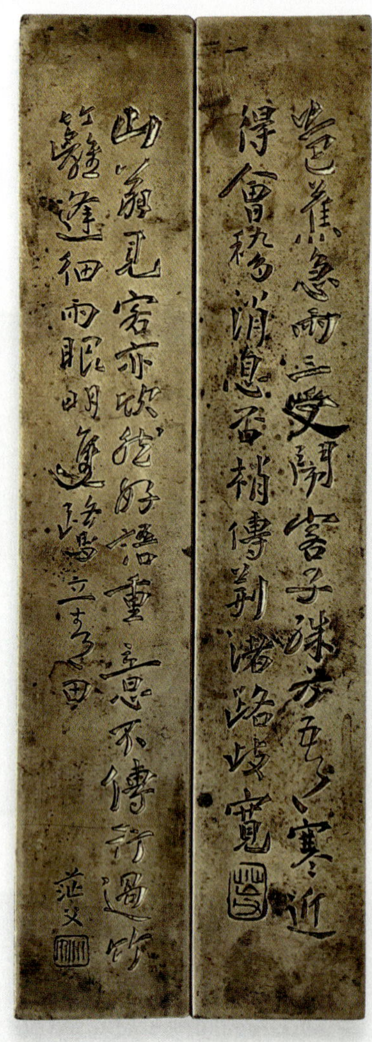

图 263　写陈简斋诗铜镇一对

图 264　写元散曲铜镇（失群）

图 265 写王安石诗意铜盒拓本

图 266 写张孝祥词意铜盒

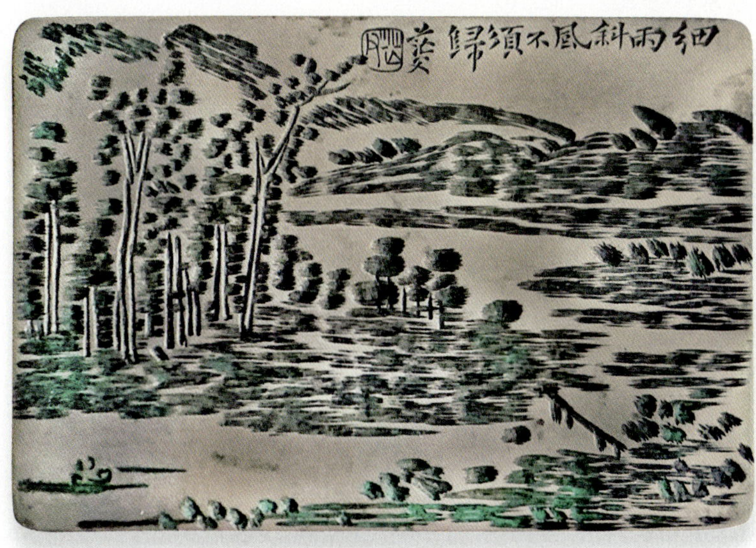

图 267 写张志和诗意铜盒

印章：茫，父，竹轩，乙丑。【图265】

大约是年，写张孝祥《念奴娇·星沙初下》词意山水铜盒：

一叶扁舟添个我。茫父。印章：茫父。【图266】

大约是年，写张志和《渔歌子》诗意山水铜盒，释文：

细雨斜风不须归。茫父。印章：茫父。【图267】

大约是年，写江天归帆图铜镇：

江天归帆。师石涛大意，茫父写。印章：姚华。【图268】

大约是年，写篆书对联铜镇：

持其志勿暴其气，敏于事而慎于言。茫父。【图269】

按：此铜镇没有年款，收入《莲花盦写铜》，但是从署款和印章看，似乎图片有较大变形，今略作还原。据风格判断，应作于1926年病废之前，故置于是年。

大约是年，写万杉如笏山水铜盒：

万杉如笏。茫父。印章：茫父。【图270】

大约是年，写牡丹于裁纸刀鞘：

花满瑶台月有香。茫父。印章：姚。【图271】

梦霞姻史雅玩，季访特赠。

按：裁纸刀虽是文房必备之物，但是在民国铜刻文房大家族中却罕见其身影。此物白铜精制，手感重而润，画工、题款、印章都具有茫父典型特征，惟刻工与同古堂二张尚有差距。无底铭，无年款，由书法推测置于是年。刀鞘尺寸不大，高14.5厘米，宽1.6厘米，厚仅0.5厘米，中空，一端封堵，刀从另一端插入后严丝合缝，浑似铜镇，可知是两用之物。一行小字“梦霞姻史雅玩，季访特赠”应是后添。

图 268 写江天归帆图铜镇拓本

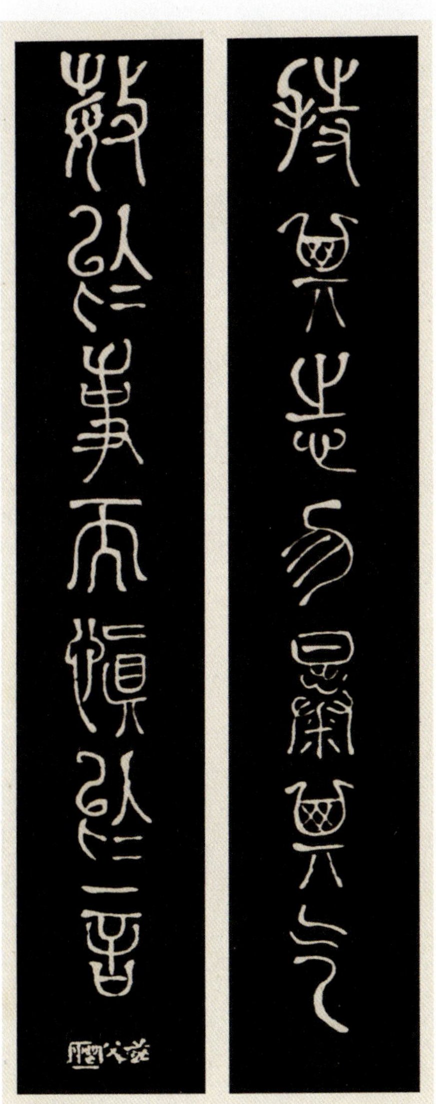

图 269 篆书对联铜镇拓本

图 270　写万杉如笏山水铜盒

图 271　写牡丹裁纸刀与刀鞘

民国十五年

1926

丙寅

五十一岁

二月十二日，花朝，写铜盒与铜镇各一。

铜盒：

暮春三月，江南草长，杂花生树，群莺乱飞。

丙寅花朝，茫茫父书。印章：茫父。【图272a】

铜镇：

陂池幽处有茅堂，井臼萧条草树荒。小鸭怯波时聚散，病蔬伤蠹半青黄。童儿冲雨收鱼网，婢子闻钟上佛香。我亦暮年思屏迹，数椽何计得连墙？

丙寅花朝书放翁诗，茫父。印章：茫父。【图272b】

二月，写《烟汀雨笠图》铜盒[1]：

烟汀雨笠。丙寅二月，茫父。印章：茫父。【图273】

大约同期，为桐荪写铜镇，录南朝诗人丘迟《旦发渔浦潭》诗：

渔潭雾未开，亦亭风已飏。棹歌发中流，鸣鞞响沓障。村童忽相聚，野老时一望。诡怪石异象，崭绝峰殊状。森森荒树齐，析析寒沙涨。藤垂岛易陟，岸倾屿难傍。信是永幽栖，岂徒暂清旷。坐啸昔有委，卧治今可尚。

为桐荪书，茫父华。印章：茫父。【图274】

按：桐荪可能是时在清华学校大学部算学系任教的郑之蕃（1887—1963），字桐荪，江苏吴江人。1910年毕业于美国康奈尔大学，归国后任马尾海政学堂教席、清华学校教授，算学系主任，后任清华大学教务长，著名数学家。好文史，工诗词，曾入南社，著有《宋词简评》，诗有轩爽之清气、腾骞之骨力。

大约同期，为前同事胡雨人先生写铜盒，录南宋词人彭元逊《蝶恋花》词：

微雨烧香余润气，新绿愔愔，乳燕相依睡。无复卷帘知客意，

[1] 此铜盒仅见不完整图片一张，由朱瀚兄提供。尽管如此，仅据相对清晰之局部，仍可判断是一只精彩的茫父亲笔墨盒。

暮春三月江南艸長雜花生樹羣鶯亂飛

丙寅花朝 蔣英書

陂池幽宴看荷堂米白蕭條艸樹荒小鴨怯波時聚散病蕊傷露半青黃童兒衝雨

收魚網婢子聞鐘上佛香毬未暮年思屏迹數椽何計得連墻 丙寅花朝書放翁詩 蔣英

杨花更欲因风起。旧梦苍茫云海际。强作欢娱，不觉当年似。曾笑浮花并浪蕊。如今更惜棠梨子。元彭木川《蝶恋花》词。

印章：茫父。雨人宝用。【图275】

按：雨人或即胡雨人（1867—1928），名尔霖，江苏无锡人。1898考入南洋公学，后留学日本东京高等师范学校。1902学成归来，在家乡创办“胡氏公立蒙学堂”，开风气之先，附设女学。宣统元年（1909）出任北京女子师范学堂教务长。1912年受聘为江阴南菁中学校长。次年北上任北京女子师范学校校长，不满一年即南归，致力于家乡水利与教育事业。茫父先生接任女子师范学校校长，二人有过一段交游。

二月，为星阁写杜甫诗意铜盒：

行到水穷处，坐看云起时。丙寅二月，茫茫父写意。

印章：茫父。星阁珍玩。【图276】

按：民国时期名字有星阁者多人，比如贿选上台的民国总统曹锟的侄子曹士魁字星阁，北洋陆军协统李奎元字星阁。此“星阁”可能是贵州人谭安权（1898—1951），字星阁，号树槐，贵州桐梓人。1925年毕业于北京大学政治系，曾任贵州省驻南京办事处主任、贵州省教育厅厅长。任上曾参与镇压爱国学生运动。后返乡桐梓中学从教。能诗文，擅制谜。

这件作品创作于丙寅二月，此后有较长一段时间空白，直到是年除夕，才有新的写铜作品，中间相隔长达近11个月。推测原因，茫父先生此年自正月起即生病，而社会变故亦不断，先有北洋政府武力镇压爱国学生运动的“3·18惨案”，导致包括姚华曾任校长的女师大学生刘和珍、杨德群在内的47人遇难，先生在忧愤中赋诗：“留得一冬雪，春来两度看。为因埋战血，较觉作花寒。未霁仍将积，旋消若已残。不成惠连赋，愁思动长安。”又作悼念《二女士》诗：“宣和不闻陈东死，南渡胡为死东市！千年夷夏祸犹存，碧血又渍绿窗史。呜呼刘（和珍，赣人）、杨（德群，湘人）二女士！”[2]不久又有感于军阀混战、兵荒马乱、官兵掠夺扰民之社会乱象写下《大风谣》：“天上风儿疾，地上兵子横。

[2]《弗堂类稿》“诗甲二”，第三十九页。

图 273　写《烟汀雨笠图》铜盒拓本

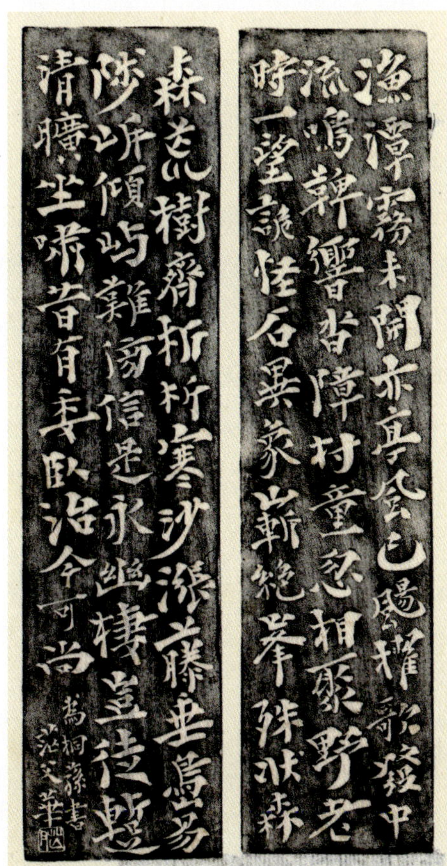

图 274　写南朝丘迟《旦发渔浦潭》诗
铜镇拓本

一样只如虎，天地知怎生？”[3]

而最大变故，则是五月十七日，先生猝患脑溢血症，入德国医院治疗逾二旬，出院时左臂已残，半身不遂。住院期间赋《西江月·病院感兴》。[4]

值得一提的是，经此大病，茫父先生的书法与绘画风格一变。养病期间肆意作画十数帧，其中《忆岱游斗母宫》山水扇上，茫父自题：“己未岱游，夜宿斗母宫，此略似之。丙寅病废将起作此，视未病前所为，顿有天人之别。意此天将以病换吾骨耶？写竟颇自憙并记之。六月十七日，茫茫父记。”[5]

病起后，以白香山句刻一印“一肢虽废一身全”，以“身全”喻艺事不废。从此自号“姚风”，以五代杨凝式相比。将病废以来所绘诸扇集为一册，题为《姚茫父风画集》影印发行。自题《风画集》诗云：“少师（杨凝式）病废书仍好，翰简千年艳韭花，画里姚风今更绝，笔兼风雨任横斜。”文辞绝无呻吟语。[6]

业师严范孙先生在看过茫父此间画作后来函：“重光吾弟左右：手教及画扇奉到，欢慰无量！吾弟近日书体一变，极浑灏流转之致，苍润充沛，后福可知。论画语自精到，然非功力既深亦不能邃入神境，醇而后肆，不其然与。《风画集》急盼观成。戏成二十八字以博一粲。此复并谕。顺致，痊安！小兄修顿首，七月十一日。戏简茫父：自号姚风众莫疑，声光要与古人期。姓同广孝名凝式，便一人兼两少师。”[7]此函亦影印《风画集》中。

老友周大烈亦有诗《题姚茫父风画集》（患风疾后所作山水）云：“兵外孤朋在，犹留半死身。倚风皆是画，乱笔欲谁嗔。如此山川里，方逢悲笑真。南宗成别系，知不付他人。”[8]先生见后作《次韵印昆题〈风画集〉》：“有幸存吾腕，百优惜此身。病来惟弄笔，愁绝欲无人。诗入秋怀老，书兼草隶嗔。知君

[3] 《弗堂类稿》“诗甲二”，第四十一页。

[4] 《弗堂类稿》“词二”，第一页。按：十七日猝患脑溢血症，是沿用邓见宽《姚华年表》。另据姚华1927年为侄女所撰墓表，患病在二十一日，原文有：“伯父华知疾已不可为（指侄女之病），旬日痛嗟，忧伤于隐，猝中风，几不起。鋆没，秘不以闻。伯伯病在二十一日，鋆知之，垂绝犹频问伯也。”

[5] 并记之。六月十七日，茫茫父记。”

[6] 《姚茫父风画集》，1926年珂罗版。

[7] 按：此信收入《姚茫父风画集》，《贵州文史资料》所录文字断句、释读均有误，已据原图更正。

[8] 周大烈：《夕红楼诗集》稿本卷一，藏于香港大学图书馆。

图 275 为胡雨人写宋词铜盒

图 276 写杜甫诗意铜盒拓本

多感慨，托咏亦为真。”[9]

除夕，写铜镇两对、铜盒两只。铜镇一，张小山《清江引》词意铜镇尺一对[10]：

玉笛一声天地愁，便觉梅花瘦。寒流清浅时，明月黄昏后，独醉一樽桑落酒。张小山《清江引》小令。丙寅除夕，茫父。

印章：茫父。词笔为谁嗔。【图277】

按：张小山即元代诗人张可久（约1270—1350），名伯远，字可久，号小山；一说字仲远，号小山。浙江庆原路人（今鄞县），元朝著名散曲家、剧作家，与乔吉并称“双璧”，与张养浩合为“二张”。传世、保存小令作品800余首。散曲集有《小山乐府》《张小山小令》《张小山北曲联乐府》等。

铜镇二，录元人马九皋《阳春曲四章》[11]：

坐听西掖钟声动，睡起东窗日影红，山林朝市两无穷。一梦中，尊有酒且从容。

胸中太华身难憾，舌底狂澜口且缄，看渠暮四与朝三。呆大胆，尊有酒且醺酣。

芸窗月影吟情荡，纸帐梅花醉梦香，觉来身世两相忘。休妄想，尊有酒且疏狂。

岁云暮矣虽无补，时复中之尽有余，老来吾亦爱吾庐。清债苦，尊有酒且消除。

马九皋阳春曲四章，丙寅除夕，茫父倚风书。印章：茫父。【图278】

铜盒一，写杜甫诗意山水铜盒：

白沙翠竹江村暮，相送柴门月色新。丙寅除夕，茫父写。

[9] 姚华：《姚华诗选》，贵州人民出版社，2000年，第186页。

[10]《民国刻铜文房珍赏》，第84页。

[11] 此铜镇现藏于广州某纪念馆中，图片由朱瀚兄提供，拍照不清晰，底部略有遮挡。

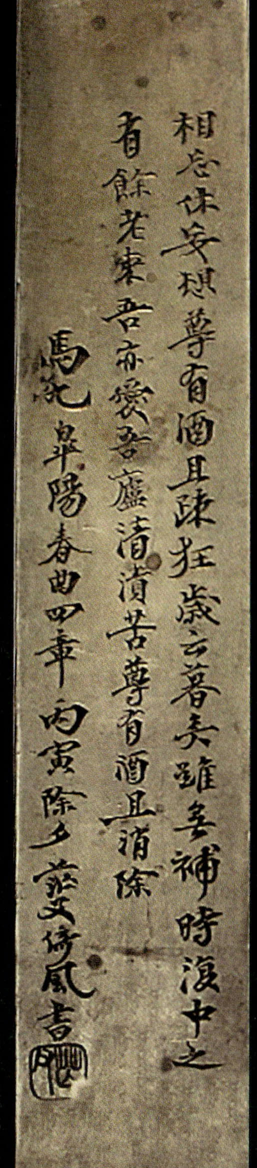

图 277　丙寅除夕写元张小山词意铜镇一对

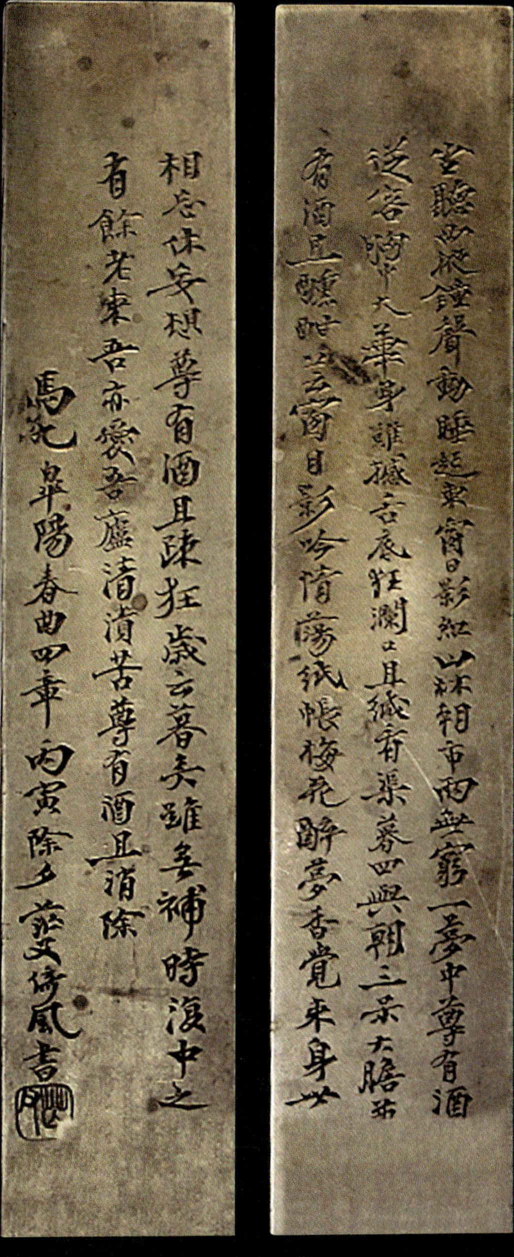

图 278　丙寅除夕写元马九皋《阳春曲四章》铜镇一对

印章：茫父。【图279】

铜盒二，临樊圻山水铜盒：

丙寅除夕临樊会公本，茫茫父倚风。印章：茫父。【图280】

大约是年，写铜盒摹《师奎父鼎铭》：

唯六月既生霸，庚寅，王格于大室。司马邢伯佑师奎父。王呼内史驹册命师奎父："赐缁芾、絅衡、玄衣、黹纯、戈琱戫、旂，用司乃父官、友。"父拜稽首，对扬天子丕显鲁休，用追孝于剌仲，用作尊鼎。用匄眉寿、黄耇、吉康。师奎父其万年，（子子孙孙），永（宝）用。

师奎父鼎，晓兄清玩，如弟琪敬赠。茫茫父残臂临古。

印章：茫父。【图281a】

按：茫父先生嗜古好金石文字，在丁巳、戊午间曾集中创作了多件摹写古代吉金铭文的铜盒作品，本书收录即多达11件。丙寅病废后，半身已残，很少作篆书。此件铜盒摹写师奎父鼎铭文，文字既多且复杂，对照原器铭文拓本可知【图281b】，铜盒上的临本"先疏后密"，最终因空间不足而略去数字。可知由于病臂，茫父先生对笔墨的控制能力受到较大影响。在1927年题好友陈师曾篆书遗作中，茫父写道："师曾作篆往往不耐妥协，由其治印喜学汉铜欹斜之势故也。又任腕大过，能折而不能转。大转犹可勉就范围，小转遂不免失度矣。尝谓腕之与指不能偏废，此当以使指为宜。若一以腕当之，则师曾之病。然又岂仅仅师曾一人之病也乎？师曾逝矣，今之作篆者欲求似师曾之病者且不可一得。予又患风，腰不能出力，视作篆尤为难事，此不能不谓为彼苍所忌也。因观师曾遗迹，怆然漫题为爱林老弟。"次日再以篆书题诗一首："其人已朽名难朽，治篆依然铁笔仙。腕底秦砖兼汉瓦，门墙能得几人传。"并跋："丁卯二月三日，为爱林题师曾遗墨，病中腰糗兼久不作篆，虽云见猎心喜，而身不自由，奈何奈何。莲花盦对烛并记，姚华茫茫父。"[12]【图282】行文中一再提到自己因病而不能作篆，遗憾之情溢于言表。由此更可知，茫父病臂后所写此件摹金文铜

[12] 茫父题跋见北京诚轩2013年春季拍卖会第233号拍品。

图 279　丙寅除夕写杜甫诗意铜盒拓本

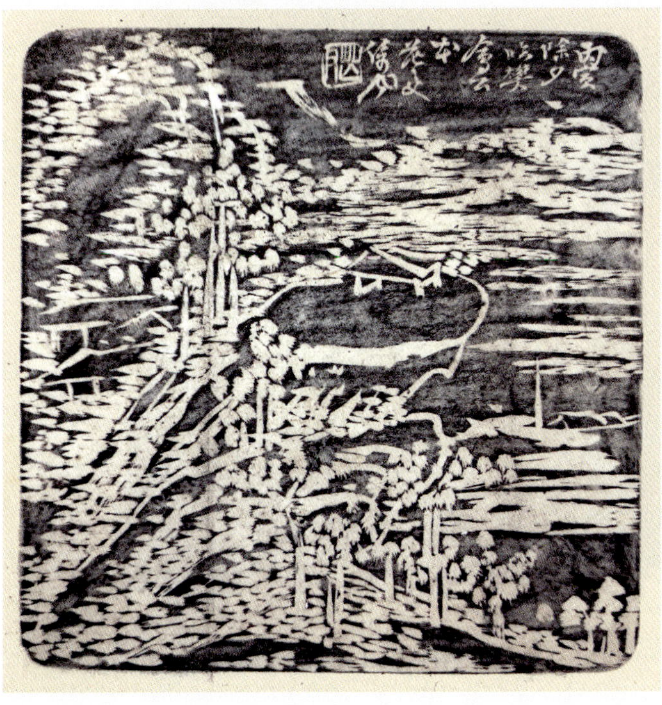

图 280　丙寅除夕临樊圻山水铜盒拓本

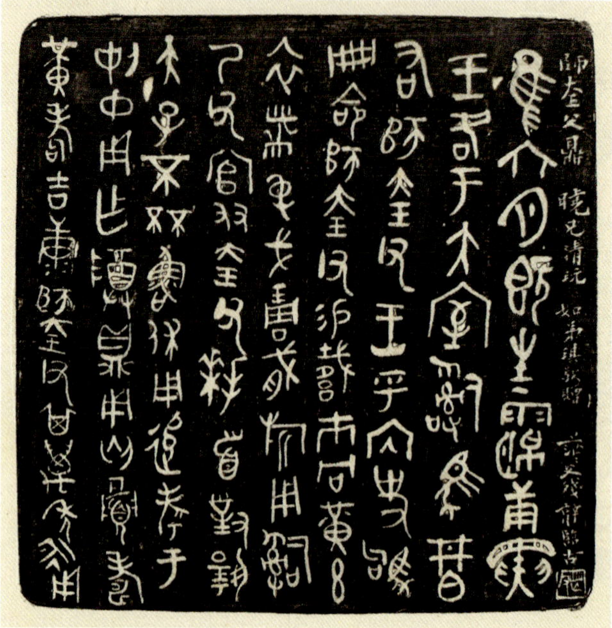

a

b

图 281　摹《师奎父鼎铭》铜盒拓本及原器铭文拓本

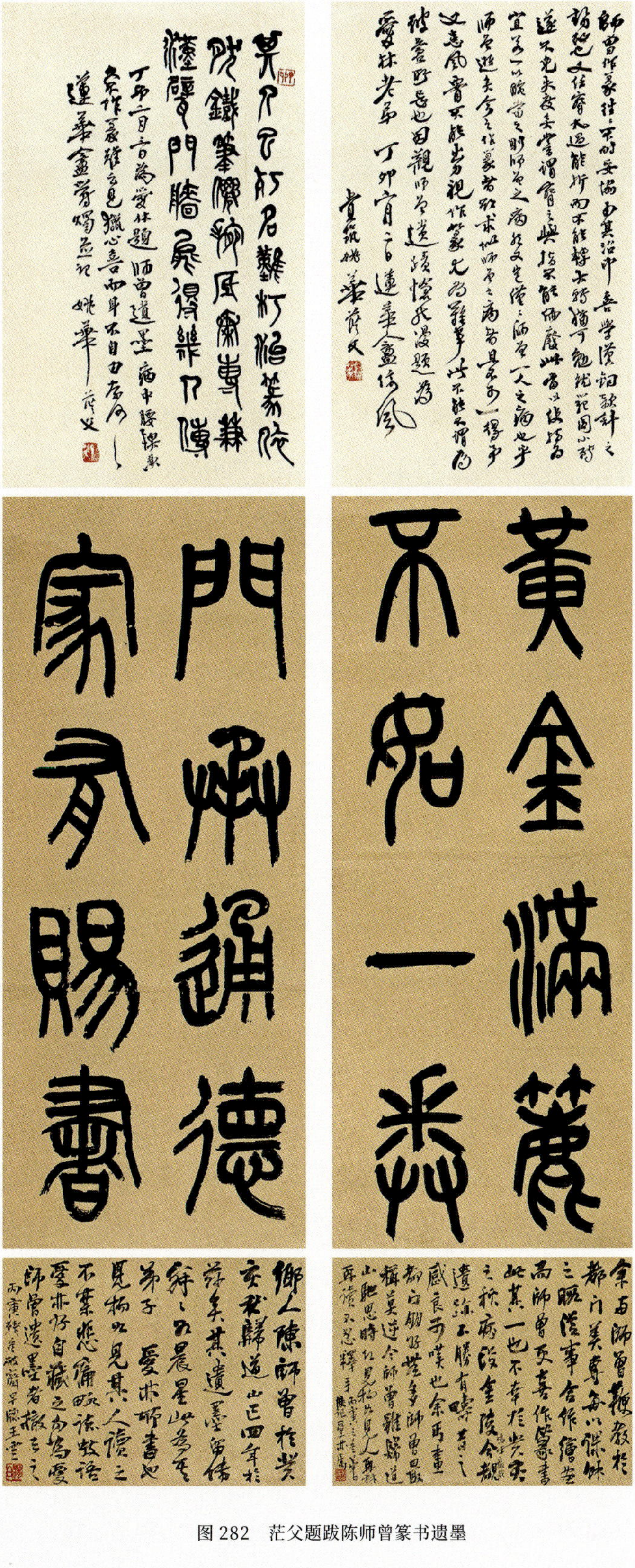

图 282　茫父题跋陈师曾篆书遗墨

盒何其难得而珍贵。

大约是年，写同款山水铜盒一对，分赠汉三、叔玉：

汉三世阮清赏。雨窗淅沥，写此以慰寂寥。茫父残臂。印章：姚。茫父。

叔玉世阮清赏。雨窗淅沥，写此以慰寂寥。茫父残臂。印章：姚。茫父。【图283】

按：这一对铜盒刻工非常精彩，也非常特别，不仅铜盒本身规格一致，而且画面也非常接近，只有上款人不同。仔细对照，仍可看出画面的细微差异，有可能是源于同一画稿或拓本，但又经铜师的再加工，近于一稿两画，而非通常意义上的“双胞胎”。

大约是年，写花卉铜镇并录高凤翰题李世锡画语，贺李寿雍与黄冷玉新婚：

正面：木樨香如是如是。高南阜题李霞裳画作此语，更写与学佛人参之。茫茫。

背面：冷玉同志、震东吾兄结婚纪念。【图284】

按：这是李震东与黄冷玉结婚时朋友所赠礼物，具体时间待考。另外一支背面应该是赠送人的信息，可惜失群，无从考证了。

李寿雍（1902—1984），字震东，江苏省盐城人。1921年考入北京大学，加入国民党，组织实践社。1929年携妻子黄冷玉赴英国留学，先后毕业于牛津大学、伦敦大学。1935年学成归国，先后任中央大学教授、湖南大学文学学院院长兼训导长。曾行国民党江苏省党部委员、指导委员、常务监察委员、第三战区政治部主任、江苏省政府委员兼财政厅长、江苏省党部主任委员等职，后当选“国大代表”。抗日胜利，奉命为上海临时大学校长，兼任《和平日报》社（上海）社长。1946年任上海暨南大学校长，1949年去台湾，先后任“革命实践研究院”主讲兼研究所所长、国民党中央设计考核委员会主任委员、“考选部”部长等职，兼任中央评议委员。著有《各国财政制度》《奥国学派之资本理论》等。夫人黄冷玉，江西黔阳人，出身望族，祖父黄尔轩乃江西名士，外祖父张通典（1859—1915）是国民党元老，曾任孙中山秘书。黄冷玉是张默君

图 283　写同款山水铜盒一对

图 284　写花卉并录高凤翰题李世锡画语铜镇正反面

（1883—1965）姨侄女、蔡元培（1868—1940）内侄女。

从仅存画面及茫父题字看，铜镇可能画了木樨花，题句是高凤翰题其师李世锡画作之余，从“木樨香，如是，如是”可知是用佛家“闻木樨香”的典故，所以才有茫父“更写与学佛人参之”云云。

这件铜镇很精彩，已是近百年故物，却如原光未用一般，可知主人珍爱的程度。李寿雍1984年病故，夫人在1986年意外身亡，二人没有子女，人去物散，也是无可阻挡的自然规律。主人生前如此珍爱之物，已从台湾回到大陆，不知何故竟致失群，遗憾遗憾。

民国十六年

1927

丁卯

五十二岁

二月十八日，春分，为道烈二兄写铜镇及铜盒：

偶向残冬遇洛神，孤情只道立先春。今从九月过三月，疑是前身与后身。物值同时妒亦宜，梅花今见子离离。相逢洞口千红里，素影当前君不知。丁卯春分，斋中水仙尚留二本，始花，因写钟伯敬暮春水仙之作，为道烈二兄。茫茫风画。印章：丁卯。【图285a】

寒菊带霜甘。道烈二兄雅属，茫茫父。印章：茫父。【图285b】

按：道烈无考。钟伯敬即钟惺（1574—1624），字伯敬，号退谷，湖广竟陵人（今湖北天门）。明代文学家，竟陵派代表人物。

是年，于淳菁阁定制铜盒，亲笔绘制梅尧臣诗意山水，刻成，赠张轶群参谋长[1]：

折竹压篱曾碍过，却穿松下到茅庐。轶群仁兄雅玩。茫父写。

印章：茫父。丁卯。【图286】

按：此盒原光未用，盒底有“淳菁阁”铭款，盒内底部有毛笔墨书“姚定”二字，应为淳菁阁所标注，可证是姚茫父先生亲自定制者，为目前所仅见。名店名家名品，珍贵难得。张轶群，生平不详，时任天津警备司令部参谋长。南开大学张伯苓校长有多通书信写与此人，康有为亦有多幅书法写赠此人，可知非等闲之辈。

九月，写铜镇，由姚锡久刻成，本该一对，今仅存其单：

膳余书味在胸中。丁卯菊月，茫父。石父所刻。

印章：姚。【图287】

冬，置铜盒两件，以行楷书分别录宋代诗人刘屏山（子翚）绝句：

天迥孤帆隐约归，茫茫残照欲沉西。寒鸦散乱知多少，飞向江头一树栖。

宋刘屏山绝句，茫父书。【图288a】

---

[1] 重华轩藏品。

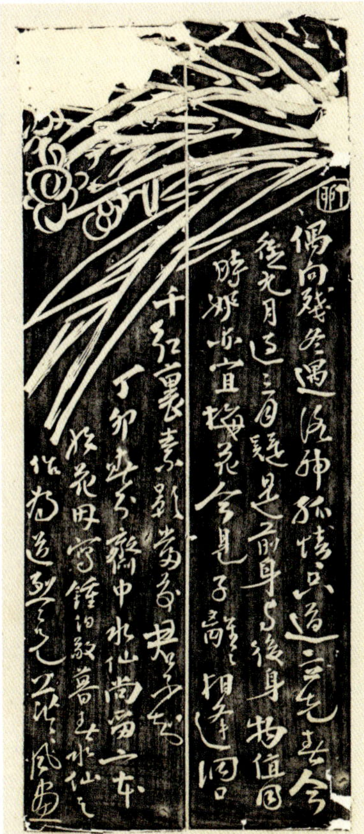

a

b

图 285　为道烈二兄写铜镇及铜盒拓本

苒苒寒生水面烟，吴歌唱罢月微偏。停桡又向湾前宿，一夜西风浪打船。

宋刘屏山新湾绝句，丁卯孟冬，茫父书。【图288b】

约在同期，置铜盒写散曲小令：

花开水流三月里，渔父来寻觅，切莫管人间，别是何天地，却将问花花笑起。

姚华茫茫父。印章：茫父。【图289】

是年，于铜盒摹“汉寿亭侯之印”并录考释文字，由姚锡久刻成：

汉寿亭侯之印。金印狮钮。

此印《三国·蜀志》：“关某字云长，以偏将军为先锋，刺颜良于万众之中，遂解白马围。曹公表封为汉寿亭侯，谥曰‘壮缪侯’矣。”茫父橅印并记。

印章：姚。芒父。石父刻。丁卯。【图290】

约在是年，写东篱佳色铜盒二，今存实物与拓本各一：

东篱佳色。茫父。印章：茫父。【图291a】

东篱佳色。茫父倚风之作。印章：茫父。【图291b】

约在是年，应经世学堂同学万钧之请，为周西成写铜镇，楷书宋诗人陈与义七律《次韵邢九思》：

百年鼎鼎杂悲欢，老去初依六祖坛。玄晏不堪长抱病，子真那复更为官。山林未必容身得，颜面何宜与世看。白帝高寻最奇事，共君盟了不应寒。茫父。

继公军长雅鉴，万钧敬赠。【图292】

按：继公军长即周西成（1893—1929），名世杰，字西成，号继斌，又号天保山人，贵州桐梓人。早年毕业于贵州讲武学堂，1916年袁世凯称帝，护国军兴，随戴戡征川，取成都。明年川军杀戴戡，周率一营人马突围回黔，逐步升迁至团长、旅长、军长，第六、九路总指挥，1926年6月，年方33岁的周西

图 286　写梅尧臣诗意山水铜盒

图 287　书法铜镇

a

b

图 288　写宋刘屏山绝句铜盒两件拓本

图 289　写散曲小令铜盒拓本

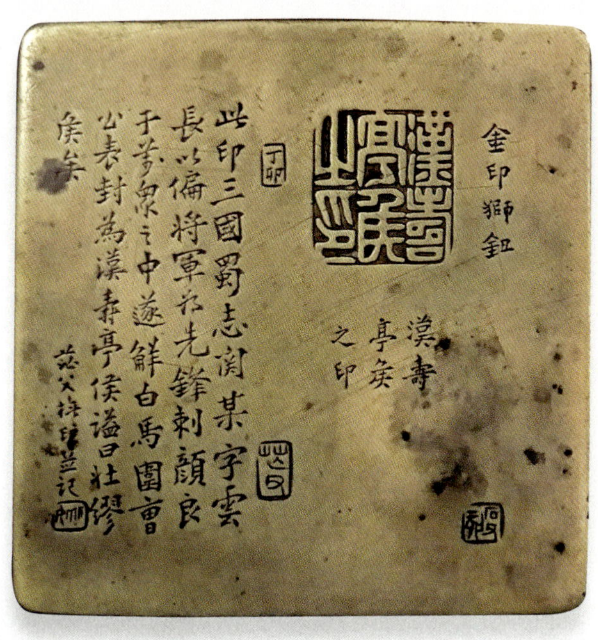

图 290　考释“汉寿亭侯之印”铜盒

成以国民革命军第25军军长身份兼任贵州省省长，总揽贵州省军政大权，升任陆军上将。

万钧（1874—1945）字贤臣，贵州镇远人。少聪慧敏捷，入文明书院研习经史，1894年成贡生，此后科场不顺，直到1905年废科举后，入京师法政学堂习法律，毕业后返乡，历任劝学所长、校长等职。1907年加入贵州自治学社，接受新思想，次年随自治学社同仁集体加入同盟会。他在镇远创办农事试验场，辛亥革命后，当选镇远县议会议员，1912年选为贵州省议会议员，次年当选为国会众议院议员，到京履职。袁世凯解散议会，遂返贵州，曾任修文县知事（县长）。1922年黎元洪总统恢复国会，仍选为众议院议员。抗战中追随国民政府辗转重庆，1940年以国民政府社会部视导员之职回到贵阳。抗战后举家回镇远，不久病逝。

此作品无年款，考周西成任国民革命军第二十五军军长是在1926年至1929年间，则这对镇尺应在此间完成。从字体风格判断，置于是年。万钧与茫父先生多有交集，严修视学时，同为贡生，民国后几度在国会共事。此铜镇应是万钧请茫父先生为周西成所书。藏家直接得自周氏后人。

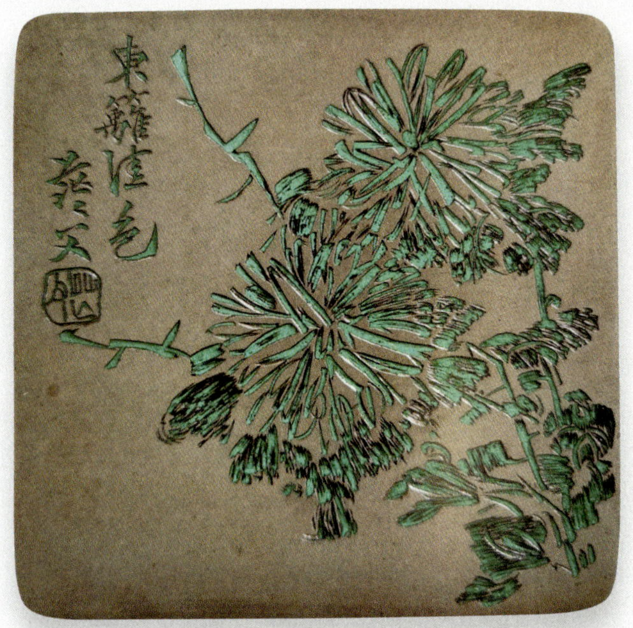

a

b

图 291 写东篱佳色图铜盒两件（今存实物、拓本各一）

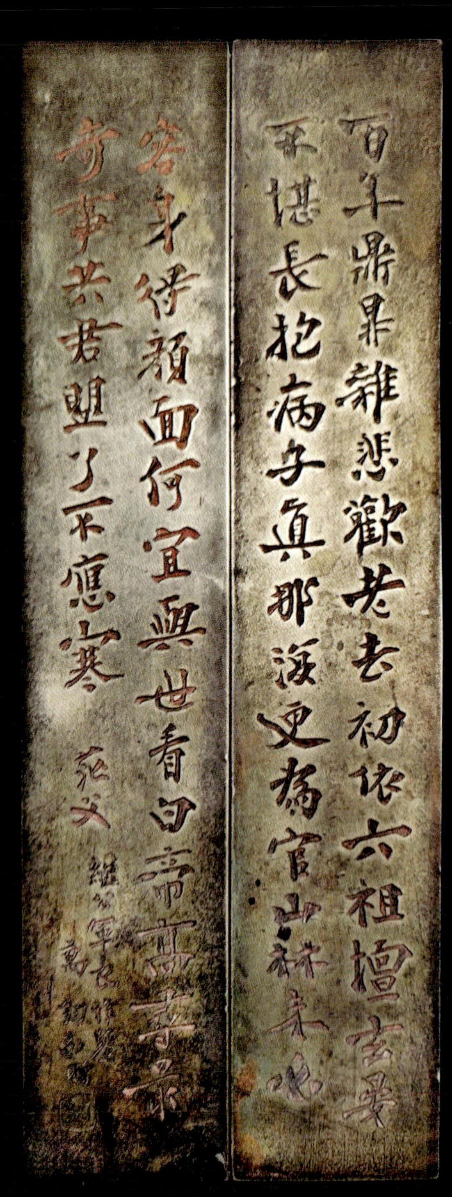

图 292　楷书宋陈与义诗铜镇

民国十七年

1928

戊辰

五十三岁

正月，五子姚鋈买回一个铜墨盒，画兰，署姚华款，伪迹也。闰二月，茫父先生为之补题：“人间且喜春犹闰，兰叶烟开更自馨。不信东风无畛域，青芜戴得国香名”，又补注：“盖近日墨盒冒予款伪迹特多，朋辈时以为言，余以细民谋食，不之较也。然归之于家，固不能无题，以记其事耳。”可见当时坊间先生伪迹已多，而先生以“细民某食”不易而体谅和宽容，不予计较。[1]

按：姚鋈（1912—1929）字灵敦，茫父第五子。自幼陪伴父亲身边，亲炙调教，治金石小学，能做小篆，具治印，画山水、人物、花卉、草虫、翎毛，皆楚楚有致。深得先生喜爱，以为能传所学。然而不幸早丧，己巳五月十八日（1929年6月24日），染疴病逝，年仅十八岁。痛失爱子，对茫父先生打击之大可以想见。悲痛中先生搜其遗诗十一首汇成《灵敦小草》并为之序，又赋《书春雨诗后》《书丁香诗后》《后惜竹书小竹诗后》等八首哀之，复撰《姚鋈传》，合为一卷附于《弗堂类稿》中。卷后发议论曰：“鋈之逝也，吾重惜焉！复深幸之。何者？世势日变，鋈不早逝而依其质性亦将以坎壈终其身。故不知其不幸，犹足以为幸也。才固未成，要皆粗有以自见。使夫览者感于所作，而知鋈生十八年，尚非苟窃人间之食者，虽老寿以没，亦何以加与是乎！”[2]

六月廿三日，立秋，芷泉赠若苏铜镇，先生为其录《五言飞鸟集》一篇：

露点小如珠，湖面大逾里。小大随遇殊，一视等为水。露在莲叶上，湖在莲叶底。茫父近著《五言飞鸟集》，书其一篇。若苏吾兄雅玩，戊辰立秋，芷泉赠。**【图293】**

八月十七日，杨潜庵持一铜墨盒来嘱题，《题画一得》详记其斟酌过程，颇可见先生题画之匠心，兹录于此：

戊辰中秋后二日，杨潜庵持一具来，大可六寸，面刻师曾画

[1] 姚华：《题画一得·二笔》，刊于《艺林旬刊》第四期。转引自贵州文史丛刊编辑部编：《贵州文史丛刊》，贵州人民出版社，1983年合订本，第755页。按：《姚华诗选》注释云此诗作于戊辰春节期间有误。

[2] 《弗堂类稿》“诗壬”，第一至五页。

图 293 写《五言飞鸟集》诗句铜镇拓本

竹叶梅花。其四方下层，潜庵自为篆铭，而虚其上层以属予。予为行书铭云：'竹叶桂华，张为句在。后人袭之，为梅写态。君复有诗，师曾有画。潜庵储墨，更湔吟肺。残臂书铭，亦资沾溉。戊辰中秋某某。'竹叶云者，盖张为有'竹影横斜水清浅，桂香浮动月黄昏'之句，林君复改'疏影暗香'，遂为咏梅名作。师曾尝写'竹影桂香'题之。而此刻则别题词句。余适检师曾画册见旧题，又桂花时节也，故以起兴。而其下不词费即能着题，此藉端之巧也。予铭作行书，与潜庵篆书距离留三分许，则上下不通，中空一韭叶，如古器腰弦，以舒其气。而行书可参差，亦少减篆铭之方填，行款颇见斟酌。潜庵甚喜，且曰："此刻真可与画同玩，当更装之。自有墨盒以来，度他人未有如此玩者。"余亦曰："自题画以来，亦未有如此作者。"初笔曾云："题亦犹铭。"而潜庵竟征题为铭，以实余言矣。潜庵去，遂书之以为二笔发端云。[3]

秋，好友蹇季常侄子蹇先艾返老家遵义与杜玉娟（韵泉）完婚返回北平。师大附中董鲁安老师和同学张寿林、李宜琛订制一对圆形铜墨盒，专请茫父先生作书释印以作贺礼。[4]

其一，刻印章二，汉白文"千里远结婚"和细朱文"文采双鸳鸯"：

先艾尊兄婚后北来，醑同人于其寓所。新夫人玉娟大家，抽钗换酒，亲调盐梅，情意殷殷甚厚。先艾性行辞章，夙为侪辈钦仰。夫人尤蓄盛藻，能世家学，唱随之乐，何复胜道。爰拈汉乐府语，敬请莲华盦老人名笔，以寿贤梁孟，藉存纪念云尔。**【图294a】**

其二，亦刻印章二，细朱文"愿得一心人"和汉白文"白头不相离"：

先艾同学玉娟大家结婚纪念。汉乐府语：愿得一心人，白头不相离。

[3] 姚华：《题画一得·二笔》，转引自邓见宽编：《姚茫父画论》，贵州人民出版社，1996年，第85页。

[4] 一盒照片见蹇人毅撰《蹇先艾和他的铜墨盒》，收录于陈建功主编：《文人的另一种交往》，文化艺术出版社，2008年，第23页。另一盒拓本见邓见宽主编《莲花盦写铜》，第83页。

a

b

图 294 为蹇先艾结婚纪念写铜盒一对（实物及拓本各一）

友□董鲁安、张寿林、李宜琛赠。

茫茫父摹并书。【图294b】

按：蹇先艾（1906—1994）贵州遵义人。出生清末名门，自曾祖父始，累代皆有功名。他是茫父好友蹇季常的侄子。早年在遵义老家读私塾，1919年冬到北京，先后就读北京师范学校附属小学、北京高等师范学校附中。1926年加入文学研究会，常与朱自清、王统照、徐志摩、沈从文等名家交往。1928年娶贵州杜玉娟为妻。1931年毕业于北平大学法学院经济系。曾任北平松坡图书馆编纂主任。因连续发表反映贵州民间疾苦的小说《水葬》《到家》等，被鲁迅誉为乡土文学家。抗日战争爆发后，携眷返黔。1953年加入中国民主同盟，1983年加入中国共产党。历任遵义师范学校校长，贵州大学、贵阳师范学院教授，省文化局局长，省文联主席，省政协副主席等职。

茫父先生与蹇季常是故交老友，也曾在北京高等师范学校附中代课，蹇先艾走上文学创作道路或许亦受到茫父的影响。这一对铜盒就是蹇先艾的同学们为其结婚而专门制作的礼物，茫父先生特别选择古代吉语入印，寄托了美好的祝愿。据蹇先艾哲嗣蹇人毅先生讲，这对铜盒目前一个保留在家，另一个已经捐赠到中国现代文学馆。

是年，为友曾写铜镇，录杜子美《诸将五首》七律之二：

洛阳宫殿化为烽，休道秦关百二重。沧海未全归禹贡，蓟门何处尽尧封。朝廷衮职虽多预，天下军储不自供。稍喜临边王相国，肯销金甲事春农。

回首扶桑铜柱标，冥冥氛祲未全销。越裳翡翠无消息，南海明珠久寂寥。殊锡曾为大司马，总戎皆插侍中貂。炎风朔雪天王地，只在忠臣翊圣朝。

建国十七年，友曾制。【图295】

按：“友曾”，无考。据文献，民国时期名友曾者二，一为张与仁（1892—1959）字友曾，云南姚州人。毕业于省立第一模范中学，1917年秋考送保定军官学校第六期，1919年毕业，相继于滇、粤军中任排、连、营长。1922年参加国民党。1927年受蒋介石排挤，加入江西第五路军第九军任参谋长。1930年调

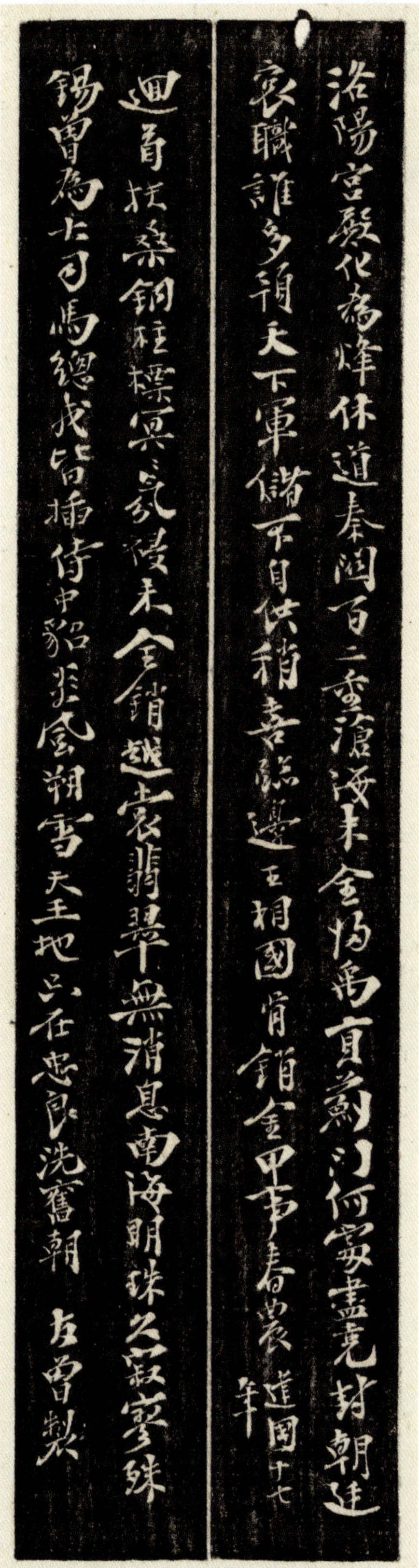

图 295　写杜甫七律诗铜镇拓本

任军事参议院。另一为赵学颜（1896—1980），字友曾，河南修武人。毕业于国立同济大学机械系，旋赴德国柏林高工弹道大学学习兵工专业，三年后，又赴加拿大、瑞典、苏联等国参观实习二年。回国后，先在奉天机械厂任科长，“九一八”事变后调河南省巩县兵工厂任厂长，抗日战争期迁贵阳、重庆等地坚持生产。后去台湾。从二人履历看，皆有可能是此铜镇的主人。只能期待有更多资料来做进一步判断。

民国十八年

1929

己巳

五十四岁

孟秋，及门弟子王伯群四十晋五寿庆，倪松寿请先生写《菊石图》铜屏及《五言飞鸟集》铜镇为贺[1]：

铜屏：写菊集宋史愚斋句：料应识破荣枯事（大笑菊），秋卉妆成春蕊黄（密卣菊）。若论驻颜功不小（九华菊），主人传得引年芳（寿客）。茫茫父。

己巳孟秋，伯群部长寿庆，世愚侄倪松寿敬制奉祝。印章：茫父。残臂所作。寿客。【图296a】

铜镇：露点小如珠，湖面大逾里。小大随遇殊，一视等为水。露在莲叶上，湖在莲叶底。五言飞鸟集，茫茫父书。伯群部长大寿，松寿呈。【图296b】

按：倪松寿生平不详，贵州省立模范中学第五期毕业生（1917年）。1917年王伯群作为贵州省代表到上海参加“南北和议”，并得到督军兼省长的刘显世授权为贵州全权代表常驻上海，期间曾有专门报告《赴沪代表王伯群呈据上海留学生倪松寿请助留美各情》，不知倪松寿后来是否成功留美，1929年倪松寿时任江苏省农民银行分行经理，而王伯群时任国民政府交通部长，时年45岁。

茫父先生在是年7月14日写给弟子王伯群的信中，也提及有关祝寿事：“闻秋间为弟四十有五生日，有人谋文于我，以病躯未胜精思，且春秋方盛，为文尚非其时，已以此意开导去矣。然随便举动亦不负此令辰，未尝非人生行乐之意。兄业已作成画一幅，尚精，并题一诗见意，欲裱好寄去，而恐无其便，不如仍以单幅付邮之便，如何？尚希覆音再定办法。”大意是有人请茫父先生为王伯群四十五岁生日写祝寿文，先生以“春秋方盛，为文尚非其时”而婉拒，但又为王伯群作画一幅并题诗以申祝寿之意。这件铜屏和铜镇，正是这一时期应倪松寿之请所作。

是年，写《五言飞鸟集》诗句于铜盒：

手熨佛前灯，口作念佛声。晨光不假手，鸟惟自呼名。为是尔名好，因之得意鸣。姚华茫茫父。

[1] 拓片见《莲花盦写铜》第20页，著录于（台湾）李永久主编：《黔人杂志》1995年，第十二卷第二期，第151页。

图 296a 写《菊石图》铜屏拓本

图 296b 写《五言飞鸟集》诗句铜镇拓本

印章：茫父。【图297】

按：《五言飞鸟集》完成于1924年岁末，在是年除夕所作《五言飞鸟集》跋语中写道："甲子冬十月二十九日，中女鋆以疾卒，家居寡欢，乃访姻好陈筱庄宝泉退思斋，客有日。筱庄检示译本泰戈尔《飞鸟集》，为送日之资。泰戈尔者，天竺诗人，春间来游，曾获把晤，因之言论风采如接耳目，怦然于中，不能自已。既语筱庄曰：'言短而意长，语切而思婉，盖诗之为术与心同，特其文异焉，可以国风为之。'由是依意遣辞，日必数章，归而赓续，及岁尽篇终。呜呼，鋆于是死而吾之《飞鸟集》于是生，则情之为缘也。集皆五言，因题曰《五言飞鸟集》，以自别于泰戈尔云。除夕京师莲华盦书，贵筑姚华茫父。"[2]

1929年春徐志摩致信茫父先生索《五言飞鸟集》，拟在上海出版，并为之作序，叙及姚华与泰戈尔之间的友谊，高度评价改写《飞鸟集》的意义，盛赞先生于病中作画又治学的坚毅精神。茫父先生对此书出版事非常重视，是年清明，作五言古体长诗题《五言飞鸟集》：

西方圣人国，于今夷为虏。犹然圣其诗，重译来中土。作者太戈尔，近圣能圣语。偶得一集读，感人深入腑。顿令忧中心，轩然命毫楮。更成"五言集"，自歌愀无侣。岂能称圣译，予意自为主。作述事两歧，行墨颇龃龉。君心如明月，云来翳复吐。中间舌人舌，得失未堪数。清言或可采，毫发非无补。世事正掀腾，常侅天波举。作既谁心契，述亦徒自苦。惟怜君意深，往往成激楚。旧邦覆已久，是事去成古。"菡萏仍自华，清芬尚如许。"（集中一章咏莲之作，不免睹物思旧）。即此见君意，一丝例万缕。分明恩怨心，怨结谁其府。"帝邦纵尔雄"，天心朗若睹（帝邦一章亦见集中）。淫泆有忧患，清新起朽腐。演作"国风"辞，喃喃亦尔汝。飞鸟在迷途，相将感倦羽。孑遗书此篇（予病废三年十兹矣），为君伤离黍。己未清明，茫茫父残臂书于莲花盦。"[3]

是年端午，先生于去年所写《花卉扇》另面补录《五言飞鸟集》句："绿叶

[2] 姚华跋：《五言飞鸟集》，中华书局，1931年。
[3] 《姚华书法集》，第124页。

图 297 写《五言飞鸟集》诗句铜盒拓本

何闪烁，我思与之同，嫩日喜可歌，触之心灵通。生与万物俱，并在浮游中。沉沉白驹隙，霭霭碧天空，此际随俯仰，为乐殊未穷。”款识：“五言飞鸟集近著将付刊，己巳端节写与未孙。茫茫父。”[4]先生在与友人书信中也曾多次提及出版事。如在是年7月写给王伯群的信札仍提到“近《五言飞鸟集》已有友人单于沪上印行，闻系交中华，将来发行是新月书店，并闻。”从上述三件写铜作品【图293、图296、图297】，亦可窥其心迹。可惜因徐志摩之拖沓，尽管期间先生多次去函询问，是书直到1931年才由中华书局出版，时先生已殁，无从亲见矣。

[4] 北京华辰2007年秋季拍卖会，第1268号拍品，尺寸：18厘米×49厘米。

图版索引

图书在版编目(CIP)数据

金石别卷：莲花盦写铜艺术编年/杜鹏飞编著. —上海：上海书画出版社，2022.3

ISBN 978-7-5479-2829-5

Ⅰ. ①金… Ⅱ. ①杜… Ⅲ. ①文化用品—铜器（考古）—中国—民国—图录 Ⅳ. ①K875.42

中国版本图书馆CIP数据核字（2022）第041482号

金石别卷

莲花盦写铜艺术编年

杜鹏飞 编著

责任编辑	陈元棪
审　　读	田松青
责任校对	倪　凡
装帧设计	陈绿竞
技术编辑	顾　杰
出版发行	上海世纪出版集团 上海书画出版社
地址	上海市闵行区号景路159弄A座4楼
邮政编码	201101
网址	www.shshuhua.com
E-mail	shcpph@163.com
制版	上海久段文化发展有限公司
印刷	上海盛隆印务有限公司
经销	各地新华书店
开本	787×1092　1/16
印张	30.5
版次	2022年7月第1版　2022年7月第1次印刷

书号　**ISBN 978-7-5479-2829-5**

定价　**298.00元**

若有印刷、装订质量问题，请与承印厂联系